세계를 발칵 뒤집은 판결 31

세계를 발칵 뒤집은 판결 31

초판 1쇄 발행 | 2014년 5월 30일
초판 3쇄 발행 | 2015년 12월 7일

지은이 | L. 레너드 케스터 · 사이먼 정
펴낸이 | 조미현

편집장 | 윤지현
편집 | 김희윤 김영주 전보배
교정교열 | 이상희
디자인 | 씨오디

펴낸곳 | (주)현암사
등록 | 1951년 12월 24일 제10-126호
주소 | 121-839 서울시 마포구 동교로 12안길 35
전화 | 365-5051 팩스 | 313-2729
전자우편 | law@hyeonamsa.com
홈페이지 | www.hyeonamsa.com

ISBN 978-89-323-1698-7 03360

이 도서의 국립중앙도서관 출판시도서목록(CIP)은 서지정보유통지원시스템 홈페이지(http://seoji.nl.go.kr)와
국가자료공동목록시스템(http://www.nl.go.kr/kolisnet)에서 이용하실 수 있습니다.
(CIP제어번호 : CIP2014016000)

세계를
발칵 뒤집은
판결 **31**

L. 레너드 케스터
사이먼 정 지음

ᄒ 현암사

차례
·····

"역사는 세계의 재판소다" – 프리드리히 실러Friedrich Schiller

이 책은 세계 역사에 큰 자취를 남긴 재판과 판결 기록 31가지를 골라 소개하였습니다. 이 책에서 소개되는 사건 가운데 가장 오래된 것은 기원전 399년 아테네에서 열렸던 소크라테스 재판이며 가장 최근의 것은 2011년에 최종 결정이 나온 일본의 벤처 기업인 호리에 다카후미에 대한 판결입니다.

"세계는 하나의 무대요, 모든 남녀는 배우일 뿐"이라는 셰익스피어의 말도 있지만 법정은 사람들에게서 종종 생애 최고의 퍼포먼스를 끌어내는 무대가 되는 장소입니다. 본질적으로 법정과 연극무대는 공간적 구조 자체가 상당히 닮았을 뿐만 아니라 재판에 임하는 피고, 변호인, 검사 등은 판결은 물론 여론의 방향에 영향을 주려고 그들이 할 수 있는 가장 훌륭한 언어와 논리를 동원합니다. 법정에 등장하는 인물들이 철학자 헤겔의 '세계사적 개인'이라는 칭호에 걸맞게 시대정신을 구현하는 역사적 인물이라면 극적 효과는 더욱 커집니다. 이렇게 보면 세계 역사 속의 여러 인상적이고 결정적인 장면들이 바로 법정을 무대로 펼쳐졌다는 것은 우연이 아니며, 그러한 사건들을 책을 통해 간접적으로나마 체험할 수 있다면 충분히 가치있고 흥분되는 일일 것입니다.

이 책은 그러한 역사적인 재판과 판결 사례들을 독자들에게 흥미진진하고 유익한 방식으로 알기 쉽게 소개하고자 기획되었습니다. 책을 펼치면 여러분은 부패가 극에 달한 공화정 말기의 로마, 현명하면서도 교활한 지도자의 리더십 아래 황금시대로 접어들던 영국, 혁명의 후유증에 휘청거리던 프랑스와 러시아, 법률과 도덕의 엄격한 규제를 받는 것 같았지만 실제로는 술과 불륜이 재즈의 선율을 타고 넘쳐흐르던 대공황 직전의 미국, 세계대전의 책임을 짊어진 독일과 일본 등 다양한 시대와 공간 속으로 안내됩니다. 그리고 다시 반역, 전쟁 책임, 살인, 탈세, 횡령, 풍기 문란, 심지어 신성모독과 마법에 이르는 온갖 혐의를 놓고 벌어지는 재판 현장과 마주하게 될 것입니다. 그 재판정에서는 왕, 정치가, 철학자, 법률가, 군인, 과학자, 기업인, 예술가, 사이비 종교 지도자, 대중의 스타와 암흑가의 보스 등을 망라하는 다채로운 캐릭터가 피고, 변호인, 고발자 등 다양한 역할을 맡아 논쟁하고 연설하고 때로는 침묵하면서 비단 법정의 판결뿐 아니라 역사의 심판에 영향을 미치려고 총력을 기울입니다. 여러분은 책장을 넘길 때마다 이 모두를 생생하게 체험할 수 있습니다.

작가 오스카 와일드는 "여러 번 다시 읽을 때마다 계속 즐기지 못할 책이라면 애초부터 읽을 필요도 없다"라고 말한 바 있습니다. 이 책이 언제 다시 읽어도 여전히 즐겁고 유익한 책으로 여러분에게 기억되기를 감히 기대해봅니다.

미국 캘리포니아 주에서 저자 일동
L. Leonard Kaster & Simon Chung

Part 1

제왕의 목을 자른 판결들

01 스코틀랜드 여왕 메리의
재판과 판결

● **여왕의 적은 여왕이었다 :** The Trial of Mary, Queen of Scots (1586)

나의 종말은 새로운 시작이다.
_메리 스튜어트Mary Stuart, 스코틀랜드 여왕

영국 황금기 속의 그림자

영국 역사상 엘리자베스 1세Elizabeth I의 집권기는 영국이 유럽 변방의 섬나라에서 일약 세계 제국으로 발돋움한 결정적인 시기로 기억된다. 이 시기 영국은 밖으로는 대서양의 해상권을 장악하고 동인도회사를 설립하는 등 세계 무역과 식민지 경영을 위한 바탕을 확보하는 동시에 국내에서는 크리스토퍼 말로Christopher Marlowe와 윌리엄 셰익스피어William Shakespeare의 희곡, 프랜시스 베이컨Francis Bacon의 철학으로 대표되는 뛰어난 문화를 꽃피우는가 하면, 필립 시드니Philip Sidney, 월터 롤리Walter Raleigh, 로버트 데버루Robert Devereux, 프랜시스 드레이크Francis Drake 등 전 유럽에 이름을 날린 영웅 호걸들이 끊임없이 화젯거리를 생산해냈다. 그리고 이들 걸출한 인물들의 정점에는 엘리자베스 여왕이 있었다. 엘리자베스 여왕은 강력한 군주이자 결혼도 하지 않고 영국을 위해 불철주야 힘쓰는 처녀여왕Virgin Queen으로, 거의 성녀 같은 이미지를 국민에게 투사하며 국가의 구심점 역할을 했다.

후대의 역사가들은 이런 엘리자베스 통치 시대를 가리켜 종종 영국의 '황금시대Golden Age'라고 한다. 그러나 그 이면에는 이념 대립과 종

대관식 예복을 입은 엘리자베스 1세의 초상화. 그녀는 재위 기간 정책적으로 결혼도 하지 않고 국가를 돌보는 성처녀로 묘사되었다.

교 갈등의 어두운 그림자가 짙게 드리워 있었다. 군주의 정통성을 부정하는 사회 전복 세력과 이들을 지원하는 외세 그리고 곳곳에서 움트는 위협을 제거하려 분주하게 움직인 엘리자베스 측근들의 정치 공작 등 여러 세력의 힘겨루기가 치열하게 전개된 것이다. 사실 이러한 갈등은 많은 부분 엘리자베스의 부왕인 헨리 8세Henry Ⅷ가 뿌린 씨앗에서 나왔다고 봐야 한다. 헨리 8세가 가톨릭 교회와의 결별, 이혼,[1] 반대파 숙청 등 온갖 무리수를 두며 얻은 귀한 아들 에드워드 6세Edward Ⅵ가

겨우 17세에 사망하자 왕위는 헨리 8세의 첫 번째 부인 캐서린Catherine of Aragon의 딸 메리 튜더Mary Tudor에게 돌아갔다. 어머니와 외가인 스페인 왕실의 영향을 받아 독실한 가톨릭 신자였던 메리 여왕은 즉위하자마자 가톨릭의 권위를 부활시키고 신교도들을 무자비하게 박해하면서 '피의 메리Bloody Mary'라는 별명을 얻게 된다.

메리 여왕이 즉위 5년 만에 후사 없이 사망하자 그의 배다른 여동생으로서 왕위를 물려받은 엘리자베스는 즉위 직후부터 취약한 권력 기반을 다지기 위해 노심초사해야 했다. 엘리자베스의 정적들은 대부분 가톨릭 세력이었는데, 이들은 애초부터 헨리 8세가 가톨릭이 금기시하는 간통

• • •

1 실제로 헨리 8세는 일생 동안 왕비를 6명 두었지만, 고대하던 왕자는 엘리자베스를 낳은 앤 불린을 처형하고 세 번째로 얻은 부인 제인 시모어에게서 얻었다. 헨리 8세가 가톨릭 교회와 결별하고 영국 국교회의 수장이 되는 과정과 첫 부인 캐서린을 폐하고 앤 불린과 결혼한 사건에 대해서는 「토마스 모어의 재판」 편 참조.

과 이혼으로 얻은 두 번째 왕비 앤 불린Anne Boleyn의 딸인 엘리자베스는 적통이 아니라는 시각을 가지고 있었다. 그리고 즉위 후 헨리 8세의 종교개혁을 지지하며 가톨릭 교회와 거리를 두던 엘리자베스의 행보에 불안을 느껴 여왕을 몰아낼 기회만 호시탐탐 노렸다.

메리 스튜어트, 소녀 여왕의 기구한 인생 유전

엘리자베스에 반대하는 가톨릭 세력의 정신적 구심점 역할을 한 것은 엘리자베스의 사촌뻘 되는 스코틀랜드 여왕 메리 스튜어트Mary Stuart, Queen of Scots였다. 당시 스코틀랜드는 독립 왕국으로서 오랫동안 스튜어트 왕가House of Stuart[2]의 지배를 받고 있었다. 메리는 태어나던 해인 1542년 부왕인 제임스 5세James V가 급서하자 유일한 적통 혈육으로 왕위를 물려받았다. 그러나 갓난아기인 여왕을 대신해서 섭정을 맡은 프랑스 왕족 출신의 모친[3]과 원로 대신들은 몇 년 뒤 프랑스 국왕 앙리 2세Henry II의 제안을 받아들여 메리를 프랑스의 왕세자 프랑수아Dauphin Francis와 결혼시키는 방안을 추진했다. 결국 메리는 어린 나이에 프랑스로 보내져 13년간 프랑스 궁정에서 국왕 수업과 신부 수업을 동시에 받게 되었다. 메리는 매우 총명하고 아름다운 여성으로 자라났으며, 영어, 프랑스어뿐 아니라 이탈리아어와 그리스어 등 6개 국어를 익히고 음악을 포함해 여러 기예에도 재능을 보이는 르네상스적인 면모를 과시했다. 1559년 프랑수아와 메리의 결혼은 공식화되었지만, 불과 1년 만에 남편이 병사하면서 메리는 왕세자비의 지위를 잃고 스코틀랜드로

• • •

2 본래 스튜어트 왕가의 철자는 시종장이라는 뜻의 'Steward'였으나, 메리 스튜어트가 일생 동안 프랑스식 표기인 Stuart를 선호함에 따라 현재는 Stuart와 Stewart, Steuart 등의 표기가 함께 사용되고 있다.

3 메리의 모친 이름 역시 메리 혹은 마리Mary of Guise였다.

돌아가지 않을 수 없었다.

　메리는 1561년 자신의 왕국 스코틀랜드로 돌아왔으나 귀족들의 텃세로 왕가의 권위는 크게 떨어져 있었으며, 가톨릭 세력과 신교도 세력의 갈등으로 국력 또한 쇠락한 상태였다. 메리는 한동안 몇몇 참모의 수완에 기대어 그런대로 나라를 운영해갈 수 있었지만 이후 스코틀랜드 귀족들과 두 번 한 결혼이 모두 실패하면서 정치적 입지에 심각한 타격을 입게 된다. 1565년 세 살 연하인 단리 경Lord Darnley과 결혼했으나 성격이 난폭한 남편과 불화한 끝에 단리 경이 궁전 밖에서 의문의 변사체로 발견되면서 결혼은 스캔들로 끝났다.

　단리가 사망한 지 3개월 뒤인 1567년 5월 메리는 보스웰 백작Earl of Bothwell과 세 번째 결혼을 하게 되는데, 이러한 행보는 결국 국왕으로서 메리의 권위를 땅에 떨어뜨리는 결과로 이어졌다. 우선 문제는 보스웰이 메리의 전 남편 단리의 죽음에 관여했다는 소문이 파다한 인물이라는 것이었다. 국민은 남편이 사망한 마당에 여왕이 기다렸다는 듯이, 그것도 남편을 살해한 당사자라는 소문이 무성한 사람과 결혼한다는 사실에 큰 충격을 받았다. 그뿐만 아니라 메리는 신교도인 보스웰과 결혼하면 가톨릭과 신교도 세력의 화해를 주도하여 정치적 입지를 강화할 수 있으리라 생각했으나, 가톨릭 세력은 이미 한 번 이혼한 적이 있는 보스웰과의 결혼을 인정조차 하지 않으려 했다. 결국 여왕에게 반기를 든 귀족들은 연합군을 형성하여 정부군을 물리치고 메리를 압박하여 겨우 한 살 된 아들 제임스에게 왕위를 넘기도록 했다. 가까스로 반란군 진영에서 탈출한 메리는 스코틀랜드를 떠나 영국으로 가기로 결심한다. 친척인 엘리자베스 여왕에게 자신의 처지를 호소하고, 군대를 파병하여 반란군을 진압해 달라고 부탁하려고 했으나 국제 정치의 현실은 그리 녹록하지 않았다.

엘리자베스 대 메리 – 숙명의 라이벌

메리는 1568년 5월 몇몇 측근과 함께 몰래 어선을 타고 스코틀랜드를 떠나 영국 북부에 도착해서 지방 관리들을 통해 엘리자베스에게 자신이 왔다고 알렸다. 그러나 엘리자베스는 메리를 지방의 성채에 머물게 하고 만나주지도 않았다. 엘리자베스에게 메리는 비록 친척이기는 했으나 그렇게 반가운 손님은 아니었다.

엘리자베스는 메리를 싫어했다. 메리는 스코틀랜드 여왕에 즉위하자마자 자신의 문장에 영국 왕실의 문장을 집어넣었는데, 이는 엘리자베스의 조부 헨리 7세의 혈통인(헨리 7세의 딸 마거릿 튜더가 스코틀랜드 왕 제임스 4세와 결혼하여 메리의 아버지 제임스 5세를 낳았다) 자신에게도 영국 국왕이 될 자격이 있다는 노골적인 의사표시였기 때문이다. 이를 전해 들은 엘리자베스가 격노한 것은 당연하다. 또 비록 몰락한 군주라고 해도 튜더 왕조의 피를 나눈 왕족인 메리를 가까이 두는 것은 가톨릭 세력의 구심점 역할을 할 수 있는 시한폭탄을 남겨두는 것과 같았다. 메리가 스코틀랜드뿐 아니라 엘리자베스 대신 영국 왕위의 적법한 계승자가 되어야 한다고 생각하는 가톨릭 교도들이 적지 않았기 때문이다. 그러나 동시에 메리를 영국에 붙들어둠으로써 스코틀랜드의 정치에 관여할 수 있는 패를 쥐는 재미도 없지는 않았기 때문에 한마디로 엘리자베스에게 메리는 잘 대해주기에는 부담이 되지만 그렇다고 자유롭게 풀어줄 수도 없는 존재였다. 결국 엘리자베스 여왕

스코틀랜드 여왕 메리의 초상. 메리는 스코틀랜드가 아닌 프랑스 궁정에서 유년 시절을 보내며 르네상스식 교육을 받았다.

은 메리를 궁녀와 하인을 수십 명 거느리는 왕족으로 예우하면서 사실상 가택 연금 상태에 놓이도록 했다. 이러한 조치는 가톨릭 교회에서 인정하는 정통성이라는 측면에서는 오히려 영국 국왕이 될 명분이 자신에게 있다고 은근히 자부하던 메리에게는 상당히 자존심 상하는 일이었다.

월싱엄과 세실 – 엘리자베스의 수호천사들

엘리자베스 체제를 지켜낸 일등공신으로는 단연 국무대신 윌리엄 세실William Cecil과 비서실장 프랜시스 월싱엄 경Sir Francis Walsingham을 들 수 있다. 세실이 외교와 재무 등 주로 겉으로 드러나는 분야에서 여왕을 보필했다면 월싱엄은 전 유럽에 광범위한 첩보망을 운영하고 당시로는 첨단의 정보전과 공작전을 주도하며 특히 여왕의 신변을 위협하는 가톨릭 세력 척결에 일생을 걸었다.

월싱엄이 가톨릭에 적개심을 품은 것은 단순히 그가 독실한 신교도였기 때문만은 아니다. 월싱엄이 프랑스 주재 대사로 파리에 머물던 1572년 악명 높은 '성 바르톨로뮤 축일의 대학살St. Bartholomew's Day Massacre'이 일어났다. 월싱엄은 자신과 같은 신교도들이 수천 명씩 죽어나가는 모습을 무력하게 지켜봐야 했다. 이후 월싱엄은 가톨릭 세력에 극도의 혐오감을 품게 되었고, 엘리자베스 여왕에게 프랑스 왕족을 비롯한 가톨릭 세력을 "친구가 아니라 적으로 여기는 편이 훨씬 덜 해롭다"라는 견해를 밝히기도 했다. 그런 월싱엄에게 스코틀랜드 여왕 메리의 출현은 새로운 삶의 목표를 준 사건이었다. 월싱엄은 엘리자베스 여왕의 충성스러운 종복으로서 어떤 대가를 치르더라도 메리를 죽여 후환을 없애기로 결심한 것이다. 그러나 월싱엄이 그러한 결심을 실행에 옮길 결정적 기회를 잡기까지는 10년이 더 필요했다.

배빙턴 사건

월싱엄이 마치 줄을 쳐놓고 참을성 있게 먹이를 기다리는 거미처럼 오랜 세월 조심스럽게 구축한 덫에 걸려든 인물은 청년 귀족 앤서니 배빙턴Anthony Babington이다. 부유한 가톨릭 가문 출신인 배빙턴은 자신의 재산과 인맥으로 알게 된 동지들과 함께 엘리자베스를 암살한 뒤 메리를 국왕으로 모시고 영국을 가톨릭 국가로 되돌리려고 모의를 했다. 배빙턴은 1586년 여름 비밀리에 메리에게 편지를 써서 자신을 소개한 뒤 자신의 뜻을 행동에 옮기도록 승인해달라고 요청했다.

메리는 곧 기품 넘치는 어조로 자신의 처지를 동정하는 배빙턴에게 감사의 뜻을 표하는 답장을 보냈다. 사실 이때까지만 해도 메리의 편지에는 간접적으로나마 반역 음모를 승인하거나 칭찬하는 내용이 전혀 없었다. 그러나 한동안 편지가 빈번히 오가면서 내용이 점점 대담해졌다. 마침내 7월 13일 배빙턴이 조만간 거사를 시행하겠다고 보고하자 며칠 뒤 메리가 매우 대담무쌍한 내용의 답장을 보내기에 이른다. 편지에서 메리는 병력이나 자금, 무기의 획득 여부 등 보급 문제는 어떤지, 스페인의 지원을 확보하기 위한 물밑 활동이 얼마나 진전되었는지, 영국 침공 루트 등이 어떻게 되는지 구체적으로 물어보았다. 그리고 자신이 전면에 등장하는 시점은 엘리자베스가 암살된 다음이어야 한다고 암시하기까지 했다. 메리는 끝으로 "이 편지를 재빨리 태워버리는 것을 잊지 말라"라고 당부하는 것도 잊지 않았다.

그런데 문제는 배빙턴이 메리에게 보내는 편지나 메리가 배빙턴에게 보내는 답장이 모조리 월싱엄의 손에 먼저 들어왔다는 것이다. 배빙턴 일당과 메리 측이 편지를 전달하는 안전한 루트라고 믿은 몇몇 '충성스러운' 배달원은 모두 월싱엄에게 매수되어 있었다. 이렇게 해서 월싱엄은 역모 상황을 완전히 파악했을 뿐만 아니라 편지 원본을 꼼꼼히 베껴 증거물로 확보했다.

거사를 노골적으로 독려하는 메리의 편지가 손에 들어오자 월싱엄은 행동을 개시했고, 얼치기 쿠데타를 꿈꾸던 음모자들은 즉각 일망타진되었다. 배빙턴과 다른 음모자 6명은 곧 재판에서 반역죄로 유죄를 선고받고 처형되었다. 마침내 월싱엄과 세실은 곧장 최종 목표인 메리의 목을 정조준했다.

메리, 드디어 재판정으로

메리는 반역죄로 기소되어 중세 시대부터의 요새로 삼면이 이중 해자로 둘러싸인 포터링게이 성Fotheringay Castle에서 재판을 받게 되었다. 메리의 기소는 1585년 의회가 발의하고 엘리자베스가 승인한 이른바 「여왕 옥체의 안전을 위한 법률Act for the Security of the Queen's Royal Person」[4]에 따랐다. 이 법률은 여왕의 신상에 위해를 끼치려고 모의한 자들이 여왕 대신 국왕으로 옹립하려던 인물은 음모를 직접 주도하지 않았다고 해도 반역 혐의로 특별위원회의 조사를 받으며, 필요한 경우 극형에 처해질 수 있다고 못박고 있었다. 사실상 메리 스튜어트의 목을 노린 '맞춤형' 법률이었다. 드디어 1586년 10월 15일, 월싱엄과 세실, 대법원장 브롬리Sir Thomas Bromley를 비롯해 심문관 36명으로 구성된 재판정이 메리를 호출했다. 재판 시작부터 메리와 심문관들 사이에 불꽃 튀는 설전이 벌어졌다. 스코틀랜드 왕위의 정당한 계승자로 잠시 영국에 머물고 있는 신분인 만큼 스스로 치외법권자라고 생각한 메리는 재판의 정당성을 인정하지 않았다.

• • •

4 법령의 원제는 「여왕의 옥체의 안전과 왕국의 평화를 유지하기 위한 법령Act for the Security of the Queen's Royal Person, and the Continuance of Peace in this Realm」이며 줄여서 「연계법Act of Association」이라고도 한다.

대법원장 브롬리 : 여왕 폐하께서는 귀하의 존재가 폐하를 해하려는 모든 음모의 근원이 되고 있음을, 그리고 그러한 사실을 무시하는 것은 신께서 폐하께 내린 임무와 권능을 방치하는 일임을 인지하고 계십니다. 사태가 여기까지 이른 것은 유감이지만, 여왕 폐하께서 개인 감정 때문에 이 재판을 승인한 것은 아닙니다.

메리 : 나는 자유로운 군주이며 여왕으로 태어난 몸이라 하느님 외에는 누구에게도 책임을 지거나 복종할 이유가 없소. 내가 법정에 선다면 그것은 여러 군왕, 군주 그리고 내 아들에게 누를 끼치는 행위가 되오.

법무관 파월Master Powell : 이 위원회는 여왕 폐하께서 승인한 1585년 법령에 따라 소집되었습니다.

메리 : 그 법령은 나를 기소하기에 충분하지 않고, 복종할 이유도 없소.

재무장관 세실 : 귀하의 혐의는 법령의 내용과 충분히 일치합니다. 협조하시지 않겠다면 위원회는 귀하의 궐석하에 논의를 진행할 수밖에 없습니다.

자신의 출석 여부와 상관 없이 심리를 진행하겠다는 세실의 으름장에 결국 메리는 위원회의 질의에 답할 수밖에 없었다. 곧이어 위원회가 메리의 반역 혐의를 열거하고 배빙턴과 주고받은 편지 다발을 증거물로 제시했지만 메리는 흔들리지 않았다.

메리 : 나는 배빙턴을 만난 적도, 이야기를 나눈 적도 없소. 내가 친구들, 아들과 떨어져 있는 까닭에 바깥 세상의 일을 알 수 없어서 배빙턴의 편지를 호기심 있게 읽은 적이 있었는지는 모르겠으나, 그가 무슨 모의를 하고 계획을 세웠든 알 바 아니오. 나는 사람들에게 이래라저래라 할 힘도 의지도 없으나 누가 나더러 내 형제인 여왕의 안위를 해치는 짓을 하려 했다고 말한다면 그것만은 용납하지 않겠소.

위원회는 메리를 여왕으로 모시려고 쿠데타를 모의했다는 배빙턴의 자백도 제시했으나 메리는 오히려 증거 수집 공작을 주도한 월싱엄을 겨냥했다. 왕좌를 잃었을지언정 일국의 왕을 지낸 메리는 호락호락하지 않았다.

메리 : 배빙턴이 그렇게 말했다면 거짓말을 한 것이오. 문제의 편지들을 내가 직접 썼다는 증거는 있소? 필사본을 만들면서 편지 원본의 내용을 혐의를 입증하기에 유리하도록 슬쩍 고치는 것은 일도 아니지요. 월싱엄 경, 나는 경이 정직한 인물이라고 생각하지만, 그동안 나에게 정말 공정했다고 정직하게 말할 수 있소?

메리가 모든 증거를 조작으로 몰아붙이자 혹시라도 재판 결과에 영향을 줄 것을 우려한 월싱엄은 재판정에서 자신이 제출한 증거가 오직 진실에 근거함을 신에게 맹세하는 연설까지 했다. 메리는 세실 경에게도 이렇게 쏘아붙였다.

메리 : 경 역시 내 적이지요.
세실 : 그렇지 않습니다. 소신은 우리 여왕 폐하의 적들의 적일 뿐입니다.

이렇게 메리는 재판정에서 상당한 전투력을 발휘했으나 엘리자베스와 영국의 안전을 위해 메리를 살려둘 수 없다는 심문관들의 결의는 강력했고, 그 명분으로 삼을 증거물도 충분했다. 심문관들은 10월 25일, 메리에게 '여왕 폐하의 시해를 계획하고, 실행하고, 상상한' 죄에 대해 유죄를 판결하며 사형을 선고했다. 그러나 메리를 처형대로 보내기까지는 아직 넘어야 할 산이 있었다. 엘리자베스 여왕의 최종 허가를 받는 것이었다.

주홍색과 흰색으로 드러난 여왕

재판 결과를 보고받은 엘리자베스의 심정은 복잡했다. 은밀히 소망해 오던 일이 현실에서 벌어지자 사태의 무게와 부작용을 뒤늦게 깨닫고 혼란에 빠졌다고나 할까? 그뿐만 아니라 비록 자신을 보호하려는 충정에서 나온 행보라고는 하지만 교묘하게 올가미를 쳐놓고 메리가 걸려들도록 만든 월싱엄의 하이테크 공작에 엘리자베스는 진저리를 쳤다. 게다가 신하의 신분에 불과한 자들이 감히 왕족의 생사여탈을 결정짓는 선례를 남기는 것이 과연 적절한지 확신이 들지 않았다. 더욱이 메리를 죽일 경우 독실한 가톨릭 신자인 펠리페 2세Philip Ⅱ가 왕으로 있는 스페인이나 한때 메리를 왕비로 모신 프랑스에 영국을 침공할 명분을 제공할지 모른다는 우려도 있었다.

여왕이 머뭇거리자 의회는 성명을 내서 결단을 촉구했다. 의회는 "메리 스튜어트는 국적은 스코틀랜드, 성장한 곳은 프랑스, 사고방식은 스페인식이라 개신교 국가인 영국을 노리는 모든 음모의 구심점이 될 수밖에 없는 운명"[5]이기 때문에 비상한 조치가 필요하다고 주장했다. 엘리자베스는 메리의 사형 집행 영장에 서명하기는 했으나, 다시 한동안 뜸을 들였다.[6] 결국 월싱엄과 세실 등 조사위원 10여 명이 자신들의 서명을 영장에 기입하는 등 집단 시위를 벌인 뒤에야 여왕은 메리를 처형하라는 최종 인가를 했다.

1587년 2월 8일, 메리는 일국의 여왕에서 망명객으로, 다시 반역의 수괴로 낙인찍히는 파란만장한 삶을 뒤로하고 재판이 열렸던 포터링게이 성에 마련된 처형대에 올랐다. 계단을 오른 메리가 걸치고 있던 외투를

● ● ●

5 Neville Williams, *The Life and Times of Elizabeth I*, Cross River Press : NY, 1992, p. 172.
6 엘리자베스는 메리를 처형하는 대신 천천히 독살하는 방법까지 고려했으나 주변의 반대에 부딪혀 포기했다.

벗어 던지자 군중 사이에서 탄성이 터져나왔다. 메리가 생애 마지막 순간을 위해 선택한 복장은 가톨릭에서 전통적으로 순교를 상징하는 색깔인 주홍색 드레스였던 것이다. 기도를 끝낸 메리가 처형대에 목을 걸치자 두 차례 도끼질 끝에 그녀의 머리가 몸에서 떨어져나갔다. 관습대로 사형 집행인이 메리의 잘린 머리를 들고 "신이여, 여왕(엘리자베스)을 보우하소서God Save the Queen"라고 외치는 사이 충격적인 일이 벌어졌다. 집행인이 잡아든 머리카락 아래로 메리의 머리가 힘없이 툭 떨어진 것이다. 알고 보니 메리는 가발을 쓰고 있었고, 그 아래로 짧게 자른 백발을 감추고 있었다. 그런데 잠시 뒤 군중 사이에서는 또 한 번 탄성과 비명이 터져나왔다. 메리가 입은 드레스 속에서 강아지 한 마리가 튀어나와 피가 낭자한 마룻바닥을 기어다녔기 때문이다. 문제의 강아지는 평소 동물을 좋아한 메리가 기르던 스카이 테리어 종으로, 사형장까지 주인을 좇아와 옷자락 속에 기어들어 갔던 것이다.

종말과 새로운 시작

메리는 생전에 자신의 의복 귀퉁이에 프랑스어로 "나의 종말은 새로운 시작이다En ma Fin gît mon Commencement I"라는 모토를 수놓았다고 하는데, 그 말은 이후 전개된 사건들을 생각해보면 소름 돋는 예언이라고 하지 않을 수 없다. 메리는 살아생전의 공과에 대한 객관적 평가와 상관없이 전 유럽에서 비운의 여왕이자 가톨릭을 위해 죽은 순교자로서 높은 인기를 누리게 되었다. 평생 결혼도 하지 않고 영국 국민을 위해 분투하는 성녀라는 이미지를 구축하려고 기를 쓴 이는 엘리자베스였지만, 정작 성녀이자 전설로 대접받은 이는 세 번이나 결혼한 메리였다. 그뿐만 아니라 메리의 머리가 잘린 지 16년 만인 1603년, 엘리자베스가 병상에서 마지막 숨을 몰아쉴 때 그의 후계자로 지명된 인물은 다름 아닌 메리의 아들 스코틀랜드 국왕 제임스 6세James Ⅵ였다. 스코틀랜드 국왕 제임스 6세는 동시에 제임스 1세James I로서 영국 국왕의 자리를 겸하게 되었다. 제임스 1세는 즉위와 동시에 시골 교회에 묻혀 있던 모친의 시신을 역대 영국 국왕들이 묻힌 웨스트민스터 사원으로 옮기고 엘리자베스 1세와 같은 규모로 꾸미도록 했다.

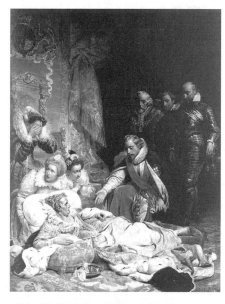

임종을 맞은 엘리자베스 여왕. 후사가 없었던 탓에 반역죄로 처형당한 메리의 아들에게 왕위를 물려주어야 했다.

반역죄로 처형당한 비운의 인물이 영국 국왕들과 같은 반열에 오르는 순간이었다.

02 찰스 1세의 재판

● 국민의 대표를 얕본 독불 군주의 말로 : The Trial of Charles I (1649)

"이보시오, 나는 평범한 죄수가 아니라오."
_찰스 1세Charles I, 영국 국왕

대헌장과 영국 의회의 기원

영국 역사상 최악의 폭군이라면 흔히 셰익스피어의 희곡으로 유명한 리처드 3세Richard Ⅲ 1452~1485를 꼽지만, 어떤 의미에서 폭군보다도 딱한 처지라고 할 최악의 암군暗君으로는 존 왕King John 1166~1216을 꼽는 영국인이 많다.[1] 존 왕의 재위 중 행적을 보면 그리 자랑스럽지 못한 기록이 가득하다. 존 왕은 당시 영국 왕실이 통치하던 노르망디를 포함한 프랑스 북부 지역의 지배권을 잃는가 하면 교황과 불필요한 갈등을 일으켜 파문을 당했다가 용서받는 사건으로 국제적인 망신감이 되기도 했다. 존 왕은 잃어버린 프랑스 영토를 회복하려고 재위 중 여러 차례 프랑스와 전쟁을 벌였는데, 그 비용을 조달하기 위해 막대한 세금을 거둬들였기 때문에 귀족들에게서 점점 인심을 잃었다.

1214년 왕이 야심만만하게 벌였던 프랑스 원정에서 다시 대패하고 돌아오자 그동안 쌓였던 귀족들의 불만이 폭발했고, 결국 이들의 집단행동에 굴복한 존 왕은 「대헌장Magna Carta」에 서명하게 된다. 「대헌장」에는

• • •

1 실제로 존 왕 이후 영국 왕실에서 존이라는 이름의 왕이 나온 적이 없다는 사실 하나만 봐도 영국 역사에서 그가 얼마나 인기 없는 군주로 남아 있는지 알 수 있다.

왕이 귀족들의 동의 없이 새로운 세금을 부과할 수 없다는 조항과 적법한 절차 없이 시민이 체포, 구금될 수 없다는 조항[2] 등 당시로는 획기적인 내용이 포함되어 있었다.

「대헌장」원본. 역사상 신하들이 국왕의 권한을 제한하는 선례를 남긴 획기적인 문서로 꼽힌다.

이어서 헨리 3세Henry Ⅲ가 왕위에 있던 1265년 시몽 드 몽포르Simon de Montfort 백작의 주도하에 귀족, 성직자, 기사, 시민의 대표로 구성된 의회가 정식으로 성립되었다. 이때부터 영국 의회는 국왕의 세금 징수에 동의권을 행사하며 절대 권력을 견제할 수 있는 제도적 장치로 기능하게 된다. 이후 프랑스와 치른 백년전쟁 기간에 전쟁 비용을 조달하기 위한 세금 징수의 필요성이 갈수록 커짐에 따라 의회의 권한과 영향력도 따라서 커지게 된다. 14세기 중엽에는 귀족들로 구성된 상원House of Lords과 평민들의 대표로 구성된 하원House of Commons의 양원제가 자리 잡았다. 특히 하원은 평민들의 이해관계가 반영된 법안을 제출하는가 하면, 세금 부과에 동의권을 행사하는 권한도 누리게 되었다. 물론 의회의 견제가 있다고는 해도 국왕의 권력은 여전히 막강했지만, 이렇게 수백 년 동안 경륜을 쌓아가면서 영국 의회는 서서히 국왕이 국정을 수행하는 데 단순히 거쳐가야 하는 성가신 의결 기관 이상의 존재로 변해갔다.

● ● ●

2 이 부분은 이후 영국의 「권리장전」은 물론 미국 수정헌법의 적법 절차due process 조항의 근거가 된다.

찰스 1세와 의회

1603년 엘리자베스 1세가 후사 없이 사망하자 영국 왕위는 메리 스튜어트의 아들 스코틀랜드 왕 제임스 1세James I에게 돌아갔다. 독실한 신앙인[3]이었던 제임스 1세는 성서에 근거한 왕권신수설과 절대왕정 사상의 열렬한 신봉자였다. 그는 이런 정치적 성향 때문에 일부 신하들과 마찰을 빚었다. 국왕의 권위를 둘러싼 갈등은 보통 법원Court of Common Pleas의 대법원장이었던 에드워드 쿡Edward Coke과의 충돌에서 잘 드러난다. 제임스 1세는 법원이란 기본적으로 왕의 대리인인 판사들이 재판을 진행하는 기관이기 때문에 왕이 마음만 먹으면 어떤 사건의 재판이라도 직접 주관할 수 있다고 주장했다. 그러자 쿡은 재판이란 오랜 학습과 경험을 바탕으로 '인위적인 추론의 기술에 통달'한 전문가만이 제대로 할 수 있는 것이므로 국왕이라고 해도 그러한 지식과 경험을 쌓기 전에는 함부로 법률을 해석할 수 없다고 반박했다. 쿡이 한 발 더 나아가 "국왕 역시 법률의 보호를 받는 존재입니다"라고 말하자 제임스 1세는 "왕이 법률을 수호하는 것이지 그 반대는 아니다! The King protects the law, and not the law the king!"라며 분통을 터뜨렸다. 또 제임스 1세는 왕실 재정을 튼튼히 하기 위해 세수를 늘리고 싶어했으나 의회는 선뜻 동의하지 않았다. 이때 시작된 국왕과 의회의 껄끄러운 관계는 제임스 1세의 아들 찰스 1세Charles I의 대까지도 이어졌다.

1625년 찰스 1세는 스페인과의 전쟁 비용을 마련하기 위해 소집한 의회가 군비 조달에 미온적으로 반응하자 의회의 동의를 거치지 않고 국왕에 대한 정부의 장기 융자라는 형식으로 사실상의 세금을 부과하려다가 의회와 법원의 제동을 받았다. 이때 의회 대표들은 왕의 꼼수를 경고하

• • •

3 모친인 메리 여왕이 가톨릭의 순교 성인으로까지 추앙받은 것과 대조적으로 제임스 1세는 독실한 신교도로 영국 국왕에 오른 뒤에는 가톨릭 교도들의 이익을 제한하는 정책을 시행하기도 했다.

반 다이크Anthony van Dyck가 그린 찰스 1세. 벨기에 출신의 반 다이크는 찰스 1세의 초청으로 영국에 와서 궁정 화가가 되어 국왕과 가족들의 초상화를 여러 점 그렸다.

는 의미로「대헌장」성립 이래 의회와 국민이 누려야 할 제반 권리를 다시 한 번 공식적으로 승인해달라며 1628년「권리청원Petition of Right」을 제출했다. 의회의 반발에 자존심이 몹시 상한 찰스 1세는「권리청원」에 서명하기는 했으나, 의회의 간섭 없이 통치하겠다고 결심하고 이후 10년이 넘도록 의회를 소집하지 않았다. 그러나 1639년 스코틀랜드의 일부 귀족들이 일으킨 반란에 정부군이 연거푸 패퇴하는 상황이 벌어지자 군자금을 조달하기 위해 의회를 소집하지 않을 수 없게 되었다.

국왕의 의회 난입과 내전의 시작

그런데 오랜만에 소집된 의회는 10년 전과 마찬가지로 왕의 뜻을 호락호락 받아들이지 않은 것은 물론 오히려 왕이 미처 예상하지도 못한 '광폭 행보'를 시작했다. 찰스 1세가 의회를 소집한 목적은 세금에 대한 동의를 얻는 것이었다. 그런데 의회는 소집되자마자 왕권을 강화하려고 음지에서 뛰고 있던 왕의 핵심 측근들을 반역자로 처단하라고 요구하는 결의안을 채택했다. 또 의회가 국왕이 희망할 때뿐 아니라 3년에 한 번씩 정기적으로 소집되어야 하며, 일단 소집된 의회는 국왕 마음대로 해산할 수 없다는 내용을 골자로 하는 이른바「3년 소집령Triennial Act」에 왕이 서명하라고 요구했다. 이렇게 의회가 다소 과격해진 데는 찰스 1세의 서

툰 지도력과 함께 의회가 급진 종교 세력인 청교도들puritans⁴에게 장악된 데에도 원인이 있었다. 왕과 의회가 이렇게 티격태격하는 사이 엎친 데 덮친 격으로 이번에는 아일랜드에서 또 다른 반란이 일어났다. 이 때 일부에서 반란을 국왕이 배후조종했다는 소문이 퍼지자 이를 빌미로 의회 대표들은 국왕 대신 의회가 직접 군대를 이끌고 반란을 진압해야 한다고 주장했고, 이 대목에서 찰스 1세의 인내심은 한계에 다다랐다.

1642년 1월 4일 찰스 1세는 직접 근위병들을 통솔하고 의회에 진입했다. 그리고 아일랜드 반란에 대한 소문을 퍼뜨렸다고 지목받던 몇몇 의원을 반역죄로 체포하여 본때를 보이려고 했다. 그러나 정보가 새어 나가는 바람에 용의자들은 이미 의회를 빠져나간 뒤였다. 의사당 홀에서 왕이 마주친 이는 하원의장 윌리엄 렌톨William Lenthall이었다. 왕이 용의자들의 소재를 묻자 렌톨은 "폐하, 저는 의회를 섬기는 몸인지라 의회가 지시하는 것 이외에는 볼 수도 없고 말할 수도 없습니다"라고 대답하면서 국왕 면전에서 의회의 권위를 앞세우는 역사적인 장면을 연출했다.

민의를 대표하는 장소인 하원에 군주가 무단으로 침입한 것은 그때까지 전례가 없던 일이다. 이 사건은 의회의 온건파뿐 아니라 일반 민심이 국왕에게서 떠나게 하는 결정적인 계기가 되었다. 왕이 의사당에서 철수하기도 전에 런던 일부에서 시민이 봉기했다. 신변의 위협을 느낀 찰스 1세가 런던을 탈출하여 옥스포드에 임시 행궁을 차리고 근왕군을 모집하면서 영국은 본격적으로 내전에 돌입했다.

● ● ●

4 청교도는 헨리 8세가 세운 영국 국교회 주도의 종교개혁이 초기 기독교 정신으로 돌아가기에는 부족하다고 느낀 일부 신교도들이 유럽 대륙 종교개혁의 한 갈래로 시작된 칼뱅주의의 영향을 받아 일으킨 종파로, 특히 금욕적인 생활 방식으로 유명했다. 이들은 한동안 영국 정부의 박해를 받았는데, 그 일부가 종교의 자유를 찾아 대서양을 건너 아메리카대륙에 식민지를 세움으로써 미국이 시작되었다.

의회파의 승리

1642년에 시작된 왕당파와 의회파의 전쟁은 올리버 크롬웰Oliver Cromwell이 이끄는 의회파 군대가 1645년 6월 네이즈비전투Battle of Naseby에서 왕당파 군대에 거의 회복불능의 타격을 가하면서 승패가 결정났다. 결국 의회파 군대는 스코틀랜드까지 도주했던 찰스를 포로로 잡아 햄프턴궁Hampton Court에 유폐했다. 이때까지만 해도 의회 지도자들은 폐위 등 과격한 조치를 취하기보다는 왕의 권한을 대폭 축소해 향후 왕과 의회의 위치를 좀 더 동등하게 만드는 데 관심이 있었다. 문제는 찰스 1세가 부왕인 제임스 1세보다 더한 왕권신수설 신봉론자로 의회파에게 한 치도 양보하지 않으려 한 데 있었다. 의회와 타협하기를 거부하는 고집불통 왕을 두고 측근 리치먼드 공Duke of Richmond은 "거의 잃을 처지였다고는 해도 또 마음만 먹었다면 너무도 쉽게 되찾아올 수 있는 왕관이었다"라고 탄식했다.

의회 지도자들이 점점 왕에 대해 인내심을 잃어가는 사이 결정적인 사건이 터지고 말았다. 찰스와 비밀리에 연락을 유지하던 왕당파 잔당이 1648년 다시 의회파에 전쟁을 선포한 가운데 스코틀랜드 군대가 영국 땅을 침략한 것이다. 크롬웰이 이끄는 의회파 군대가 비교적 쉽게 적을 격파하기는 했지만, 의회 지도자들은 왕당파의 정신적 지주인 찰스 1세를 그대로 둘 수 없다는 결론을 내렸다. 결국 의회는 찰스 1세를 법정에 세우기 위해 국왕을 반역죄로 처벌하기 위한 고등법원을 따로 설립하는 법령을 통과시켰다. 그리고 135명으로 구성된 재판정을 구성하도록 했다.

재판정에 선 국왕

엄밀히 말하면 당시 국왕은 의회(입법부)와 사법부의 상위에 있는 존재였으므로 왕을 재판하는 법정을 조직한다는 것 자체가 말이 안 된다. 영국 역사에서 왕조가 뒤바뀌고 왕이 권력투쟁의 와중에 암살당하는 일은 종종 있었지만 귀족도 아닌 일반 백성이 왕을 재판에 회부한 전례가 없었다. 영국은 그보다 60여 년 전 스코틀랜드 여왕 메리를 처형한 적이 있지만 메리는 엄밀히 말해 외국의 퇴위한 군주였고, 그 목적도 재위 중인 엘리자베스 여왕을 보위하려는 것이었기 때문에 백성들이 왕을 재판대에 세웠다고 볼 수는 없다.

법정에 선 찰스 1세를 묘사한 판화. 찰스 1세의 재판은 영국 역사에서 국민의 대표가 국왕을 피고로 재판정에 세운 전무후무한 사례로 기록된다.

이렇게 사상 최초로 모시던 국왕의 단죄 여부를 결정해야 한다는 심적 부담과 혹시 있을지 모를 왕당파의 보복에 대한 우려 때문에 지명된 135명 가운데 실제 재판에 참석한 인원은 70여 명에 불과했다. 그중 법률가는 거의 없었다. 국왕 재판이라는 개념 자체가 그때까지의 영국 사법 전통과 너무나 동떨어졌기에 재판에 참석하여 이름을 올리기를 꺼렸기 때문이다.[5] 재판에 거리낌 없이 참여한 인물들은 대부분 폭정을 일삼는 왕을 백성의 이름으로 몰아내는 것이 신의 뜻과도 일치한다는 신념을 가진 종교 지도자들과 군부 인사들이었다.

드디어 1649년 1월 20일, 영국 의회 의사당(웨스트민스터궁)의 웨스트민스터강당Westminster Hall에서 국민의 대표들이 국왕에게 죄를 묻는, 영국 역사상 전대미문의 재판이 시작되었다. 검찰이 왕의 대역죄 혐의를

● ● ●
5 Stuart E. Prall, *The Puritan Revolution : A Documentary History*, Anchor Books : New York, 1968, p. 182.

길게 낭독한 직후 찰스 1세와 재판장 존 브래드쇼John Bradshaw 사이에
이어진 날선 공방을 요약해서 소개한다.

재판장 : 혐의 내용을 들었으니 이번에는 이 법정이 영국 국민을 대신해서
귀하의 답변을 요구할 차례요. 귀하의 죄를 인정합니까?

찰스 1세 : 그보다 먼저 도대체 당신네들이 어떤 적법한 권한이 있어 나를
이 자리에 끌고 왔는지 알아야겠소. 분명히 당신들은 권한이 있는 것 같구
료. 하지만 도둑이나 강도, 폭도도 권한은 있을지언정 적법한 것은 아니오.

재판장 : 법정을 둘러보면 우리가 어떤 권한을 가졌는지 알 것이오. 이 법
정은 귀하를 왕으로 뽑은 영국 국민의 이름으로 귀하의 대답을 요구하오.

찰스 1세 : 유감이지만 영국 국민은 한 번도 왕을 선출해본 적이 없소. 왕
권은 이 나라에서 거의 천 년간 세습되어왔소. 그런 왕국의 국왕인 나를
이 자리에 불러온 당신네 판사라는 자들의 권한이 어디서 왔는지를 먼저
물어야겠소. 나는 내 백성을 평화롭게 다스릴 것을 신께 맹세한 바 있소.
합법적인 권력에 대항하는 것과 마찬가지로 폭압적이거나 불법적인 권력
에 복종하는 것 또한 죄가 되오.

재판장 : 여기 법정에 있는 이들은 귀하뿐 아니라 귀하의 전임자 모두가 책
임을 지는 영국 국민이 부여한 권위에 따라 모인 것이오.

찰스 1세 : 이런 선례가 한 번이라도 있었소? 영국 역사에서 의회는 한 번
도 이런 식으로 사법부 행세를 한 적이 없소이다.

재판장 : 법정의 권한을 따지고 드는 것은 죄수가 요구할 사항이 아니오.
죄수는 자신에게 적용된 혐의를 인정하는지, 거부하는지만 말하시오.

찰스 1세 : 당신은 어떤 권한으로 지금 그 자리에 앉아 있는 거요?

재판장 : 그것은 죄수가 물을 질문이 아니오.

찰스 1세 : 죄수? 이보시오, 나는 평범한 죄수가 아니라오!

재판장 : 이 법정은 사법권이 있음을 이미 스스로 승인했소. 귀하가 귀하의 혐의에 대해 변호하지 않겠다면 우리는 기권한 것으로 보겠소.

당시 영국에서 형사 재판은 법정이 피고의 범죄 혐의를 낭독한 뒤 재판장이 피고에게 혐의 사실에 대해 유죄라고 생각하는지 아닌지를 묻는 것으로 시작했다. 찰스 1세는 그러한 법정의 요구에 맞서 일관되게 재판정의 권위 자체를 철저히 부정하는 것으로 답변을 대신했다. 물론 찰스 1세가 법정의 권위를 인정하건 말건 재판은 의회 지도자들이 이미 계획한 결승점으로 치달리고 있었다. 며칠 동안 심리가 이어진 뒤인 1월 27일, 드디어 서기가 법정의 선고를 낭독했다.

피고인이 행한 모든 반역과 범죄행위에 대해, 이 법정은 찰스 스튜어트를 폭군, 반역자, 살인자이자 공공의 적으로 판정하여 신체에서 머리를 분리하는 방식으로 죽음에 처할 것을 명하는 바이다.

찰스의 처형과 공화국의 탄생

선고가 있은 지 사흘 뒤인 1월 30일, 찰스 1세가 재위 시 외교 사절을 맞이하는 장소로 사용한 화이트홀궁Palace of Whitehall의 연회당 앞에 그의 목을 자를 형틀이 설치되었다. 처형 당일 찰스 1세는 사형장으로 향하기에 앞서 셔츠를 두 벌 요구했다. 얇은 셔츠 한 장만 입고 사형대에 오를 경우 추운 겨울 날씨 때문에 떨기라도 하면 구경하던 국민에게 왕이 죽음을 두려워한다는 인상을 줄까봐 염려했기 때문이다. 사형대에 오른 찰스는 마지막으로 자신은 영국의 법률과 국민의 권리를 보호하기 위해 기꺼이 죽을 준비가 되어 있다고 연설했다. 마지막 기도를 관장한 사제에게 왕은 이렇게 말했다.

"나는 이제 타락할 수 있는 왕관corruptible crown을 버리고, 이승의 번 잡스러움이 없는 곳에 있는, 결코 타락할 수 없는 왕관incorruptible crown 을 향해 갈 것이오."

사제가 대답했다.

"폐하께서는 일시적인 왕관temporary crown과 영원한 왕관eternal crown 을 바꾸시는 겁니다. 좋은 거래지요."

모자와 망토를 벗은 뒤 잠시 참수대를 내려다본 왕은 사형 집행관에게 말했다.

"금방 끝나겠지?"

"빨리 끝날 겁니다."

집행관은 약속을 지켰다. 왕의 머리는 한 번의 도끼질로 잘려나갔다.

이렇게 해서 스코틀랜드에서 시작된 스튜어트 왕조House of Stuart는 튜더 왕조House of Tudor로부터 영국의 왕위를 계승하는 영광을 누린 동 시에 여왕 메리에 이어 그 손자 찰스 1세까지 두 왕이 영국 땅에서 참수 당하는 유감스러운 기록 또한 세우게 되었다. 메리 여왕 처형 당시 사형 집행인은 메리의 잘린 머리를 들고 엘리자베스를 지칭하며 "신이여, 여 왕을 보우하소서"라고 외쳤지만 찰스의 잘린 머리를 집어든 사형 집행인 은 "공화국 만세"라고 외쳐야 했다. 이때 영국은 왕국이 아니라 청교도 공화국이었기 때문이다.

형 집행 후 왕의 머리는 외과의들이 다시 몸통에 봉합했다. 시신을 실 은 관은 붉은 비단보에 싸여 눈 오는 런던 거리를 지나 성 조지성당St. George's Chapel에 안장되었다. 국왕이 처형당하는 장면을 목격한 국민의 마음은 착잡했다. 물론 왕정의 종식과 함께 찾아올 새 시대를 기대했었 지만, 국왕의 죽음에 대한 강렬한 추모 열기 또한 그의 사형 집행과 거의 동시에 달아올랐다. 의회파는 찰스 1세의 처형이 국가의 안정을 가져올 것으로 기대했다. 하지만 영국의 국론은 국왕의 죽음을 안타깝게 여기는 국민과 사형을 지지하는 쪽으로 나뉘어 오히려 왕이 살아 있을 때보다 더욱 극심하게 분열되었다.

왕정복고 이후

국왕이 처형된 뒤 크롬웰은 상원의회House of Lords를 폐지하고 하원 의원을 모두 선출직에서 임명직으로 바꾸었다. 그리고 이들의 투표를 거쳐 '호국경Lord Protector'의 지위에 올라 공화국의 권력을 장악했다. 크롬웰이 꿈꾼 새로운 영국은 자신처럼 '사심 없는' 청교도의 성인聖人들, 즉 크롬웰과 자신이 임명한 장군들이 다스리는 종교적 병영국가였다. 크롬웰이 집권한 직후 전국에 금주령이 내려졌다. 사창가와 극장이 문을 닫았고, 도박·경마·닭싸움 등 서민들의 엔터테인먼트 역시 퇴폐적인 풍속으로 금지되었으며, 교회 예배 참석이 의무화되었다. 이런 상황이 닥치자 공화정을 지지하던 국민마저 숨쉴 틈 없는 금욕과 규율을 강요하는 정권에 피로감을 느끼기 시작했다. 일부에서는 왕권신수설의 신봉자였던 찰스 1세를 국민의 자유를 위해 죽은 '순교자'로 보며 추앙하는 일도 있었다.[6]

결국 1658년 크롬웰의 죽음과 동시에 공화국 체제는 빠르게 붕괴되어 갔다. 찰스 1세의 아들로 망명생활을 하던 찰스 2세를 왕으로 추대하려는 왕당파가 공화파에 전쟁을 선포한 가운데 10년간 금지되었던 총선거를 통해 의회에도 왕당파 의원이 대거 진출하였다. 새로 소집된 의회

●●●
6 *Ibid.*, p. 183.

올리버 크롬웰. 영국 역사상 최초로 왕정을 무너뜨리고 청교도적 금욕주의에 기초한 공화정을 열었다.

는 1660년 5월 8일 당시 네덜란드에 머물던 찰스 2세를 불러 영국의 왕으로 모시자고 결의하고 청교도 공화국의 종말을 공식적으로 선언했다. 이렇게 영국이 공화정에서 왕정으로 회귀한 사건을 '왕정복고Restoration'라고 한다.[7]

1660년의 왕정복고 직후 영국 사법부는 공화국 체제와 철저히 결별하기 위해 찰스 1세의 처형을 주도한 청교도 지도자들 가운데 그때까지 살아 있던 이들에 대한 재판을 시작했다. 이 재판에서 혁명군 장성으로 크롬웰의 오른팔이던 토머스 해리슨Thomas Harrison을 비롯하여 찰스 1세의 사형 집행 영장에 서명한 의회 지도자 59명 중 그때까지 살아 있던 31명이 국왕 시해弑害의 대역죄로 재판을 받았다. "신이시여, 국왕을 보우하소서God Save the King"라는 기도가 울려퍼지는 가운데 시작된 재판에서 12명이 사형선고를 받았으며, 다수가 종신형에 처해졌다. 이뿐만 아니라 올리버 크롬웰을 비롯하여 이미 사망한 혁명 지도자들의 시체까지 무덤에서 파내 부관참시했다.

영국의 공화국 실험은 이렇게 짧고도 굵게 끝나고 말았지만, 왕정복고가 시계를 완전히 과거로 되돌린 것은 아니다. 이후 영국 역사는 왕권이 계속 제한되고 국민과 그 대표들이 국정의 실제 책임을 지는 방향으로 자연스럽게 흘러갔다. 물론 왕권을 강화하려는 반동적인 움직임이 없

●●●

7 일부 역사가들은 공화정을 사실상의 왕조, 즉 크롬웰 왕조로 보기도 한다. 실제로 크롬웰이 호국경에 오른 뒤 발행한 화폐 속 그의 모습은 찰스 1세 재위 시 발행된 화폐 속 국왕의 모습과 놀라우리만치 흡사하다. 그뿐만 아니라 크롬웰은 후계자인 2대 호국경으로 자기 아들을 지명했다.

었던 것은 아니다. 왕정복고로 왕위에 오른 찰스 2세의 뒤를 이은 사람은 그의 동생 제임스 2세James Ⅱ다. 그는 영국을 다시 절대왕정 체제로 돌리려다 바로 역풍을 맞아 프랑스로 망명하지 않을 수 없었다. 이후 '명예혁명Glorious Revolution'이라고 불리는 과정을 거쳐 영국 국왕의 권력은 대폭 축소되고 대의민주주의가 확고히 자리 잡게 되었다. 국왕이 '군림하되 지배하지 않는' 영국 특유의 전통이 확립된 것이다.

이렇게 우여곡절을 겪은 영국은 독불장군 행세를 하던 왕의 목이 날아간 비극을 겪은 왕가와, 왕정을 폐지하려다가 오히려 왕정보다 더 숨막히는 공화정을 겪은 국민이 몸서리쳐지는 집단 기억을 각기 간직한 채서로 적절히 양보하여 권력이 균형과 견제를 이루는 독특한 입헌군주제의 전통을 세워 오늘날에 이르렀다. 군주제와 민주주의라는 도저히 양립할 수 없을 것 같은 두 원칙이 평화롭게 공존하는 영국의 비밀은 다름 아닌 역사의 학습 효과이며 그 값비싼 수업의 시작은 바로 찰스 1세를 처형한 1649년의 판결이었다.

03 루이 16세의 재판과 처형

● **혁명의 제단에 바쳐진 국왕의 머리 :** The Trial of Louis XVI (1792)

자유의 나무는 오직 폭군이 흘린 피를 먹고 자란다.
_베르트랑 바레르Bertrand Barère, 프랑스혁명 시대 정치인

거덜 난 태양왕의 금고

　파리 서쪽 교외에 있는 베르사유궁전은 '태양왕'이라는 별명과 "짐이 곧 국가"라는 호언으로 유명한 절대 군주 루이 14세Louis ⅩⅣ가 자신의 찬란한 권력을 과시할 목적으로 기획한 대규모 건설 프로젝트에 따라 세워졌다. 하지만 1661년 시작되어 1710년까지 계속된 궁전 공사에 들어간 엄청난 건축비와 루이 14세의 도를 넘은 사치는 이후 프랑스 재정을 위태롭게 하여 역설적으로 부르봉 왕가의 태양을 급격히 황혼으로 몰고 가는 주범이 되고 만다. 한번 악화되기 시작한 국가 재정은 태양왕의 뒤를 이은 루이 15세Louis ⅩⅤ 대에 이르러서도 전혀 나아질 기미가 없다가 드디어 루이 16세Louis ⅩⅥ 집권기에 한계점에 다다랐다.

　프랑스의 재정 적자에 마지막 일격을 가한 것은 바로 아메리카대륙의 영국 식민지가 본국에 대해 벌인 투쟁, 즉 미국 독립전쟁을 지원하기 위해 대규모로 발행한 국채였다. 이 때문에 화폐가치가 폭락하면서 민심이 급격히 동요했다. 재정적 이유뿐 아니라 프랑스가 미국을 지원한 것은 이데올로기적 측면에서도 일종의 이율배반이 아닐 수 없었다. 아메리카대륙에서 혁명을 일으킨 주역들은 모든 권력의 억압에서 벗어난 인간 개

개인의 자유 의지와 존엄성을 설파한 볼테르, 루소, 몽테스키외 등 프랑스 계몽철학자들의 정신적 계승자들이었기 때문이다. 당시 프랑스는 어느 모로 보나 아메리카 식민지가 독립을 쟁취하려고 싸우는 상대인 영국보다 훨씬 엄격한 전제군주제였다. 이런 프랑스가 미국 독립전쟁을 지원한다는 것은 자국의 사상적 불순분자들이 뿌린 사상을 바다 건너 신대륙에서 구현하려는 무리에게 제 돈을 써가며 등을 밀어준 셈이 되었다. 실제로 프랑스의 도움을 받은 미국은 독립에 성공했다. 하지만 숙명의 라이벌 관계이던 영국의 세계 전략을 훼방 놓을 기회를 잡았다는 흥분으로 저지른 이 이데올로기적 자가당착은 곧 앙시앵레짐ancien régime[1]에 부메랑으로 돌아왔다.

삼부회 소집

미국 독립전쟁 지원으로 최악의 재정난과 맞닥뜨린 루이 16세는 그때까지 약 180년간 한 번도 열지 않은 삼부회États-Généraux를 소집했다. 14세기 초 필리프 4세가 처음 소집했다고 하는 삼부회는 전통적으로 프랑스에서 왕이 국가 중대사를 사제, 귀족, 평민 세 계급의 대표와 함께 의논하는 기관이었다. 그러나 1789년 5월 베르사유에서 열린 삼부회는 전혀 예상하지 못한 방향으로 흘러갔다. 평민 대표들이 독자적인 목소리를 내며 안건마다 문제를 제기했기 때문이다. 당시 프랑스는 경제난 속에서 계급 구조의 모순이 폭발 직전에 있었다. 왕족은 물론이고 방대한 영지를 가진 귀족들과 교회의 신성을 앞세운 성직자들은 납세의 의무를 전혀 지지 않았다. 반면, 신흥 부르주아와 농민을 포함한 평민은 나라를

● ● ●

1 프랑스어로 '구체제'라는 뜻으로 일반적으로 프랑스혁명 전의 절대 군주제를 지칭한다.

루이 16세와 왕비 마리 앙투아네트. 프랑스 국민은 루이 16세를 유약한 군주로, 오스트리아 출신 왕비를 사치와 방탕에 빠진 인물로 간주했다.

떠받치는 경제적 부담을 전적으로 담당하면서도 정치적 목소리는 거의 내지 못했기 때문에 불만이 하늘을 찔렀다. 이런 상황에서 삼부회가 소집되자 평민 대표들과 계몽주의 지식인들은 이 모임을 자신들의 이익을 대변할 절호의 기회로 보아 귀족과 성직자 계층을 작심하고 압박했다.

더구나 미국이 영국을 무찌르고 독립을 쟁취했다는 사실은 그들의 행동에 더욱 정당성과 확신을 불어넣었다. 사실 프랑스의 개혁 세력이 미국의 독립운동가들과 동질감과 연대감을 느낀 것은 전혀 놀라운 일이 아니다. 독립선언에 앞서 영국에 대해 "대표 없이 세금 없다"라고 한 대서양 건너 '동지'들의 외침은 바로 자신들의 처지를 대변한 것이었다. 그뿐만 아니라 그 동지들은 세계 최강이던 대영제국 군대와 벌인 전쟁에서도 승리했다. 도대체 아메리카대륙에서도 가능한 일이 유럽, 그것도 계몽주의의 고향 프랑스에서 불가능할 이유가 뭐란 말인가? 평민 대표와 기득권 세력 대표의 알력으로 삼부회가 혼란에 빠지자 평민 대표 지도부는 삼부회 참여를 거부하고 자체적으로 국민의회Assemblée Nationale를 결성하여 왕과 특권층뿐 아니라 전 국민의 이익을 반영하는 헌법이 제정될 때까지 해산하지 않겠다고 선서했다.[2] 국민의회가 제헌의회로 이름을 바꾸고 성직자 일부와 계몽주의의 세례를 받은 귀족들까지 여기에 합류하자 루이 16세는 이를 정식으로 승인하지 않을 수 없었다.

혁명의 시작

한편, 파리에서는 국왕이 군대를 보내 시민들을 학살하려 한다는 헛소문에 흥분한 성난 군중이 1789년 7월 11일 파리 시내에서 정치범들의 수용소로 쓰이던 바스티유를 점령해 죄수들을 해방시켰다. 바스티유에 죄수라고는 고작 몇 명밖에 없었지만, 시민들이 해방의 목표로 삼은 것은 바스티유 내에 설치된 무기고였다. 탈취한 무기로 무장한 군중은 더욱 대담해져 파리 시장과 수비대장을 살해하고 파리를 국가 권력의 힘이 미치지 못하는 일종의 민중 해방구로 만들었다. 파리의 사건 전개에 호응하여 지방 곳곳에서도 농민들을 중심으로 소요가 일어났다. 농민들이 영주인 귀족들의 장원과 성채를 약탈하고 불을 지르는가 하면 중앙 정부에서 파견된 관리를 살해하는 등 온 나라가 일대 혼란에 빠져들었다. 이와 같은 상황에서 제헌의회는 8월 26일 국민의 자유, 평등, 박애 등을 명시한 인권선언을 발표하였다. 앙시앵레짐의 봉건적 이데올로기와 결별하고 시민 사회의 구성 원리를 천명한 이 인권선언은 미국의 독립선언서에 비교되는 역사적인 사건이었다. 인권선언 직후 루이 16세는 제헌의회

• • •
2 이 선서가 베르사유 경내의 실내 테니스 코트에서 사람들이 모인 가운데 이루어졌기에 '테니스 코트의 선서the Tennis Court Oath'라고 한다.

와 함께 파리로 환궁하여 베르사유에서 나라를 통치하던 부르봉 왕가의 전통을 끝낼 수밖에 없었다. 이때부터 국왕의 정국 장악력은 급속히 약화되었으며 그 빈자리는 점점 제헌의회가 메우게 되었다.

당시 제헌의회에서 영향력이 가장 큰 인물은 귀족 출신의 현실주의자 미라보Honoré Gabriel Riqueti, comte de Mirabeau였다. 그는 시민 계급의 이익을 대변한 개혁 법안을 밀어붙이기는 했지만 혁명의 최종 목표를 국민의 기본권을 보장하면서도 전통도 존중하는 입헌군주제로 보았다. "혁명을 할 때 어려운 점은 혁명을 계속하는 것이 아니라 올바른 방향으로 가고 있는지 이따금 세우고 확인하는 일"[3]이라는 말은 미라보의 냉철한 현실주의를 대변한다. 정국의 또 다른 중심 인물은 바스티유 습격에 참가한 무장 시민들을 기초로 하여 탄생된 민병대를 지휘하던 라파예트 후작Marquis de Layfayette이었다. 미국 독립전쟁에도 참가했던 그는 귀족 출신으로 평민들 편에 서는 한편으로는 군주제 유지도 찬성하는 등 미라보와 비슷한 배경과 정치적 성향을 가지고 있었다. 이후 미라보와 라파예트가 계속해서 입법부와 군부를 주도했다면 군주제 철폐 같은 극단적 상황은 오지 않았을 수도 있다. 그러나 이후 상황은 루이 16세에게는 최악의 방향으로 계속 꼬여갔다.

자코뱅의 부상과 왕가의 몰락

1791년 6월 국왕과 그 가족이 파리를 빠져나가 국경을 향해 도주하다가 발각되는 사건이 일어났다. 점진적 개혁을 옹호하는 온건파 지도자 미라보가 그해 봄 갑자기 병으로 사망한 뒤 제헌의회가 점점 과격파의

● ● ●

3 Christopher Hibbert, *The Days of the French Revolution*, Perennial : New York, 2002, p. 184.

손에 휘둘리자 루이 16세는 신변에 불안을 느끼게 되었다. 측근들은 그에게 파리를 빠져나가 해외로 망명하기를 권유했다. 루이 16세는 측근들의 의견에 따랐지만, 이것이 결론적으로는 엄청난 자충수가 되었다. 국민은 국왕이 개혁을 포기하고 야반도주하려 한 데 대해 심한 배신감을 느꼈으며 과격파 정치인들을 중심으로 군주제를 아예 폐지하자는 목소리가 힘을 얻기 시작한 것이다. 같은 해 9월 우여곡절 끝에 제헌의회가 입헌군주제와 부르주아 계급 중심의 국가 개혁 정신을 반영한 헌법을 의결하기는 했으나 이미 민심은 군주제로부터 멀어져 있었다.

프랑스가 이렇게 새로운 국가 체제를 탄생시키기 위한 산고를 겪는 사이, 오스트리아와 프로이센 연합군이 국경을 침입하면서 이른바 혁명전쟁이 시작되었다.[4] 이들의 명분은 프랑스 국왕과 군주제를 보호한다는 것이었지만 프랑스의 어지러운 정국을 이용해서 영토 등의 이익을 취하려는 목적도 있었음은 물론이다. 혁명의 와중에 훈련과 장비 등이 부실해진 프랑스 군대는 전쟁 초기 연전연패했다. 외국 군대가 베르사유 근교까지 진군하는 등 전세가 극도로 악화되자 국민 사이에서는 루이 16세가 왕좌를 지키려고 외세를 끌어들였다는 소문이 기정사실처럼 퍼졌다. 격분한 파리 시민들은 루이 16세가 머물고 있던 튈르리궁을 습격해서 왕의 경호를 맡고 있던 스위스 용병들을 살해했다. 왕과 가족은 의회 건물로 피신하여 가까스로 목숨을 부지했지만 결국 민중에게 체포되어 파리 시내의 감옥에 연금되는 수모를 당해야 했다.

이런 분위기에서 엎친 데 덮친 격으로 정국의 주도권은 급진주의자 로베스피에르Maximilien Robespierre에게 돌아갔다. 미라보와 달리 로베스

---

4 원래 이 전쟁은 오스트리아 황제와 프로이센 국왕이 루이 16세와 왕가가 점점 궁지에 몰리는 프랑스 정국에 대한 우려와 혁명 정부에 대한 경고를 담은 이른바 「필니츠 선언Declaration of Pillnitz」을 발표한 데 반발하여 프랑스가 먼저 선전포고를 함으로써 시작되었다. 그러나 혁명의 와중에 극도로 부실해진 프랑스 군대는 전쟁 시작과 동시에 패퇴를 거듭하는 망신을 당했다.

피에르는 프랑스가 군주제를 철저하게 부정하고 공화정으로 갈 수밖에 없다고 생각했다. 그가 이끌던 급진 정치인들의 모임인 자코뱅협회가 막강한 정치 세력으로 부상하자 왕당파와 온건파 정치인들은 점점 불안을 느끼기 시작했다. 그 와중에 라파예트 장군마저 자코뱅파를 무력으로 해산하려다 실패하고 국외로 망명하자 루이 16세는 자신을 보호해줄 방패를 모두 잃어버리고 혁명의 폭풍 속에 벌거벗고 나앉은 셈이 되고 말았다.

1792년 의용군의 활약으로 오스트리아 – 프로이센 연합군이 변경으로 퇴각하고 전쟁이 소강상태에 이르면서 정치권에서는 제헌의회에 이어 국민공회the National Convention가 성립되었다. 같은 해 9월 국민공회는 드디어 개헌을 거쳐 공식적으로 왕정 폐지와 공화제 수립을 선포했다. 이에 따라 폐주廢主가 된 루이 16세는 군주로서의 지위와 모든 특권을 잃고 공식적으로도 '시민 루이 카페Citoyon Louis Capet'로 불리게 되었지만 로베스피에르와 자코뱅파는 여기에 만족하지 않았다. 공화국이 된 프랑스에 구체제의 수괴가 버젓이 숨을 쉬고 있다는 것이 그들로서는 도저히 용납하기 힘든 모순이었다. 급진 자코뱅파가 왕의 목을 노릴 때 이러한 움직임에 제동을 건 유일한 세력은 당시 국민공회의 정국을 양분하고 있던 우파인 지롱드파였다. 이들은 폐주를 살려두고 활용하는 쪽이 프랑스 공화국이 국제적 승인을 얻기 위해 외국 열강들과 교섭할 때 유리하다는 쪽이었다. [5] 그러나 공회에서 한동안 격렬한 논쟁이 계속된 끝에 결국 자코뱅파는 루이에 대한 재판을 관철했다.

●●●

5 정치적으로 자코뱅당이 강력한 중앙집권을 통해 프랑스의 완전한 개조를 주장한 반면 지롱드당은 각 지방의 자치를 인정하는 분권적 연방제를 주장했다.

재판정에 선 루이

루이에 대한 재판은 1792년 12월 11일 국민공회의 주재로 열렸다. 재판이 시작되자 서기가 '시민 루이 카페'에 대한 공식 기소장을 읽어 내려갔다. "루이, 프랑스 국민은 그대를 조국의 자유를 파괴하고 폭정을 행하며 저지른 여러 범죄 혐의로 고발한다"라는 문구로 시작된 기소장 서두에 이어서 의회 해산 기도, 군대를 동원한 무력 시위로 공포 분위기 조성, 위조 여권으로 국외 탈출 기도, 외국과의 내통, 제헌의원들에 대한 뇌물 공여 시도, 군중에 대한 발포 명령 등 모두 33개에 달하는 혐의가 낭독되었다.[6] 혐의 가운데는 다소 타당성이 있는 것도 있었지만 입증이 거의 불가능하거나 군중 사이에 퍼진 근거 없는 소문에 불과한 것도 많았다. 국민공회를 대표해서 루이를 신문한 사람은 자코뱅당에서도 가장 과격파인 베르트랑 바레르였다. 그는 33개 혐의를 하나씩 거명하며 루이를 직접 신문했다. 바레르의 혹독한 신문이 끝나자 변호인단의 변론이 이어졌다. 루이의 변호인단을 이끈 인물은 당시 프랑스에서 명망 높은 법조인 가운데 한 명인 레이몽 드세즈Raymond de Sèze였다. 다음은 그가 당시 펼친 유명한 변론의 마지막 부분이다.

루이는 약관 20세에 왕위에 올랐지만 왕좌에 어울리는 위엄을 보여준 바 있습니다. 그는 왕좌에 어떤 사악한 나약함이나 부패한 열정도 불러온 바가 없습니다. 국민이 농노제를 폐기하라고 요구하자 그는 자신의 영지에서부터 이것을 실천했습니다. 국민이 형법의 개혁을 요구하자 그는 그러한 개혁을 실행했습니다. 국민이 자유를 원하자 자유를 주었습니다. 이렇게 그에게는 자신은 희생을 치르면서도 항상 국민이 먼저였습니다. 그럼

●●●

6 John Hall Stewart ed., *A Documentary Survey of the French Revolution*, New York : Macmillan, 1951, pp. 386~389, p. 391.

에도 이제 바로 그 국민이 오늘 요구하는 것이…. 국민 여러분, 나는 차마 말을 맺을 수가 없군요. 이만 멈추겠습니다. 다만, 역사의 신께서 당신들의 판결을 어떻게 판단할지, 그리고 앞으로 수 세기가 흐르는 동안 오늘의 판결을 평가한다는 것을 생각하십시오.[7]

변호인단의 변론이 끝난 뒤 루이의 최후진술이 이어졌다.

여러분은 나에 대한 변호를 들었소. 나는 그 내용을 되풀이하지는 않겠소. 이제 아마도 마지막으로 여러분에게 말하는 기회를 빌려, 나는 내 양심에 부끄러운 일은 전혀 하지 않았으며 내 변호인은 모두 사실을 말했다는 것을 선언하오. 고백하건대 내가 언제나 국민을 나 자신처럼 사랑했다는 것을 증명할 증거는 많으며, 또한 그 증거들은 내가 국민의 생명을 보호하고 위험을 방지하기 위해 솔선했다는 것을 드러낸다고 생각하오.[8]

변호인단의 변론과 루이의 진술은 상당한 호소력을 발휘하기는 했으나 대세를 뒤엎기에는 부족했다. 해를 넘긴 1793년 1월 14일, 국민공회 의원 693명이 참석한 표결에서 루이는 반역죄에 대해 사실상 만장일치로 유죄 판결을 받았다.

루이에 대한 유죄 판결은 쉽게 내려졌으나 처벌 수위를 놓고 의원들 사이에 열띤 논쟁이 벌어졌다. 자코뱅당이 초지일관 사형을 주장한 반면 지롱드당에서는 종신형, 사형선고 뒤 사형 무기 연기, 비밀 장소에 연금까지 다양한 주장이 나왔다. 드디어 총 721명이 참가한 가운데 1월 17

● ● ●

7 David Paul Jordan, *The King's Trial : The French Revolution vs. Louis XVI*, University of California Press, 1979, p. 135.

8 *Ibid*., p. 136.

일 투표가 시작되었다. 의회의 방청석은 역사적인 장면을 보려고 모여든 일반 시민과 외국인으로 초만원을 이뤘으며 파리 곳곳의 카페에서는 투표 결과를 놓고 내기판이 벌어졌다. 표결에서는 361명이 왕의 사형을 즉시 집행할 것을, 34명이 사형선고 뒤 무기 연기를, 319명이 오스트리아 – 프로이센 동맹과 전쟁이 끝날 때까지 징역형에 처하는 쪽에 투표했다. 이렇게 간발의 차이로 루이의 처형이 결정되었다.

위엄을 회복하여 맞은 최후

영국 작가 찰스 디킨스Charles Dickens는 프랑스혁명을 배경으로 한 소설 『두 도시 이야기A Tale of Two Cities』의 한 대목에서 "자유, 평등, 박애 아니면 죽음을 달랬더니 가장 후하게 베풀어진 것은 단두대Guillotine였네!"라고 탄식한 바 있다. 1791년 의사 출신의 혁명 인사 조제프 기요탱Joseph-Ignace Guillotin의 제안으로 설치된, 보정대로 고정된 죄수의 머리 위로 어김없이 칼날이 떨어지도록 되어 있는 이 섬뜩한 처형 기구가 실은 프랑스의 인도주의적 혁명 정신을 교정 분야에서도 실천하기 위해 고안되었다는 사실을 아는 사람은 많지 않다. 혁명 전까지 프랑스에서 사형은 망나니가 칼이나 도끼로 목을 치는 참수형으로 집행되었다. 이 경우 망나니의 숙련도, 당일 컨디션, 기타 다른 여러 요인 때문에 사형수마다 겪는 고통의 강도가 다를 수밖에 없었다. 재수가 좋으면(?) 목이 단칼에 떨어지겠지만 운이 없으면 죽음에 이르기까지 심한 고통을 당해야 했다.[9] 물론 참수형 외에도 죄수의 신분과 죄질에 따라 사지절단형, 교수형, 화형 등 다양한 사형 방법이 있었다. 단두대는 이러한 처형 방식을

•••

9 부유한 사형수나 그 가족이 사형 집행인에게 신속한 형집행을 부탁하며 뒷돈을 건네는 관행도 흔했다.

루이 16세의 처형을 악마의 소행으로 묘사한 영국의 캐리커처.

표준화하고 사형수들에게 모두 동일한 방식으로, 가능한 한 고통을 최소화하여 목숨을 빼앗는 방법으로 혁명 정부가 채택한 해결책이었다. 실제로 1791년 처음 사용된 이래 단두대는 1981년 프랑스에서 사형제가 폐지될 때까지 공식 사형 도구로 사용되었다.

1793년 1월 21일 파리의 콩코드광장에 설치된 단두대는 드디어 루이 16세를 손님으로 맞이했다. 루이가 수레에서 내리자 형리들이 달려들어 그가 입은 코트를 벗기려 들었다. 루이는 이들을 조용히 제지하고 스스로 코트를 벗었다. 다시 이들이 손을 묶으려 하자 그는 거부했다. "결박은 허락할 수 없다. 그대들은 형리로서 할 일을 하라. 하지만 나는 묶인 채 사형대에 오르지는 않겠다."

그때 자리에 배석했던 사제 앙리 드 페르몽이 그를 설득했다.

"폐하, 이 순간 폐하의 마지막 가시는 길이 구세주의 그것과 비슷하게 느껴집니다. 조금만 참으시면 그리스도께서 곧 폐하의 곤란을 갚아주실 것입니다."

이 말을 들은 루이는 자포자기한 듯 형리들을 돌아보며 말했다.

"그대들 마음대로 하라. 어떤 굴욕이라도 감당하겠다."

사형대의 계단을 오른 루이는 주위를 잠깐 둘러본 뒤 놀라울 만큼 분명한 목소리로 군중을 향해 짧은 연설을 했다.

"나는 내게 씌워진 모든 죄목에도 불구하고 결백한 채 죽습니다. 내 죽음을 승인한 자들을 모두 용서하며 내가 이제 흘릴 피 이후로 다시는 프랑스에 피가 흐르지 않기를 신에게 기도하오."

루이가 말을 마치자 형리들이 그의 몸을 붙잡아 단두대로 밀어넣었다. 오전 10시 15분, 국왕의 머리가 단두대 앞에 놓인 바구니로 떨어지자 "공화국 만세"를 외치는 군중의 환호가 이어졌다.

같은 해 10월 16일, 이번에는 그의 아내이자 폐비인 마리 앙투아네트가 반역죄뿐 아니라 아들과의 근친상간 등 터무니없는 죄목까지 함께 달고 재판에서 사형선고를 받은 뒤 단두대에 섰다. 앙투아네트는 혁명 전 여러 가지 스캔들로 루이보다도 더 인기가 없었으며 사치와 방탕의 대명사로 낙인 찍혀 있었다. 그뿐만 아니라 그녀의 친정인 오스트리아와 프랑스가 혁명전쟁을 치르게 되자 민심은 왕비에게서 더욱 멀어졌다. 기록에 따르면 앙투아네트 역시 처형에 앞서 평정심을 유지하고 왕족의 위엄을 갖춘 채 죽음을 맞은 것으로 보인다. 이렇게 해서 프랑스 국왕 부처가 국민 손에 폐위된 뒤 목이 잘리는 사상 초유의 사태가 마무리되었다.

떨어진 국왕의 머리, 솟아오른 공포정치의 광기

루이 16세는 마지막 연설에서 자신이 죽은 이후 프랑스에서 더는 피가 흐르지 말아야 한다고 했지만, 유감스럽게도 프랑스 정국은 바야흐로 혁명의 '피바다'로 향하고 있었다. 루이 16세의 재판을 둘러싼 헤게모니 다툼에서 패배한 지롱드파는 무대에서 물러났다. 그때부터 로베스피에르가 이끄는 공안위원회 10명이 국정을 총괄하는, 역사가들이 '공포정치'라고 하는 일당 독재가 시행되었다.

공안위원회는 기독교를 혁명의 적으로 선언한 뒤 전국의 교회를 폐쇄했다. 전통적인 그레고리우스력과는 전혀 다른 달력을 채택하는가 하면 부농과 상인들이 재산 모으는 것을 제한하는 등 통제 경제를 시행했다.

로베스피에르는 프랑스에 남아 있던 귀족과 성직자들은 물론 에베르Jacques René Hébert, 당통Georges Jacques Danton을 비롯한 과거의 혁명 동지들과 일반 시민들까지 반혁명의 죄를 씌워 차례로 단두대로 보냈다. 역사가들은 이 공포정치 기간에 적어도 2만 명 이상이 단두대에서 목숨을 잃은 것으로 보고 있다. 그렇다면 콩코드광장의 단두대 칼날은 하루도 피가 마를 새가 없었던 셈이다.

로베스피에르의 측근으로 루이의 재판에서 신문을 맡은 바레르가 "자유는 폭군이 흘린 피로 자란다"라고 말한 바 있지만 이제 혁명의 광기는 폭군과 귀족만이 아니라 민중의 피를 빨아먹는 독버섯처럼 자라갔다. 언제 누가 반혁명분자로 낙인 찍힐지 모르는 통제 불능의 상황이 되자 초창기에 로베스피에르를 지원했던 국민공회의 중립파 의원들마저 신변에 불안을 느끼기 시작했다. 이들은 당하기 전에 선수를 치기로 결정했다. 1794년 7월 26일 국민공회에서는 로베스피에르에 대한 탄핵과 체포가 결정되었다. 이틀 뒤인 7월 28일 로베스피에르가 단두대로 보내지면

황제의 예복을 입은 나폴레옹. 루이 16세 처형 이후에도 계속된 프랑스의 정치적 혼란은 나폴레옹의 독재로 마무리되었다.

서 공포정치는 막을 내렸다.[10] 자코뱅파가 몰락하면서 국민공회는 다시 온건 지롱드파가 장악했다. 혁명 정부는 5명의 총재 합의제로 주요 결정을 하는 이른바 총재 체제로 재편되었다. 그러나 총재 정부는 계속 분출하는 민중의 요구와 국민공회 각 정파의 이해관계를 조정하는 데 연달아 실패하면서 서서히 정국 통제력을 상실했다.

이러한 어지러운 상황에서 혜성같이 나타난 인물이 나폴레옹 보나파르트 Napoléon Bonaparte이다. 나폴레옹은 프랑스의 이탈리아 식민지 코르시카 출신 군인으로 젊은 나이에 오스트리아와의 국경 전쟁에서 전과를 올려 국민적 영웅으로 떠올랐다. 나폴레옹은 로베스피에르 몰락 후 왕당파 잔당이 계획한 반란을 진압하여 총재 정부의 신임을 얻으며 빠르게 승진했다. 1799년 11월 나폴레옹은 탈레랑 등 자신을 지지하는 정부 요인들과 짜고 친위 쿠데타를 일으켜 총재 정부를 전복한 뒤 강력한 권력을 가진 제1통령 the First Consulate에 올랐다. 이후 나폴레옹은 뛰어난 전략과 용병술로 유럽 열강과의 전쟁에서 연전연승하며 더욱 권력을 강화했다. 드디

●●●
10 이 사건은 당시 혁명 정부가 새로 제정한 달력의 한 주기인 테르미도르Thermidor의 달에 일어났기 때문에 테르미도르 반동Thermidorian Reaction이라고 불린다.

어 1804년, 나폴레옹은 프랑스 군대의 서슬에 겁을 먹고 로마에서 몸소 달려온 교황이 집전하는 성대한 대관식을 치르고 황제에 올랐다. 이렇게 해서 프랑스 민중이 왕과 귀족, 성직자들의 목을 닥치는 대로 자르는 피의 혁명과 투쟁으로 쟁취한 공화국 체제는 10여 년 만에 공식적으로 종말을 고했다.

Part 2

권력투쟁과
정치공작의 무대

01 가이우스 베레스 재판

● 로마의 부패를 고발한 법률가의 용기 : The Trial of Gaius Verres (기원전 70)

자연이 우리에게 준 생은 짧지만,
값지게 보낸 생애에 대한 기억은 영원히 남는다.
_키케로Marcus Tullius Cicero

로마의 법률

'로마제국Roman Empire'이라는 표현이 보편화되어 있지만, 사실 로마는 최초의 황제 아우구스투스Augustus가 등장하기에 앞서 이미 공화국으로서 500년 가까이 번영을 누렸다. 기원전 6세기에 에트루리아의 괴뢰 노릇을 하던 왕을 몰아내고 공화정을 수립한 로마의 대토지 귀족들은 자신들 가운데 명망 있는 인물들을 뽑아 원로원Senatus이라는 기구를 만들었다. 이때부터 로마는 공식적으로 300명 안팎의 의원으로 이루어진 원로원, 그리고 그 의원들이 1년에 한 번씩 새로 지명하는 집정관consul이 통치하는 나라가 되었다.

이후 자유 농민과 하층민을 아우르는 평민 계급에서 귀족들의 정치 독점에 대한 불만이 높아지자 귀족들은 평민들의 요구를 수용하여 기원전 494년 평민들로 이루어진 민회Comitia Tributa를 승인했다. 민회에서 뽑힌 호민관tribunes plebis은 평민들의 이해를 대변하면서 원로원과 집정관의 권한을 견제하고 이들의 결정 사항에 대해 거부권을 행사했다. 호민관 제도 이후 평민들이 점점 많은 권리를 인정받게 되면서 로마에서는 귀족과 귀족, 귀족과 평민, 평민들 사이의 이해관계를 조정하기 위한 법률 제도가 함께 발달했다.

기원전 451년 시민들의 권리 사항을 포함한 관습법을 12개 청동판에 자세히 새긴 로마 최초의 성문 법전인 「12동판법lex duodecim tabularum」이 만들어졌다. 이후 약 200년의 간격을 두고 결혼법, 토지법, 선거법, 손해배상법 등 다양한 법률과 규정이 도입되면서 시민들 사이에 발생하는 분쟁과 범죄에 대한 판단을 법률에 근거해서 할 수 있는 제도로 법원의 역할 또한 갈수록 중요시되었다. 로마에서 집정관과 함께 사회의 치안과 질서 유지를 담당하며 선출직 공직 가운데 최고위급인 법무관praetor 자리는 현대의 재판관과 비슷한 기능을 했다. 특히 살인, 반역 등 중대한 혐의에 대한 재판에는 원로원 의원들을 포함해 시민들 가운데서 수십 명에서 수백 명까지 선출된 심판인이 판결에 참여했다. 다양한 법률과 규정이 거의 성문화된 시점인 기원전 3세기 중엽부터는 법 조항을 해석하고 의뢰인의 이해를 법정에서 대변하는, 현대의 변호사와 비교될 수 있는 전문적인 법률가들의 역할도 점점 중요해졌다.

로마 역사에서 법률가로서 혹은 법률가로서 경력을 시작하여 정치가로 변신에 성공해 명성을 떨친 인물들은 많지만, 공화정 말기에 활동한 마르쿠스 툴리우스 키케로만큼 성공과 명성을 누린 사람은 없다. 곤경에 처한 의뢰인들을 대변하는 변호인으로나, 공화국의 부패와 부정을 고발하는 정의로운 고발자로나 기록이 전하는 키케로의 업적은 눈부시다. 클래런스 대로우Clarence Darrow,[1] 페리 메이슨Perry Mason,[2] 아티커스 핀치Atticus Finch[3] 보다 약 2,000년 앞서 세계는 이미 키케로의 활약을 목격했다.

• • •

1 미국의 전설적인 인권변호사. 그의 활약에 대한 자세한 사항은 「스코프스 원숭이 재판」 편 참조.

2 미국 추리소설가 얼 스탠리 가드너Erle Stanley Gardner가 창조한 유명한 변호사 캐릭터.

3 미국 작가 하퍼 리Harper Lee의 소설 「앵무새 죽이기Killing a Mocking Bird」의 주인공인 변호사.

신동의 수업 시대

키케로는 기원전 106년 로마 교외 아르피눔Arpinum의 부유한 가문에서 태어났다. 그리스 고전과 역사 등 그리스식 교육을 받으며 자란 그는 이미 어려서부터 조숙한 신동으로 명성이 자자했다. 청년기에 접어든 키케로는 당대 로마 최고의 법률가로 평가받던 퀸투스 스카이볼라Quintus Scaevola를 사사하여 법률 지식과 변론술을 배웠는데, 여기서도 두각을 나타냈다. 특히 키케로는 「12동판법」조문 연구에 흠뻑 빠지는가 하면 그리스 철학의 사유 체계를 공부하면서 법률가로서 자질을 연마해갔다.

키케로가 성장하는 동안 로마에서는 공화정의 오랜 전통에 근본적인 변화를 몰고 올 사건들이 계속 발생하며 정국이 소용돌이에 휩싸였다. 우선 게르만족의 공격으로부터 로마를 방어한 전쟁 영웅 가이우스 마리우스Gauis Marius가 집정관 연임을 금지하는 원로원의 전통을 깨고 세 차례 연임하는 등 자그마치 일곱 차례나 집정관이 되는 기록을 세우며 독재적인 권력을 행사했다. 기원전 91년에는 로마의 보호를 받거나 동맹관계에 있던 이탈리아반도의 여러 도시가 로마 시민과 동등한 대우를 요구하며 반기를 든 이른바 동맹시전쟁Social War이 일어났다. 이 사건이 계기가 되어 로마 원로원은 이탈리아반도 내의 모든 주민에게 로마 시민권을 부여하는 결정을 내린다.

기원전 88년, 군 지휘관 출신으로 동맹시전쟁에서 큰 전공을 세운 루시우스 코넬리우스 술라Lucius Cornelius Sulla가 집정관에 올라 마리우스는 물론 그의 지지 세력과 본격적인 권력투쟁을 벌이면서 로마는 몇 년 동안 내전 상태에 돌입했다. 키케로가 고향에서 공부를 마무리하고 로마로 상경하여 법률가로서 첫걸음을 떼던 기원전 81년 무렵에는 술라가 반대 세력을 모두 평정하고 원로원이 승인한 독재관dictator이 되어 각종 개혁을 밀어붙이고 있었다. 마리우스와 술라의 독재 기간은 비록 매우 짧게 끝났지만, 수백 년간 견고했던 로마 공화정의 기반이 무너지고 있음을 알리는 신호였다.

쿠이 보노 또는 위대한 법률가의 탄생

로마로 진출한 키케로는 기원전 80년 섹스투스 로스키우스Sextus Roscius 사건에서 처음으로 법률가로서 명성을 떨치게 되었다. 로마 교외에 농장을 여럿 소유하고 있던 부호 로스키우스가 로마를 방문했다가 의문의 살해를 당한 사건에서 키케로는 유력한 용의자로 몰린 아들 로스키우스 2세의 변호를 맡게 되었다.[4]

키케로는 사건의 배경에 독재자 술라의 측근인 크리소고누스Chrysogonus가 있다는 것을 밝혀냈다. 알고 보니 로스키우스가 죽자마자 경매로 그의 농장 대부분을 헐값에 차지한 인물이 크리소고누스였던 것이다. 당시 내전의 후유증을 앓고 있던 로마에서는 술라와 그 지지자들이 반대파들을 몰아낼 심산으로 이른바 '불순분자 리스트'를 만들어 공표하기도 했는데 로스키우스의 이름도 거기에 있었다. 리스트에 이름이 오른 인물은 재산을 압류당하고 로마에서 추방되도록 되어 있었기 때문에 정부가 압류한 불순분자의 재산을 크리소고누스가 차지한 것은 정당한 절차를 거친 것으로 보였다. 그러나 재판에서 키케로는 크리소고누스가 처음부터 농장을 노리고 불순분자 리스트를 조작하여 로스키우스의 이름을 막판에 집어넣었으며, 로스키우스가 의문의 죽음을 당한 것도 이와 무관하지 않다고 주장했다. 재판에서 고발인 측은 로스키우스 2세의

• • •

4 로마에서 친부 살해는 중죄 가운데 중죄로, 법률에 따르면 아버지를 살해한 자식은 살가죽이 벗겨질 만큼 채찍질을 당한 다음 원숭이, 개, 뱀, 닭과 함께 부대에 담겨 테베레강에 산 채로 던져지는 끔찍한 형벌에 처해지도록 되어 있었다.

사촌들을 증인으로 내세워 그가 평소 아버지와 사이가 좋지 않았으며 아버지가 농장을 물려주지 않겠다고 하자 살인을 암시하는 말을 했다는 주장을 내놓았다. 키케로는 사촌들 역시 경매에서 숙부의 농장을 몇 개씩 차지했다는 사실을 밝혀내며 증언의 신뢰성에 의문을 제기했다

키케로는 변론 중 기회가 있을 때마다 "쿠이 보노?Cui Bono?"를 외치며 배심원들과 군중의 주의를 환기했다. 쿠이 보노는 '득을 보는 자는 누구인가?'라는 의미의 라틴어이다. 이 말은 로스키우스의 아들이 친부살해죄로 처형되고 나면 그 결과로 가장 이득을 보는 이들은 바로 경매에서 로스키우스의 농장을 헐값에 삼킨 그의 사촌들과 권력자 크리소고누스라는 점을 배심원들에게 상기시키는 것이었다. 실제로 지금까지 기록으로 남아 있는 변론 가운데 키케로의 웅변가로서의 자질뿐 아니라 젊은 법률가로서의 용기와 기개를 드러내는 발언이 있다. 재판 결과에 영향을 미치기 위해 크리소고누스가 직접 방청석에 모습을 드러내었을 때 키케로는 다음과 같은 연설을 했다.

저기 또 다른 한 분이 팔라티노 언덕 위의 대궐 같은 저택에서 걸어 내려오셨군요. 그가 심신의 휴식을 취하기 위해 보유하고 있는 농장들과 교외의 멋진 별장은 어느 것 하나 아름답고 두드러지지 않은 것이 없지요. 그의 저택은 값비싼 코린토스와 델로스제 도기들로 가득하고, 그중에는 농장 한 개 값과 맞먹는다고 하는 그 유명한 최고급 난로도 있습니다. 부조를 넣은 접시에다 금실로 수놓은 이불하며 그림, 조각상, 대리석 장식…. 역시 지금과 같은 혼란과 약탈의 시대라야 그처럼 수많은 명문가에게서 강탈한 장물이 집 한 채 속에 가득하도록 만드는 일이 가능할 것입니다. 그분은 자신의 마음과 귀를 즐겁게 할 노예도 많이 거느리고 있어 온 동네에 연일 들려오는 노래며 현악기 소리, 피리 소리가 가득하답니다. 그런

집이 정말 명예로울까요? 사악한 흉계의 작업실이자 죄악의 소굴이 아니고? 그는 최신 유행하는 헤어스타일에 향수 냄새를 풍기며 포룸Forum[5]을 걸어옵니다. 사실 그는 우리 모두를 경멸하고 있으며, 자기 이외에는 누구도 인간으로 여기지도 않습니다. 그 자신만이 행복하고 강력한 유일한 인물이라고 생각하고 있습니다.

키케로의 열정적인 변론에 힘입어 결국 전혀 승산이 없는 것처럼 보였던 재판에서 로스키우스 2세는 방면되었고, 법률가로서 키케로의 명성은 크게 올라갔다. 그러나 키케로는 크리소고누스와 그의 상관인 술라로부터 혹시 있을지 모를 보복을 피해 한동안 그리스로 건너가 망명 아닌 망명 생활을 해야 했다.[6]

가이우스 베레스 – 부패의 전설

기원전 78년 술라가 사망하자 로마로 돌아온 키케로는 기원전 75년 재무관Quaestor 선거에서 당선되면서 처음으로 공직에 발을 들였다. 키케로가 재무관으로서 맡은 일은 로마의 속주 시칠리아의 재정 현황을 살피는 것이었다. 로마가 카르타고와 치른 포에니전쟁으로 획득한 시칠리아는 이탈리아반도에서 지중해로 나가는 관문에 있는 큰 섬이다. 지중해 경영을 위한 로마의 군사전략과 통상에 엄청난 가치가 있었을 뿐 아니라 기름진 토양 덕분에 각종 농산물이 풍부하게 생산되는 곡창지대이기도 했다. 키케로는 1년간 시칠리아에 있으면서 매우 공정하고 깔끔하게

• • •

5 로마의 원로원이 있던 카피톨리노 언덕을 중심으로 세워진, 시민들의 상거래, 토론, 만남 등이 이루어지던 복합 공간. 기능상 그리스 시대의 아고라agora와 비슷하다.
6 키케로가 크리소고누스를 공격하면서 간접적으로 그의 상관인 술라 역시 공격했다고 보는 것이 타당하다. 기본적으로 공화주의자인 키케로는 헌정 질서를 교란한 술라에 대해 비판적이었다.

업무를 처리하여 그곳 주민들에게 정의로운 관리로 깊은 인상을 남겼다. 결국 이 인연은 몇 년 뒤 법률가로서, 그리고 정치가로서의 경력에 결정적 영향을 끼칠 사건으로 그를 안내하게 된다.

키케로가 로마로 돌아간 지 5년 만인 기원전 70년, 시칠리아에서 한 무리의 방문객이 그를 찾아왔다. 이들은 시칠리아의 존경받는 원로들과 지도층 시민들로, 기원전 73~71년 시칠리아 총독을 지낸 가이우스 베레스Gauis Verres를 직무상 부패 혐의로 원로원에 고발하려고 로마를 방문한 것이다. 시칠리아 시민들의 위임을 받은 이들은 원로원 의원인 키케로가 자신들을 대변해서 고발자가 되어 베레스의 죄상을 법정에서 밝혀주기를 희망했다.

당시 로마에서 부정부패가 벌어지고 있었다는 것은 공공연한 사실이었다. 그렇다 하더라도 시칠리아에서 벌인 베레스의 행적은 경이로울 정도였다.[7] 기원전 73년 시칠리아 총독으로 임명된 베레스는 제일 먼저 부자들이 죽으며 남기는 유산에 눈독을 들였다. 그는 상속세법을 제멋대로 해석하고 재판관들을 매수했다. 정당한 상속자들에게 부당한 혐의를 씌워 상속 재산을 몰수한 뒤 자기 호주머니를 채우기 위해서였다. 또 유난히 예술품 소유욕이 강했던 베레스는 수단 방법을 가리지 않고 시칠리아의 부호와 명문가가 소장하고 있는 다양한 미술품과 보물을 빼앗는가 하면 신전 등 공공 건물에 전시되어 있는 조각과 회화까지 훔쳐 개인 컬렉션에 포함시켰다. 베레스는 심지어 시칠리아를 방문한 시리아의 왕족들이 배에 싣고 있던 보물을 시칠리아에 체류하는 동안 보호해주겠다는 구실로 총독 관저로 옮긴 뒤 왕족들을 갑자기 추방하기도 했다.

● ● ●

7 베레스가 저지른 폭정과 부패 행태는 키케로의 고발 기록을 통해 지금까지도 상세히 전해 내려온다. 이와 같은 고발에 대해 베레스 측 변호인은 반박조차 시도한 기록이 없다. 이와 같은 상황으로 짐작해보면 베레스의 부패 행위는 당시 기준으로도 극단적이었던 것으로 보인다.

이뿐만 아니라 베레스는 수확된 곡물에 부과되는 세금을 임의로 마구 늘려 그 차액을 착복하는가 하면, 시칠리아 해군이 해적선을 포획하자 해적은 즉각 사형에 처하도록 되어 있는 로마 군법을 무시하고 젊고 용모가 뛰어난 해적들을 골라 일부는 자기 노예로 삼고 일부는 부하들에게 배분하기도 했다. 시칠리아 총독의 임기는 원래 1년이었지만, 베레스는 장장 3년을 연임하며 만행을 일삼았다. 당시 로마는 이탈리아반도에서 검투사 출신 스파르타쿠스Spartacus가 일으킨 대규모 노예 반란을 진압하기 위해 유능한 원로원 의원들이 모두 군사 지휘관으로 차출되면서 해외로 파견할 총독 후보군이 부족하여 제때에 베레스를 교체하지 못했다.

재판이 시작되기까지

키케로는 자신을 존경하는 시칠리아 주민들의 요청을 받아들여 베레스 고발자로 나서기로 했다. 베레스 재판은 키케로에게 위험과 기회를 동시에 제공했다. 비록 베레스가 거물이기는 했지만, 속주의 총독으로 그가 저지른 부패는 워낙 심각했다. 따라서 만약 재판에서 베레스의 유죄를 끌어낼 수 있다면 키케로는 법률가로서뿐 아니라 부패의 원흉에 맞선 정의로운 정치가라는 강력한 이미지를 구축해 향후 정치 경력에 큰 자산을 얻을 것이 분명했기 때문이다. 키케로가 고발을 준비한다는 소식을 접한 베레스는 곧 로마 최고의 법률가로 명성이 자자하던 퀸투스 호르텐시우스Quintus Hortensius를 변호인으로 선임했다. 키케로보다 여덟 살 나이가 많은 호르텐시우스는 법률 지식과 웅변술에서 당대 최고로 평가받았으며, 정치적으로도 집정관 선거에 뛰어들 준비를 하고 있는 거물이었다.

키케로는 법정으로부터 3개월의 증거 수집 기간을 허락받고 시칠리아

로 향했다. 하지만 당시 시칠리아 총독 루시우스 메텔루스Lucius Metellus
는 베레스의 친구로, 키케로의 증거 수집이나 증언 채록을 공권력을 동
원해서 방해했다. 키케로는 갖은 고생 끝에 베레스의 비리를 입증할 만
한 다양한 정보를 입수하여 돌아왔다. 하지만 로마에서 그를 기다리는
소식은 베레스의 변호를 맡은 호르텐시우스가 이듬해부터 원로원을 대
표하여 로마를 통치할 집정관으로 선출되었다는 것이었다. 당시 로마
는 술라가 독재를 펼치던 시기에 추진한 사법 개혁의 결과로 형사 재판
의 배심원 자격을 원로원 의원들로 한정하고 있었다. 베레스의 변호인인
호르텐시우스가 미래 권력인 집정관에 당선된 상태에서, 호르텐시우스
의 심기를 건드리면서까지 재판에서 소신 있게 판결을 내릴 원로원 의원
이 과연 몇 명이나 있을까? 게다가 이미 원로원에 포진한 베레스의 후원
세력도 상당한 수준이었다. 이렇게 되자 재판이 시작되기도 전에 승부는
정해진 것처럼 보였다.[8]

악티오 프리마

기원전 70년 8월 4일, 로마의 원로원에서는 역사적인 베레스 재판이
시작되었다. 법정에 선 키케로는 또 다른 문제에 당면해 있었다. 원래 6
월로 예정되어 있던 공판이 베레스 측의 지연 공작으로 8월 초에 열리도
록 조정된 것이다. 당시 로마에서 8월 중순부터 11월까지는 다양한 축제
가 펼쳐지는 전통적 축제 기간이었다. 만약 공판이 축제 기간과 겹쳐 휴
정이라도 하게 되면 배심원들뿐 아니라 온 로마의 관심은 축제에 쏠릴
것이고 설사 11월 이후 공판이 속개된다고 해도 검찰 측이 다시 분위기

• • •

8 Anthony Everitt, *Cicero : The Life and Times of Rome's Greatest Politician*, Random House, 2001, p.
  76.

체자레 마카리의 〈카틸리나를 탄핵하는 키케로〉. 키케로의 연설문 중 약 50편은 오늘날까지도 전해지는데, 라틴어를 공부하는 사람이라면 반드시 읽어봐야 하는 고전 라틴어의 표본으로 평가되고 있다.

를 추스리기 어려운 상황이었다. 이에 키케로는 전략을 수정하여 우선 모두진술opening statement로 배심원들의 주의를 사로잡고, 원래 계획했던 증인들을 대폭 줄이는 대신 가장 결정적인 증언을 할 인물들만 뽑아 8월 중순 이전에 모든 증인신문을 완료하기로 결정했다. 그렇게 되면 축제 기간 전에 배심원들의 판결을 끌어낼 수 있었다.

원로원의 연단에 선 키케로는 나중에 '악티오 프리마Actio Prima' 혹은 '제1차 연설'이라고 불리게 되는 유명한 모두진술을 시작했다. 키케로는 먼저 배심원들에게 재판이 단순히 정치인의 비리 문제가 아닌, 원로원 전체의 신뢰가 달린 문제라는 점을 상기시켰다. 술라의 개혁으로 형사재판의 배심원 자격이 원로원 의원으로 한정되면서 일반 로마 시민들 사이에는 이러한 행보를 귀족들이 평민 계급을 배제하고 자기들끼리 짜고 치는 구시대 정치로 돌아가려는 수단으로 보는 견해가 많았고, 이는 원로원에 대한 신뢰를 땅에 떨어뜨리는 결과를 낳고 있었다. 키케로는 이런 상황을 언급하면서 이 사건이야말로 원로원의 신뢰를 회복할 기회라고 주장했다.

내가 여러분 앞에 가져온 이 사건은, 제대로 판단할 수만 있다면 사법 절차에 대해 로마 시민들에게서 잃어버린 신뢰를 되찾고, 우리의 동맹국들로부터도 만족스러운 반응을 얻을 기회입니다. 가이우스 베레스는 공공기금의 횡령꾼이며, 아시아와 팜필리아의 꼬마 폭군이며, 시칠리아의 도시들로부터 권리를 박탈하고 오욕과 폐허만 가져온 강도입니다. 여러분이 신에게 맹세한 그 엄격함과 공정성에 바탕하여 이 인물에게 판결을 내릴 수 있다면, 여러분은 자신에게 마땅한 권위를 계속 지켜갈 수 있을 것이오. 그러나 혹시라도 이자가 막대한 부로 정의를 추구하는 법정의 존엄성과 정직성을 매수할 수 있다면, 그래도 나는 한 가지만은 증명하는 셈이될 것입니다. 지금 공화국에는 재판정에 세워 마땅한 범죄자나 그런 범죄자를 고발할 용기 있는 검사는 있지만 진실된 판결은 없다는 것을.

이어서 키케로는 베레스의 만행을 유려한 문장으로, 너무 자세한 사항을 들먹여 배심원들을 피곤하게 하지 않으면서도 충분히 구체적으로 느낄 수 있도록 묘사해갔다. 그 한 대목이다.

그가 총독으로서 한 업적이라고는 신성한 신전과 공공 건물을 파괴하고, 합법의 탈을 쓴 결정을 내려 기존의 규정과 선례를 무시하고, 시민들의 재산을 멋대로 친구들에게 나누어주고 자기 배를 채운 것뿐입니다. 그가 3년간 너무도 철저히 시칠리아를 짓밟고 파괴한 나머지 이제 시칠리아는 과거로 회복되기는 힘들어 보이며, 여러 해 동안 자애로운 총독들이 연달아 나타난다면 조금이나마 피해를 줄일 것으로 보입니다. 이자가 총독으로 있는 동안, 시칠리아인은 자신들 고유의 법률도, 우리 원로원의 의견도, 심지어는 모든 국가가 공동으로 인정할 만한 기본적인 권리조차도 누리지 못했습니다.

키케로는 또한 일부 배심원의 가슴을 뜨끔하게 만드는 한마디 역시 빼먹지 않았다.

만약 내가 이 재판 역시 다른 재판들과 비슷한 방식으로 법률을 위반했다는 사실을 발견한다면 무슨 생각이 들 것 같습니까? 가이우스 베레스가 시칠리아에서 많은 사람이 듣는 가운데, "3년간의 시칠리아 총독 재임 기간을 정리해보면, 첫해의 수익은 내 재산으로 챙겼고, 둘째 해의 수익은 내 후견인들과 변호인들을 위해 모았으며, 가장 재미가 좋았던 셋째 해의 수익은 만약의 경우 심판관들에게 베풀기 위해 따로 쌓아두었다"라고 말했다는 사실을 내가 증명할 수 있다면 여러분은 어떤 생각이 드시겠습니까?

연설의 마무리 단계에서 키케로가 앞으로 어떤 방식으로 베레스의 유죄를 입증할지를 요약하는 대목은 마치 오늘날 뉴욕이나 로스앤젤레스의 법정에서 모두진술을 펼치는 일류 변호사를 연상케 한다.

배심원들이여, 나는 증인들을 활용하여 내 고발 내용이 모두 드러나도록 하겠습니다. 내가 증인들의 검증, 증인들과의 토론, 다시 내 연설로 혐의 사실을 세우고 나면, 내 고발 내용이 증거와 일치한다는 것이 증명될 것입니다. 우리는 가이우스 베레스가 로마 시민들과 동맹국들에 수많은 부도덕한 행위, 잔인한 짓을 일삼은 것은 물론 신과 인간 모두에게 온갖 사악한 행위를 저질렀으며 시칠리아로부터 불법적으로 4,000만 세스테르세스를 강탈했다고 주장합니다.

악티오 프리마[9]를 마친 키케로는 이후 8일 동안 모든 증인신문과 증거제출을 속전속결로 해치웠다. 증인으로 나선 시칠리아인들은 베레스의 만행을 남김없이 폭로했고 배심원들은 그의 권력남용의 심각함에 경악했다. 이런 가운데 베레스의 변호인 호르텐시우스는 상황이 점점 피고에게 불리하게 바뀌고 있음을 깨닫고 베레스에게 차라리 선고가 내려지기 전에 망명하라고 종용하기에 이르렀다. 결국 베레스는 로마를 떠나 갈리아 지방으로 망명길에 올랐다. 그러나 재판은 궐석재판으로 계속 진행되어 베레스에게 유죄 판결이 내려졌다. 비록 시칠리아인들은 베레스가 끼친 피해에 대해 정당한 배상을 받지 못했지만, 키케로가 베레스의 죄상을 폭로한 것에 매우 감사해했다. 키케로는 이 사건으로 부패의 원흉에게 법의 심판을 내린 영웅이 되었다.

공화국의 황혼

베레스 재판 이후 키케로는 원로원에서 출세가도를 달려 드디어 기원전 63년에는 집정관 자리에 올라 전성기를 구가했다. 그러나 키케로의 정치적 운세는 그가 율리우스 카이사르Julius Caesar 암살 직후 정국을 주도하게 된 마르쿠스 안토니우스Marcus Antonius의 반대편에 서면서 결정적으로 기울기 시작했다. 키케로는 카이사르의 양아들 옥타비아누스Octavianus를 배후조종하여 안토니우스를 제거하고 유명무실해진 원

• • •

9 키케로가 원래 최종 발언으로 삼으려고 했던 '악티오 세쿤다Actio Secunda', 즉 2차 연설은 원로원에 문서로만 제출되었다.

로원과 공화정을 원상복구하겠다는 생각을 했다. 하지만 막상 뚜껑을 열고 보니 젊고 어리숙해 보이던 옥타비아누스는 키케로보다 훨씬 단수가 높은 정치 공학의 달인이었다. 그때까지만 해도 옥타비아누스는 카이사르의 참모 출신으로 군부에 강력한 지지 세력을 둔 안토니우스와 정면 대결을 벌일 의사가 없었다. 키케로는 안토니우스를 공화국의 적으로 몰아 기원전 44년 원로원에서 장장 14차례에 걸쳐 비난 연설을 퍼부었으나 옥타비아누스파로부터 지원 사격이 전혀 없었고 결과적으로 혼자서 1인극을 펼친 우스운 꼴이 되고 말았다.

이윽고 옥타비아누스가 기원전 43년 자신의 누이를 통해 안토니우스와 결혼 동맹을 맺으면서 독재자 술라가 그랬듯이 블랙리스트를 발표했는데, 여기에 1순위로 오른 이가 다름 아닌 키케로였다. 결국 같은 해 12월 키케로는 그리스로 탈출을 시도했지만, 자객들에게 붙잡혀 죽음을 당하고 말았다. 자객들은 지시받은 대로 무시무시한 공격 연설을 집필했던 키케로의 오른손을 잘라 안토니우스에게 바쳤다. 이것이 로마 공화정이 낳은 최고의 스타로 법률가, 웅변가, 철학가의 재능을 한 몸에 지녔던 인물의 허무한 최후였다. 키케로는 "철학을 연구하는 것은 죽음을 준비하는 것 이외에는 아무것도 아니다"라고 말했지만, 최후는 이상적인 '철학자의 죽음'과는 거리가 멀었다.

공교롭게도 키케로가 죽음을 당한 며칠 뒤 이미 70대의 고령이었던 부패의 마왕 베레스 역시 안토니우스가 보낸 자객의 손에 망명지에서 죽음을 맞았다. 하지만 다소 때늦은 감이 있는 베레스의 죽음은 그의 과거 행적과는 아무런 관계가 없었다. 베레스처럼 예술에 대한 조예가 깊었던 안토니우스가 베레스의 컬렉션 가운데 탐나는 작품 몇 개를 바치라고 요구했다가 거절당하자 보복을 단행한 것이다. 그의 죽음을 슬퍼한 로마인은 아무도 없었지만, 로마를 발칵 뒤집은 역사적 재판에서 검사와 피고로 맞섰던 키케로와 베레스가 안토니우스에게, 그것도 거의 동시에 죽음을 당한 것은 역사의 아이러니라고 하겠다.

키케로를 제거한 안토니우스와 옥타비아누스는 계속해서 원로원 의원의 거의 절반에 달하는 150명을 카이사르 암살과 직간접적으로 연관된 불순분자로 몰아 처형하고 재산을 몰수했다. 이어 기원전 42년, 속주에서 군대를 모아 도전해온 브루투스와 카시우스를 격파했다. 이즈음 키케로가 그토록 사랑했던 원로원은 이미 안토니우스와 옥타비아누스 가운데 경쟁에서 살아남을 최후의 승자에게 절대 권력을 승인할 거수기로 전락해 있었다. 로마 공화정의 황혼이었다.

19세기 프리마 포르타에서 발견된 아우구스투스 Augustus의 입상. 옥타비아누스는 키케로가 사망한 뒤 탁월한 정치 감각과 권모술수로 안토니우스를 비롯한 정적들을 제거하고 황제에 오름으로써 로마의 공화정을 붕괴시켰다. 원로원은 그에게 '존엄한 자'를 뜻하는 아우구스투스라는 칭호를 바쳤다.

02 잔 다르크 재판

영국인이 모두 프랑스에서 쫓겨나리라는 것을 잘 알고 있습니다. – 이 땅
에서 죽게 될 자들만 빼고.

_잔 다르크Jeanne d'Arc, 재판정에서

영국과 프랑스의 복잡한 관계

1066년, 노르망디 공 윌리엄William, the Duke of Normandy이 영국 정복에 성공하면서 영국은 프랑스 제후가 노르망디와 함께 '덤으로' 다스리는 나라가 되었다. 이후 윌리엄 공의 뒤를 이은 노르만족 출신의 영국 왕들은 주로 영국 땅이 아니라 노르망디에 상주하면서 정무를 보았고 영국은 가끔 방문하는 정도에 그쳤다. 이들은 이변이 없는 한 프랑스 왕녀와 결혼했고, 그렇게 태어난 자식들은 프랑스인 어머니 품에서 프랑스어를 먼저 익힌 탓에 영어는 서툴렀다. 십자군전쟁의 영웅이자 노르만계 영국 군주 가운데 가장 유명한 인물이라고 할 사자왕 리처드 1세Richard I, the Lionheart의 경우 과연 그가 영어를 쓰고 이해할 능력이 있었는지는 지금까지도 역사학자들의 논쟁거리다.

당시 국왕을 비롯한 지배계급이 죄다 프랑스계로 채워져 있던 영국에서는 정부가 발행하는 공식 문서 역시 프랑스어로 쓰였다. 노르만족 출신 영국 국왕들에게는 영국이 아니라 노르망디야말로 조상의 무덤이 있는 정신적 고향이었다. 비록 리처드 1세의 뒤를 이은 존 왕King John이 프랑스와 불필요한 긴장을 조성하여 1204년 노르망디를 잃고 말았지만 이후에도 영국 왕은 프랑스 북부의 퐁티외Ponthieu와 남부의 기름진 땅 아키텐Aquitaine, 가스코뉴Gascony 지역을 실효적으로 지배하면서 존 왕 대에 어처구니 없이 잃어버린 노르망디를 언젠가 수복해야 한다는 결심을 세대를 지나면서 이어갔다.

백년전쟁의 전개

1346년, 영국 왕 에드워드 3세Edward III가 퐁티외와 가스코뉴의 수복을 명분으로 1만 5,000명의 병력을 이끌고 노르망디에 상륙했다. 1453년까지 이어진 백년전쟁의 막이 본격적으로 오른 것이다.[1] 에드워드의 침공은 프랑스의 샤를 4세Charles IV의 뒤를 이은 필립 6세Phillip VI가 퐁티외와 가스코뉴를 점령한 것에 대한 대응책이었다. 영국군은 프랑스 군대에 연전연승을 거두며 약 10년 동안 프랑스 국토를 유린했지만 결국 농민 반란과 왕위 계승 문제 등 복잡한 국내 상황 때문에 철수해야 했다.

이후 몇십 년간 소강 국면에 있던 전쟁은 1415년 영국 국왕 헨리 5세Henry V가 군대를 이끌고 노르망디 해안에 상륙하면서 본격적으로 재개되었다. 헨리 5세는 아쟁쿠르Agincourt에서 프랑스군을 대파한 뒤,[2] 파죽지세로 파리 근교까지 쳐들어왔다. 당시 프랑스의 국내 정세는 에드워드 3세의 침공 때보다 더 열악했다. 항전의 구심점 역할을 해야 할 국왕 샤를 6세Charles VI는 심각한 정신질환을 앓고 있어 정무를 거의 볼 수 없는데다 귀족들은 정국 주도권을 놓고 부르고뉴파Burgundians와 오를

• • •

1 백년전쟁의 공식적인 시작 시점은 그보다 앞서 필립 6세가 가스코뉴를 공격한 1337년으로 잡기도 한다.

2 헨리 5세는 에드워드 3세가 재미를 본 장궁수를 활용한 전술을 그대로 재현해서 중무장 기병대를 주축으로 삼은 프랑스군을 격파하는 대성공을 거두었다. 헨리 5세의 프랑스 원정과 아쟁쿠르전투는 셰익스피어의 역사극 〈헨리 5세〉의 배경으로도 유명하다.

레앙파Orléanists로 갈려 사실상 내전을 벌이고 있었다. 심지어 부르고뉴파 지도자 선량공 필립은 나라를 침공한 헨리 5세와 동맹을 맺고 함께 오를레앙파를 압박했다.

결국 1417년 헨리 5세의 대군이 파리를 장악한 가운데 부르고뉴파는 제정신이 아닌 샤를 6세를 조종하여 왕의 사후에는 영국 왕 헨리 5세와 그 후손들이 프랑스 왕위를 계승한다는 트루아조약Treaty of Troyes이라는 터무니 없는 문서에 승인하도록 했다. 이 사이 왕세자를 지지하는 오를레앙파가 주축이 된 프랑스 왕실은 남부의 시농Chinon까지 밀려나며 항전을 계속했다.

비록 헨리 5세는 1422년 35세로 요절했지만 그의 유지를 받든 동생 베드포드 공작Duke of Bedford을 비롯한 형제들과 측근들은 프랑스 정복 전쟁의 고삐를 더욱 세게 조였다. 헨리 5세가 사망한 지 2개월 만에 프랑스 국왕 샤를 6세 역시 사망했으나[3] 프랑스에서는 샤를 왕세자가 선왕의 아들이 아니라 왕비의 사생아라는 소문을 부르고뉴파가 퍼뜨린데다 영국군이 수도 파리는 물론 프랑스 국왕들이 전통적으로 대관식을 올리는 랭스Reims까지 점령한 상태에서는 새 임금이 즉위할 분위기조차 조성되지 않았다. 그런 와중에 영국군은 드디어 프랑스군이 장악한 마지막 거점 도시인 오를레앙을 포위하고 대공세를 퍼붓기 시작했다. 오를레앙이 함락되면 영국군은 배후 걱정 없이 임시 정부가 있는 시농까지 파죽지세로 진격할 수 있었다.

●●●

3 헨리 5세가 20년이나 연상이던 샤를 6세보다도 2개월 먼저 명을 달리한 것이 영국으로서는 천추의 한이 되었다. 트루아조약에 따라 헨리 5세가 프랑스 왕에 오를 기회를 놓친데다가 사망 당시 후계자 헨리 6세가 갓난아기라 당장 왕권이 제대로 작동될 수 없는 분위기였다.

왕세자를 찾아온 소녀

1429년 1월, 시농에 머물고 있던 샤를 왕세자에게 잔 다르크[4]라는 이름의 소녀가 찾아와 알현을 청했다. 로렌 지방의 동레미Domrémy에서 온 잔 다르크는 왕세자에게 직접 전할 신의 메시지를 가져왔노라는 대담한 주장을 펼쳤다. 기록에 따르면 잔 다르크를 만나는 데 동의한 왕세자는 시종에게 자기 옷을 입히고 자신은 신하들 틈에 몸을 감추고 있었는데, 잔 다르크는 그때까지 일면식도 없던 왕세자를 바로 찾아냈다고 한다. 왕세자와의 독대에서 잔 다르크는 자신에게는 13세 때부터 종종 미지의 음성이 들리는가 하면 환영과 비슷한 영상이 보이는 현상이 일어났는데, 시간이 좀 더 지난 뒤 그 음성과 이미지의 주인공이 바로 천사장 미카엘, 카타리나 성녀와 마르가리타 성녀 등임을 깨닫게 되었다고 했다. 그런데 이 천사들이 최근 잔 다르크에게 시농으로 가서 왕세자를 만나라는 매우 구체적인 계시를 내렸다고 했다. 그리고 왕세자를 보필하여 왕세자가 프랑스 국왕의 자리에 오르도록 하고 영국군으로부터 프랑스를 구하라는 명령을 받았기 때문에 시농까지 오게 되었다고 밝혔다. 잔 다르크는 자신에게 갑옷과 무기를 제공하고 오를레앙으로 파견할 지원군의 지휘권을 달라고 요청했다. 자신이 영국군에 포위된 오를레앙을 해방시키겠다는 것이었다. 잔 다르크의 메시지를 들은 왕세자는 측근들과 사제들에게 그녀의 인품과 신앙 등을 확인해보라고 한 뒤 결국 잔 다르크를 후원하기로 결정했다.

1429년 4월, 왕세자가 직접 사비를 들여 제작한 값비싼 갑옷을 걸치고 말에 오른 잔 다르크는 병사 1,000명과 함께 시농을 출발하여 영국군의

---

4 영미권에서는 잔 다르크의 이름을 흔히 'Joan of Arc'로 표기하는데, 이것은 프랑스 이름 Jeanne d'Arc를 영어로 번역한 것이다. 그런데 'd'Arc'라는 성은 후대에 바뀐 형태이며 원래는 Darc였다고 한다. 따라서 '아르크의 잔'이라는 뜻의 영어식 이름은 잔 다르크의 본명과는 거리가 있다.

포위를 뚫고 오를레앙에 입성했다. 이어
서 잔 다르크는 프랑스 지휘관들의 반대
에도 병력을 이끌고 영국군의 주력이 머
물던 투렐르성을 정면 공격하여 함락시
키면서 오를레앙의 포위를 풀었다. 이
때부터 잔 다르크는 일반 백성들에게서
'오를레앙의 처녀' 혹은 '처녀'라는 별명
으로 불렸다. 1429년 7월 잔 다르크와
프랑스군은 영국군이 파리 방면으로 퇴
각한 사이 북부의 랭스를 탈환했다. 이
사이 왕세자가 파견한 기병대가 파테전
투에서 영국군 장궁수들을 빠른 기동력
으로 무력화하며 대승을 거두기도 했다.

앵그르Jean Auguste Dominique Ingres의 〈샤를 7
세 대관식의 잔 다르크〉. 천년 고도 랭스에서 이루
어진 샤를 7세의 대관식을 계기로 프랑스군은 정통
성 대결에서 영국과 부르고뉴파 연합군에 확실한
우위를 점했다.

잔 다르크가 시농에서 군사를 거느리고 오를레앙으로 향한 지 3개월
만인 1429년 7월 17일, 왕세자는 결국 랭스의 대성당에서 대관식을 치
르고 프랑스 군주 샤를 7세Charles Ⅶ로 올라섰다. 랭스의 대성당은 프랑
스의 전신인 프랑크왕국을 세운 메로빙거왕조Merovingian Dynasty의 시
조 클로비스Clovis가 세례를 받고 기독교로 개종한 신성한 장소로, 모든
프랑스 국왕의 대관식은 수도 파리가 아니라 랭스에서 랭스 대주교의 집
전으로 열리는 것이 기본이었다.

체포와 베드포드 공작의 계획

랭스의 대관식이 끝난 뒤 프랑스 궁정은 향후 행보를 둘러싸고 주전
파와 신중파로 갈렸다. 잔 다르크로 대표되는 주전파는 이 분위기를 타

고 빨리 파리까지 수복하여야 한다고 주장했다. 반면 샤를 7세의 측근들은 왕이 이제 정통성을 확보했으니, 부르고뉴파를 비롯한 프랑스 전체가 자연스럽게 복속할 텐데 무리해서 군사 행동을 계속 펼칠 필요가 없다고 보았다. 결국 잔 다르크는 왕실의 지원을 포기하고 자기 휘하의 소수 병력만 거느리고 전투를 계속하다가 1430년 5월 콩피에뉴Compiègne에서 부르고뉴파의 매복에 걸려 포로가 되고 말았다. 당시 전투에서 포로로 잡힌 적군의 장수나 귀족은 몸값을 받고 풀어주는 것이 관습이었다. 부르고뉴파와 동맹관계였던 영국군 측은 샤를 7세의 프랑스 왕실보다 발빠르게 움직여 1만 리브르라는 왕족급에 해당하는 막대한 몸값을 지불하고 잔 다르크의 신병을 확보했다.

헨리 5세의 동생으로 어린 조카를 보위하며 섭정을 펼치던 베드포드 공작은 잔 다르크를 이용하여 샤를 7세의 권위를 훼손할 계획을 세웠다. 종교 재판에서 잔 다르크를 마녀나 이단으로 낙인 찍을 수 있다면, 강력한 선전 도구가 될 수 있었다. 악마의 사주를 받은 마녀, 다시 말해 이단의 도움으로 왕위에 오른 샤를 7세에게는 정통성이 없다는 논리였다. 잔 다르크는 1430년 12월, 영국군 총사령부가 있는 루앙Rouen으로 호송되어 종교 재판에 회부되었다. 재판의 공정성을 선전하기 위해 영국인은 전혀 개입하지 않았다. 재판 전 과정은 부르고뉴파의 일원으로 대표적인 친영국 성직자였던 보베 주교Bishop of Beauvais 피에르 코숑Pierre Cauchon이 주관했고, 그 밖의 모든 관계자 역시 프랑스인 성직자로 구성되었다.

법정 신문

50여 명에 달하는 당대 최고의 신학자로 심문관팀을 꾸린 루앙의 종교 법정은 모순된 발언, 이미 말한 내용과 불일치하는 부분 혹은 신학적으로 문제삼을 수 있는 생각 등을 끄집어내기 위해 고안된 유도신문, 같은 내용의 반복 질의, 협박과 회유 등으로 잔 다르크를 압박했다. 그러나 법정 기록은 문맹인데다 얼핏 종교적 열정에 사로잡힌 풋내기 시골 처녀 정도로 생각하기 쉬운 잔 다르크가 실은 고도의 판단력과 감각을 겸비한 인물이었음을 보여준다. 심문관들은 잔 다르크를 종종 방문한다는 그 신비스러운 '음성'에 대해 질문하는 데 많은 시간을 보냈다. 물론 그것이 천사장 미카엘을 비롯한 천사와 성녀들의 음성이라는 잔 다르크의 주장의 허점을 공략하여 그녀가 거짓말을 하고 있거나 아니면 악마의 소리를 들은 것이라고 주장하려는 목적이었다. 미카엘 천사의 용모에 대한 다음과 같은 질의응답에서도 그녀의 판단력이 드러난다.

심문관 : 성 미카엘이 어떤 모습을 하고 있었느냐?

잔 : 왕관을 쓰고 계시지는 않았어요. 어떤 옷을 입고 계셨는지도 잘 모르겠어요.

심문관 : 그럼 미카엘은 나체였느냐?

잔 : 당신은 주님께서 천사들도 제대로 입히지 못할 만큼 곤궁하다고 생각하나요?

심문관들이 고안한 유도신문 중에서 교묘한 것은 '신의 은총'에 관한 질문이었다. 인간이 신의 은총을 입을 수 있는가 하는 문제는 중세 이래 고도의 신학적 논점 가운데 하나였다. 심문관들은 잔 다르크에게 신의 은총 속에 있는지를 아느냐고 물었는데, 이것은 덫이었다. 만약 잔 다르크가 그렇다고 대답하면, 심문관들은 어떻게 인간인 주제에 그 문제를 판단할 수 있느냐며 이단이라고 추궁할 심산이었다. 물론 잔 다르크가 신의 은총 밖에 있다고 대답한다면 그것은 스스로 저주받은 이단이라고 실토하는 격이 된다.

심문관 : 너는 자신이 신의 은총 속에 있다는 것을 알고 있느냐?
잔 : 만약 그렇지 않다면, 주께서 제발 저를 은총 속에 놓아주시기를. 만약 제가 이미 은총 속에 있다면, 저를 계속 그 안에 머물게 하시기를. 주님의 은총 속에 있지 않다면 저는 이 세상에서 가장 슬픈 피조물일 것입니다. 하지만 제가 죄악에 물든 몸이라면 주께서 보내신 음성이 저를 찾아오지도 않았겠죠.

잔 다르크는 긍정과 부정 어느 쪽도 덫이 되는 질문에 긍정도 부정도 하지 않는 대답을 내놓음으로써 심문관들의 공세를 막아냈다. 심문관들은 신과 교회의 문제로도 비슷한 시도를 했다. 심문관들은 잔 다르크에게 모든 언행과 관련해 교회의 결정을 따르겠느냐고 물었다. 잔 다르크가 분명 교회가 아니라 하느님의 명령을 따르겠다고 대답하리라 기대한 것이다. 그렇게 되면 하느님의 대리인인 교회의 명령을 따르지 않겠다는 것이니 마녀라고 몰아세울 수 있다. 그들의 의도를 간파한 잔의 대답은 간단했다.

잔 : 주님과 교회는 하나인데 왜 문제를 복잡하게 만드는 거죠?

그러자 심문관들은 다시 '현세의 교회'와 '하늘의 교회'라는 개념을 잔 다르크에게 들이밀며 어느 교회에 복종할지를 물었다. 잔 다르크가 현세의 교회에 복종한다고 하면 그의 행적이 교회의 교리와 일치하지 않기 때문에 이단이라고 하고, 하늘의 교회에 복종한다고 하면 교황, 추기경,

사제들을 포함하는 현세의 교회를 부정하는 것이니 역시 이단이라고 단죄할 심산이었다.

심문관 : 너는 현세의 교회에 복종하느냐?
잔 : 저는 하느님의 이름으로, 그리고 천국의 교회에 계신 성모 마리아와 모든 성인의 이름으로 프랑스 국왕에게 왔습니다. 제가 지금까지 복종한 교회는 바로 그 교회입니다. 하지만 제가 지금까지 하늘의 교회의 명으로 행한 모든 행적을 다시 되물리라고 하지만 않는다면 앞으로 현세의 교회의 처분에도 복종하겠습니다.

역시 A와 B의 대답 모두 함정인 상황에서 그 둘을 피한 잔 다르크의 솜씨가 돋보이는 대답이었다. 이뿐만 아니라 잔 다르크는 질의 도중 대답하기 곤란한 질문에는 묵비권을 행사하고, 쓸데없다고 생각되는 질문에는 "이 재판과 상관없는 문제요"라고 자르는 등 적극적으로 논제를 통제했다. 심문관들이 흥분하여 여러 명이 한꺼번에 질문하자 "고매한 어르신들, 한 사람씩 차례차례 물어보시죠"라고 대답하는 여유까지 보였다.

판결과 처형, 그 이후

이렇게 사제와 신학자 수십 명이 시골 소녀 하나를 감당하지 못하면서 재판은 4개월을 끌었다. 베드포드 공작은 몸이 달아 코숑을 압박했고, 결국 코숑은 꼼수를 고안할 수밖에 없었다. 공판 도중 잔 다르크가 자신에게 찾아온다고 주장한 미지의 음성과 함께 논란이 된 또 다른 주제는 잔 다르크가 군사 작전 도중 남자 옷을 입었다는 사실이었다. 잔 다르크는 단지 남자 복장이 편했을 뿐 아니라 남성들로 이루어진 병영에서 생활하기에는 남자 복장이 더 어울렸기 때문에 그렇게 했을 뿐이라고 주장했다. 그러나 심문관들은 이것이 잔 다르크가 정상적인 여성이 아니라 마녀라는 강력한 증거라고 주장했다.

이에 코숑은 서류를 한 장 작성하여 잔 다르크에게 서명하라고 종용했다. 서명만 하면 교회가 관리하는 수감 시설로 옮겨주겠다는 약속도 곁들였다. 원래 종교 재판의 죄수는 교회 부속 시설에 수감하는 것이 당시 규정이었다. 특히 여성 죄수는 수녀가 간수 역할을 하도록 되어 있었음에도 영국 측은 잔 다르크를 심리적으로 압박하기 위해 일반 군사 감옥에 가두고 남자 간수들에게 감시를 맡기고 있었다. 거기에 더해 코숑은 잔 다르크에게 로마 교황청에 항소할 기회도 주겠다고 약속했다. 글을 읽을 줄 모르는 잔 다르크가 계속 문서의 내용을 캐묻자 코숑은 앞으로 남자 옷을 입지 않겠다고 서약하는 서류라고 모호하게 대답했다. 오

질 외젠 르네프뵈Jules Eugène Lenepveu의 〈화형대 위의 잔 다르크〉. 영국군 측은 혹시라도 잔 다르크가 형장을 탈출했다는 소문이 퍼질 것을 우려해 만반의 조치를 취했다.

랜 수감 생활에 지친 잔 다르크는 서류에 서명했는데, 실제 서류 내용은 잔 다르크가 이제부터 여성의 의상만 입는 데 동의하며 지금까지 남장을 해온 것이 악마의 사주를 받은 이단적 소행이라는 것을 인정한다는 내용도 포함돼 있었다. 코숑은 약속과 달리 잔 다르크를 다시 영국군 감옥으로 돌려보냈다. 여자 복장으로 감방에 돌아온 잔 다르크는 간수들이 매우 음흉한 눈으로 자신을 쳐다보는 것을 깨달았다. 신변에 위협을 느끼던 잔 다

르크는 감방에 남성 복장이 놓여 있는 것을 발견했다. 잔 다르크는 남장을 하면 간수들의 태도가 달라질 것이라는 기대를 가지고 옷을 바꿔 입었다. 바로 그 순간 간수들은 잔 다르크를 붙잡아 코숑에게 데려갔다. 코숑은 잔 다르크의 복장을 지적하며 이단의 죄를 다시 저질렀다고 선언했다. 당시 교회법은 이단임을 인정한 인물이 같은 이단 행위를 다시 저지르면 화형에 처할 수 있도록 되어 있었다. 1431년 5월 28일, 코숑은 판결문을 낭독했다.

이른바 '처녀'라고 불리는 너 잔은 그동안 분열주의, 우상숭배, 악마를 불러내는 주문과 기타 여러 악행과 실책에 깊이 탐닉했다. … 따라서 우리는 너를 엄청난 범죄, 방탕 및 실책을 저질러 파문당한 이단자로 선언한다. 그리고 우리는 네가 걸린 이단의 문둥병이 교회의 다른 구성원들에게로 번지는 것을 막기 위해 교회에서 축출된, 사탄의 하수인인 너를 세속의 사법부로 이송한다.

판결이 있고 2일 뒤인 1431년 5월 30일, 잔 다르크는 루앙의 장터에서 화형에 처해졌다. 화형대의 단은 더 많은 사람이 볼 수 있도록 매우 높게 만들어졌다. 잔 다르크의 몸을 기둥에 묶은 영국군 병사가 나뭇가지를 모아 십자가를 만들어 그녀의 손에 쥐어주었다. 목격자들의 증언에 따르면, 불길이 치솟는 가운데 잔 다르크는 "주여!"를 여섯 번 외쳤다고 한다. 영국군은 지휘부의 명령에 따라 화형 중간에 불을 끄고 현장에 있는 관계자들 모두가 반쯤 탄 잔 다르크의 사체를 볼 수 있도록 한 뒤 장작을 새로 쌓고 다시 불을 붙여 시신을 재로 만든 뒤 강에 뿌렸다. 혹시라도 잔 다르크가 화형대에서 탈출하여 '부활'했다는 소문이 돌지 못하도록 하기 위한 조치였다.

그러나 잔 다르크의 처형은 베드포드 공작이 희망한 효과를 가져오지 못했다. 1431년 12월, 드디어 열 살짜리 소년왕 헨리 6세의 프랑스 국왕 겸임을 위한 대관식이 파리에서 성대하게 열렸지만 이미 분위기는 예전 같지 않았다. 영국군에게는 엎친 데 덮친 격으로 프랑스 정복의 꿈을 물거품으로 만드는 결정타가 날아들었다. 부르고뉴파의 필립공이 샤를 7세를 프랑스 국왕으로 인정하고 영국과의 오랜 동맹을 파기한 것이다. 샤를 7세와 부르고뉴파 연합군이 1436년 파리를 수복했고 이 무렵 베드포드 공작마저 갑자기 사망하면서 영국군 수뇌부는 혼란에 빠졌다. 샤를 7세는 1449년 드디어 루앙을 함락시킨 데 이어 1450년에는 노르망디 지역의 대부분을, 1451년에는 가스코뉴를 수복했다. 그 후 영국과 프랑스는 공식적으로는 약 20년을 더 전쟁 상태에 있었지만 대세는 이때 정해졌다. 잔 다르크는 재판에서 "영국인이 모두 프랑스에서 쫓겨나리라는 것을 잘 알고 있습니다. - 이 땅에서 죽게 될 자들만 빼고"라고 한 적이 있는데, 그 예언이 정확히 맞아떨어진 것이다.

루앙을 함락했을 때 샤를 7세가 가장 먼저 한 일은 루앙의 영국군 사령부 건물에 보관 중이던 잔 다르크 재판 기록을 확보한 것이다. 국왕은 교황청에 잔 다르크의 혐의에 대한 재심사를 요청했고 1456년, 교황청은 잔 다르크의 이단 혐의에 무죄를 선언하고 오히려 잔 다르크 재판을 주도했던 성직자들의 행위를 이단으로 선언했다. 1920년, 로마 교황청이 잔 다르크를 순교 성인으로 공식적으로 인정함으로써 오를레앙의 처녀는 드디어 '성 요안나 드 아르크St. Jeanne d'Arc'가 되었다.

견고한 기록과 다양한 시각

신의 계시를 받들어 직접 군사를 이끌고 외적으로부터 조국을 해방하고 적법한 왕통으로 왕위를 잇게 한 처녀 기사. 확실히 잔 다르크의 행적에는 영웅 서사시를 방불케 하는 면모가 있다.[5] 이런 잔 다르크의 행적이 의문 없는 역사적 사실로 받아들여지는 것은 부르고뉴파와 영국군이 임명한 성직자들이 잔 다르크의 카리스마와 정당성을 파괴할 목적으로 꼼꼼히 기록한 종교 재판의 기록 덕분이다. 잔 다르크는 이 덕분에 중세 말 유럽 역사에 등장했던 인물들 가운데 실존에 대한 가장 완벽하고 객관적인 문서 증거가 있는 '행운'을 누렸다. 잔 다르크의 공판 기록은 재판에서의 질의응답 내용을 복수의 성직자가 속기로 기록해서 서로 속기록을 비교하여 최종 버전을 만든 뒤 다시 공증을 거쳤기 때문에 정확성에 대하여는 의심할 여지가 없다. 그러나 그 모든 공식 기록에도 의문은 남는다. 정말 무슨 일이 벌어졌을까? 재판에서 잔 다르크가 주장하는 이적들은 문자 그대로 사실일까 아니면 또 다른 해석의 여지가 있을까?[6]

역사가들의 평가에 종종 오르는 주제 가운데 하나는 군사 지도자로서 잔 다르크의 능력이다. 일부 역사학자들은 전장에서 잔 다르크의 역할을 일종의 치어리더 정도로 폄하하기도 하지만 방어를 공세로 전환한 오를레앙전투 등은 잔 다르크의 군사적 재능을 보여준다는 반론도 있다. 그러나 잔 다르크의 공헌은 단순히 몇몇 전투에서의 승리 여부와는 차원이 다른 두 가지 전략적 성취로 요약할 수 있다. 우선 잔 다르크는 프랑스군의 이미지를 '신의 군대'로 바꿨다. 왕세자에게서 권한을 위임받은 잔 다르크가 맨 처음 한 일은 프랑스 군대 내에서 매춘부들을 쫓아내고 고해성사와 예배를 의무화한 것이다. 오를레앙에 입성한 잔 다르크는 영국군

• • •

5 잔 다르크의 극적인 등장을 '할리우드조차 역사의 발 앞에 무릎 꿇게 만드는 순간'이라고 표현한 저자도 있다. W. Scott Haine, *The History of France*, Greenwood Press : West port, Connecticut, 2000, p. 45.

6 예를 들어 잔 다르크가 일관되게 주장한 미지의 '음성'에 대해서도 심리학자들과 정신병리학자들이 다양한 가설을 제시해왔다. 여기에는 단순한 정신분열부터 뇌에 발생한 종양 또는 중세 때 철 지난 곡물을 섭취한 농민들이 종종 경험하던 중증 식중독에 따른 환각 현상 등이 포함된다.

에 공식 서한을 보내 "프랑스의 섭정이라고 하는 너, 베드포드 공작과 그 졸개들은 여기 하느님이 보내신 처녀에게 항복하라. 나는 하느님의 뜻에 따라 프랑스의 적법한 왕통을 다시 세우고자 여기 왔노라"라고 선언했다.[7] 이렇게 잔 다르크 한 사람 덕분에 백년전쟁은 프랑스가 신의 뜻을 받들어 불경스러운 영국군을 소탕한 '성전聖戰'이 되었다.

잔 다르크의 또 다른 결정적인 공헌은 수도 파리보다 먼저 랭스를 탈환하고 그곳에서 샤를 7세의 대관식을 하도록 관철한 행보였다. 클로비스 1세가 세례받은 천년 고도 랭스에서 샤를 7세가 모든 프랑스 국왕과 같은 방식으로 왕위에 올랐다는 사실은 샤를 7세의 정통성을 보여주는 더 없는 상징이자 전쟁 분위기를 바꾸는 전환점이 되었다. 잔 다르크를 화형에 처한 베드포드 공작은 1431년 12월 조카인 헨리 6세의 대관식을 파리의 크고 화려한 노트르담성당에서 거행했으나 랭스에서 치러진 샤를 7세 대관식의 아우라에 맞서지 못하고 '모조품'으로 전락하고 말았다.

풀리지 않는 수수께끼

잔 다르크의 이런 눈부신 활약은 여전히 회의론자들을 더 근본적인 질문으로 이끈다. 어떻게 농민 출신에 문맹인 어린 처녀가 그런 엄청난 전략적 안목을 획득할 수 있었을까? 잔 다르크는 어떻게 왕세자와 프랑스에 무엇이 필요한지 파악했을까? 명색이 일국의 왕세자라는 자가 적대 세력인 부르고뉴파의 영지에서 가까운 동레미에서 온 농민 계급 출신 소녀의 요청을 선뜻 받아들인 배경은 무엇일까?

최근 이 문제와 관련하여 미국의 논픽션 작가 낸시 골드스톤Nancy B.

• • •

7 편지는 문맹인 잔 다르크의 구술을 고베르 티보우Gobert Thibault라는 관리가 받아적은 것이다. 종교 법정에서도 잔 다르크는 자신이 문맹이며 글이라면 간신히 서명을 하는 정도라고 진술한 바 있다.

Goldstone은 『처녀와 여왕The Maid and The Queen』에서 샤를 7세의 장모인 아라곤의 욜란다Yolande of Aragon에 주목했다. 스페인반도 아라곤의 공주로 태어나 정략결혼으로 시칠리아 왕비이자 앙주 공작 부인이 된 욜란다는 어려서부터 궁정에서 통치술과 병법의 기본을 익히며 자란 야심만만한 인물이었다. 그녀는 딸을 샤를 왕세자와 결혼시킨 뒤에는 자신의 혈통이 프랑스 왕위를 이어가게 하려고 모든 수단을 동원할 준비가 되어 있었다. 골드스톤에 따르면 잔 다르크는 욜란다가 곤경에 빠진 사위를 위해 준비한 일종의 비밀 병기였다. 따라서 잔 다르크의 카리스마와 군사전략적 재능은 실은 뒤에 숨은 욜란다의 작품이었다는 결론이 나온다. 실제로 처음 오를레앙으로 향한 잔 다르크의 군대는 상당수가 스코틀랜드 출신 정예 용병으로 채워져 있었다는 기록이 있다. 혹시 이 용병들 역시 욜란다가 '성처녀의 오를레앙 방어 성공'이라는 기획 프로젝트를 성공하기 위해 스카우트한 것이 아닐까? 잔 다르크에게 찾아온 음성의 주인공이 천사장 성 미카엘이었다는 것 역시 공교롭다. 성 미카엘은 샤를 왕세자가 모시는 수호 성인이기도 했기 때문이다.

잔 다르크에게 샤를 7세 외에 또 다른 후견인이 있었다는 가설은 나름대로 설득력 있다. 그러나 잔 다르크의 미스터리에 대하여 수많은 이론이 넘쳐나는 가운데 욜란다 가설이 완결편이 될 가능성은 없어 보인다. 조만간 또 다른 놀라운 주장이 나와 역사계와 일반의 조명을 받는다고 해도 그리 이상하지 않다. 이렇게 수많은 가설과 재해석의 변주가 울려 퍼지는 사이 잔 다르크를 정의하는, '신비한 음성의 인도를 받아 프랑스를 구한 마상馬上의 처녀'라는 기본 내러티브는 변하지 않는 테마로 굳건히 자리 잡고 있다. 상세하고 꼼꼼한 판결 기록과 함께.

03 모스크바 재판

● 볼셰비키혁명 공신들의 씨를 말린 재판 : Moscow Show Trials (1936~1938)

이반 뇌제의 실수는 다섯 제후 가문을 남겨둔 것이오.
_스탈린Iosif Stalin, 영화감독 예이젠시테인Sergei Eisenstein에게

레닌의 죽음

1924년 1월 21일 러시아혁명의 주역이자 볼셰비키Bolsheviks와 국제 공산당의 지도자였던 블라디미르 레닌Vladimir I. Lenin이 모스크바 교외의 별장에서 53세로 숨을 거두었다. 그가 의식이 있을 때 최후로 무슨 생각을 했는지는 분명하지 않다. 하지만 만약 그것이 자신의 평생을 바친 공산당과 소비에트연방에 관한 것이었다면 그는 확실히 이오시프 스탈린Iosif Stalin을 떠올렸을 것이다.

혁명이 성공한 직후 레닌 다음으로 주목받은 러시아 공산당의 2인자는 레온 트로츠키Leon Trotsky였다. 하지만 그는 경제 정책과 관련해 레닌과 대립각을 세웠다. 레닌은 혁명과 내전으로 피폐한 경제를 재건하기 위한 방편으로 노동자 조합 등에 더 많은 자율권을 부여하려 한 반면, 트로츠키는 모든 산업 분야에서 좀 더 엄격한 중앙집권적 계획경제 모델을 선호했다. 실제로 그의 주장에 동조하는 당내 인사들도 적지 않았다. 이런 상황에 불안을 느낀 레닌은 결국 트로츠키파를 견제하려고 1922년 제11차 전당대회에서 스탈린이 당 서기장으로 지명되도록 막후 영향력을 행사했다. 조지아 출신인 스탈린은 내전 중 군사 지휘관으로 두각을

나타냈다. 특히 1921년 적군의 조지아 침공 때 무자비한 공세로 밀어 붙여 당내외에서 비난과 칭송을 함께 받으며 지명도를 높였다. 원래 레닌의 구상은 스탈린을 당의 간판인 서기장으로 내세우고 자신이 배후의 실세가 되어 정국을 원하는 대로 끌고 간다는 것이었다. 하지만 이 계획은 그의 건강이 급속도로 악화되면서 어그러지고 말았

레닌(왼쪽)은 말년에 스탈린(오른쪽)의 결함을 눈치 채고 권력구도에서 제외하려고 했으나 뜻을 이루지 못하고 사망했다.

다. 1922년 처음으로 뇌졸중[1]을 겪은 레닌은 요양할 수밖에 없었다. 레닌 요양 초창기만 하더라도 스탈린은 레닌을 정기적으로 방문하여 당 안팎의 동정을 알려주고 레닌의 의견을 들으면서 둘 사이가 매우 가까워졌다. 그러나 레닌은 점점 스탈린의 권위주의적 행태와 경직된 사고방식에 거부감을 느꼈다. 스탈린을 통해 견제하려던 트로츠키가 자신의 뒤를 이어 당을 이끌 지도자로 훨씬 적합하다고 느끼기 시작했다.[2]

스탈린과 레닌의 관계는 점점 악화되어 1923년 3월에는 스탈린이 레닌의 아내이자 당시 당 교육위원회 위원장이던 나데즈다 크룹스카야Nadezhda Krupskaya를 인신공격하는 사태까지 발생했다.[3] 결국 레닌은 스탈린을 서기장 자리에서 밀어내기 위한 사전 작업에 착수하려 했으나

• • •

1 레닌은 1922년부터 사망할 때까지 세 차례 뇌졸중을 겪었다. 그중 처음에는 비교적 경미했으나 결국 그의 정치력을 약화시키는 원인이 되었다.

2 Robert Service, *A History of Twentieth Century Russia*, Harvard University Press, 1998, p. 151.

3 *Ibid.*, p. 152.

세 번째의 치명적 뇌졸중을 겪으면서 모든 것이 수포로 돌아갔다. 레닌의 장례식은 1월 26일 모스크바에서 성대하게 거행되었다. 혹한 속에서도 100만 명이 넘는 러시아인이 그의 시신을 직접 보려고 몰려들었으며, 고도 페트로그라드Petrograd는 그의 이름을 따서 레닌그라드Leningrad로 바뀌었다.[4]

결정적으로 중요한 문제

레닌은 1922년 공산당 의회에 보내는 공개 서한에서 당 중앙위원들을 실명으로 언급하며 이들의 기질과 장단점을 지적한 적이 있다. 이때 그는 특히 스탈린과 트로츠키를 비교하며 다음과 같이 말했다.

서기장이 된 스탈린 동지에게는 거의 무제한의 권한이 집중되어 있는데, 나는 그가 그 권위를 언제나 충분히 신중하게 사용하리라는 확신이 들지 않소. 한편 트로츠키 동지로 말하면, 현재 당 중앙위원 가운데 가장 탁월한 능력을 소유했지만 자기 과신이 지나쳐 보이고, 과업의 행정적 측면에 과도하게 몰두하는 경향을 보여왔소. 당 중앙의 탁월한 두 지도자의 이와 같은 기질은 자칫 분열을 초래할 수 있으며, 우리 당이 그 갈등 요소를 제거하기 위해 미리 적절한 조치를 취하지 않는다면, 분열은 매우 급작스럽게 올 수도 있소.

• • •

4 이 도시는 유난히도 이름이 자주 바뀌었다. 제정러시아 당시 이름은 상트페테르부르크St. petersburg였다. 그런데 제1차 세계대전 당시 제정러시아의 마지막 황제 니콜라이 2세가 페테르부르크라는 이름이 적대국인 독일을 떠올리게 한다는 이유로 '페트로그라드'로 바꾸었다. 독일어로 '성'을 뜻하는 '부르크' 대신 러시아어로 도시를 의미하는 '그라드'를 붙인 것이다. 이후 레닌그라드가 된 페트로그라드는 소비에트연방이 붕괴된 뒤인 1991년 원래 이름인 상트페테르부르크로 바뀌었다.

그런데 이렇게 건설적인 비판을 차분하게 펼친 지 며칠 지나지 않아 레닌은 다소 다급한 어조로 스탈린에 대해 더 구체적으로 언급한 다음과 같은 내용의 추신 메시지를 작성했다.

스탈린은 너무도 무례한데, 이러한 결점은 우리들 사이에서는 그럭저럭 받아들여지겠지만 서기장으로서는 용납될 수 없는 문제요. 이것이 내가 동지 여러분이 스탈린을 현 직책에서 제거하고 남들에게 더 관용적이고, 더 충실하며, 더 예의 바르고, 더 사려 깊은 … 그런 인물을 임명하는 방법을 강구하도록 제안하는 이유요. 이 문제는 지금은 별것 아닌 것처럼 보일 수 있소. 하지만 나는 당의 분열을 막고 스탈린과 트로츠키의 관계를 제대로 정립한다는 관점에서 이 문제가 별것 아니기는커녕 '결정적으로 중요한 문제'라고 생각하오.

문제는 이 두 편지가 제때 공개되지 못했다는 것이다. 원래 레닌은 이 편지를 1923년 4월 12차 당 대회 때 당원들 앞에서 공개할 예정이었으나, 그해 3월 세 번째 뇌졸중을 겪고 반신불수가 되면서 이 계획은 수포로 돌아갔다. 레닌의 아내 크룹스카야는 레닌이 회복되리라 희망하며 서한을 비밀리에 보관했지만, 병세를 돌이키지 못하고 사망하자 레닌의 서명이 담긴 편지 원본을 당 중앙위원회에 제출했다. 하지만 이미 당을 장악한 스탈린과 그를 지지하는 정치국 위원 지노비예프Zinoviev, 카메네프Kamenev 등이 서한 공개를 계속 연기했다. 결국 그 내용은 매우 제한적인 방식으로 당원들에게 공개되었으며, 배포된 인쇄본 역시 상당 부분 편집된 형태로 출판되는 데 그쳤다. 이렇게 해서 레닌이 편지에서 지적한 '결정적으로 중요한 문제'가 해결되지 않은 채 러시아 정국은 흘러갔다.

대숙청의 시작

1934년, 레닌그라드 지구당 서기 세르게이 키로프Sergei Kirov가 자신의 사무실에서 괴한의 총에 죽음을 당했다. 당시 러시아는 스탈린이 무리하게 밀어붙인 집단농장 체제 전환 등 경제 정책의 부작용으로 농업 생산성이 추락한데다 1931~1932년에 걸쳐 우크라이나에 닥친 대기근으로 아사자가 수백 만 명이나 속출하면서 민심이 흉흉했다. 그러자 당 안팎에서는 지도층의 쇄신과 개혁을 호소하는 목소리가 힘을 얻게 되었다. 이런 분위기에서 키로프는 1934년 열린 17차 공산당 전당대회에서 각 지역, 단체, 계층별 대표들의 무기명 투표 결과 반대표를 세 표만 받으며 당 중앙위원에 당선되었다. 반면, 스탈린은 반대표만 수백 표에 달하는 굴욕을 당했는데, 그 직후 키로프가 의문의 죽음을 당한 것이다.[5]

그런데 키로프의 장례식이 끝나자마자 스탈린은 느닷없이 그의 죽음이 당내에 남아 있는 트로츠키파 잔당의 음모라고 주장했다. 하지만 트로츠키파는 1920년대 말 당내 권력투쟁에서 밀려나 사실상 와해됐기 때문에 스탈린의 그러한 주장은 근거가 빈약한 것이었다. 트로츠키는 1926년부터 스탈린의 독단적인 행태에 맞서 지노비예프, 카메네프를 설득해 반스탈린 공동전선을 펼치며 당내 투쟁에 나섰다. 하지만 이미 당정의 요직에 자신의 수하를 골고루 배치한 스탈린의 물리력 앞에서는 효과가 없었다. 결국 이들은 모두 1927년 15차 전당대회에서 출당 조치되었다. 트로츠키는 1928년 남미로 망명길에 올랐고, 지노비예프와 카메네프는 스탈린에게 용서를 구하는 공개 서한을 제출하는 등 굴종한 끝에 간신히 복당되었다.[6] 그런데 이제 와서 스탈린은 키로프의 '의문의 죽음'을 구실로 이들을 포함한 당내외 불순분자 색출과 국가적 쇄신을 명령한 것이

---

5 스탈린이 비밀 경찰을 동원해 키로프를 암살했다는 소문은 당시에도 무성했으나 결정적 증거는 나오지 않았다. 키로프는 개인적으로는 철저한 스탈린 지지자였다.

다. 이것이 바로 러시아 전역에서 거의 100만 명에 달하는 사람이 온갖 반혁명 죄목으로 처형당하고 그보다 몇 배가 투옥과 유형을 당하는, 역사가들이 '대숙청'이라고 하는 전례 없는 정치적 박해의 시작이었다.[7]

이 대숙청 시기에 벌어진 수많은 사건 가운데서도 가장 아이러니하고 처절하며, 비극적이다 못해 희극적이기까지 한 장면이 1936년부터 1938년까지 모스크바에서 열린 일련의 '전시용 재판'에서 연출되었다. 우선 1936년 열린 1차 재판에서는 한때 스탈린과 함께 '트로이카'로 불리며 3두정치를 펼쳤던 지노비예프, 카메네프를 포함한 당 간부 16명이 '반혁명적 극좌 세력'으로 불리며 키로프의 암살과 스탈린 암살 미수 혐의로 고발되었다. 일설에 따르면, 지노비예프와 카메네프는 스탈린에게서 법정에서 혐의를 인정하기만 하면 사형은 면하게 해주겠다는 언질을 받고 그대로 따랐다고 한다. 하지만 이들은 사형선고 당일 심야에 총살형에 처해졌다.

1937년, 당 중앙의 '젊은 사자'로 불리던 게오르그 퍄타코프Georgy Pyatakov, 한때 트로츠키 진영에 가담했다가 스탈린에게로 전향한 논객 카를 라데크Karl Radek 등 17명이 다시 트로츠키의 비밀 명령에 따라 당 요인들의 암살을 시도하고 경제 계획이 실패하도록 획책했다는 혐의로 재판에 회부되었다. 이 2차 재판에서는 트로츠키가 망명 중 나치 독일, 일본 제국과 비밀리에 내통했다는 주장까지 나왔다. 역시 1차 재판 때와 마찬가지로 모든 피고가 혐의를 인정했으며 13명이 사형에, 나머지는 강제 노동형에 처해졌다.

• • •

6 트로츠키는 가장 먼저 권력투쟁에서 밀려난 탓에 국내에 머문 다른 볼셰비키들보다 해외에서 몇 년간이나마 더 목숨을 부지할 수 있었다.

7 이 러시아 대숙청은 종종 프랑스혁명 직후의 공포정치와 비교되기도 하며, 때로는 두 시기 모두 '대공포시대'라고 불린다.

3차 재판과 부하린

모스크바 전시용 재판 시리즈의 하이라이트
는 1938년 3월부터 열린, 흔히 '21인 재판'이라
고 불리는 마지막 3차 재판이다. 이 재판의 목
적은 레닌과 동고동락하며 멘셰비키와 치열히
투쟁해 10월혁명의 순수성을 지켜낸 러시아 공
산 혁명의 적자 볼셰비키 가운데 그때까지 살
아남은 이들 21인에게 '당내 우파 합작 세력 및
트로츠키주의자'라는 낙인을 찍어 제거하는 데
있었다.[8] 피고들에게는 1918년까지 거슬러 올
라가 레닌과 스탈린에 대한 암살 기도부터 러
시아에서 사회주의를 해체하고 자본주의를 다
시 세우려고 획책했다는 것까지 다채로운 혐의

미하일 부하린. 러시아혁명 1세대를 대
표하는 지식인이었으나 스탈린의 눈밖
에 나면서 처절하게 몰락했다. 1938년의
모스크바 3차 전시 재판은 사실상 그를
타깃으로 열렸다.

가 씌워졌다. 이들 가운데는 공화국 수상까지 지냈으나 스탈린의 과격한
경제 정책에 반대하다가 몰락한 알렉세이 리코프Alexei Rykov, 정치국 위
원이자 독일 대사를 지냈으나 트로츠키 노선을 지지한 것이 화근이 되어
권력에서 일찌감치 멀어진 니콜라이 크레친스키Nikolay Krestinsky, 심지
어는 한때 스탈린의 측근이자 치안과 공작 정치를 담당하는 내무국장으
로 1936년 1차 재판에서 지노비예프, 카메네프 등을 취조한 겐리흐 야고
다Genrikh Yagoda[9] 등의 거물이 포함되어 있었다. 하지만 가장 주목을 끈
피고인은 니콜라이 부하린Nikolai Bukharin이었다. 러시아 공산당에서 한

●●●

8 트로츠키 좌파, 트로츠키 친위 세력, 트로츠키 우파 등 재판마다 생겨나는 혐의의 미묘한 변화가 흥미롭다.

9 야고다가 숙청된 이유는 그가 1차 재판 당시 용의자들을 비교적 온건하게 취조한 방식에 스탈린이 만족하지 못했
기 때문이다. 야고다는 스탈린 암살 기도, 부패, 각종 포르노물을 비롯한 타락한 서방 문물 탐닉 등의 혐의를 받았다.
3차 재판의 막후 취조는 야고다의 뒤를 이어 내무국장으로 취임한 니콜라이 예조프Nikolai Yezhov가 맡았으나 그
역시 1940년경 스탈린에게 제거되었다.

때 부하린이 누린 위상은 앞서 언급한 문제의 공개 서신에서 레닌이 특별히 그를 지칭하며 남긴 다음과 같은 애정어린 충고에도 잘 나타난다.

부하린은 우리 당의 가장 소중하고 중요한 이론가일 뿐 아니라 당 전체를 통틀어 가장 촉망받는 인물이지만, 그의 이론적 견해를 완전히 마르크스주의적으로 볼 것인가에 대해서는 다소 유보적이오. 왜냐하면 그에게는 뭔가 학자인 체하는 구석이 있기 때문이오. 내 생각에 그는 변증법 연구를 제대로 한 것 같지 않으며, 변증법이 무엇인지 완전히 이해하지 못한 것으로 보이오.

1888년 모스크바에서 교사의 아들로 태어난 부하린은 청소년기에 마르크스 – 엥겔스식 사회주의 혁명에 눈뜬 뒤 1906년 러시아 사회민주노동당에 가입하여 볼셰비키운동을 시작했다. 부하린은 20대에 볼셰비키파를 대표하는 탁월한 이론가로 평가받았으며, 대중 연설에도 뛰어나 선전·선동전에서 큰 역할을 했다. 부하린은 철학과 문학에도 조예가 깊었고 사회주의 운동에 우호적인 서유럽 지식인들 사이에도 많은 팬을 거느리고 있었다. 부하린은 미술에도 소질이 있어서 레닌을 비롯한 혁명 주역들이 열띤 토론을 벌일 때 이들의 모습을 캐리커처로 그려 나눠주기도 했다. 부하린은 공산 정권이 수립된 뒤에는 당 기관지 《프라우다》의 편집장을 지냈으며 1924년 정치국 상무위원으로 선출되어 몇 년간 정국을 주도했다. 부하린의 르네상스적 면모와 탁월한 지성[10]을 생각하면, 그가 레닌 사후 벌어진 당내 권력투쟁에서 하필 스탈린과 손을 잡았다는 것은 다소 의외다. 부하린은 스탈린이 트로츠키와 대립할 때부터 스탈린 편에

●●●

10 레닌은 유럽 문화에 관용적인 부하린의 태도에 우려를 나타내기도 했다. 실제로 부하린은 1938년 재판에서 검사의 신문 도중 마르크스나 레닌이 아니라 스피노자를 인용하다가 제지받은 적이 있다.

섰으며 지노비예프와 카메네프의 동맹 세력이 스탈린을 비판했을 때도 그를 옹호했다.

두 사람의 관계는 1920년대 말경 부하린이 스탈린이 밀어붙이던 급진적 농업 개혁과 산업화에 부정적인 의견을 공개적으로 표명하면서 균열이 생겼다. 부하린은 피폐한 경제를 회복하려면 자본주의적인 동기부여 요소가 약간 포함되어 있는 레닌의 신경제 정책이 더 적합하다며 스탈린과 격렬하게 대립했다. 그러나 유감스럽게도 부하린은 당내외 지지 세력을 조직적으로 규합하여 당내 투쟁을 효과적으로 전개하는 데 실패했고 1929년 모든 공직에서 쫓겨났다. 부하린은 1934년 잠시 복권되어 《이즈베스티야Izvestia》[11]의 편집장을 맡는가 하면 1936년에는 스탈린의 명령으로 독일에 건너가 나치 정권으로부터 마르크스 - 엥겔스 저작물을 인수하는 작업의 실무를 맡는 등 정치적 재기 가능성이 보였다.[12] 하지만 결국 체포되어 1938년 3월 3차 재판의 법정에 서는 신세가 되고 말았다.

법정 풍경

법정에서 용의자들은 대부분 일찌감치 유죄를 인정하고 자비를 구했다. 심지어 야고다는 감정이 격해진 나머지 울며불며 목숨을 애걸하는 장면을 연출하기도 했다. 하지만 혐의를 부인하고 저항하는 경우도 없지는 않았다. 공판 기록에 따르면 크레친스키와 재판장 사이에는 1938년 3월 2일 다음과 같은 대화가 오갔다.

● ● ●

11 《프라우다》는 당 기관지이며 《이즈베스티야》는 러시아 정부가 발행하는 신문이다.

12 부하린의 유럽풍 취미를 잘 아는 스탈린이 부하린을 독일로 파견한 것은 그를 재판에 세울 구실을 만들기 위해서였다는 주장도 있다. 실제로 부하린은 여행 중 만난 친구들에게 솔직하게 자기 처지에 대해 소회를 털어놓기도 했다. 그가 왜 망명하지 않고 소련으로 돌아왔는지에 대해서는 가족의 장래에 대한 우려나 혁명 1세대로서의 자존심 등 여러 주장이 있다. 물론 스탈린이 정말 자신을 용서했다고 생각했을 수도 있다.

재판장 : 피고 크레친스키, 혐의를 인정하는가?

크레친스키 : 인정할 수 없소. 나는 트로츠키주의자가 아니오. 나는 우파 합작 세력이었던 적도 없으며 그런 분파의 존재조차 몰랐소. 나는 어떤 범죄도 저지르지 않았으며, 특히 내가 독일 정보국과 연관이 있다는 혐의는 당치도 않소.

그런데 이렇게 단호하던 크레친스키는 단 하루 만에 급격히 바뀐다. 다음 날 크레친스키는 전일의 '경거망동'에 대해 이렇게 진술했다.

크레친스키 : 어제는 건강도 좋지 않은데다 어수선한 법정 분위기에 공소 내용이 사람들 앞에서 낭독되는 것이 고통스러워 차마 진실과 대면할 수 없었습니다. 유죄를 인정했어야 하지만 순간적이나마 굴욕감에 휩싸여 스스로 통제할 수 없었습니다. 제기된 모든 혐의에 대해 전적으로, 완전하게 유죄임을 시인하며, 반역 행위에 대한 모든 책임이 내게 있음을 인정했다고 하는 진술을 이 법정이 공식적으로 기록에 남겨줄 것을 요청합니다.

이렇게 단 하루 사이에 극과 극을 달린 크레친스키의 태도가 놀라울 뿐 아니라, 도대체 그사이 정확하게 무슨 일이 무대 뒤에서 벌어졌을지 상상력을 자극한다. 한편 부하린의 경우는 좀 더 미묘했다. 그는 포괄적으로는 자신의 유죄를 인정하면서도 구체적인 각각의 혐의사실에는 검찰 측과 때로는 모호하게, 때로는 날카롭게 맞서는 태도를 취했다. 사태가 여기까지 이른 데 대해 도의적으로 '책임은 있지만 그렇다고 유죄는 아니다'라는 태도라고나 할까. 부하린의 태도는 검찰 측이 1937년 이미 반역죄로 처형된 레프 카라한Lev Karakhan이 당내 우익 반동들의 대표로 독일 파시스트들과 쿠데타 문제를 비밀리에 협의했다고 주장한 이른바

'카라한 협상' 문제를 둘러싸고 검사 비신스키Vyshinsky와 부하린 사이에 오간 신문에서 잘 드러난다.

비신스키 : 피고는 이 협상을 지지했는가?

부하린 : 협상을 거부하지는 않았으니, 결과적으로는 지지한 셈이오.

비신스키 : 다시 묻겠다. 피고는 협상을 지지했는가, 아닌가?

부하린 : 반복하는데, 거부하지 않았으니 결과적으로 지지한 것이오.

비신스키 : 그게 내가 묻는 바다. 그건 말하자면 지지했다는 말 아닌가?

부하린 : 그렇다면 '결과적으로'와 '말하자면'이 같은 뜻이라고 해둡시다.

비신스키 : 하지만 피고는 아까는 그 협상을 사후에야 알았다고 말하지 않았는가?

부하린 : 그렇소. 그 두 진술은 서로 조금도 모순되지 않소.

피고와 증인에 대한 신문에 뒤이어 검사 비신스키의 구형 공판 연설이 이어졌다.

당을 좀먹는 이탈주의자, 태업주의자, 스파이 기타 등은 모두 트로츠키파와 부하린파라는 두 단어로 요약될 수 있습니다. 이 법정에 선 트로츠키 우파 세력의 지도부는 정치적 분파도, 정치적 운동도 아닙니다. 이들에게는 이데올로기적 콘텐츠나 지적인 면모라고는 전혀 찾아볼 수 없습니다. 이들은 더러운 밑바닥까지 도달하다 못해 결국 지하로 스며들어 스파이가 된 것입니다. 이들은 이적행위를 일삼는 제5열[13]이며 인종적 분리주의자들로, 적들이 우리 마을과 도시를 정복하도록 도와주기 위해 언제라도 빗

• • •

13 적국에 침투하거나 적의 내부자 중에서 교란이나 스파이 활동을 하는 집단.

장을 열 태세가 되어 있으며, 조국의 패배에 공헌하기를 희망하는 자들입니다.

비신스키는 또한 연설의 상당부분을 부하린 개인에 대한 공격에 할애하기도 했다.

여러분도 기억하시겠지만, 피고들 가운데 특히 부하린은 자신의 그러한 악질적인 본질을 감추려는 노력조차 기울이지 않았습니다. 부하린은 스스로 이론가이자 마르크시스트, 그것도 정통 마르크시스트라고 칭하기를 좋아합니다. 부하린은 1918년, 레닌 동지와 스탈린 동지를 암살하려는 쿠데타 음모를 실행에 옮기려고 했지만 이제 그 음모는 발각되었습니다. 반역자의 가면이 그 얼굴에서 영영 떨어져나가버렸습니다.

비신스키는 모든 피고에게 정의의 심판을 내려달라고 요구하며 연설을 끝냈다.

신선하고 순수한 벼락처럼 소비에트 사법 정의를 표현하는 선고가 울려퍼지도록 합시다. 온 나라가, 노소에 상관없이 오직 한 가지를 요구하고 있습니다. 조국을 팔아넘기려 한 반역자들과 스파이들은 발광한 개처럼 쏘아 죽여야 한다고! 군중은 오직 한 가지를 요구합니다. 이 저주받은 사회의 기생충들을 박멸할 것을!

3월 13일, 비신스키가 호소한 '소비에트 사법 정의'는 피고 전원에게 유죄 판결을 내리고 부하린, 크레친스키, 야고다를 포함한 18명에게 총살형을, 3명에게 20년 이상의 강제노동형을 선고했다. 17명은 선고 다음 날, 그리고 부하린은 3일 만에 총살형에 처해졌다. 그로부터 3년 뒤인 1940년 8월에는 멕시코로 망명 중이던 트로츠키가 암살되면서 러시아 혁명 1세대 볼셰비키주의자들은 사실상 지상에서 사라졌다.

부하린의 마지막 행보

부하린이 체포, 수감되었다는 소식이 전해지자 유럽과 미국의 진보적 지식인들을 중심으로 부하린 구명운동이 벌어지기도 했다. 그중에는 스탈린에게 직접 서신을 보내 탄원한 이들도 있었다. 3차 재판과 그 판결은 1, 2차 재판에 유보적인 태도를 취했거나, 유감스럽지만 혁명을 완성하기 위해 거쳐야 할 단계라고 해석했던 서방의 친스탈린파 지식인들마저 경악시켰다. 그들 대부분은 이후 스탈린주의와 절연하게 된다. 그런데 재판 기간을 전후하여 부하린이 보인 행태는 '몰락한 천재의 초상'으로 치부하기에는 매우 흥미롭다. 공판 내내 언어의 모호함을 앞세워 자신을 소극적으로 방어하던 부하린은 3월 12일 돌연 유죄를 인정하더니, 훗날 '최종 탄원'이라고 불리게 되는 최후진술을 펼쳤다.

나는 1년 이상 수감 중이어서 바깥 세상이 어떻게 돌아가는지 잘 모릅니다. 하지만 간혹 나에게까지 도달하는 현실 세계의 조각으로 판단해보면, 내가 배신한 체제가 이제 새로이 거대한 발전을 눈앞에 두고 있으며, 국제적인 프롤레타리아혁명을 위하여 거대하고 강력한 요소로 대두될 것으로 생각합니다.

이렇게 서두를 시작한 최후진술에서 그는 모든 혐의 사실을 인정한 뒤, 자신이 받고 있는 재판이 소비에트 사회주의혁명을 완성하기 위해 거쳐야 하는 불가피한 과정이라는 주장을 장황하게 펼쳤다. 그의 진술은 다음과 같이 마무리된다.

이제 거의 끝나갑니다. 아마 내 생애에서 마지막으로 하는 연설일 테니 이해해주시기 바랍니다. 중요한 것은 피고의 참회나 지금 내가 보이는 것과 같은 개인적 뉘우침이 아닙니다. 법정은 그런 것 없이도 판결을 내릴 수 있고, 피고의 자백은 중요하지 않습니다. 피고의 자백이 필요하다는 건 중세적 법률 원리에 지나지 않습니다. 지금과 같이 소비에트연방이 새로운 투쟁에 돌입한 때, 내가 저지른 범죄는 측정할 수 없을 정도로 극악무도하다고 할 수 있습니다. 아무쪼록 이 재판으로 연방의 거대한 힘이 모두에게 알려졌기를 바랍니다. 우리는 모두 스탈린 동지가 확립한 국가의 현명한 리더십을 알고 있습니다. 이러한 인식을 가지고 나는 선고를 기다립니다. 중요한 것은 죄를 뉘우치는 역적의 개인적 감정이 아니라, 소비에트연방의 번창과 국제적 위상입니다.

이런 발언을 어떻게 이해해야 할까? 자신이 저지르지도 않은 죄를 포괄적으로 인정하는 부하린의 최후진술 내용과 배경에 대해서는 지금까지 여러 가지 분석이 제기되었다. 고문을 받고 결국 무너졌다는 설, 가족의 안전을 위해 협력하기로 했다는 설, 심지어는 비밀 경찰이 마약을 투약했다는 설도 있다. 그의 진술을 자세히 뜯어보면 실은 자백을 인정하는 것이 아니라 재판 전체를 희화화했다는 주장도 제기되었다. 이와 관련해 헝가리 출신 영국 작가 아서 쾨슬러Arthur Koestler가 모스크바 재판에서 영감을 받아 쓴 유명한 소설 『한낮의 어둠 Darkness at Noon』에서 제시한 설명은 조금 독특하다. 쾨슬러는 부하린을 모델로 한 작품의 주인공 루바쇼프Rubashov의 투옥부터 처형까지의 심리 변화를 통해, 부하린이 자신의 죽음을 아무 가치 없는 개죽음으로 만들지 않으려고 오히려 스탈린이 씌운 혐의를 적극적으로 끌어안고 반역자로 처형당함으로써 공산 혁명의 대의에 기여할 결심을 하고, 일종의 뒤틀린 살신성인을 시도했다는 해석을 제시했다. 실제로 부하린이 감옥에 있는 동안 자신의 처지를 더 대승적인 맥락에서 바라보기 시작한 것은 사실로 보인다. 그의 최후진술은 재판이 시작되기 몇 달 전 감옥에서 아내에게 보낸 편지의 다음과 같은 대목과 내용적·논리적으로 일치한다.

어떤 것에도 원한을 품지 마시오. 소비에트연방의 위대한 대의는 살아 있으며, 그것이 가장 중요한 일이라는 것을 기억하시오. 개인의 운명이란 이와 비교하면 일시적이고 보잘것없는 것이오.

철의 승리

1924년, 레닌이 사망하고 얼마 지나지 않아 스탈린은 「레닌주의의 기초The Foundations of Leninism」라는 제목으로 당원들에게 강연을 한 일이 있다. 그런데 그 내용이 워낙 부실하자 당내의 저명한 이론가인 랴자노프David Ryazanov가 참다 못해 강연 중 그를 제지하며 "너무 무리하지 말게. 우리 모두 이론은 자네 전문이 아닌 걸 아네"라고 말했다고 한다. 이 에피소드는 스탈린에 대한 볼셰비키 동료들의 시각을 드러낼 뿐 아니라, 레닌이 애초에 왜 트로츠키 대신 스탈린을 서기장으로 선택했는지, 레닌의 경고에도 어째서 볼셰비키 원로들이 계속 스탈린과 동맹관계를 유지했는지에 대한 단서를 제공한다. 단순화의 위험을 무릅쓰고 추정한다면 이들은 모두 저마다 스탈린 정도는 자기들 뜻대로 조종할 수 있다고 속단한 것이 아닐까? 대부분 제정러시아 시대 최고 교육을 받은 인텔리

영화 〈이반 뇌제〉. 개혁 군주이자 폭군이라는 두 얼굴을 지녔던 이반 뇌제의 생애를 다룬 작품이다. 러시아의 전설적인 영화감독 세르게이 예이젠시테인의 평생의 역작이다.

겐치아 출신인 볼셰비키는 주로 파업, 집회, 전쟁 수행 등 당의 명령을 충실히 이행하는 '행동 대장'으로 활약하며 커온 스탈린을 지적으로 열등한 인물로 얕잡아 보았을 개연성이 크다. 물론 레닌 사후 벌어진 권력투쟁 과정에서 스탈린이 최후의 승자가 된 것은 이들 이론가들의 판단 착오에 스탈린 본인의 권력 의지와 과단성이 결정적인 역할을 했다. 치열한 권력투쟁에서 필요한 것은 마르크스와 엥겔스의 이론이 아니라 봉건 시대 러시아 궁정에서 벌어진 제후들 간의 암투를 방불케 하는 음모, 배신, 공포의 연출이라는 것을 스탈린은 잘 알고 있었다. 스탈린이라는 이름이 러시아어로 '강철steel'을 뜻한다는 것은 그런 의미에서 매우 상징적이다.[14] 스탈린이 1946년, 소비에트의 전설적인 영화감독 예이젠시테인과 만난 자리에서 그의 작품 〈이반 뇌제〉에 관해 했던 말은 의미심장하다.

당신이 묘사한 차르는 햄릿을 닮았소. 모두가 그에게 무언가 하라고 다그치지만 그 자신은 결정을 내리지 못한다고 할까. 이반 뇌제의 실수 가운데 하나는 그가 다섯 공작 가문boyars을 완전히 말살하지 않았다는 것이오.

• • •

14 '스탈린'은 본명이 아니다. 본명이 출신지인 조지아어로 이오세브 베사리오니스 제 주가시빌리Ioseb Besarionis dze Jugashvili인 스탈린은 젊은 시절 제정러시아 경찰들에게 쫓길 때부터 여러 가명과 별명을 번갈아 썼으며 스탈린 역시 그중 하나였다. 스탈린의 또 다른 유명한 별명으로는 조지아 지방의 전설적인 의적 이름에서 따온 코바Koba도 있다.

그가 다섯 가문을 멸문했더라면, '동란 시대'[15]는 없었을 것이오. 이반 뇌제는 누군가를 처형하고 나면 오랫동안 후회하고 기도했다지. 문제를 해결하기 위해 결단을 내려야 할 때 신이 그를 방해한 셈이지. 결단력이 필요한 거요.[16]

3차에 걸친 재판으로 볼셰비키 원로들에 대한 정리가 마무리된 1938년경, 소비에트연방은 스탈린 1인 독재 체제로 완전히 거듭나 있었다. 역시 스탈린의 전문 분야는 '레닌주의의 기초'가 아니라 '권력의 기초'였던 셈이다.

● ● ●

15 이반 뇌제의 아들인 표도르 이바노비치Fyodor Ivanovich 사후 로마노프 왕조가 성립되기까지인 1598년부터 1613년 사이 펼쳐진 봉건 제후들 사이의 치열한 권력투쟁을 포함한 격변기를 말한다.

16 G. Maryamov, *Kremlin Censor*, Moscow, 1992, p. 86.

04 4인방 재판

● **문화혁명의 악몽을 끝내려던 시도 :** The 'Gang of Four' Trial (1980)

이념의 장에서 평화적 공존이란 존재하지 않는다. 평화적 공존은 반드시 부패한다.
_장칭江青

대약진 운동 – 국가적 재앙

1958년, 마오쩌둥毛澤東은 수천 년 동안 이어온 농업 중심의 중국 경제를 급진적으로 산업화·집약화한다는 취지 아래 새로운 경제 프로젝트를 추진했다. 그러나 그가 야심차게 기획했던 경제 프로젝트, 이른바 '대약진 운동'은 사실상 '대참화'로 끝났다. 공산당의 주먹구구식 계획은 생산 현장에서 혼란과 비효율성을 야기해 국가 생산력을 급격히 떨어뜨리는 결과를 초래했다. 심지어는 중국 전역에서 대규모 식량 부족 현상까지 벌어졌다. 대약진 운동이 중국 경제를 파탄 직전까지 몰고 가는 재앙으로 돌변하자 당 고위 간부들 사이에서 당 주석 마오쩌둥에 대한 비판이 공공연히 터져나왔다. 결국 권위에 손상을 입고 궁지에 몰린 마오쩌둥은 주석 자리를 내놓고 물러날 수밖에 없었다. 이후 국정 운영은 한동안 류샤오치劉少奇, 덩샤오핑鄧小平, 저우언라이周恩來 등 실용파들이 주도하게 되었다.

그러나 일개 마적 집단 정도에 불과하던 중국 공산당을 천하의 주인으로 만들어낸 혁명가 마오쩌둥이 이 정도 시련에 완전히 무너질 리 없었다. 마오쩌둥은 권력의 핵심으로 귀환할 계기를 모색했다. 그의 '귀환'을 위한 무대가 된 것이 1965년부터 약 10년간 중국 대륙을 휩쓴 광란의 사상 개조 운동 '문화혁명'이었다. 그 과정에서 마오쩌둥의 앞잡이이자 호위 무사를 자처한 이는 다름 아닌 그의 아내 장칭江靑이었다.

장칭과 마오쩌둥

장칭은 1914년 산둥성의 가난한 가정에서 리칭윈李靑雲이라는 이름으로 태어났다. 어렸을 때 겪은 가난과 굶주림은 그에게 강인한 생존의지를 불어넣었다. 15세 때 유랑극단에 가입하여 처음 연기를 익힌 장칭은 1930년대 중반 상하이로 진출하여 란핑藍蘋이라는 예명으로 중국 영화계에서는 꽤 알려졌으며 연극 여러 편에도 출연했다. 잠시 수학한 칭다오대학에서 사회주의 사상에 눈뜬 장칭은 1937년 중일전쟁이 일어나자 중국 공산당의 사령부가 있던 옌안으로 가서 본격적으로 공산군의 문화 선전대 활동을 시작했다. 장칭이라는 이름도 이 무렵부터 사용했다.

1946년경 포즈를 취한 마오쩌둥과 장칭. 일본군에 대항하기 위한 '국공합작'이 막 끝나고 대륙의 지배권을 놓고 공산당과 국민당 군대가 최후의 결전을 벌이기 직전이었다.

장칭과 마오쩌둥은 장칭이 소속되어 있던 문화선전대의 연기학교에 마오쩌둥이 강연하기 위해 방문하면서 처음 만났다. 급격히 가까워진 두 사람은 결국 1939년 결혼하기에 이른다. 장칭과 마오쩌둥 모두 네 번째 결혼이었다. 이때 장칭은 24세, 마오쩌둥은 45세였다. 당시 저우언라이, 펑더화이彭德懷를 포함한 공산당 고위 간부들은 대부분 조강지처를 버리고 재혼하려는 지도자의 행보에 불쾌감을 느꼈다. 장칭의 권력 의지와 팜므파탈적 성격을 우려한 이들은 마오쩌둥을 찾아가 장칭이 결혼한 뒤 정치활동을 하지 못하도록 하라고 직언하기까지 했다. 실제로 장칭은 중국 대륙에 공산정권이 성립되고 마오쩌둥이 국가 주석이 된 후에도 한동안 퍼스트 레이디로서 외교 의전 활동과 선전부 문예처를 통해 문화 행사에 관여하는 것 등을 제외하고는 중앙 정치 무대에 거의 얼굴을 내밀지 않았다.

문화혁명 – 더 큰 재앙의 시작

1965년, 야오원위안姚文元이라는 언론인 출신 문화평론가가 상하이의 일간지 《문회보》에 「신창작 역사극 『해서파관海瑞罷官』에 대한 비평」이라는 평론을 발표했다. 베이징 부시장까지 지낸 저명한 역사학자 우한吳晗이 쓴 『해서파관』이라는 경극 대본을 '마오쩌둥 주석의 사상과 원칙에 반하는 반혁명적 작품'이라고 격렬하게 비판한 내용이었다. 『해서파관』은 명나라 시대를 배경으로 해서라는 관리가 백성들의 불만을 대변하여 황제에게 직언했다가 파직당한다는 내용이었다. 야오원위안은 이 작품이 마오쩌둥을 고집불통 황제에 비유하여 혁명 정신을 훼손하고 역사의 흐름을 바꾸려는 수정주의자들의 음모라는 주장을 펼쳤다. 그런데 이 야오원위안의 평론은 다름 아닌 마오쩌둥과 장칭이 기획한 작품이었다. 『해서파관』에 대한 논란을 키우는 것이 공산당 안팎에서 자신의 존재감을 테스트해볼 좋은 기회라고 생각한 마오쩌둥이 장칭을 통해 야오원위안에게 사주하여 나온 것이 문제의 평론이었다.

마오쩌둥의 예상은 그대로 적중하여 상하이의 공산당 기관지에 처음 발표된 평론은 다시 몇 개월을 두고 군 기관지 《해방군보》와 중국 공산

홍위병의 모습이 그려진 문화혁명 당시 초등학생용 교과서 표지

당 기관지 《인민일보》에 연달아 게재되면서 널리 알려졌고, 곧 당 안팎으로 격렬한 이념 논쟁을 촉발했다. 이런 와중에 1966년 5월 벌어진 세 가지 사건을 계기로 문화혁명은 막을 수 없는 대세가 되었다.

먼저 마오쩌둥 자신이 5월 16일 이른바 「5·16 통지」를 발표해서 반동세력과 수정주의를 타파하여 당을 바로 세우라는, 부수지 않고는 세우지도 못한다는 '불파불립不破不立'으로 유명한 교지를 지지자들에게 내렸다. 한편 같은 해 5월 베이징대학에서는 정치적으로 류샤오치파에 속했던 총장 루핑陸平을 외국 사상 신봉과 엘리트주의의 원흉으로 고발하는 대자보가 붙는 사건이 발생했다. 마오쩌둥이 이를 가리켜 '베이징 코뮌선언'이라고 칭하며 크게 평가하면서 대학가에서도 반혁명 세력 색출 논의가 불붙었다.

또 마오쩌둥의 측근인 당 간부 린뱌오林彪가 인민해방군 장병들을 상대로 낡은 문화, 낡은 사상, 낡은 풍속, 낡은 습관의 이른바 '4대 악덕四舊'을 분쇄하자고 연설하고 쇄신운동에 동참하라고 촉구하면서 드디어 문화혁명의 불길은 당 내외, 대학가, 군부에까지 급격히 퍼져갔다. 이 무렵 학생과 군인, 농민, 노동자로 구성되어 종교집단을 연상케 하는 광신적 교조주의 단체와 젊은 혈기로 무장한 '홍위병'이라는 자생적 청년 조직이 탄생하여 문화혁명을 실천하는 충실한 일꾼이 되었다.

4인방의 부상

문화혁명의 혼란으로 공산당의 정규 체제가 마비된 사이 새롭게 권력의 핵심으로 떠오른 이들은 마오의 아내 장칭, 『해서파관』 비평의 주역 야오원위안, 장칭의 심복으로 홍위병 관리를 담당한 왕훙원王洪文, 급진주의 이론가로 이름을 날린 장춘차오張春橋 등이다. 이들은 모두 마오쩌둥의 비호 아래 이데올로기 개발과 군중 선동을 주도하며 정국을 주무른 프로파간다 전문가들이다. 이들은 또한 상하이 출신이거나 상하이 공산당 지부에서 중요한 보직을 차지했던 공통점이 있었다. 이 때문에 이들은 한동안 '상해방上海幇'[1]이라고 불리다가 후에 '4인방四人幇'으로 불리었다. 홍위병은 공산당의 공식 조직 기구는 아니었지만 마오쩌둥과 이들 4인방이 주도하는 각종 연설과 성명, 이벤트 등에 담긴 메시지를 근거로 온갖 만행을 일삼았다.

이런 분위기를 타고 정치국 위원에 지명된 장칭은 4인방, 보수파와 연대하여 반대파를 미제 스파이, 반혁명분자, 수정주의자 등으로 분류한 블랙리스트를 마련하여 대대적인 숙청에 들어갔다. 이 과정에서 류샤오치, 덩샤오핑 등 당내 실용파들은 대거 실각했으며 3만 명에 달하는 공산당 간부가 체포·감금되거나 당에서 쫓겨났다. 결국 류샤오치는 감옥에서 병사했으며, 덩샤오핑 역시 지방으로 쫓겨나 공장 노동자 신세가 되었다.[2] 장칭은 자신과 마오쩌둥의 정치적 라이벌들을 제거하는 데 그치지 않고 개인적으로 원한이 있는 인물들에 대한 보복을 펼치기도 했다. 자신이 상하이에서 배우로 활동하던 시절 알았던 배우, 감독 등 영화인

• • •

1 장쩌민江澤民, 주룽지朱鎔基, 우방궈吳邦國 등이 소속되어 1980년대 중반부터 중국의 권력 실세로 등장한 상해방과는 다른 맥락이다.

2 당시 숙청 작업의 여파를 잘 보여주는 것은 1969년 열린 9차 중국 공산당 전당대회에서 선출된 당 중앙위원들의 면면이었다. 당 중앙위원 279명 가운데 8차 전당대회부터 연임한 인원은 50여 명에 불과했다.

들의 가택을 불법 수색했다. 심지어 마오쩌둥을 만나기 전 결혼했던 전 남편의 애인, 하숙집 주인, 한때 부리던 가정부까지 각종 구실로 고발, 감금하는 집요함을 보이기도 했다.

급변한 정국

1970년대에 들어오면서 중국 공산당은 겉으로는 중국을 프롤레타리아 문화로 개조하는 문화혁명을 공식 사업으로 내걸었지만 내부적으로는 노쇠해가는 마오쩌둥의 후계자 지위를 둘러싼 권력투쟁에 한창이었다. 후계자 구도에서 가장 앞서 나간 것은 문화혁명 초기 군심 장악에 큰 공을 세운 린뱌오였다. 그러나 그는 1971년 마오쩌둥을 제거하려는 쿠데타를 도모하다 발각되어 국외로 탈출하다가 의문의 비행기 사고로 사망했다.[3] 이어서 1976년 1월에는 마오쩌둥의 혁명 동지이자 부주석으로 장칭의 집중 견제를 받던 저우언라이가 사망했다. 온건주의자였던 저우언라이는 어떤 의미에서 마오쩌둥보다도 더 큰 대중적 인기를 누렸다.

전통 명절인 청명절에 톈안먼 광장에서 열린 저우언라이 추모 집회에는 수십만 명이 몰려들었다. 간간이 4인방 타도와 마오쩌둥 비판 구호가 들리기 시작하던 집회는 급기야 대규모 군중 시위로 이어져 시위대와 공안 사이에 충돌이 벌어지는가 하면, 몇몇 정부 건물이 불에 타는 사태까지 일어났다. 상황은 간신히 수습되었지만 이 사건은 공산당 간부들이 마오쩌둥과 4인방의 전횡에 민심이 이반했음을 실감하는 계기가 되었다. 이어서 같은 해 9월 9일 마오쩌둥마저 83세를 일기로 파란만장한 생을

• • •

3 린뱌오의 몰락과 죽음을 둘러싼 진실은 아직도 의문에 싸여 있다. 무엇보다도 당시 노쇠한 마오의 후계자로 지명된 린뱌오로서는 굳이 쿠데타를 일으키면서까지 마오쩌둥에게 항거할 이유가 없었다.

마감했다.[4]

4인방은 마오쩌둥 사후 일종의 권력 공백 상태가 일어났다고 보고 자신들이 국정을 장악하는 것이 대세라고 믿었다. 마오쩌둥의 가장 강력한 후계자였던 린뱌오와 저우언라이는 이미 죽은 뒤였고, 마오쩌둥이 공식적으로 지명한 후계자 화궈펑 華國鋒은 당내 기반이 취약했다. 그러나 이들은 마오쩌둥이 없는 상태에서 자신들의 위상이 얼마나 불안한지 깨닫지 못했다. 이들의 권력 기반이란 군이나 경찰 등의 무력이 아니라 기본적으로 당의 선전선동과 언론 조작 기구 등이었는데, 오래전 홍위병이 해산된 상태에서 마오쩌둥마저 사망하자 문화 기관들은 권력을 장악하는 데 어떤 실질적 기능도 할 수 없었다. 청명절 사태 때 상당한 민심 이반을 파악한 화궈펑과 당 지도자들은 덩샤오핑과 비밀리에 연락을 취하고 군부의 동의까지 받아낸 뒤 마오쩌둥 사망 한 달 만인 10월 6일 4인방 전원을 전격적으로 체포했다. 이들은 이듬해까지 당국의 조사를 받은 끝에 모든 직책과 당적을 박탈당하고 수감됐다. 1978년, 문화혁명으로 고초를 겪은 대표적 정치인 덩샤오핑이 화궈펑을 누르고 당 전면에 등장하면서 4인방의 운명은 정해졌다.

재판

1980년 11월 20일, 중국 공산당 공안부 대강당에 마련된 최고 인민 법원 특별 법정에서 4인방 재판이 시작되었다. 중국 공산당은 이에 앞서

---

4 마오쩌둥 역시 말년에는 4인방의 존재에 위기감을 느꼈다고 볼 수 있는 근거가 많다. Graham Hutchings, *Modern China, A Guide to a Century of Change*, Harvard University Press, 2003, p. 285. 실제로 그는 사망할 때까지 후계 구도와 관련하여 4인방에 대해서는 언급하지 않았다. 이는 화궈펑을 비롯한 신진 세력이 4인방을 큰 부담감 없이 청산하도록 하는 데 일조했다. 하지만 장칭은 재판 도중 마오쩌둥이 당 안팎의 모든 일을 자신과 의논해서 해나가라고 화궈펑에게 당부했다고 주장하기도 했다.

이미 약 1년간 증거와 증인을 수집하는 등 재판 준비를 철저히 마쳤다. 재판장을 포함해 법정에 등장한 판사만 35명에 달했다. 재판에는 문화혁명 피해자 본인이나 가족을 포함해 중국 각지에서 모인 800명이 방청객으로 참석했으며, 공판 과정은 상당 부분이 텔레비전으로 전국에 중계되었다. 이는 당시 정보 공개가 철저히 통제되어 있던 중국에서는 매우 이례적인 일이었다. 변호인의 변론이 방송에 공개되지 않았고, 증인에 대한 변호인 측의 상호 검증 과정이 생략되는 등 피고의 인권을 제약하는 요소가 눈에 띄기는 했지만 이와 같은 공개 재판은 문화혁명을 전후한 중국 사법 기관의 행태와 비교하면 분명히 진일보한 것이었다.[5] 법정에 선 피고인들은 문화혁명 기간에 장칭과 린뱌오 측에 동조한 군 장성들을 비롯하여 모두 10명이었다. 재판의 정식 명칭 역시 '린뱌오, 장칭 반혁명 집단에 대한 공개 재판'이었다. 그러나 린뱌오는 이미 죽은 지 한참 뒤였기 때문에 재판의 실질적 주인공은 장칭을 비롯한 4인방이었다. 기소 내용을 보면 검찰은 피고들에게 박해, 모함, 증거조작, 월권, 횡령, 사병 조련 등 총 48건의 반혁명 범죄 혐의를 적용했는데, 이를 크게 묶으면 다음과 같다.

- 국가 지도자들에게 무고한 죄를 씌워 탄압하고 프롤레타리아 독재를 전복하려는 음모를 꾸민 것
- 75만 명의 인민을 무고하게 박해, 처벌했으며, 그 과정에서 공산당 간부를 포함해 3만 4,375명을 사망에 이르도록 한 것
- 마오쩌둥 주석의 암살과 무장 반혁명 봉기를 획책한 것
- 마오쩌둥 주석 사망 직후 상하이에서 무력 쿠데타를 획책한 것

• • •

5 총 10명의 피고 가운데 장칭을 포함한 5명은 아예 변호인을 요청하지도 않았다.

반혁명, 쿠데타 기도, 지도자 암살 미수 등은 독재 국가의 정치 재판에서 단골로 등장하는 혐의지만 특히 눈에 띄는 것은 피해자 숫자를 한 자릿수까지 구체적으로 열거했다는 점이다. 재판에 출석한 4인방은 각자 독특한 행태를 보였다. 우선 야오원위안의 경우 아예 재판 전에 모든 혐의를 인정하는 진술서를 제출하고, 재판에서는 검찰 신문에 소극적인 변명과 자기 변호로 일관했다. 왕훙원은 야오원위안에 비하면 좀 더 말을 많이 했다. 그는 마오쩌둥 사후 인민해방군과 별도로 민병대를 조직하고 정부 전복 쿠데타 모의를 주도했다는 혐의 사실을 인정했다. 하지만 동시에 자신이 저지른 행위는 모두 장칭의 직접 명령 내지는 사주에 따른 것이라고 주장했다. 4인방 가운데 가장 젊었던 왕훙원은 재판에 협력하여 조금이라도 가벼운 형벌을 받기 위해 적극적으로 장칭을 걸고 넘어졌다.[6] 반면에 장춘차오는 침묵이 혐의를 인정하는 것으로 해석될 수 있다는 법정의 반복된 경고에도 재판 시작부터 끝까지 철저하게 묵비권을 행사했다.

장칭의 활약

한때 나는 새도 떨어뜨릴 듯 권세를 누리던 4인방의 세 남자가 이렇게 힘없이 고개를 숙인 사이, 재판 내내 판·검사들과 화끈하게 설전을 벌이며 법정을 주름잡은 이는 장칭이었다. 검찰이 장칭에게 특별히 따로 부과한 혐의는 다음과 같다.

- 마오쩌둥에게 덩샤오핑과 저우언라이에 대해 부정적인 생각을 하도록 사주한 것

●●●

6 Ross Terrill, *Madam Mao : The White-boned Demon*, Standford Press, 1999, p. 335.

- 류샤오치의 주석직 사임과 수감을 배후에서 조종하고 류샤오치의 아내 왕광메이王光美를 미제 첩자로 몬 것[7]
- 류샤오치와 왕광메이에게 죄를 뒤집어 씌우기 위해 증거를 조작하는 과정에서 상당수를 고문, 감금하여 일부를 죽음에 이르게 한 것
- 4인방의 사실상 지도자로 이들의 전횡을 지휘하고 마오쩌둥과 홍위병 및 당 과격분자들 사이의 소통을 장악한 것
- 블랙리스트를 작성하여 여러 당 간부를 미제 첩자로 허위 고발하여 숙청한 것
- 1930년대 상하이 영화계에서 활동할 당시 알고 지내던 영화인들의 가택 수색을 불법으로 지시하고 협박한 것
- 기타 개인적으로 원한이 있는 인물들을 반혁명분자라는 혐의를 씌워 숙청한 것

장칭은 재판에서 혐의를 조목조목 적극적으로 반박했다. 류샤오치의 실각에 대해서 장칭은 당 중앙위원회의 절대 다수가 류샤오치 비판에 나섰기 때문에 자신만 꼭 집어내는 것은 불공평하다며, 문화혁명 당시 체포, 수사는 대부분 당시 공산당 중앙위원회를 대신해서 정국을 주도했던 문혁 중앙위원회의 결정에 따른 것이라고 주장했다. 재판에서는 문화혁명 당시 4인방과 홍위병들의 만행을 고발하는 증언이 줄을 이었다. 장칭은 혐의 사항마다 계속 강력 부인, 자기 변명, 정당화 등으로 일관했다. 때로는 증인, 검사, 재판장과 설전을 펼치기도 했다. 재판 도중 행한 장칭의 여러 발언 가운데 가장 유명한 한마디는 12월 24일 나왔다. 재판정에 신상 발언을 신청한 장칭은 법정 경위들이 자신을 거

● ● ●
7 왕광메이는 당시 방청석에서 재판을 줄곧 지켜봤다.

칠게 대한 데 항의하더니 갑자기 재판장이 제지하는데도 일장 연설을 펼쳤다.

당 내부 문제는 외부인의 시각으로는 이해할 수 없는 것들이 너무나 많소. 당신들은 이제 와서 공산당이 문화혁명 기간 벌인 일들을 비난하며, 나한테 모든 책임을 미루고 있소. 모든 게 조작이야. 나는 이 법정을 이해할 수 없소. 나와 마오 주석 그리고 문화혁명을 이렇게 대접하면 안 되지. 나는 38년 동안 마오 주석의 아내였소. 나보다 그분을 더 이해하는 사람은 없소. 마오 주석이 혁명을 위해 전선을 누빌 때 그를 수행한 여성 공산당원은 나 한 명뿐이었소. 우리가 혁명할 때 당신들은 도대체 어디 있었나?[8] 나는 마오 주석의 개였소. 그가 물라고 하면 어디라도 가서 물었을 뿐이오.

중요한 점은 장칭이 "나는 마오쩌둥의 개였다"라는 말을, 뉘우침의 표현이나 회한의 고백, 심지어는 시니컬한 회고가 아니라 자부심과 확신을 담은 선언으로 외쳤다는 것이다. 장칭은 이론의 여지가 없는 확신범이었다. 12월 29일, 검찰 측은 장칭을 비롯한 4인방 전원에게 사형을 구형했다. 사형이 구형되는 순간 장칭은 "나는 죽을 준비가 되어 있다! 혁명에는 죄가 없다!"라고 고래고래 외치다가 법정 밖으로 끌려나가는 해프닝을 연출했다. 법정의 최종 선고는 1981년 1월 25일 있었다. 장칭과 장춘차오에게는 사형, 왕훙원과 야오원위안에게는 무기징역이 각각 선고되었다. 사형선고를 들은 장칭은 이번에도 무언가를 외치려고 했지만 입을 열기도 전에 청중의 박수가 울려퍼지는 가운데 경위들에게 끌려나갔다.

● ● ●
8 이때 방청석에서는 웃음이 터졌다.

재판 이후 4인방

재판 2년 뒤 장칭과 장춘차오는 무기징역으로, 왕훙원과 야오원위안은 징역 20년으로 각각 감형되었다. 10년간 수감 생활을 하던 장칭은 77세 때인 1991년 식도암 진단을 받고 가석방되어 병원에서 치료를 받던 중 의료진의 눈을 피해 목을 매어 자살했다. 장칭은 다음과 같은 내용의 유서를 남겼다.

마오 주석의 영도 아래 인민들은 20여 년 동안이나 국민당 반동들과 싸워 혁명을 쟁취했다. 그런데 오늘날 혁명은 수정주의자 일당에게 강탈당했다. 마오 주석이 류샤오치는 제거하면서 덩샤오핑을 남겨둔 탓에 중국 인민과 국가에 끊이지 않는 불행이 떨어진 것이다. 마오 주석, 당신의 제자이자 동지였던 제가 이제 당신을 보러 갑니다![9]

호사가들은 종종 장칭을 중국 역사상 유일한 여황제 측천무후에 비유하지만, 실제로 그와 유사한 역사상 인물이라면 한나라를 세운 고조 유방의 아내 여 황후를 꼽아야 할 것이다. 여 황후는 고조가 항우와 오랫동안 통일 전쟁을 치를 때 단순한 내조에 그치지 않고 정치적 동지로서 상당한 역할을 했다. 그리고 고조가 죽은 후에도 그의 정치적 유산을 보존하기 위해 노력했다. 처음부터 끝까지 변명 없는 마오주의자를 자처한 장칭의 궤적은 여 황후와 비슷한 점이 많다.

장칭이 죽고 1년 뒤인 1992년에는 왕훙원이 감옥에서 병사했다. 야오원위안과 장춘차오는 1990년대 후반 가석방되어 은둔하다가 2005년 한 달 정도 간격을 두고 앞서거니 뒤서거니 세상을 떠났다. 물론 4인방의

• • •
9 Terill, *op. dit.*, p. 353.

월권행위, 그 가운데서도 장칭의 전횡은 아무리 비판받아도 모자랄 정도이다. 하지만 이들은 마오쩌둥 사후 덩샤오핑과 중국 공산당이 낙후된 경제 개발에 힘을 모으는 새 시대를 열기 전 반드시 거쳐야 할 과거청산의 희생양이기도 했다. 그러나 재판이 진행될 때부터도 이미 베이징에서는 4인방이 아니라 마오쩌둥을 포함한 '5인방 재판'이 되었어야 했다는 말이 무성했다.[10] 공산당 지도부의 행보 뒤에 숨은 의도를 중국 인민들은 간파한 것이다.

보시라이 재판 – 끝나지 않은 문화혁명의 그림자

문화혁명이 막 시작되던 1966년 마오쩌둥은 장칭에게 보낸 편지에서 "천하대란天下大亂은 천하대치天下大治로 이르는 길"이라는 청나라 황제 옹정제의 말을 인용했다. 보통 '대란대치大亂大治'로 알려진 이 말은 상황이 여의치 않으면 아예 판을 엎어야 한다는 그의 정치 철학을 잘 요약하고 있다. 이렇게 마오쩌둥이 기획하고 4인방과 홍위병이 주도하여 극도의 혼란, 테러, 폭력, 여론 재판, 정치적 숙청 등으로 인간의 존엄성을 황폐하게 한 문화혁명은 중국에 두고두고 후유증을 남겼다. 심지어 중국 공산당이 문화혁명의 종료를 공식적으로 선언한 지 30여 년이 지난 현재조차 문화혁명은 여전히 진행형이다. 2012년 중국 총리 원자바오溫家寶는 외신기자 간담회에서 "개혁과 개방을 실행한 뒤에도 문화혁명과 봉건주의의 실책이 완전히 척결되지는 못했다"라고 실토한 바 있다.[11] '봉건주의'라는 용어는 사회주의 국가에서 구시대의 잔재를 언급할 때 흔히

• • •

10 David Bonavia, *Verdict in Peiking : The Trial of the Gang of Four*, G. P. Putnam's Sons, 1984, p. 45.
11 "Editorial, China's Game of Thrones", *Wall Street Journal*, 2013. 8. 22.

톈안먼 광장에 걸려 있는 마오쩌둥의 대형 초상화. 중국에서 인민공화국 설립자로서 마오의 위상은 여전히 강력하다.
© Pepperboxdesign

쓰는 표현이지만, 원자바오가 문화혁명을 언급했다는 것은 시사하는 바가 있다.

4인방 재판 이후 중국에서 벌어진 가장 중요한 정치 재판이라고 불리는 '보시라이 재판'과 문화혁명은 인연이 깊다. 2013년 중국에서 촉망받는 정치인 가운데 한 명으로 꼽히던 충칭시 서기 보시라이薄熙來는 인민 법원에서 진행된 재판에서 부패 혐의로 무기징역을 선고받았다. 그보다 몇 개월 전 그의 아내 구카이라이谷開來 역시 외도 상대이자 비즈니스 파트너였던 영국인을 살해한 혐의로 유죄 판결을 받았다. 그런데 문제는 보시라이 부부의 몰락이 단순히 개인의 공직 남용과 부정 축재 때문이라고만 볼 수 없다는 것이다. 공산당 혁명 원로의 아들로 태어난 보시라이는 목적을 위해 수단 방법을 가리지 않는 인물로 유명했다. 그는 문화혁명 당시 홍위병 베이징 지부에 몸담았는데 부친이 반혁명 분자로 몰리자

절연을 선언하는 것도 모자라 공개 석상에서 부친을 발로 차 갈비뼈에 금이 가게 만들었다. 보시라이는 정치 감각도 뛰어나서 인구가 3,500만 명에 달하는 메갈로폴리스인 충칭시를 이끌며 분배 위주의 경제 정책으로 대중적 인기를 누렸다. 이 과정에서 문화혁명 당시 유행했던 '건전 가요'를 권장하는가 하면, 문화혁명 당시를 연상케 하는 좌파 정치 집회 등을 후원하기도 했다.

이렇게 문화혁명식 대중 선동을 권력 기반으로 했던 보시라이가 몰락한 것은 단순히 그의 부정부패 때문만은 아니었다. 오히려 중국 공산당 내부에서 치열하게 진행되고 있는 좌파와 우파의 대결에서 그 원인을 찾아볼 수 있다. 극좌파적인 보시라이의 성향이 문화혁명의 악몽을 떠올리게 했고, 위기 의식을 느낀 공산당 최고 지도부가 부패를 빌미로 보시라이를 정계에서 퇴출했다는 것이다. 비록 보시라이는 상당 기간 수감 생활을 면하기 어렵게 됐지만, 중국에서 보시라이가 '표적 수사'에 당했다고 보고 동정하는 민심도 상당하며, 그의 지지 세력은 아직도 당 안팎에서 매우 견고하다. 장칭은 혁명이 "수정주의자 일당에게 강탈당했다"라고 한탄했지만 보시라이로 대변되는 좌파 보수주의가 살아 있는 한 중국은 문화혁명과 4인방의 그림자를 아직도 완전히 걷어내지 못했다고 말할 수 있다.

Part 3

편견과 차별이 불러온
재판과 판결들

01 스페인 종교 재판

● 인종 차별과 국민 통합의 두 얼굴을 가졌던 재판 :

Spanish Inquisition (1478 ~ 1834)

모자*를 잃는 것이 머리를 잃는 것보다 낫다네.

_멜 브룩스Mel Brooks, 미국 코미디언

* 유대인 남성들이 쓰는 두개모skullcap

스페인의 유대인

스페인에 정착한 유대인의 역사는 로마제국 시대로까지 거슬러올라간다. 원래 카르타고의 식민지였던 스페인은 제2차 포에니전쟁 이후 로마의 식민지로 편입되면서 군사 요충지로뿐 아니라 무역과 상업의 중심지이자 식량 자원의 생산 기지로도 각광을 받으며 번영했다. 오늘날 스페인과 포르투갈에 해당하는 이베리아반도에 유대인이 들어와 정착한 것도 이때이다. 서로마제국 멸망 뒤 스페인 지역에서는 한동안 고트족의 여러 지류가 세운 왕국들이 흥망을 계속하는 혼란기가 있었지만, 8세기에 시작된 이슬람 세력의 이베리아반도 진출과 함께 유대인은 번영을 구가하게 된다.

당시 이슬람 지배자들은 정복지의 종교 문제에 상당히 유연하여 코르도바, 그라나다 등 이베리아반도의 이슬람 왕국들에서는 이슬람교도, 유대교도, 심지어 가톨릭교도가 공존했다. 이슬람교에서 볼 때 유대교와 가톨릭교를 추종하는 무리가 비록 이교도들이기는 했지만 이슬람교와 완전히 인연이 없다고 할 수도 없었다. 우선 이슬람교와 유대교는 공통의 조상인 아브라함이 섬긴 유일신을 믿는다는 공통분모가 있었다. 또 이슬람교에서는 예수 그리스도를 예언자 중 한 명으로 인정하기 때문에 가톨릭에 대한 반감도 깊지 않았다.[1] 이슬람 지배자들의 관용 정책에 힘입어 이베리아반도의 유대인은 특히 학술과 무역 등에서 두각을 나타내며 이슬람 정권의 유지에 없어서는 안 될 세력으로 성장했다.

그러나 11세기부터 이른바 레콘키스타Reconquista(재정복)라고 불리는 가톨릭 왕국들의 반격으로 스페인에서 이슬람 세력이 지배하는 영토가 점점 축소되면서 유대인 사회 역시 몰락의 길을 걷기 시작했다. 많은 유대인이 가톨릭 세력이 점령한 지역을 떠나 이슬람 세력을 따라 터전을 옮겼지만, 스페인에서 이슬람 세력의 판도가 워낙 급격하게 줄어들어 이조차 곧 쉽지 않아졌다.

특히 1469년 아라곤왕국의 왕자 페르난도와 카스티유왕국의 왕녀 이사벨이 결혼해 각자의 영토를 통합하여 공식적으로 스페인왕국을 출범시키면서 이슬람 세력의 완전한 축출은 시간문제가 되었고, 상황은 더욱 다급해졌다.

수상쩍은 타이밍

이런 분위기에서 당시 가톨릭 세력이 점령한 지역의 유대인 공동체에서는 흥미로운 현상이 벌어졌다. 가톨릭왕국의 군대가 점령한 구이슬람 지역에 남은 유대인 상당수가 기독교로 개종한 것이다. 정부는 '콘베르소Converso'라고 불린 이들 유대인의 개종 움직임을 새로 탄생한 스페인왕국의 인종·문화적 통합을 위해 매우 바람직한 현상으로 보고 적극 장려했다. 그러나 일반 스페인 국민 가운데는 이런 유대인의 움직임을 의

---

[1] 비단 스페인에서뿐 아니라 당시 이슬람교가 다른 종교에 보여준 유연성과 관용적 태도는 특히 현대의 일부 근본주의 이슬람 세력이 보여주는 '이단'에 대한 적개심과 흥미로운 대조를 이룬다.

심스러운 눈으로 보는 이들도 많았다. 사실 유대인 공동체가 보여준 강한 연대의식과 유대교 특유의 선민 사상을 생각해보면 당시 유대인 사이에 벌어진 대규모 가톨릭 개종에는 유별난 구석이 있기는 했다.

가톨릭으로 개종한 유대인은 고용, 거주 이전, 결혼 등에서 스페인 국민과 동등한 권리를 누렸다. 실제로 이들 가운데는 스페인 주류 사회에서 크게 성공하는 이들도 적지 않았다. 심지어 유대인 사회에서 존경받는 율법학자였던 인물이 가톨릭으로 개종한 뒤 몇 년 만에 대주교 지위까지 오른 사례도 있다.

콘베르소의 숫자가 늘어날수록 역설적으로 이들에 대한 스페인 국민의 불신과 질투는 커져갔다. 드디어 이들 콘베르소 가운데 많은 수가 사실은 마라노Marrano(거짓 개종자), 즉 낮에는 가톨릭으로 살다가 밤이면 유대교도로 원상 복귀하는 가짜라는 주장이 힘을 얻었다. 이렇게 전통적인 스페인 가톨릭 교도와 유대인 콘베르소 간의 갈등은 바르셀로나, 세비야를 비롯한 여러 도시에서 성난 군중이 유대인을 대규모로 린치하는 폭력 사태로 번져 치안 질서를 유지하기 위해서라도 정부의 개입이 불가피한 상황으로 치달았다. 드디어 페르난도 왕과 이사벨 여왕은 1478년, 유대인 개종자들의 진실성을 판단하기 위한 종교 재판을 시작하라고 명령했다.

종교 재판소와 아우토데페

기존의 정부 경찰 기관이나 교회 조직으로 감당하기에는 종교 재판의 대상 인원이 너무 많고 사안 또한 복잡하다는 것을 깨달은 왕과 여왕은 교황청의 자문을 얻은 끝에 1482년 종교 재판소라는 새로운 기구를 설치했다. 이 종교 재판소의 초대 대심문관에 오른 인물이 토마스 데 토르케마다Tomás de Torquemada이다. 지독한 반유대주의자인 토르케마다는 처음부터 가톨릭으로 개종한 유대인을 전혀 신뢰하지 않았으며, 이들의 거짓 개종을 증명하는 방법을 고안하는 데 힘을 쏟았다. 용의자 색출, 신문·고문 방식, 처벌 등 스페인 종교 재판의 진행과 집행에 관한 모든 것을 정립한 이도 바로 토르케마다이다.

종교 재판소는 여러 가지 방식으로 유대인 개종자들의 '진심' 여부를 판단했다. 우선 콘베르소들 사이에 첩자를 심어서 이들이 생활 속에서 조금이라도 유대교 풍습을 유지하는지를 감시했다. 가령 콘베르소들이 집에서 비밀리에 유대교 예배를 보는지, 가톨릭 명절뿐 아니라 유대교 절기를 지키는지, 돼지고기와 비늘 없는 해산물 같은 음식을 먹지 않고 특정한 방식으로 도살된 고기만 먹는 이른바 유대식 코셔 율법을 따르는지 등이 감시 대상이 되었다.

스페인 화가 프란시스코 리치Francisco Rizi의 〈아우토데페auto de fe〉. 1683년 마드리드 마요르광장에서 열린 종교 재판 전경을 정밀 묘사한 작품이다.

그런데 이렇게 수집된 정보는 종종 신뢰성이 빈약했으며, 직접 증거보다는 소문과 심증으로 고발되는 경우가 적지 않아 문제가 되었다. 종교 재판소는 원칙적으로 제보자의 신원을 비밀로 했는데, 오히려 이 때문에 무책임한 고발이 쏟아져 들어왔다. 따라서 용의자는 도대체 자신이 구체적으로 어떤 잘못으로 고발당했는지조차 알 수 없었다.

이런 식으로 혐의를 받고 붙잡혀온 개종자들은 종교 재판소의 성직자들과 기술자들에게 다양한 방식으로 취조당했다. 여기에는 심리전, 협박, 회유 등과 함께 고문도 포함되었다. 그때까지 유럽의 종교 재판에서는 여성에 대한 고문을 금지했는데, 토르케마다는 유대인 개종자에 대해서는 남녀를 불문하고 똑같이 고문하라고 명령했다. 전통적으로 모계의 역할이 큰 유대 공동체에서는 종교 문제도 여성의 입김이 클 것이라고 보았기 때문이다. 그러나 토르케마다는 기본적으로 고문의 목적은 자백을 받아내는 것이며, 고문 자체가 형벌로 이용되어서는 안 된다는 것을 분명히 하기도 했다.

종교 재판의 대미를 장식한 것은 아우토데페auto-de-fe²라고 불린, 유죄 판결을 받은 '죄인'들에 대한 선고와 공개 처벌 행사였다. 먼저 유죄 판결을 받은 죄인들은 도시의 주요 거리를 돌며 군중의 야유와 조롱을 받은 뒤 광장에서 처벌을 받았다.

죄인들에게는 성 베네딕트식 참회Sanbenito Penitent라고 불린, 이단을 의미하는 빨간 X자 모양의 기호가 칠해진 흰옷과 고깔을 평생 동안 입도록 하는 일종의 굴욕형부터 투옥, 국외 추방, 강제 노역 등 다양한 형벌이 내려졌다. '명백한 증거'에도 끝까지 혐의를 인정하지 않는 죄인과 한 번 종교 재판소에서 가짜 개종자로 판결받고 방면되었다가 다시 잡혀온

• • •
2 영어로는 'act of faith(믿음의 시험)'라고 번역된다.

재범은 화형에 처해졌다. 마지막 순간에 혐의를 인정하고 참회하는 죄인들에 한하여 기둥에 끈을 매달고 목을 졸라 죽인 다음 불에 태우는 '은혜'가 베풀어지기도 했다.

디에고 루체로

스페인 종교 재판의 대심문관은 각 대도시와 속주에서 임무를 대신할 심문관들을 임명한 뒤 권한을 위임하는 것이 보통이었다. 이 역대 심문관들 가운데 가장 악명을 떨친 인물은 코르도바의 종교 재판을 지휘한 디에고 루체로Diego Lucero였다. 루체로는 정보원들을 통한 정보 수집과 증거 조작, 고문에 의한 자백을 이용해 수많은 콘베르소를 종교 재판에 회부했을 뿐 아니라 그들의 재산을 압류하여 자기 호주머니에 챙기기도 했다.

루체로는 손에 넣은 유대인의 재산을 삼등분하여 일부는 자기가 챙기고, 일부는 상관에게 바쳤으며, 마지막 일부는 스페인 궁정의 요인들을 매수하는 데 사용하는 식으로 권력 기반을 다지는 영리한 수법을 썼다.[3]

루체로는 특히 유대인 개종자들 가운데 가톨릭 성직에 진출한 인물들에 유별난 적개심을 드러냈다. 1501년에는 고문에 따른 증거 조작으로 멤브리쿠에Membreque라는 유대인 출신 가톨릭 사제와 그의 설교에 참석했던 유대인 개종자들을 거짓 개종자로 몰아 자그마치 107명을 한꺼번에 화형시키는 만행을 저질렀다.

이런 루체로의 전횡은 그가 1506년 에르난도 데 탈라베라Hernando de

● ● ●
3 Isidore Singer, Cyrus Adler, *The Jewish Encyclopedia : A Descriptive Record of the History, Religion, Literature, and Customs of the Jewish People from the Earliest Times to the Present Day*, Volume 6, Funk and Wagnalls, 1916, p. 593.

19세기 초 스페인을 대표하는 화가 고야Francisco de Goya의 〈종교 재판소의 아우토데페Auto de fe de la Inquisición〉. 피고들이 이단의 상징인 고깔에 흰옷을 입고 있다.

Talavera라는 가톨릭 고위 성직자를 모함하면서 제동이 걸렸다. 에르난도는 스페인 왕실과 국민의 존경을 받던 성직자로, 최초의 그라나다 대주교로 임명되어 무어인 이슬람교도들의 가톨릭 개종에 힘썼던 인물이다. 루체로는 탈라베라 집안에 일부 섞여 있던 유대 혈통을 문제 삼아 이미 고령으로 주교직에서도 물러나 있던 그를 교묘한 증거 조작으로 체포해 투옥한 뒤 여러 일가친척도 체포하고 재산까지 압류했다.

그러나 탈라베라는 워낙 코르도바 주민들의 존경을 받는 인물인데다 중앙 정계에도 지인이 많았기 때문에 그가 체포돼 감옥에 있다는 소식은 곧 군중의 동요를 일으켰다. 코르도바 주민들은 탈라베라 사건을 계기로 루체로의 만행을 고발하고 그의 해임을 요구하는 서한을 만들어 중앙 정부에 전달하기에 이르렀다.

우여곡절 끝에 종교 재판소는 1507년 그동안 루체로를 비호하던 대심문관을 해임하고, 탈라베라 일족뿐 아니라 루체로가 억류하고 있던 모든 콘베르소 용의자를 방면했다. 그리고 루체로를 직권 남용과 부패 혐의로 재판에 회부했다. 종교 재판을 둘러싼 스페인 왕실과 정치권의 복잡한 이해관계 때문에 루체로의 재판은 많은 사람의 기대처럼 그가 정당한 죗값을 받는 대신 파면되는 것으로 일단락지어졌다. 하지만 그의 권력 남용 스캔들은 스페인 국민 사이에 종교 재판의 부작용에 대한 경각심을 일깨우는 데 큰 구실을 했다.[4]

흑전설

영어권에서는 '스페인 종교 재판'이라는 말을 상대방이 막무가내로 많은 질문을 해대거나 일방적이고 불합리한 질문이 이어지는 것에 거부감을 나타낼 때 관용적으로 쓴다. 정부나 의회가 주도하는 조사나 청문회는 물론, 언론에서도 "스페인 종교 재판보다 한 술 더 뜬다"거나 "스페인 종교 재판보다는 낫다"는 표현이 종종 등장한다. 일상생활에서도 "뭐야, 지금 스페인 종교 재판이라도 하는 거야?"라는 표현을 쉽게 들을 수 있다. 이뿐만 아니라 많은 사람이 '스페인 종교 재판'이라는 표현에서 '잔혹한 고문과 처형'을 자동으로 연상한다. 스페인 종교 재판의 이러한 으스스한 이미지는 역으로 풍자와 조롱의 대상이 되기도 한다. 몬티 파이튼Monty Python[5]이 해서 유명해진 "아무도 스페인 종교 재판을 하려는

●●●

4 루체로의 행적과 당시 스페인 내부 여러 정치 세력의 복잡한 이해관계에 대해서는 Henry C. Lea, "Lucero the Inquisitor", *The American Historical Review*, Vol. 2, No 4 (July, 1897), pp. 611~626 참조.

5 영국의 전설적인 코미디 극단. 이들이 직접 각본을 쓰고 출연한 BBC의 〈Monty Python's Flying Circus〉 (1969~1974)는 영국식 코미디의 정수로 아직도 많은 컬트팬을 확보하고 있다.

것은 아니오Nobody expects the Spanish Inquisition"라는 대사는 관용적 표현으로까지 정착되었다. 영화 〈세계사The History of the World〉에서는 미국 코미디계의 재간꾼 멜 브룩스Mel Brooks[6]가 토르케마다로 분장하여 다음과 같이 노래하기도 한다.

우리는 유대인에게 그들이 절대 거부할 수 없는 제안을 한다네.
모자를 잃는 것이 머리를 잃는 것보다 낫다네.

계속해서 토르케마다(멜 브룩스)는 고문 기술자들과 이런 노래 또한 주고받는다.

토르케마다 : 어떻게 잘하고 있나? 오늘 개종 좀 시켰나?
고문 기술자들 : 한 놈도 못했는 걸요. 손가락을 짓이기고 엉덩이를 불로 지졌지만 영 되는 일이 없군요.

그러나 스페인 종교 재판에 대한 이와 같은 이미지는 역사적 사실과는 상당한 거리가 있다. 우선 희생자 규모만 보더라도 역사가들마다 계산에 편차가 있다. 하지만 종교 재판의 초반, 특히 콘베르소들을 타깃으로 가장 극성스럽게 진행된 1480년부터 1530년까지 재판에 회부된 용의자들 가운데 실제로 처형당한 이들은 2,000명 안팎이었던 것으로 보인다.[7]

여전히 엄청난 숫자이기는 하지만 일부가 주장하듯 스페인 종교 재판

• • •

6 유대계 미국인. 그가 제작, 감독, 주연을 맡은 〈세계사〉(1981)는 역사 속 명장면을 노래와 춤을 곁들여 코믹 터치로 엮었다. 스페인 종교 재판은 영화 속 유명한 장면 가운데 하나이다.

7 By Henry Kamen, *The Spanish Inquisition : A Historical Revision*, Yale University Press, 1999, p. 60.

이 20세기에 벌어진 나치의 대규모 유대인 학살인 '홀로코스트'의 스페인 버전이었다는 것은 지나친 비약이다. 또 고문이 가장 남용되었던 초창기에도 실제 고문을 당한 경우는 전체 혐의자의 5% 정도였다. 사실, 종교 재판소는 고문 기술자들을 신문에 개입시키기를 매우 꺼렸다. 성직자가 아닌 고문 기술자가 종교 재판이 지니는 독특한 성격을 제대로 이해하지 못하고 고문 남용으로 재판 과정을 오염시킬 수 있다는 우려 때문이었다. 신체를 절단한다든가, 살을 불에 지지는 등의 고문은 하지도 않았다. 보편적으로 사용된 고문 방식으로는 용의자의 입안에 헝겊을 깊게 넣은 뒤 물을 부어 부풀어오르게 하는 물고문과 밧줄로 신체의 특정 부분을 조이는 압박 고문 등이었다.

또 현대인에게 친숙한, 스페인 종교 재판의 고문과 아우토데페를 묘사한 여러 그림, 서적, 팸플릿 등은 대부분 스페인 종교 재판의 '전성기'라고 할 15~16세기가 아니라 종교 재판의 동력이 이미 상당히 떨어진 17~18세기에 왜곡과 상상력에 근거하여 혹은 아예 의도적으로 과장을 섞어 제작된 것들이다.

당시 스페인 종교 재판을 둘러싼 다양한 '호러 스토리'는 정작 스페인이 아니라 주로 영국과 네덜란드를 중심으로 확대 재생산됐다. 이들은 가톨릭에 적대적인 프로테스탄트 국가들이었다. 이렇게 스페인 종교 재판을 둘러싸고 형성된 괴담을 보통 '흑전설Black Legend'[8]이라고 한다.

• • •

8 흑전설의 대표적인 예는 로마 가톨릭 도미니크 수도회의 시조인 성 도미니크St. Dominic가 스페인 종교 재판을 시작했다는 설이다. 이는 초대 대심문관 토르케마다가 한때 도미니크 수도회에 소속되었던 데서 유래한 전설로 역사상 인물인 성 도미니크의 활동 시기는 스페인 종교 재판과 일치하지도 않는다. Edward Peters, *Inquisition*, University of California Press, 1989, p. 90.

1492년

페르난도 왕과 이사벨 여왕에게 1492년은 그간 여러 방면에서 기울인 노력이 가시적인 열매를 맺은 해였다. 우선 이해에 스페인 군대는 그라나다에서 최후까지 저항하던 마지막 이슬람왕국을 몰아내는 데 성공했다. 1492년은 또한 두 군주가 후원한 탐사 프로젝트가 성공을 거둔 해였다. 바로 이탈리아 출신 탐험가 크리스토퍼 콜럼버스Christopher Columbus가 대서양을 건너 신대륙을 발견한 것이다. 콜럼버스의 항해는 이후 스페인이 다른 유럽 열강에 앞서 아메리카대륙에 방대한 식민지를 건설하고 명실공히 제국으로 발돋움하는 전기가 되었다.

이뿐만 아니라 1492년 3월 31일 이베리아 이슬람 문화의 화려함이 집대성되어 있는 도시 알함브라에서 왕과 여왕은 이른바 「알함브라 칙령」을 발표했다. '추방 칙령'이라고도 불리는 이 포고문의 내용은 당시 스페인에 거주하는 모든 유대인은 6개월 내에 가톨릭교도로 개종하도록 하고, 그렇지 않으면 스페인 땅을 떠나도록 명령하는 것이었다. 이슬람 지배 아래에서도 자신들 고유의 신앙과 풍습을 유지하며 살아온 많은 유대인에게는 날벼락 같은 소식이었다. 사실 이 칙령은 스페인 종교 재판이 새로운 단계로 진입하는 것을 알리는 신호였다.

종교 재판은 유대인 콘베르소 가운데 가짜를 솎아내는 데는 다소 효과적이었지만, 개종하지 않은 정통 유대인을 어찌할 수 있는 법적 근거가 없었다. 따라서 추방 칙령은 마지막 이슬람 정부인 그라나다왕국이 멸망한 상태에서 더는 도피처가 없게 된 유대인을 새로운 가톨릭 체제 속으로 완전히 끌어들이려는 정치 공학적 목적을 담은 최후의 일격이었다. 추방 칙령에 따라 삶의 터전을 완전히 포기하고 스페인 밖으로 이주하는

● ● ●

9 물론 스페인 밖으로 이주하기를 원하는 유대인의 모든 귀금속과 화폐의 반출이 금지되었다.

극단적인 선택을 하지 않는 한[9], 이제 유대인은 콘베르소가 되는 수밖에 없게 되었다. 이때 스페인을 떠나 인접한 포르투갈과 기타 유럽 국가로 이주한 유대인도 10만여 명에 달했지만, 대부분 스페인에 남아 가톨릭으로 개종했다.

스페인 종교 재판이 남긴 것

원래 유럽에서 종교 재판의 기원은 13세기 프랑스 남부 랑그도크Languedoc 지방에서 융성하던 카타리파Cathars를 이단으로 몰아 말살하는 과정에서 로마 교황청이 설치한 종교 재판소였다. 이후 종교 재판은 가톨릭 교회가 이단을 색출하고 처벌하는 효과적인 제도로 활용되었으며, 중세 말기와 르네상스 시대를 전후해서는 종교 개혁 운동의 도전으로부터 교회의 권위를 지키는 방어적 목적에 이용되기도 했다.

반면 스페인에서 페르난도 왕과 이사벨 여왕이 국가 차원에서 종교 재판의 도입을 결심한 데는 이단을 몰아내는 문제와 함께 일반 가톨릭 신자들 사이에서 치솟는 적대적 분위기에서 진심으로 개종한 유대인 가톨릭 신자들을 보호하려는 목적도 있었던 것으로 보인다. 그뿐만 아니라 초대 대심문관 토르케마다가 재판과 신문 절차를 위한 상세한 매뉴얼을 마련한 것은 역설적으로 종교 재판이 통제불능의 대학살로 확대되는 것을 막고, '절제된 잔혹함'을 유지하는 데 일정 부분 구실을 했다.

스페인의 국민 통합이라는 관점에서 보았을 때도 종교 재판은 긍정적 구실을 했다고 볼 수 있다. 거의 700년 동안 이슬람 세력의 점령 아래 있던 영토를 어렵사리 되찾아 가톨릭 국민 국가로 거듭나려던 스페인에서 종교 재판은 국민 통합을 위한 일종의 필요악이었다고 볼 여지가 있었던 셈이다.

스페인 종교 재판의 역사를 평가할 때는 문화적 다양성이 국가 발전의 원동력으로 장려되는 21세기적 관점뿐 아니라 당대 신생 국가 스페인이 당면했던 상황과 과제 역시 충분히 고려해야 할 부분이다.

02 알프레드 드레퓌스 재판

● **프랑스 제3공화국을 뒤흔든 스캔들 :** The Trials of Alfred Dreyfus (1894, 1899)

여기 반역자가 있소!

_위베르 앙리Hubert Joseph Henry 소령, 드레퓌스 1차 재판 중

격변의 제3공화국

보불전쟁이 한창이던 1870년, 프랑스에서는 나폴레옹 3세Napoleon Ⅲ[1]가 영국으로 망명하면서 제3공화정La Troisième République 시대가 열렸다. 그러나 수도 파리가 함락되면서 결국 프랑스는 전쟁에서 참패했고, 프로이센과 굴욕적인 강화 조약을 맺지 않을 수 없었다. 조약에 따라 천연 자원이 풍부한 알자스 - 로렌 지방Alsace-Lorraine을 프로이센에 통째로 넘겨주고 막대한 배상금까지 물어야 했기 때문에 프랑스는 한동안 심각한 국내 경기부진을 겪어야 했다. 당시 국내 경제가 부진하자 상류층의 여유 자금과 국민의 저축은 투자 은행을 통해 동유럽 등 신흥 시장으로 몰렸으나 1882년 전 유럽을 휩쓴 금융공황으로 투자은행들이 연달아 파산하는 사태가 일어났다. 이때 피해를 본 투자자들을 중심으로 로스차일드Rothschild 등 유대계 금융기업에 대해 불평이 터져나오면서 프랑스에서는 유대인 자본가에 대한 부정적인 여론이 형성되었다. 이런 상

• • •

1 Louis-Napoléon Bonaparte(1808~1873). 나폴레옹 1세의 조카로 제2공화국 대통령에 당선된 뒤 궁정 쿠데타로 황제 자리에 올랐다. 보불전쟁이 시작되자 직접 군을 통솔하고 나섰다가 세당전투Battle of Sendan에서 프로이센군의 포로가 되는 굴욕을 당한 끝에 영국으로 망명했다.

황은 파나마운하 스캔들로 더욱 악화되었다. 1892년 파나마운하 회사가 운하 개발 사업 비용을 감당하지 못해 파산하면서 일반 투자자 수천 명에게 막대한 피해를 입힌 사건이 일어났다. 곧 문제의 회사가 개발 업체 선정 과정에서 정·관계에 무차별적으로 뇌물을 뿌렸다는 사실이 드러나면서 엄청난 물의를 불러일으켰다. 문제는 운하 개발 채권을 일반인들에게 적극 홍보하고, 정치인들의 로비를 주도한 운하 회사의 두 경영인이 모두 유대인이라는 것이었다. 우연의 일치로도 볼 수 있었던 이런 문제를 두고 당시 판매 부수 증가에 열을 올리던《라 리브르 파롤La Libre Parole》등 극우 신문들이 '유대계의 프랑스 착취론'[2]이라는 논리를 개발하여 집중적으로 성토하면서 프랑스의 반유대계 정서는 갈수록 심각해졌다.

한편 보불전쟁 패배의 후유증을 겪은 것은 군부도 예외가 아니었다. 전쟁이 끝난 지 20여 년이 지나도록 치욕적인 패배를 안긴 프로이센에 대한 적개심과 복수심은 군 내부에서 여전했다. 당시 프랑스 군대는 군사 기술 학교 출신의 젊은 신임 장교들과 귀족이나 군인 가문 출신의 고위 간부들 사이에 미묘한 알력이 있었다. 청년 장교들은 선배들의 전쟁 지식이나 통솔 방식이 낡아빠졌다며 보불전쟁 패배 역시 전통적인 군사 전술에 집착했기 때문이라고 생각했다. 반면, 중견 간부 이상 장교들은 신임 장교들이 프랑스군의 유서 깊은 전통을 무시하고 무리한 개혁을 선호한다고 경계했다. 정치적으로도 신임 장교들은 민주주의에 대한 신념이 확고한 공화파였다. 그러나 군 고위층을 비롯한 간부들 가운데는 여전히 나폴레옹 3세 시절을 그리워하는 왕당파나 대중 민주주의보다는 과두정이나 군국주의 국가 체제를 선호하는 인물들이 적지 않았다. 가톨릭

● ● ●

2 W. Scott Haine, *The History of France*, Greenwood Press, West Port, CT : 2000, p. 126.

출신 장교들이 절대 다수인 프랑스군에서 유대인에 대한 편견이 일반 사회보다 더 심각했던 것도 물론이다. 이것이 알자스에서 유대계 기업가의 아들로 태어나 군사 전문학교를 졸업하고 포병 장교로 임관한 알프레드 드레퓌스Alfred Dreyfus가 육군 참모부에서 근무하던 1894년 당시 프랑스군 안팎의 분위기였다.

스파이 사건과 1차 재판

1894년 9월 프랑스군 정보국은 파리 주재 독일 대사관[3] 안에 심어놓은 정보원을 통해 메모를 한 장 입수했다. 메모는 익명으로 대사관 무관 막시밀리안 폰 슈바르츠코펜Maximilian von Schwartzkoppen에게 보내졌다. 그 메모는 프랑스 육군의 기밀자료 목록을 열거한 일종의 '명세서bordereau'였다. 명세서에는 일급 비밀이던 프랑스군의 신병기 120밀리미터 대포 개발 현황, 전시 포병 부대 배치도, 마다가스카르 공격 계획 등이 포함되어 있었다. 정보국은 명세서에 언급된 기밀에 접근할 수 있으려면 육군 참모부에 속해 있고, 대포 등 화기에 밝은 인물이어야 한다고 판단했다. 용의자를 물색하던 정보국은 군사 전문학교 출신 포병 대위 알프레드 드레퓌스에 주목했다. 곧이어 드레퓌스의 필적과 문서의 필적을 비교한 수사팀의 아르망 뒤 파티 Armand M. du Paty 소령은 두 필적이 매우 흡사하다고 결론을 내렸다. 필적 이외에는 드레퓌스를 스파이로 판단할 다른 구체적 증거는 전혀 없었다. 그러나 보고를 받은 지휘부는 드레퓌스의 체포를 즉각 승인했다. 지휘부가 드레퓌스의 혐의를 확신한 근거는 놀랍게도 물증이 아니라 출신 배경이었다. 먼저 드레퓌스가

● ● ●
3 프로이센은 1871년 빌헬름 1세가 즉위하면서 정식 국호를 독일제국German Empire으로 바꿨다.

알자스 지역 출신이라는 것이 이유가 되었다. 드레퓌스의 가족은 알자스 지방이 보불전쟁 직후 프로이센 손에 넘어갈 때 고향에 남기를 거부하고 파리로 이주했다. 하지만 지휘부는 알자스에서도 전통적으로 독일어를 사용하던 지역 출신인 드레퓌스가 독일군에게 포섭되었을 확률이 높다고 보았다. 그리고 결정적으로 드레퓌스가 참모부 내의 장교 가운데 유일하게 유대인이라는 사실이 어떤 물증보다 강력한 판단 근거가 되었다. 이렇게 해서 '프랑스군에서 복무하는 독일어가 가능한 유대인 = 독일군 스파이'라는 등식이 성립했다. 이렇게 100% 확실한 '심증'이 있는 상태에서 필적 감정이란 사실상 형식적인 절차에 불과했다.

1894년 10월 반역죄로 체포된 드레퓌스는 조사 과정에서 일관되게 스파이 혐의를 부인했으나 다음 해 1월 군사법원에 회부되었다. 드레퓌스의 반역 혐의에 대해 열린 군사법원은 변호인이 반대했는데도 검찰, 피고, 변호인, 증인들만 참석하는 철저한 비공개 재판으로 진행되었다. 그러나 심리가 진행되면서 정보국이 드레퓌스를 기소하는 데 무리수를 두었다는 것이 점차 분명해졌다. 수사팀의 다소 전문성이 의심되는 필적 감정 외에 다른 물적 증거는 전혀 없었다. 심지어 드레퓌스에게 도벽이나 금전 문제 혹은 여자 문제 등 스파이로 포섭될 만한 정황 증거조차 없었다. 이때 검찰 측을 위한 구원투수로 등장한 것이 정보국의 위베르 앙리 소령이다. 앙리는 정보국의 수사가 시작되기 훨씬 이전에 드레퓌스가 독일군 스파이라는 제보를 받은 적이 있다고 증언했다. 재판장과 앙리 소령의 문답은 다음과 같이 이어졌다.

재판장 : 지난 2월 무슨 일이 있었는지 말해보라.
앙리 : 어느 신뢰할 만한 인물이 저에게 국방성에 소속된 장교 가운데 반역자가 있다는 제보를 보내왔습니다. 그로부터 1개월 뒤, 같은 인물과 다

시 만날 자리가 있었는데, 그때 그는 반역자가 작전 참모국 제2과에 소속된 인물이라는 더 구체적인 정보를 주었습니다.

재판장 : 귀관이 제보받은 반역자가 누구인지 말할 수 있는가?

앙리 : (피고석의 드레퓌스를 가리키며) 여기 반역자가 있소!

드레퓌스의 변호인 에드가 드망즈Edgar Demange는 즉시 반발했다.

드망즈 : 이건 말이 안 되오. 증인은 그 제보자라는 인물의 신원을 밝히시오!

앙리 : (자신의 제모를 가리키며) 장교의 머릿속에는 그의 군모조차도 몰라야 하는 정보가 있는 법이오. [4]

재판장 : 반역을 저지른 장교가 드레퓌스 대위라는 것이 확실한가?

앙리 : 맹세코 그렇습니다.

이뿐만 아니라 앙리는 새로운 증거를 재판정에 제출했다. 그 증거란 폰 슈바르츠코펜이 이탈리아 대사관의 무관에게 보냈다는 편지였다. 그 속에는 "그 비열한 놈 D - 말이오…"라는 구절이 포함되어 있었다. 앙리와 검찰은 슈바르츠코펜이 언급한 '이니셜 D -'가 바로 드레퓌스를 가리키는 것이라고 주장했다.

미심쩍은 필적 감정, 미심쩍은 증언과 추가 증거물 등을 바탕으로 재판정은 드레퓌스에게 만장일치로 유죄 판결을 내리면서 프랑스령 남미 기아나의 악명 높은 유형지 '악마의 섬Devil's Island' 종신 유배를 선고했

• • •

4 제보자의 신원을 밝힐 수 없다는 뜻이다. Louis Begley, *Why the Dreyfus Affair Matters*, Dial-A-Book Inc., 2009, p. 17.

제2공화국 시절의 프랑스 장교들. 맨 오른쪽에 조심스러운 표정을 짓고 있는 인물이 젊은 드레퓌스다.

다.[5] 1895년 1월 5일 사령부 연병장에서 거행된 위계박탈식에서 장검이 부러지고, 어깨의 계급장이 뜯겨나가고, 심지어 제복 바지의 리본마저 떨어져나가는 굴욕을 겪은 드레퓌스는 곧이어 악마의 섬으로 압송되어 수형 생활을 시작했다. 그사이 드레퓌스의 아내와 형 등 가족은 그의 무죄를 호소하며 재심을 요구했지만 군부는 사건을 종결해버렸다.

피카르와 에스테라지

1896년 3월 참모부 정보부장으로 부임한 조르주 피카르Georges Picquart 중령은 독일 대사관에 심은 정보원을 통해 드레퓌스 사건 때 그의 독일 연락책으로 알려진 폰 슈바르츠코펜이 외부로 발송하려다가 폐기한 전문 한 장을 입수했다. 그 전문의 수신인은 프랑스 육군 보병 대대장 페르디낭 에스테라지Ferdinand Walsin-Esterhazy 소령으로 되어 있었다. 전문 내용 자체는 별것 아니었으나 두 사람 관계에 흥미를 느낀 피카르는 에스테라지와 관련된 자료를 입수하여 검토하던 중 그의 필적과 드레퓌스 사건 기밀 서류인 '명세서'의 필적이 매우 비슷하다는 사실을 깨달았다. 이때부터 피카르는 상부에 알리지 않고 독자적으로 수사를 진행한 끝에 문제의 명세서를 작성한 인물이 드레퓌스가 아니라 에스테라

● ● ●
5 1848년 제정된 제2공화국 헌법은 정치범에 대해서는 사형선고를 금지했다.

지라는 결론에 도달했다. 에스테라지는 오스트리아 – 헝가리 제국 왕가의 인척 뻘 되는 명문가의 후손으로, 평소 군부가 자신의 출신 배경과 능력에 걸맞은 대접을 해주지 않는다고 불만스러워했다. 계속된 수사에서 1894년 당시 업무차 참모부를 들락거리던 에스테라지가 명세서에 언급된 서류들의 존재를 알 수 있는 위치였다는 것이 확인되었다. 그가 도박벽과 낭비벽이 심해 항상 빚에 몰려 있기 때문에 누군가에게 손쉽게 매수될 수 있다는 정황도 파악되었다.

피카르는 같은 해 8월 그간 자신이 조사한 내용을 군 수뇌부에 보고했으나 놀랍게도 지휘부는 그에 대해 소극적 자세를 취하는 것도 모자라 신상을 생각해서 입을 다물라고 협박까지 했다. 얼마 지나지 않아 피카르는 정보부에서 물러나 식민지 튀니지의 한직으로 좌천되었다. 군 수뇌부는 한 술 더 떠서 1898년 에스테라지에 대해 형식적 비공개 재판을 연 뒤 그의 간첩 혐의에 무죄를 선고했다. 에스테라지는 재판이 끝난 지 몇 개월 만에 영국으로 도피해 이후 그곳에서 여생을 평온하게 보냈다. 군 수뇌부는 드레퓌스 사건의 진상을 뒤늦게 밝히고 결정 사항을 번복하느니 체면을 지키기로 결정한 것이다. 그러나 피카르는 튀니지로 떠나기 전 친구이자 변호사인 루이 르블루아Louis Leblois에게 드레퓌스가 무죄임을 확신한다고 이야기했다. 르블루아는 다시 그 정보를 친분이 있던 상원 부의장 슈레르 케스너Auguste Scheurer-Kestner에게 알렸다. 케스너는 실제로 1897년 의회에서 드레퓌스의 무죄를 주장하는 연설을 하는가 하면 사건의 여러 문제점에 대해 대통령과 면담하는 등 프랑스에서 드레퓌스 구명 투쟁이 다시 점화될 수 있도록 큰 역할을 했다.

"나는 고발한다"

드레퓌스 사건으로 떠들썩했던 것은 비단 군부 내부만은 아니었다. 드레퓌스 사건을 두고 프랑스 일반 국민 사이의 여론 역시 갈가리 찢어졌고 언론은 그런 현상을 더욱 부채질했다. 특히 반유대계 극우 언론은 드레퓌스가 1차 재판에서 유죄 판결을 받을 때까지 연일 사건의 전개는 물론 드레퓌스와 가족에 대한 근거 없는 소문까지 대서특필하며 유대인에 대한 프랑스 국민의 부정적 인식을 강화하는 데 앞장섰다. 물론 프랑스의 많은 양식 있는 시민과 지식인은 1차 재판의 결과에 깊은 의혹과 우려를 가지고 있었지만, 여론의 대세에 밀려 목소리를 제대로 낼 수 없었다. 그러나 피카르의 조사를 방해하고 독일 스파이가 확실한 에스테라지를 도망가도록 방임한 군 수뇌부의 막장 행태가 알려지면서 드레퓌스 지지자들은 여론의 방향을 돌릴 돌파구를 마련했다. 드레퓌스의 무죄를 지지한 프랑스 지식인 가운데 대표적 인물이 소설가 에밀 졸라Émile Zola다. 사건 초기부터 정부의 행보에 비판적이었고, 드레퓌스 사건을

에밀 졸라. 당대 프랑스 최고 인기 작가였던 그는 자신의 인기를 이용하여 드레퓌스 재판의 문제점을 대중에게 적극적으로 알렸다.

구실로 반유대주의자들과 민족주의자들이 열광해가는 것을 우려하던 에밀 졸라는 1898년 1월 13일, 일간지 《로로르L'aurore》에 대통령 펠릭스 포르Féslix Faure에게 보내는 공개서한 형식으로 「나는 고발한다J'acusse」라는 제목의 긴 글을 기고했다. 기고에서 졸라는 문제의 기밀 명세서에서 촉발된 드레퓌스 재판이 '마치 비밀에 싸인, 모든 방식의 반전이란 반전으로 가득찬 15세기 연대기'처럼 진행되었으며, 군

부가 증거라고 주장하는 것은 실은 '상상할 수 있는 최악의 조작'이라고 일갈했다.

나는 정의를 왜곡한 뒤 파티 소령을 고발합니다. ⋯ 나는 메르시에 장군을 동조자로 고발합니다. ⋯ 나는 드레퓌스의 무죄를 입증할 결정적 증거를 억압한 빌로 장군을 고발합니다. ⋯ 나는 드 보이스뒤프레 장군과 공스 장군을 종교적 편견과 패거리 의식에 빠진 나머지 국방성을 무오류의 성스러운 방주로 만든 범죄의 공모자로 고발합니다.

프랑스 최고의 베스트셀러 작가 졸라의 고발문을 실은 《로로르》는 그날 20만 부가 넘게 팔리며 여론을 크게 움직였다.

2차 재판

에밀 졸라는 고발문의 내용 때문에 명예훼손죄로 고소당하여 영국으로 도피해야 했고, 레지옹도뇌르Legion d'Honneur 훈장도 박탈당했다. 하지만 졸라 이후에도 계속해서 아나톨 프랑스, 마르셀 프루스트 같은 작가, 지식인 3,000명이 드레퓌스 사건의 재심을 요구하며 서명한 탄원서가 행정부에 접수되는 등 비판적 여론이 사그라질 기미가 보이지 않았다. 결국 신임 국방상 고드프로이 카베냐크Godefroy Cavaignac는 재판에 제출된 증거물의 재검토를 지시하기에 이르렀다. 그런데 재조사 과정에서 소환된 앙리 소령이 자신이 결정적 증거물로 제출했던 문제의 '이니셜 D−' 문서가 조작되었음을 인정하고 자살하는 사건이 발생하자 그때까지 강경한 태도를 보이던 군 수뇌부도 드레퓌스 사건의 재심을 피할 수 없게 되었다.

드디어 재심 군사법원이 1899년 8월 렌Rennes에서 열렸다. 5년 만에 '악마의 섬'에서 소환된 드레퓌스는 다시 제복을 입고 법정에서 무죄를 밝힐 기회를 얻었다. 그러나 2차 재판에서도 드레퓌스를 대하는 법정의 편파적 태도는 크게 달라지지 않았다. 재판장 다마세 쥐아스트 대령Colonel Damase Jouaust과 드레퓌스 사이에 벌어진 다음 문답에서도 그와 같은 태도를 엿볼 수 있다.

재판장 : 귀관이 참모부에 근무하던 1894년 당시 마다가스카르 공격에 관한 연구가 두 건 있었다. 상시 대령Colonel Sancy 사무실의 부속실에 소속된 상병이 문서 사본을 작성했는데, 그 무렵 귀관이 부속실을 여러 차례 드나들었다는 얘기가 있었다.

드레퓌스 : 상시 대령에게는 다른 업무 보고를 하러 갔을 뿐입니다. 부속실은 대령의 사무실 입구 바로 앞에 있어 누구나 그 앞을 지나야 했습니다.

재판장 : 마다가스카르 문서는 8월 20일 완성되었고 최종 교정본은 8월 29일 나왔는데, 이때가 바로 문제의 '기밀 명세서'가 작성된 시점이기도 하다. 이 둘 사이의 타이밍이 완벽하게 맞아떨어지지 않는가. 귀관은 제3과 소속이었으니 그 문서의 존재를 아는 것이 완전히 불가능하지는 않았을 테지.

드레퓌스 : 그런 식으로 말하면 세상에 불가능한 일은 아무것도 없습니다, 재판장님.

재판장 : 그건 그렇지만 모든 정황을 합치면 추정해볼 수는 있다.

드레퓌스는 이렇게 처음부터 끝까지 정황에 의지한, 무죄 추정이 아닌 '유죄 추정'의 원칙에 따라 스파이로 취급받았다. 역시 가장 큰 정황 증거는 그가 유대인이라는 사실이었다. 재판 내내 평정심을 유지하던 드레퓌스가 단 한 번 냉정을 잃은 것은 1차 재판 당시 국방 장관을 지낸 오귀스트 메르시에Auguste Mercier가 증언석에 섰을 때였다.

> 메르시에 : 나는 드레퓌스의 유죄를 지금도 확신합니다. 만약 당시 수사 과정의 정당성에 조금이라도 의혹이 있다면, 나는 당장 잘못을 인정할 것입니다.
> 드레퓌스 : (벌떡 일어나 메르시에를 가리키며) 바로 그게 당신이 할 일이오![6]

재판이 시작된 지 약 1개월 만인 9월 9일, 재판장 쥐아스트 대령이 판결문을 낭독했다.

> 프랑스 국민의 이름으로, 5 대 2의 다수결에 따라, 피고의 유죄를 선고한다. 다만 재판관 다수는 상황에 정상 참작의 여지가 있다고 판단했다.

재판부가 감형 조건부 유죄 판결을 내린 10일 뒤 '대통령령에 따른 특별사면'으로 드레퓌스는 자유의 몸이 되었지만 반역 혐의를 완전히 벗기 위해서는 시간이 더 필요했다. 1906년 7월 프랑스 최고 항소법원이 렌 군사법원 판결을 파기하고 드레퓌스의 무죄를 최종 확인하면서 그는 장장 12년 만에 군에 복직하여 명예를 찾을 수 있었다.

• • •

6 Edward W. Knappman(Editor), *Great World Trials : The 100 Significant Courtroom Battles of All Time*, New England Publishing Association Books, 1997, p. 153.

드레퓌스 사건의 영향과 의의

이전부터 유럽에서 유대인에 대한 차별과 편견은 뿌리 깊었지만, 드레퓌스 사건에서 드러난 프랑스 사회와 군부의 행태는 인종 차별의 또 다른 차원을 개척하며 반유대주의적 정서를 적나라하게 드러냈다. 드레퓌스가 유죄라고 믿는 사람들 상당수가 문자 그대로 '드레퓌스가 배신자일 가능성은 그의 종족만 봐도 알 수 있다'고 주장하는 국수적인 반유대주의자들이었다. 이들에게 드레퓌스 사건은 '국가 안보를 위협하는 유대인들'이라는 명제를 입증할 절호의 기회였다. 심지어 1898년 드레퓌스 사건 증거물에 대한 재조사를 지시한 국방상 카베냐크 역시 드레퓌스의 무죄를 밝히기보다는 재조사를 철저히 해 드레퓌스가 유죄라는 것을 증명하여 반대 세력의 주장에 쐐기를 박으려고 명령을 내린 것이었다. 단지 그는 조사가 원래 믿음과 정반대 결론을 끌어냈을 때 이를 인정하고 지지할 만한 용기와 식견이 있었을 뿐이다.

드레퓌스 사건은 드레퓌스파와 반대 진영 모두 시민 사회에서 새롭게 부상한 권력인 신문사의 화력을 등에 업고 치른 언론전의 성격이 강했다. 그러한 언론의 힘은 알 권리에 대한 시민들의 수요와 이를 충족해줄 만큼 신문을 대량으로 찍어 저렴하게 공급할 수 있도록 한 인쇄 기술의 발달에 기인했다. 1850년대 25만 부에 그쳤던 프랑스의 일간지 발행 부수는 1870년 100만 부를 돌파했고 1910년에는 500만 부에 육박했다.[7] 당시 언론의 주류는 역시 반드레퓌스파였다. 1898년 당시 프랑스에 있던 55개 일간지 중 무려 48개가 반드레퓌스파로 분류되었고, 재심 요구파는 3개, 친드레퓌스적 논조의 신문은 4개에 불과했다. 신문사들 가운데는 원래 취했던 노선을 바꾼 곳도 있다. 《피가로Le Figaro》는 초기에 드

● ● ●
7 Haine, *op. cit.*, p. 126.

레퓌스 진영에 가담했다가 발행 부수가 급감하자 반드레퓌스 진영으로 노선을 선회한 반면 《르프티 파리지앵Le Petit Parisien》은 처음에는 반드레퓌스파를 옹호했으나 발행 부수가 떨어지는데도 점차 드레퓌스 노선에 가담했다.[8] 드레퓌스 사건은 언론이 정치 논리에 종속되지 않고 오직 진실을 보도하는 메신저 노릇을 할 수 있다는 것을 현실에서 증명해 보인, 현대 저널리즘 역사의 터닝포인트였다고도 볼 수 있다. 또 당시 드레퓌스 진영에 섰던 인물들

말년에 가족과 함께한 드레퓌스. 그는 세기의 모함으로 고초를 겪었으면서도 자신의 상황이 정치적으로 이용되는 것을 경계했다.

은 급진 좌파, 중도 좌파, 중도파 등을 모두 아울렀는데 이들은 이후 20세기 프랑스 지성계의 큰 흐름인 진보 지식인 그룹의 기원이 되었다.

한편 그토록 오랜 세월 억울하게 고난을 겪은 뒤에야 군인으로서 명예를 회복한 드레퓌스는 이후 자신을 불의에 맞선 영웅으로 지나치게 미화하거나 반유대주의의 대표적 희생자로 보는 시각을 모두 거부하고 언론의 스포트라이트를 피해 가능한 한 조용한 삶을 살고자 노력했다. 그는 말년에 어느 지지자에게 보낸 편지에서 다음과 같이 말했다.

나는 불운하게도 제 갈 길을 가지 못한 포병 장교일 뿐입니다.[9]

• • •

8 MarcMartin, *Medias et Journalistes de la republique*, Editions Odile Jacob : Paris, 1997, p. 109.
9 Knappman, *op. cit.*, p. 154.

03 넬슨 만델라의 리보니아 재판

미래의 문이 얼마나 좁은지
얼마나 형벌로 가득 차 있는지는 문제가 아니다
나는 내 운명의 주인
나는 내 영혼의 선장
_윌리엄 어니스트 헨리|William Earnest Henley, 시 「인빅터스Invictus(정복불능)」 중

남아프리카, 이민과 투쟁의 역사

남아프리카는 1488년 희망봉을 발견한 포르투갈 탐험가 바르톨로뮤 디아스Bartholomeu Diaz가 처음으로 유럽에 알리게 된다.[1] 1652년, 무역 보급기지를 건설하기 위해 남아프리카에 들어온 네덜란드 동인도회사를 따라 본격적으로 이주하기 시작한 네덜란드인은 스스로 농민이란 뜻의 '보어인Boer'[2]이라 불렸는데, 이들이 현재 '아프리카너Afrikaner'라 불리는 남아프리카 백인들의 선조이다. 이때쯤 영국 역시 이 지역의 식민지 쟁탈전에 가담하여 이미 네덜란드가 점령하고 있던 케이프 지방에 군대를 포함한 5,000명이 넘는 사람을 이주시킨다. 그러한 과정에서 남아프리카에서는 줄루족the Zulu[3]과 영국인, 보어인의 충돌이 계속되어 결국 줄루왕국은 영국의 보호령이 되었다. 보어인은 19세기 중반 내륙 지방으로 물러나 오렌지 자유국Orange Free State과 트란스발 공화국Transvaal을

• • •

1 물론 남아프리카는 유럽에 알려지기 이전부터 상San과 코이Khoi라고 불리는 원주민이 수천년간 살아오고 있었다.

2 boer는 네덜란드어로 농부를 뜻한다.

3 줄루족은 원래 남아프리카 북방의 소수 민족에 불과했지만 18세기 말 샤카 왕 때 이르러 크게 성장하여 여러 차례 정복 전쟁으로 다른 민족들을 통합하였고, 19세기경 인도양 연안에 아프리카 최초로 강력한 통일 국가인 줄루왕국을 건설한다.

세우고 케이프와 더반 지역을 확보한 영국과 세력의 균형을 추구했다.

그러나 원래 농업이 경제의 중심이던 남아프리카는 오렌지 자유국에서 다이아몬드 광산이 발견되고, 다시 트란스발 공화국에서 대규모 금광이 발견되면서 유럽인들 사이에서 일확천금을 노리는 기회의 땅으로 변했다. 그 가운데서도 특히 두드러진 영국인의 대량 유입에 불안을 느낀 정부가 외래인의 광산 채굴을 제한하는 조치를 취하자 영국은 이를 구실로 1899년 보어전쟁을 일으켰다. 전쟁의 명분은 남아프리카에 거주하는 영국인을 보호한다는 것이었지만 속내는 풍부한 천연 자원에 대한 욕심이었다. 보어인들이 세운 두 공화국은 서로 연합하여 대항했으나 결국 대규모 병력을 동원한 영국군을 견디지 못하고 1902년 항복했다.

아파르트헤이트

보어전쟁이 영국의 승리로 끝나면서 트란스발과 오렌지 자유국이 통합되어 영연방의 회원 국가인 남아프리카연방Union of South Africa이 발족되었다. 그러나 전쟁 뒤에도 일부 보어인은 끝까지 영국과 타협하기를 거부하고 아예 망명하거나 무장 게릴라 투쟁을 벌이기도 했다. 이들 골수 항전파가 주축이 되어 네덜란드 방계 언어인 아프리칸스어Afrikaans를 사용하는 보어계 백인들만의 남아프리카 국가 건설을 목표로 하는 극우 정당인 '국민당National Party, NP'을 결성했다. 국민당은 제2차 세계대전이 끝나고 영국의 영향력이 약화된 권력의 진공 상태를 비집고 정치적 주도권을 확보하는 데 성공했다.

원래 유럽인이 정착한 뒤 시작된 농업 중심의 남아프리카 경제 구조는 남북전쟁 이전의 미국 남부처럼 대규모 값싼 노동력이 필요했는데 보어인은 흑인 노예들로 이를 충당했다. 1834년 노예제를 완전히 폐지한 영

국의 주도로 남아프리카에서도 노예제도는 공식적으로 사라졌다. 그러
나 보어인들의 유색 인종에 대한 편견과 차별은 끈질기게 이어졌다.

　결국 영국이 물러가고 정권을 잡은 국민당은 아파르트헤이트
Apartheid[4]라고 불리는 국가 정책을 통해 인종 차별을 공식화하기에 이
르렀다. 이때부터 남아프리카연방에서는 정치 권력과 경제력을 독점한
백인들이 흑인을 포함한 기타 인종을 철저히 규제하고 탄압하기 시작했
다. 아파르트헤이트 정책에 따라 유색 인종에게서 선거권과 피선거권을
박탈하고, 도심에 살던 흑인을 모두 타운십 township이라 불리는 외곽 지
역으로 쫓아낸 뒤 지방의 흑인들 또한 출신 종족별로 나누어 정해진 지
역에 거주하도록 강요했다. 신분증에는 피부색이 표시되었고, 백인 거주
지역에 흑인이 들어오는 것은 엄격히 제한되었다. 흑인은 대부분 수도,
전기, 의료, 교육 등의 공공 혜택은 거의 누리지 못한 채 농업 노동, 광산
노동, 제조 노동으로 가혹하게 착취당했다. 이렇게 남아프리카는 소수
백인이 다수 흑인 위에 군림하는 시대착오적 정치 체제를 유지하는 나라
가 되었다.

　흑인은 백인 정권의 탄압에 맞서 1923년 결성된 아프리카 민족회
의 African National Congress, ANC를 중심으로 본격적인 투쟁에 돌입했다.
ANC는 파업, 보이콧, 시민 불복종 운동 등을 전개하며 끈질기게 저항했
으나 백인 정권의 탄압은 완화될 기미가 보이지 않았다. 정권의 탄압과
내부의 노선 갈등 등으로 한동안 혼란에 빠졌던 ANC는 불세출의 지도
자 넬슨 만델라 Nelson Mandela가 나타나면서 다시 투쟁의 전열을 정비하
게 된다.

● ● ●

4 Apartheid는 원래 분리, 격리라는 의미로 '분리된', '분리된 채'라는 뜻의 apart에 '상태'를 뜻하는 hood의 변형
　heid가 합쳐진 말이다.

'마디바'의 부상

넬슨 '마디바' 만델라는 1918년, 남아프리카 지역의 옛 지배자 가운데 하나인 템부왕국Kingdom of Thembu 왕족의 후예로 태어났다. 그는 영국식 학교에 진학하여 영국식으로 정규 교육을 받았으며 '넬슨'은 이때 학교에서 지어준 영어 이름이다.[5] 만델라는 포트헤어대학University of Fort Hare을 거쳐 수도 요하네스버그의 비트바테르스란트대학University of the Witwatersrand에서 법학을 전공했다. 대학 재학 중 ANC에 가입하여 청년 리그ANC Youth League의 발족을 주도하면서 만델라는 반아파르트헤이트 운동, 아프리카 민족 해방 투쟁 등 정치 문제에 눈뜨게 된다. 나중에 만델라는 인생의 중심추가 정치 투쟁으로 옮겨간 과정을 다음과 같이 이야기했다.

내가 언제부터 정치화됐는지 그리고 내 인생을 자유를 위한 투쟁에 바치기로 했는지 정확한 시기는 알 수 없다. 남아프리카에서 흑인으로 태어난다는 것은 태어날 때부터 정치화되는 것을 의미한다. … 어떤 특별한 깨달음이나 계기도 없었으며 단지 수없이 많은 모욕과 냉대가 쌓여 내 속에 분노와 반항, 체제에 투쟁하려는 욕망을 만들어냈다. 어느 날 문득 나는 내가 벌써 그 투쟁에 뛰어든 것을 발견했을 뿐이다.[6]

학교를 졸업한 만델라는 남아프리카에서 유일한 흑인 로펌에서 수년간 변호사로 활동하면서 주로 변호사를 선임할 형편이 되지 않는 흑인들에게 낮은 비용으로 때로는 무료로 변론을 제공했다. 만델라의 위상

● ● ●

5 언론이 만델라를 부르는 애칭 '마디바Madiba'는 그가 속한 씨족clan 이름이다.

6 Nelson Mandela, *Long Walk to Freedom*, Little Brown & Company : New York, 1995, p. 95.

은 ANC 내부에서 점점 올라갔지만 그가 ANC의 핵심 지도자가 된 계기는 이른바 '불복종 운동'과 '자유 헌장' 투쟁을 통해서였다. 불복종 운동은 인도의 마하트마 간디가 영국의 식민지배에 저항하면서 효과적으로 사용했던 비폭력 불복종 전략에서 영향을 받은 것으로, 1952년 백인들의 남아프리카 정착 300주년을 맞아 ANC가 기획한 대규모 아파르트헤이트 반대 집회였다. 당국은 수천 명을 체포, 수감했는데 만델라 역시 이때 체포되어 1년간 정치 활동이 금지되는 처벌을 받았다. 이어서 1955년 6월 ANC는 남아프리카 전역에서 선출된 대의원 3,000명이 모인 국민대회를 개최하고 모든 아프리카인에게 시민권을 줄 것, 인종에 상관없이 토지구입권을 줄 것, 아파르트헤이트법을 폐지할 것 등을 정권에 요구하는 「자유 헌장」을 당론으로 채택했다. 이때 백인 정권은 자유 헌장 운동을 반역 행위로 규정하고 만델라를 포함한 주모자 150여 명을 반역죄로 체포했으나 이들 대부분은 당국이 반역죄를 너무 광범위하게 적용했다는 법원의 유권 해석과 함께 석방되었다. 만델라는 이후에도 계속 집회, 시위 등을 조직하고 다양한 투쟁 방식을 기획하면서 ANC의 영향력 있는 지도자 가운데 한 명이 되었다.

샤프빌 대학살과 노선 변경

1960년 ANC는 흑인이 정부가 지정한 거주지 밖으로 여행할 때 통행 허가증을 휴대하도록 한 「통행법」에 대한 대규모 반대 시위를 기획했다.[7] 시위 방법으로는 흑인들이 경찰서에 자진 출두하여 통행 허가증이

●●●

7 이때 ANC는 '범아프리칸 의회Pan Africanist Congress, PAC'와 연합했다. PAC는 온건 성향의 ANC 주류가 주장하는 모든 인종이 평화롭게 어울려 사는 남아프리카라는 비전 역시 거부하고 아프리카대륙의 주인인 흑인이 주도하는 사회를 건설해야 한다고 주장하는 민족 해방 노선을 따라 결성된 단체이다. 샤프빌 사건은 실제로 PAC의 주도로 촉발되었다가 대량 학살극으로 이어진 것이다.

없다고 자백하여 자발적으로 체포되는 방안이 채택되었다. 3월 21일 트란스발주 소도시 샤프빌Sharpeville에서는 각지에서 온 흑인 6,000여 명이 통행법 위반을 자진 신고하려고 경찰서 앞에 모여들었다. 그러나 경찰은 이에 대해 비행기로 공중 사격을 퍼붓는 등 과잉 진압으로 대응했다. 결국 평화롭게 시작된 시위는 어린이 10명을 포함해 흑인 69명이 사망하고 180명이 부상당하는 참극으로 끝났다. '샤프빌 학살'로 불리는 이 참사에 항의하여 전국에서 대규모 시위가 일어나자 백인 정권은 비상령을 발하고 ANC와 PAC를 불법 단체로 규정한 뒤 관계자들에 대한 대대적인 체포를 명령했다. 이러한 행보가 국제 사회의 규탄을 불러오고 연방의 종주국인 영국 역시 강한 비난을 퍼붓자 백인 정권은 반성은커녕 아예 영국연방으로부터 독립을 선언하고 1961년 국호를 남아프리카공화국Republic of South Africa으로 바꾸며 흑인 탄압에 박차를 가했다.

불복종 운동, 자유 헌장 운동의 계속된 실패에 이어 샤프빌 학살까지 겪으면서 만델라를 비롯한 일부 ANC 간부들은 평화적 저항 운동에 근본적인 의문을 제기하게 된다. 평화 운동은 기본적으로 파업, 태업, 시위 등 비폭력적인 저항을 통해 백인 정권과 협상을 끌어낸다는 전략이었다. 그러나 ANC와 같은 흑인들의 정치 결사를 대화 상대로 인정조차 하려 들지 않는 백인 정권의 비이성적 인종주의는 많은 흑인을 절망하게 했다. 만델라와 일부 ANC 멤버들이 평화로운 방식이 아닌 무장 투쟁으로 백인 정권을 타도하는 문제에 대해 본격적으로 고민하게 된 것은 이렇게 샤프빌 학살을 전후한 시점이었다. 이 무렵 만델라는 가까운 친구들에게 "이제 무거운 심정으로 무장 투쟁에 돌입해야 할 시점"이라고 토로하기도 했다. [8] 문제는 남아프리카 흑인들 가운데는 무장 봉기는커녕 무기

• • •

8 David James Smith, *Young Mandela : The Revolutionary Years*, Little Brown and Company, 2010, p. 252.

를 제대로 다룰 줄 아는 인물을 찾기도 쉽지 않다는 것이었다. 결국 만델라는 게릴라전, 용병 등의 경험이 있는 백인 가운데 군사 지식을 전수해 줄 만한 인물들을 물색하는 한편, 백인 중심의 불법 단체인 남아프리카 공산당South Africa Communist Party, SACP과도 적극 접촉하여 이들을 통해 소비에트연방과 중국 등 공산국가들로부터 무장 혁명을 지원받는 방안까지 모색했다. 드디어 1961년 만델라와 동료들은 ANC의 무장 투쟁 기구이자 흔히 MK로 불리는 '조국의 창Spear of the Nation'을 결성하기에 이른다. [9]

리보니아 재판

샤프빌 사건 이후 당국의 수배를 피해 도피 생활을 하던 만델라는 1962년 8월 체포되어 기소되었다. 만델라는 재판에서 파업을 선동하고 여권 없이 출국한 혐의로 5년형을 선고받았다. 그러나 1963년 ANC 좌파의 본거지였던 요하네스버그 교외 리보니아Rivonia 농장이 경찰의 급습을 받으면서 상황은 급변했다. 경찰이 농장에서 MK 관련 문서를 대거 입수하면서 MK 조직 현황과 만델라를 포함하여 발족을 주도한 인사들 명단까지 확보한 것이다. 결국 만델라 등 ANC 지도자 10명이 폭력 혁명을 목적으로 한 세력 규합, 외부 세력과 연합하여 공화국을 공격하려 한 모의, 국내외 불온 단체들로부터 불법 자금 취득 등의 혐의로 기소되었다. 이로써 그 유명한 리보니아 재판Rivonia Trial이 시작되었다.

재판이 시작될 때만 해도 피고들에게서는 강력한 투쟁 의지를 읽을 수 있었다. 재판정에 들어설 때마다 피고들은 손을 높이 들었고 방청석을

• • •
9 MK는 조국의 창을 남아프리카 원주민어로 쓴 Umkhonto we Sizwe에서 따온 약자다.

가득 메운 지지자들 역시 같은 제스처와 함께 "권력은 우리의 것"이라고 외쳤다. 피고인들은 법원으로부터 다시 한 번 그런 행동을 하면 재판정에 양복 대신 죄수복을 입고 출두하도록 하겠다는 경고를 받기도 했다.[10] 기소된 혐의의 인정 여부를 묻는 절차에서 만델라는 이렇게 말했다.

> 법원 서기 : 피고 1번. 넬슨 만델라. 혐의를 시인하는가 무죄를 주장하는가?
> 만델라 : 재판장님, 이 피고석에 있어야 할 이는 내가 아니라 현 정부입니다. 나는 무죄입니다.

그러나 재판이 진행되면서 피고 측 변호인단은 검찰의 공세를 효과적으로 방어하기가 쉽지 않다는 사실을 깨달았다. 검찰은 먼저 MK의 조직원들을 증인으로 확보하여 한때 자기들의 상관이자 지도자였던 인물들의 행적을 낱낱이 증언하도록 했다. 물론 대부분 당국과 모종의 물밑거래를 했거나 협박을 받은 것이다. MK와 ANC 리더들에게서 지시를 받고 파업, 태업, 기간시설 파괴 등을 주도했다는 이들의 증언은 상당한 타격이 되었다. 여기에 더해 검찰은 농장에서 압수한 문건들을 재판정에서 대거 공개했다. 이 가운데는 게릴라 투쟁을 벌여 전국적인 무장 봉기를 이끌어내는 방안을 논의한 군사 작전 계획서가 있는가 하면 소비에트, 중국 등 외세와 연합해 남아프리카의 사회주의 혁명을 달성하자는 제안이 담긴 지도급 인사들의 비밀 회의록 등이 포함되어 있었다.

변호인들은 증인들의 동기가 의심되기 때문에 그들의 증언을 사실로 받아들여야 할 근거가 부족하며, 기밀 서류에 나타난 무장 혁명론은 단

• • •
10 Mandela, *op. cit.*, p. 354.

순히 하나의 가능성으로 언급되었을 뿐 지도부에서조차 현실적인 수단 이라고 믿은 사람은 없었다고 항변했다.

만델라의 연설과 선고

변호인단은 검찰 측의 증거가 상당히 견고하다고 판단했다. 그리고 이 번 재판을 이용해 불순 세력을 전부 반역죄로 몰아 씨를 말리려고 작정 한 백인 정권의 의도를 감지하자 목표를 수정하기로 했다. 피고들이 무 죄 판결을 받는 것이 사실상 불가능하다면 적어도 법정 최고형인 사형은 면하도록 하여 미래를 위한 투쟁 역량을 보존하자는 것이었다. 그와 동 시에 ANC 지도부가 공산 세력과 연계하고 폭력 혁명을 계획했다는 사 실이 외부로 알려지면서 변호인단과 피고들은 국내뿐 아니라 인종 차별 반대 투쟁에 동정적인 서방 세계의 여론이 악화되는 것을 막을 방법 역 시 강구해야만 했다. 만델라의 유명한 리보니아 연설[11]은 이런 고민에서 나온 결과물이었다. 나중에 밝혀진 일이지만 만델라와 변호인들은 그가 법정에서 연설하기 전에 매우 신중하게 그 내용을 검토하고 다듬었다. 역사에 길이 남을 그의 연설 일부를 소개하면 다음과 같다.

ANC와 공산당이 긴밀한 협력 관계였던 것은 사실입니다. 하지만 이 협력 은 단지 우리가 백인 지배의 종언이라는 공통의 목표를 두고 있었다는 증 거일 뿐입니다. … 피부색에 근거한 정치적 구분은 어디까지나 인간이 만 들어낸 것에 불과하며, 피부색이 같은 한 집단이 다른 집단을 지배하는 것 은 부자연스러운 일입니다. ANC는 반 세기 동안 인종주의에 맞서 싸워왔

●●●

11 그의 연설은 최후진술이 아니라 증인 교차 신문의 모두에 행한 것이지만, 언론에서는 사실상 최후진술로 소개했 다. 만델라의 연설이 있은 4월 23일 이후에도 재판은 6주간 더 이어졌다.

넬슨 만델라가 18년간 수감되었던 로벤섬 교도소 입구. 지금은 박물관이 되어 있다.
Photo Credit : Bradleyvdw
(dreamstime.com)

습니다. … 나는 평생 아프리카인의 투쟁에 헌신했습니다. 백인 지배에 맞서 싸웠고, 흑인 지배에도 맞서 싸웠습니다. 모든 사람이 조화롭게 동등한 기회를 누리며 함께 사는 민주적이고 자유로운 사회라는 이상을 품었습니다. 나는 그러한 이상을 위해 살고 그러한 이상을 실현하고 싶습니다. 그러나 필요하다면, 그러한 이상을 위해 죽을 준비도 되어 있습니다.

1964년 6월 12일, 법정은 만델라와 그의 동지 6명[12]에게 유죄 판결을 내렸다. 그러나 유죄 판결을 받은 피고들에게 사형이 선고될 것이라는 일반의 예상을 깨고 재판장 쿼터스 드 웻Quartus de Wet은 전원에게 종신형을 내렸다. 국내외의 거센 압력을 의식했기 때문이다.

로벤섬 이후

재판 뒤 46세의 만델라는 악명 높은 로벤섬Robben Island의 수형 시설로 이송되었으며 그곳에서 총 27년간 수감생활 중 18년을 보내게 된다.

●●●
12 애초에 기소되었던 10명 가운데 2명은 탈옥하여 스위스로 망명했으며 1명은 방면되었다.

열악한 형무소 환경에서 만델라는 노역과 추위, 고독과 싸워야 했으며 장남의 죽음 등 개인적 비극도 겪었다. 한편 만델라 투옥 이후 반체제 투쟁은 사그라들기는커녕 오히려 만델라 석방 운동과 반아파르트헤이트 투쟁이 결합하여 해를 거듭할수록 열기가 더해갔다. 저항 운동은 1973년 더반 총파업, 1976년 소웨토 학생 봉기 등으로 이어졌다. 국제 사회역시 유엔에서 남아프리카공화국을 제명하고 경제 제재를 해마다 강화하는 등 압력을 행사했다. 1986년 미국의 레이건 대통령은 사상 최초로 남아프리카 대사로 흑인인 에드워드 퍼킨스Edward Perkins를 임명하여 아파르트헤이트에 대한 미국의 경멸을 노골적으로 표시했다.

결국 국제 사회에서의 고립과 흑인들의 계속된 저항으로 한계에 다다른 백인 정권은 수감 중인 만델라와 비밀 협상에 들어갔다. 만델라에게서 과거에 대한 단죄보다는 화해와 흑백 통합 의지를 읽은 백인 정권은 정권 이양에 합의하고 점진적인 준비에 착수했다. 실제로 만델라는 수감 생활 27년 중 마지막 4년은 감옥이 아니라 호화 주택에서 가택 연금 상태로 있었다. 이때 백인 정권은 폭력 투쟁 노선을 포기한 만델라를 혹시 있을지 모를 ANC 과격파로부터 보호하면서 대통령 수업을 시켰다.

드디어 1990년 2월 남아공 백인 정권의 마지막 대통령 데 클레르크Frederik Willem de Klerk의 해금 발표로 ANC는 40년 만에 합법화되었다. 같은 해 3월, 73세의 만델라는 마침내 석방된다. 1993년 6월 3일 남아공 역사상 처음으로 흑인들이 투표권을 행사한 총선거에서 압도적인 지지로 대

1993년 미국을 방문한 데 클레르크 남아프리카 대통령과 넬슨 만델라. 데 클레르크의 심각한 표정과 만델라의 자신감 넘치는 모습이 곧 있을 권력 이양을 상징하는 것 같다.
Photo Credit : Carol Highsmith

통령에 당선된 만델라는 취임 연설에서 "앞으로 이 아름다운 나라는 어느 누구의 압제도 받지 않을 것"이라고 선언했다. 흥미롭게도 만델라는 대통령에 선출된 뒤 리보니아 재판 당시의 검사 퍼시 유타Percy Yutar를 취임식에 초대하는가 하면 함께 오찬을 하는 등 과거사와 화해하는 제스처를 취하기도 했다.

레닌의 아류에서 용서와 화해의 성자로

일부 작가, 언론인, 역사가들은 만델라를 평생 마하트마 간디와 흡사한 길을 걸은 비폭력주의자, 평화주의자로 묘사하기도 한다. 하지만 이는 사실이 아니며, 파란만장한 저항과 투쟁의 삶을 산 인물에 대한 예의도 아니다. 만델라는 1955년을 전후하여 마르크스-레닌주의에 몰두하기 시작했으며, 폭력 혁명을 통한 남아프리카 흑인 해방을 적극 지지했다. 그가 이러한 결정을 내린 것이 폭력 혁명을 견고한 백인 정권을 타도하기 위한 현실적인 방안으로 판단했기 때문인지 아니면 공산주의 혁명을 진심으로 신봉했기 때문인지는 지금까지도 논란이 분분하다. 하지만 최근의 연구 결과에 따르면, 만델라와 측근들이 1959년 피델 카스트로의 쿠바혁명 성공에 고무된 나머지 남아프리카에서 똑같은 방식의 무장 혁명을 꿈꾸었으며, 폭력에 반대하던 ANC 주류를 서서히 몰아내고 당을 장악하여 다양한 얼치기 테러 활동을 기획하고 일부는 실천에 옮기기도 한 것으로 밝혀졌다.[13] 결국 리보니아 재판은 공산주의 폭력 혁명가의 길을 달리며 점점 속력을 내던 만델라의 행보에 급제동을 건 셈이다.

그러나 인생의 황금기라고 할 40대 중반에 시작된 20여 년간의 수감

• • •
13 이와 관련한 더 자세한 사항은 Stephen Ellis, *External Mission : The ANC in Exile 1960-1990*을 참조.

생활은 그를 변화시켰다. 절망하여 자포자기하거나 복수심을 불태우는 대신 그 시간을 내적 성찰과 흑백 화합이 이루어진 남아프리카의 미래를 구상하며 보냈다. 힘든 수감 생활 도중 만델라가 읽으며 위안을 삼은 책 역시 마르크스의 『공산당선언』이나 레닌의 세계혁명론이 아니라 소포클레스Sophocles와 윌리엄 헨리William E. Henry였다.[14] 이렇게 해서 '직업혁명가 지망생'으로 감옥에 들어갔던 그는 세상으로 다시 걸어나왔을 때 용서와 화해를 통해 국민 통합을 실현하는 '성자급 정치가'로 변신해 있었다.

만약 만델라가 계속 무장 혁명 운동을 본격적으로 추진했더라면 로벤섬에 수감되기도 전에 레닌이나 카스트로는커녕 체 게바라의 아프리카 버전 정도가 되어 백인 정부군의 총에 사살되었을 가능성이 크지 않았을까? 만에 하나 무장 투쟁이 어느 정도 성과를 거두었다고 해도 당시 강력한 무력을 보유한 백인 정부를 전복하는 단계까지 가기는 힘들었을 것이다. 잘해야 그 과정에서 남아프리카 경제를 파탄시키고 무고한 희생자들의 수만 늘렸을 것이며, 그랬다면 설령 다시 평화가 온다고 해도 흑백 화합이란 거의 불가능할 뻔했다. 어쩌면 만델라의 체포와 리보니아 재판의 판결은 남아프리카의 긴 역사와 미래를 위한 신의 한 수였는지도 모른다.[15]

• • •

14 만델라는 자서전에서 그리스의 비극 작가 소포클레스의 『안티고네』를 읽은 소감을 자세하게 술회했다. 또 빅토리아 시대 영국 시인 윌리엄 어니스트 헨리의 「인빅터스」는 만델라가 로벤섬 교도소에서 즐겨 낭송하고, 동료 죄수들에게 들려주곤 했던 시이다.

15 만델라는 화해와 용서의 메시지뿐 아니라 자유시장 경제를 중시하는 개헌, 5년 단임으로 깨끗하게 대통령직에서 물러난 것으로도 존경받아 마땅하다. 유감스럽게도 그가 퇴임한 뒤 ANC 정권은 내부 권력 투쟁에 더해 백인 정권 시절 흑인들이 당한 불이익을 보상한다는 명분으로 복지, 취업, 교육 등에 다양한 역차별 흑인 선호 정책을 펴고 있다. 그러나 바로 이웃의 짐바브웨 경제가 백인들의 재산을 몰수한 뒤 파탄나는 것을 본 남아프리카 정부가 계속해서 극단적인 방향으로 나아가지는 않을 것으로 보인다.

04 로드니 킹
폭행 사건 재판

● 천사의 도시를 지옥으로 만든 판결 : The Rodney King Beating Trial (1992)

누군가를 그렇게 두들겨 패보기는 정말 오랜만이다.
_로렌스 파웰Laurence Powell, LAPD 경찰관, 1991년 3월 3일 순찰 일지에서

로스앤젤레스, 천사의 도시

　종종 '천사의 도시City of Angels'라는 애칭으로도 불리는 로스앤젤레스Los Angeles[1]의 위상은 비단 캘리포니아주뿐 아니라 여러 면에서 미국이라는 나라 자체를 대표한다. 18세기 스페인 수도사들과 농민들의 작은 촌락으로 출발한 로스앤젤레스는 20세기 들어 폭발적인 성장을 거듭한 끝에 도시 중심부와 인근 지역의 상주 인구가 1,000만 명을 넘는 거대 도시로 성장했다. 특히 20세기 후반부터 로스앤젤레스는 아시아계 이민자들을 대거 받아들이면서 인종적·문화적 다양성에서 오는 활력을 생산적으로 전환한 모델로 각광받았다. 로스앤젤레스는 겉으로만 보면 이름에 걸맞게 아름답게 빛나는 도시였다. 하지만 내부에서는 수십 년에 걸쳐 경제적 불평등과 인종적 편견에서 오는 갈등이 종양처럼 자라났다. 이러한 모순은 결국 한계점에 다다라 폭발할 기회만 기다리고 있었다. 그리고 1992년, 이른바 로드니 킹 폭행 재판 사건이 일어나자 이 천사의 도시는 기다렸다는 듯이 악마의 그림자를 드러내고 말았다.

●●●
1 Los Angeles라는 말 자체가 스페인어로 '천사들'이라는 뜻이다.

사우스센트럴의 변천

미국 경제가 제조업에서 서비스업과 첨단 기술 개발로 무게중심을 이동하면서 전통적인 제조업 중심지들은 타격을 받았는데, 로스앤젤레스역시 예외가 아니었다. 특히 1980년대 말 재정 적자와 냉전 종식의 여파로 미국 정부가 국방비를 대폭 삭감함에 따라 전통적으로 캘리포니아의 제조업 경제를 지탱하던 군수업체들이 연달아 공장 폐쇄와 대량 해고를 단행하면서 로스앤젤레스 지역 경제는 점점 악화되었다. 이때 로스앤젤레스 남부의 전통적인 흑인 밀집 지역 사우스센트럴South Central 역시 직격탄을 맞았다. 이 지역은 원래 풍요와는 거리가 멀었지만, 지역의 고용을 보장하던 제조업체들이 철수하면서 사우스센트럴은 점점 열악한 빈민가로 전락했으며 직장을 잃고 노는 흑인들과 범죄자들의 온상이 되었다.[2]

이렇게 침체된 사우스센트럴에서 거의 유일하게 성공가도를 달리는 듯한 인상을 준 이들은 소매업체를 경영하는 한국계 이민자들이었다. 1960년대 말 미국 정부가 가족 이민 정책을 완화하면서 빠른 속도로 증가한 한국계 이민자들은 로스앤젤레스에서 윌셔 대로를 중심으로 식당, 슈퍼마켓, 상점 등을 운영했는데, 이들 가운데 일부가 점점 사우스센트럴 외곽 지역까지 활동 반경을 넓혀갔다. 많은 한국계 이민자에게 사우스센트럴은 기회의 땅이었다. 당시 사우스센트럴에는 흑인들에게 생활 필수품과 각종 기본 서비스를 저렴한 가격에 제공할 수 있는 상점과 인프라가 절대적으로 부족했다. 그러나 백인들의 경우 범죄 우발 지역으로 인식되는 곳에서 사업을 벌이기를 꺼렸고, 흑인들은 대개 자본력이 없거

• • •

2 1960년대 미국의 인종 격리 정책이 약화되면서 전통적으로 사우스센트럴에 거주하던 흑인들 가운데도 경제력이 있는 전문직, 사업가, 교사 등 중류층 흑인들마저 더 나은 주거 지역이나 교외로 이주하면서 사우스센트럴은 점점 더 열악한 빈민가로 전락했다.

나 비즈니스 마인드가 부족했다. 한국계 이민자들은 이런 공백을 비집고 들어가 지역의 부동산을 헐값에 매입한 뒤 주류 판매 면허를 획득하고는 술과 각종 잡화를 곁들여 파는 소매 상점을 운영하며 사우스센트럴을 공략하기 시작했다.

생필품과 서비스 부족에 시달리던 흑인들에게 한인 상점들은 분명 고마운 존재였으나, 외지인들이 흑인 공동체를 상대로 상업적 이익을 추구하는 것을 그리 달갑지 않게 여기는 분위기도 점점 자라났다. 사우스센트럴에는 한국계뿐 아니라 멕시코에서 건너온 불법 이민자들을 포함한 히스패닉계까지 대거 몰려들었다. 그러자 일부 흑인들은 자신들의 전통적인 '영역'을 침범당하는 것에 상당한 불안감을 느꼈으며, 외지인들에게 노골적으로 적대감을 품는 경우도 많았다. 이러한 위험한 분위기를 느낀 정치인과 성직자 등 일부 흑인 공동체 지도자들은 뜻을 같이하는 한인 지도자들과 함께 인종 화합을 위한 여러 행사를 마련하는 등 갈등을 해소하려고 노력했다. 하지만 마치 한인들이 흑인들을 착취하여 자기 주머니를 채우는 악덕 기업가들인 양 여기는 흑인 사회 일부의 정서를 해소하는 데는 한계가 있었다.

로드니 킹 사건

1991년 3월 3일 오전 1시, 로스앤젤레스 북부를 가로지르는 210번 주간고속도로에서 시속 100마일(160km)로 달리는 승용차가 순찰대에 포착되었다. 짧은 추격전 끝에 경찰은 고속도로를 벗어나 도심으로 들어온 차량을 제지할 수 있었다. 차량의 운전자는 로드니 킹Rodney King이라는 26세의 흑인 남성이었다. 킹은 당시 절도죄로 복역하다 막 가석방되었는데, 그날 저녁 친구들과 술을 상당량 마신 상태에서 운전하다 경찰의 검문을 받자 도주를 시도한 것이다. 당시 음주운전은 가석방 조건을 위반하는 것이었다. 차를 세운 뒤에도 킹은 밖으로 나오라는 경찰의 명령을 한동안 거부했다. 그리고 낄낄거리며 웃는가 하면 엉덩이를 흔들어대는 등 희한한 행동을 벌이며 경관들을 자극했다. 현장에는 로스앤젤레스 경찰청 소속 경관 4명, 캘리포니아 주 정부 소속 고속도로 순찰 대원 2명이 있었다. 그 가운데 최선임인 경사 스테이시 쿤Stacey Koon은 킹이 마약을 복용한 것이 아닌가 의심하기 시작했다. 결국 용의자를 경찰서로 압송하여 조사하기로 결정하고 체포를 시도했다. 190cm의 거구인 킹은 수갑을 채우려고 접근하는 경관들에게 거칠게 저항했다. 경찰은 테이저 총을 쏘아 킹을 제압하려 했지만 실패하자 결국 곤봉을 들어 그를 내리친 끝에야 체포할 수 있었다. 그 과정에서 킹은 다리뼈에 금이 가는 등 전신에 심한 타박상을 입어 경찰청으로 인계되기 전에 인근 병원에서 응급 치료를 먼저 받아야 했다. 쿤 경사는 보고서에 "순찰조는 방금 상당량의 물리력을 사용 … 용의자에게 테이저 총을 사용하고 구타했음"이라고 썼다.

그런데 경관들은 짐작조차 못했지만 킹의 체포 장면은 당시 현장에서 약 50m 떨어진 아파트 건물에 거주하는 조지 홀리데이George Holliday라는 남성이 고스란히 비디오카메라로 촬영하고 있었다. 홀리데이는 밖에서 들려오는 소음과 불빛에 잠을 깬 뒤 경찰과 킹이 격투하는 모습을 보고 최근 구입한 비디오카메라를 가져다 발코니에서 몰래 촬영한 것이다. 홀리데이는 다음 날 아침 비디오테이프를 지역 TV 방송국인 KTLA로 가져갔다. 방송 관계자들은 충격적인 경관 폭력 사건이라는 제목으로 테이프에 담긴 장면을 당일 저녁 뉴스 시간에 방송했다. KTLA의 방송 내용은 로스앤젤레스를 발칵 뒤집었다. 이어서 그 내용을 뉴스 케이블 채널인 CNN이 받아 다시 전국적으로 소개하면서 전 미국이 들끓기 시작했다. 당시 지역 경제의 불황이 깊어지면서 마약 거래부터 살인 강도까지 흑인 범죄율이 계속 올라갔다. 이와 함께 종종 사회 문제가 된 것이 경찰의 흑인 범죄 용의자들에 대한 과민 대응과 가혹 행위였다. 이런 분위기에서 로드니 킹 비디오테이프가 몰고 온 파장은 엄청났다. 실제 홀리데이가 촬영한 영상 초반부에는 거구인 로드니 킹이 경찰에 맞서 달려드는 장면 등이 포함되어 있었지만, 방송국은 그 부분은 삭제하고 경찰이 킹을 곤봉으로 제압하는 대목만 집중적으로 내보냈다. 그 때문에 경찰에 대한 여론은 극도로 악화되었다. 곧이어 인권 단체 등을 중심으로 경찰의 가혹 행위를 항의하는 목소리가 높아지는 가운데 3월 8일 로스앤젤레스 지방 검사는 로드니 킹 체포에 가담한 경관 4명[3]을 대배심에 정식으로 기소했다.

재판의 진행

로드니 킹 사건에 대한 정의의 심판을 요구하는 목소리는 높았지만, 상황은 복잡했다. 우선 변호인단이 로스앤젤레스시에서 재판이 진행될 경우 재판이 공정하게 진행되지 않을 것이라며 제출한 재판 관할 소재지 변경 신청을 고등법원이 받아들이면서 경관들에 대한 재판은 사건 1년 만인 1992년 3월 5일 로스앤젤레스 교외 시미 밸리Simi Valley 지방법원에서 열리게 되었다. 그러나 시미 밸리는 로스앤젤레스 도심과 달리 흑인은 거의 없는 백인 중산층 거주 지역이었다. 결국 선출된 배심원 가운데 10명이 백인, 1명이 라틴계, 1명이 아시아계로 흑인은 한 명도 없다는 사실이 밝혀지자 전문가들과 여론은 과연 공정한 판결이 내려질 수 있을지 의혹을 제기하기 시작했다.

●●●

3 기소된 경관들은 스테이시 쿤Stacey Koon, 로렌스 파웰Laurence Powell, 티모시 윈드Timothy Wind, 테어도어 브리세노Theodore Briseno 4명이었다.

공판에서 검찰 측은 비디오테이프에 담긴 장면을 정밀 분석한 뒤, 피고 가운데 가장 선임자였던 스테이시 쿤과 경사 로렌스 파웰에게 화력을 집중했다. 특히 검찰은 파웰이 로드니 킹 체포 직후 일지에 "누군가를 그렇게 때려보기도 정말 오랜만"이라고 기록한 것을 추궁했다. 그뿐만 아니라 검찰은 로드니 킹 사건에 앞서 파웰이 어느 흑인 가정의 가정 폭력과 관련된 신고를 받고 출동한 뒤 본서 직원 코리나 스미스Corina Smith와 교환한 다음과 같은 통화 기록을 찾아내기도 했다.

파웰 : 지난번 신고 때처럼 화끈한 장면이었지. 마치 〈안개 속의 고릴라Gorillas in the Mist〉[4]에서 바로 가져온 장면 같았다니까.
스미스 : 호호호, 관련자들이 어떤 사람들인지 말 안 해도 알겠어요.

파웰이 통화에서 언급한 것은 영화 제목이었지만, '고릴라'는 백인들이 흑인들을 인종적으로 비하할 때 쓰이는 표현이기도 했다. 이와 관련하여 검찰은 다음과 같이 파웰을 추궁했다.[5]

검사 : 〈안개 속의 고릴라〉의 한 장면 같다고 언급한 것은 아프리카계 미국인[6] 가족과 관련이 있는 사건 아니었나요?
파웰 : 그렇습니다.
검사 : 그런데 당신은 그 사건 관련자들을 고릴라라고 부른 것이죠?

- - -

4 〈Gorillas in the Mist(안개 속의 고릴라)〉는 아프리카 르완다 지역의 고릴라 생태계를 보호하기 위한 미국 동물학자의 투쟁을 그린 1988년 미국 영화로, 여우주연상을 포함 아카데미상 5개 부문 후보에 오르기도 한 수작이다.

5 스스로에게 불리한 증언을 거부할 권리를 명시한 수정 헌법 제5조에 따라 미국 형사 재판에서 피고는 본인이 원하지 않는 한 재판정에 증인으로 설 수 없도록 되어 있다. 그러나 만약 변호인 측이 피고를 증인으로 요청할 경우에는 검사 측도 신문을 할 수 있다. 이 질의응답은 검찰 측 대질 신문의 일부다.

6 미국에서 흑인을 지칭할 때 '아프리카계 미국인African American'이 '흑인black'보다 정치적으로 올바른 표현으로 되어 있다.

파웰 : 아닙니다.

검사 : 아, 그래요. 그럼 이 아프리카계 미국인과 관련된 신고가 정글에서 이루어졌나요?

파웰 : 아니요.

검사 : 그럼 동물원이었습니까? 아니면 근처에 무슨 야생동물이라도 있었나요?

파웰 : 아니요, 다른 야생동물은 보지 못했습니다.

검사 : 즉 아프리카계 미국인들 외에 다른 야생동물은 없었다?

파웰 : 그들을 야생동물이라고 부른 적은 없습니다.

검사 : 하지만 당신은 〈안개 속의 고릴라〉에서 막 튀어나온 것 같았다고 하지 않았나요?

변호인단은 로드니 킹이 무고한 모범 시민이 아니라 강도 기록이 있는 전과자에다 당일 가석방 중이었음에도 음주운전을 했다는 것, 비디오테이프 장면 가운데 로드니 킹이 강력하게 저항하는 모습을 담은 초기 장면을 삭제한 언론의 보도 내용에 문제가 있다는 점, 피고들의 행위는 공공질서를 유지하기 위한 법 집행의 테두리 안에서 벌어진 일이라는 점 등을 배심원들에게 납득시키려 했다. 최종진술을 맡은 변호사 마이클 스톤Michael Stone은 경찰관들이란 "길거리 싸움에서 얻어맞고 다니거나 로드니 킹 같은 범법자를 못 본 척 넘어가라고 봉급을 받는 집단이 아니다"라고 말하며 비디오테이프에 담긴 일부 오해를 살 만한 영상에 현혹되지 말라고 배심원들에게 주문했다.

두 개의 판결

그런데 로드니 킹 폭행 재판이 열리기 몇 개월 전인 1991년 11월, 로스앤젤레스 카운티 법정에서는 사우스센트럴에서 남편과 함께 주류 및 잡화 판매점을 운영하던 한국계 미국인 두순자Soon Ja Du살인 사건 공판이 있었다. 두순자는 그해 3월 16일[7] 가족이 소유한 상점에서 라타샤 할린스Latasha Harlins라는 15세 흑인 소녀를 총으로 살해한 혐의를 받고 있었다. 원래 남편이 주로 사업을 돌봤기 때문에 가게 운영 경험이 별로 없었던 두순자는 그날 남편이 잠깐 가게를 비운 사이 자리를 지키고 있었다. 그때 진열대를 두리번거리던 할린스가 물건을 훔치려는 것으로 순간적으로 오해하고 할린스의 셔츠 소매를 붙잡고 늘어졌다. 놀라고 화가 난 할린스는 두순자의 손을 거칠게 뿌리치고 카운터 너머의 두순자를 몇 차례 주먹으로 가격했다. 그러자 두순자는 서랍에 보관하고 있던 권총을 꺼내 방아쇠를 당겼다. 머리에 총알을 맞은 할린스는 현장에서 즉사했다.

재판에서 두순자는 자신의 행위가 정당방위였다고 주장했다. 실제로 가게의 보안 카메라에 잡힌 영상에는 몸집이 큰 할린스가 주먹으로 두순자를 가격하는 모습이 생생히 담겨 있었다. 문제는 이어진 영상에서 폭행당한 두순자가 할린스에게 총을 발사했을 때 이미 할린스는 몸을 돌려 등을 보이고 있었다는 것이다. 두순자는 폭행을 당한 뒤라 정신이 없었다고 주장했고, 실제로 재판에서는 두순자의 권총이 미세한 손가락의 움직임에도 발포되도록 조절되어 있었다는 총기 전문가의 증언도 나왔으나 배심원들은 결국 '고의치사voluntary manslaughter'로 유죄 판결을 내렸다.

• • •

7 로드니 킹 폭행 사건이 있은 지 바로 2주 뒤이다.

그런데 그때까지 강력 사건 재판 경험이 전무했던 담당 판사 조이스 칼린Joyce Karlin이 두순자에게 어처구니 없어 보일 만큼 가벼운 형벌을 선고하면서 문제가 심각해졌다. 고의치사는 사전 모의에 따른 살인죄인 1급 살인보다는 가벼운 죄였지만 그래도 당시 캘리포니아주 법률에 따르면 최고 16년의 징역형을 내릴 수 있었다. 칼린 판사는 당시 상황에서 피고의 행동에 '이해가 가는 점'이 있으며, 지금은 '복수보다는 치유를 해야 할 때'라는 등의 이유를 대며 두순자에게 보호관찰 5년과 400시간 사회 봉사라는 파격적으로 가벼운 벌을 선고했다. 이 판결을 접한 흑인들이 격렬하게 반발한 것은 물론이다. 이처럼 흑인 사회와 다른 인종 간 갈등이 극도로 심해지는 상황에서 로드니 킹 사건의 결과에 이목이 집중되는 것은 당연했다. 드디어 재판 시작 90여 일 만인 4월 29일 법정 서기가 배심원단의 판결을 낭독했다. 피고인 전원 무죄였다.

4·29

언론과 여론은 이미 관련 경관들을 유죄로 보았기 때문에 로드니 킹 폭행 판결의 파장은 엄청났다. 흑인 인권 운동가들과 종교 지도자 등이 주도하는 항의 집회가 로스앤젤레스 곳곳에서 벌어졌다. 심지어 브래들리 시장까지 나서서 판결 결과를 비판하는 발언을 쏟아냈다.

판결이 발표된 지 약 1시간 뒤 사우스센트럴의 한인 잡화점 미스터 리스Mr. Lee's에 흑인 청년 몇 명이 들이닥치더니 각종 주류를 닥치는 대로 집어들고 그냥 떠나려고 했다. 이때 주인 데이비드 리가 이들을 막아 세우자 그중 한 명이 맥주병으로 그의 머리를 가격하며 "이건 로드니 킹 몫이다This is for Rodney King!"라고 외쳤다.[8] 같은 날 오후 6시경 사우스센트럴 입구의 교차로에는 흑인 시위대 수백 명이 집결했다. 이들이 한 백

1992년 당시 폭도들의 공격으로 불탄 주유소와 폐허가 된 상점. 그 앞에 선 동양인 할머니의 체념한 듯한 표정이 애처롭다.

인 트럭 운전사를 트럭에서 끌어내려 집단 폭행하는 장면은 마침 방송사 헬기에 타고 있던 촬영기자에게 포착되면서 특종이 되기도 했다. 이 와중에 당시 현장에 출동한 경찰이 시위대의 위세에 밀려 철수하면서 사우스센트럴은 무정부 지대로 변했다.

다음 날인 4월 30일부터 사태는 단순한 항의 시위가 아닌 본격적인 대규모 폭동과 약탈극으로 변했다. 특히 한국계 상점들이 주요 표적이 되었다. 그날 오후 폭도들이 흔히 '코리아타운'이라고 불리는, 한인 상점들과 사업체들이 밀집한 윌셔 대로와 올림픽 대로로 진출을 시도하자 지역의 한인 자영업자들이 자체 수비대를 결성하여 폭도들과 격렬하게 총격전을 벌이는 등 로스앤젤레스 일부 지역은 사실상 내전 상태에 돌입했다. 이러한 혼란과 아비규환은 3일째부터 겨우 누그러졌고 4일째인 5월 2일 토요일 주 방위군이 본격적으로 투입되면서 도시는 대부분 평온을 찾았다. 로스앤젤레스 역사상 최악의 인종 폭동으로 기록되는 이 사건을 미국 정부와 언론에서는 'LA폭동LA Riots'이라고 부르는 반면, 한국어를 모국어로 하는 한국계 미국인들은 흔히 '사이구4·29'라고 부른다.

●●●

8 J. David Woodard, *The America that Reagan Built*, Praeger, 2006, p. 171.

폭동의 후유증

LA폭동으로 발생한 인적·물적 피해는 엄청났다. 총 53명의 사망자(상세 사항은 표 참조)와 약 2,000명의 부상자가 발생했다. 1,100개 건물이 피해를 입었고, 방화 건수는 3,000여 건에 달했으며, 금전적 피해액은 10억 달러를 상회했다.[9] 특히 한인 자영업자들의 피해는 엄청났다. 사우스센트럴과 그 인근에서 영업 중이던 한인 점포들은 사실상 거의 예외 없이 파괴되었다.

1992년 LA폭동 사망자 분석[10]

사망 원인 / 인종	경찰, 방위군 사살	상점 주인에 의한 사살	기타 사살 (목격자 있음)	기타 사살 (목격자 없음)	방화에 의한 사망	구타, 린치, 척살, 교살 기타	자동차 사살 (뺑소니 포함)	합계
흑인	6	1	7	3	1	0	7	25
라틴계	5	2	3	1	1	3	1	16
백인	0	0	5	0	1	2	0	8
아시아계	0	0	1	1	0	0	0	2
북아프리카계	0	1	0	0	0	0	0	1
인도, 중동계	0	0	0	0	1	0	0	1
합계	11	4	16	5	4	5	8	53

폭동을 직접 촉발한 것이 로드니 킹 사건 재판 결과에 대한 흑인들의 실망과 분노였음에도 이를 배출하기 위한 공격 대상이 한국계 이민자들

●●●

9 Patrick Range McDonald, "Then & Now, LA Riots", *LA Weekly*(http://www.laweekly.com).

10 Professor Pamela Oliver(http://www.ssc.wisc.edu).

의 사업 터전이었다는 점은 실로 유감스러운 일이었다. 이들에게 피해가 집중된 데는 당시 사우스센트럴에 집결한 폭도들이 지리적으로 가장 만만하게 접근할 수 있는 장소가 한인 사업체들이 집중되어 있던 지역이었다는 점도 작용했다. 백인들과 부유층이 사는 비벌리힐스, 센트럴시티, 맨해튼비치 등을 공격하려면 도심을 지나 한참 전진해야 했기 때문이다.

더욱 충격적인 것은 폭동이 시작되어 절정에 달한 약 3일간 로스앤젤레스 경찰이 사우스센트럴과 코리아타운 지역에서 아예 철수했다는 사실이다. 초기 진압에 나섰던 경찰이 군중의 위세에 놀라 퇴각한 이후 지역 주민들은 공권력의 보호 없이 사실상 폭도들에게 그대로 노출되어 있었다. 결국 한인들은 자체 민병대를 결성하여 폭도들의 진출을 막아야 했다. 실제로 경찰이 다시 출동한 것은 한인들의 저항에 밀린 일부 폭도들이 코리아타운을 우회하여 백인 중산층 거주 지역으로 진출하려는 움직임이 포착된 이후였다. 주 방위군이 본격적으로 투입된 것도 이미 사태가 다소 진정된 5월 2일이어서 타이밍이 이만저만 늦은 것이 아니었다. 이렇게 세계적 대도시의 한 구역이 며칠 동안 사실상 무정부 상태가 된 것과 관련해서는 시 당국과 주 정부가 해당 지역의 거주민 절대 다수를 이룬 한국계, 흑인, 히스패닉계 등을 철저히 외면했다는 비난에서 자유로울 수 없다.

그뿐 아니라 폭동 이후 사후 처리 논의 과정에서도 한국계 미국인들은 상당한 불이익을 당했다. 심지어 시 의회는 지역 정화라는 구실로 사우스센트럴 지역 한인 점포들의 주류 판매 면허를 대거 취소했고, 언론의 철저한 외면 속에 사업체의 피해를 복구하기 위한 정부 차원의 지원이나 보상도 거의 하지 않았다. 이는 이후 미국에서 2001년의 9·11 테러 피해자들이나 2006년 허리케인 카트리나, 2012년 허리케인 샌디 피해자들에게 쏟아진 정부의 '온정'과 비교하면 더욱 대조되는 장면이다.

해결되지 않은 문제들[11]

시민에 대한 과도한 공권력 행사 여부를 증명하는 것이 관건이었던 로드니 킹 사건이 악랄한 인종 차별의 사례로 본질이 호도된 것에 대해서는 당시 언론과 검찰, 인권 단체, 심지어 LA시장까지 책임을 모면하기 어렵다. 그러나 LA폭동은 한국계 미국인들이 그때까지 추구해왔던 '열심히 일하면 성공한다'는 단순한 아메리칸 드림의 허점과 함께 인종적 소수로서 동양계가 미국 사회에서 갖는 미미한 존재감을 뼈저리게 느끼는 계기가 되었다.

순전한 '정치적 관점'에서 보면 한국계를 포함한 동양계의 위치는 미국의 소수 인종 그룹 안에서도 최하위에 속한다. 흑인들이 노예제, 인종 격리, 마틴 루터 킹 목사 암살이라는 '3종 역사 세트'로 특히 진보성향 백인들의 원죄 의식을 압박하고, 히스패닉계가 급증하는 머릿수를 이용해 표밭에 민감한 미국 정치인들을 좌지우지하는 세력으로 급성장하는 동안 한국, 중국, 일본 등 동북아시아 출신 이민자들은 하나의 '덩어리'로 뭉쳐 미국 사회에서 정치적 지분을 얻어내는 작업에 소홀했다. 결국 LA폭동 전 과정에서 한국계가 그중 대표선수로 대가를 톡톡히 치른 셈이다. 인종적으로 가장 소수이면서도 진학, 취업 등에서 정부의 보호를 받는 이른바 '소수 민족 우대 정책Affirmative action policies'의 보호망에서 철저하게 배제되어 있다는 역설적 사실에서도 알 수 있듯이 동양계 미국인들의 정치적 고아 같은 상황은 LA폭동이 있은 지 20여 년이 지난 지금까지도 크게 달라지지 않았다.

폭동을 전후하여 제대로 조명되지 못한 또 다른 문제점은 법정에 섰던 경관들의 인권이다. 폭동 직후 연방 검찰은 캘리포니아주 정부가 진행한

• • •

11 이하의 서술은 이 책의 저자들이 서로 반드시 동의하는 내용은 아님을 밝힙니다.

사우스센트럴에 진주한 주 방위군. 그 뒤로 순찰 중인 경찰차도 보인다. 방위군과 경찰 모두 폭동 당시 늦장 대응으로 지역 주민들의 원성을 샀다.

재판에서 무죄를 선고받은 경관 4명을 연방법에 해당되는 인권 침해 행위civil rights violation 혐의로 연방 정부 차원에서 기소했다. 결국 두 번째 재판에서 스테이시 쿤과 로렌스 파웰이 유죄 판결과 함께 30개월 보호감호 선고를 받았다. 쿤과 파웰이 2차 재판에서 유죄 판결을 받은 것은 배심원들이 폭동의 후유증에서 과연 자유로운 판단을 했느냐는 문제뿐 아니라 재판 자체가 연방 헌법이 보장하는 일사부재리의 원칙을 위반한 것이 아니냐는 좀 더 근본적인 질문을 가능하게 한다. 1차 재판은 가혹 행위 여부, 2차 재판은 체포 과정에서의 인권 침해 행위 여부에 대한 판결이었지만, 본질적으로 혐의는 똑같았기 때문이다.[12]

• • •

12 Edward W. Knappman(edited), *Great American Trials : From Salem Witch to Rodney king*, Visible Ink Press, 1994, p. 827

그런데 이렇게 로스앤젤레스를 쑥대밭으로 만든 폭동을 촉발한 인물 로드니 킹은 이후 어떻게 되었을까? 킹은 자신이 당한 폭행에 대해 로스앤젤레스시를 상대로 거액의 피해 청구 소송을 제기하여 400만 달러에 달하는 보상금을 타냈으나 불과 몇 년 사이에 거의 다 탕진하고 말았다. 이후 음주운전, 마약, 가정 폭력 등 끊임없는 문제를 일으키던 킹은 방탕한 생활을 정리하고 독실한 기독교 신자로 거듭났음을 선언하며 새 삶을 시도했으나 47세 때인 2012년 자택에서 사망했다. 사인은 심장마비였다.

Part 4

재판인가,
엔터테인먼트인가

01 오스카 와일드 재판

● 천재 작가가 선택한 최악의 행보 : The Trials of Oscar Wilde (1895)

예술이 인생을 모방하는 것이 아니라 인생이 예술을 모방한다.
_오스카 와일드Oscar Wilde

나의 천재성을 신고합니다

1882년 1월 미국 뉴욕항에 영국에서 온 여객선 SS 애리조나 호 SS Arizona가 도착했다. 이때 배에서 내린 승객들 가운데는 큰 키에 장발을 휘날리며 저고리 주머니에 백합까지 단 유별난 차림의 젊은이가 끼어 있었다. 입국하기 위해 세관을 통과할 때 세관원이 신고할 물품이 없냐고 묻자 그는 대답했다. "내 천재성 외에는 달리 신고할 게 없군요."

마치 음식이라도 주문하듯 침착하게 그렇게 말한 인물은 28세의 작가 오스카 와일드 Oscar Wilde였다. 1854년 아일랜드 더블린에서 의사의 아들로 태어난 와일드는 어려서부터 문학적 재능이 출중했다. 트리니티칼리지와 옥스퍼드대학에서 그리스·로마 고전을 전공하고 런던으로 진출한 와일드는 1880년대 초 런던 사교계의 스타가 되었다. 재치와 유머를 앞세운 화려한 언변에다 뛰어난 외모와 패션 감각, 빅토리아 여왕 시대의 상식을 뒤집는 통찰력이 번뜩이는 문장력을 겸비한 와일드는 각종 파티와 사교클럽에서 경쟁적으로 모셔가려는 유명인사였다.

와일드는 당시 전 유럽을 휩쓸기 시작한 세기말적 분위기를 타고 '예술을 위한 예술 Art for art's sake'이라는 구호로 대변되는 탐미주의 운

미국 순회 강연 시절의 오스카 와일드. 빼어난 외모와 첨단의 패션 감각, 도발적인 언행까지 모든 면에서 시대를 앞서간 아방가르드적 인물이다.

동aestheticism movement의 선두주자로도 유명했다. 옥스포드대학 재학 시절 월터 페이터Walter Pater와 존 러스킨John Ruskin의 예술관에 깊은 영향을 받은 와일드는 19세기 빅토리아 여왕 시대 영국 지성계를 지배했던 도덕적 엄숙함과 공리주의적인 세계관을 지적 위선으로 폄하하고 미美야말로 어떤 가치보다 앞서는 최고의 선善이라고 선언하며 지식인들 사이에서 격렬한 논쟁을 주도했다.

이렇게 영국에서 화제를 몰고 다니던 와일드가 1882년 미국에 간 것은 흥행업자 길버트 앤 설리반Gilbert & Sullivan의 제안으로 탐미주의와 미학에 관해 강연하기 위해서였다. 일종의 반짝 이벤트로 기획된 그의 순회 강연은 예상을 뛰어넘는 대성공을 거두었다.[1] 당시 미국은 남북전쟁 이후 경제가 본격적으로 발전하면서 신흥 부유층과 중산층이 폭발적으로 증가했는데, 와일드가 들고 온 미학이라는 주제는 경제적 여유를 누리게 된 미국인의 교양에 대한 욕구와 지적 호기심에 크게 어필했다. 한동안 미국에서 큰 인기를 누리다 영국으로 돌아온 와일드는 결혼과 함께 안정을 찾으면서 사교계의 재담꾼에 그치지 않고 만능 작가로서 본격적으로 활약하기 시작했다. 그는 당시 상류사회의 유명 잡지인《여성 세계Woman's World》편집장으로 위촉되는가 하면 동화집『행복한 왕자The Happy Prince and Other Tales』를 발표하고, 1890년에는 소설『도리언 그레

• • •

1 원래 4개월로 기획되었던 순회 강연은 폭발적인 인기에 힘입어 미국 전역을 돌며 1년간 이어졌다.

이의 초상The Picture of Dorian Gray』으로 영국 문단에 일대 센세이션을 일으키기도 했다. 그뿐만 아니라『이상적인 남편An Ideal Husband』,『성실함의 중요성The Importance of Being Earnest』등 걸작 희곡들을 잇달아 발표하며 극장계의 흥행 역시 주도했다. 넘치는 재능을 바탕으로 한 그의 성공가도에는 끝이 없는 듯이 보였다.

도리언 그레이, 알프레드 더글러스

와일드의 유일한 소설『도리언 그레이의 초상』은 신처럼 아름답게 생긴 청년 그레이의 집착과 파멸을 묘사하면서 예술지상주의, 쾌락주의, 탐미주의에 입각한 냉소적 유머와 괴기스러움이 절묘하게 혼합된 걸작이다. 이 소설의 저변에 흐르는 또 다른 명백한 기조는 동성애다. 작품에서 주인공 그레이를 감각적 쾌락과 데카당스의 세계로 인도하는 역할을 하는 인물은 헨리 경Lord Henry이다. 와일드는 헨리 경과 그레이, 그 밖의 여러 등장인물의 관계를 통해 동성애를 때로는 미묘하게, 때로는 노골적으로 암시했다.

와일드는 작품에서뿐 아니라 실제 삶에서도 동성애를 적극적으로 실천했다. 와일드가 타고난 동성애자였는지, 아니면 탐미주의적 성향이 애정 생활에서조차 과감한 실험을 시도하도록 부추겼는지는 확실치 않다. 하지만 와일드에게는 남모르게 영위하는 비밀스러운 삶에 대한 동경이 있었고 동성애 행각은 그러한 허영을 충족해주는 흥분되는 경험이었을 것이다.[2] 와일드가 동성애 행각을 본격적으로 시작한 것은 결혼 1년 뒤

• • •

2 와일드는 출산 후 급격하게 체형이 바뀐 아내의 모습에 엄청난 스트레스를 받는데, 그 충격으로 여성이 아닌 대안적인 성적 파트너를 찾아나섰을 것이라는 추측도 있다. Camille Cauti, *Introduction : The Picture of Dorian Gray*, Barnes & Noble Classics, 2003, p. 30.

인 1885년경이었다. 당시 와일드 주변에는 그를 우상으로 떠받드는 젊은이들의 발길이 끊이지 않았다. 그 가운데 옥스퍼드대학 학생 로버트 로스Robert Ross라는 청년이 최초의 동성애 파트너였던 것으로 보인다. 로버트 로스에 이어 와일드가 교제한 인물은 도리언 그레이의 실제 모델로 보이는 시인이자 프랑스 문학 전문가 존 그레이John Gray였다. 그러나 그레이는 동성애적 성향에 대한 죄책감 때문에 결국 와일드와 관계를 청산하고 이름까지 바꾼 뒤 가톨릭에 귀의하여 사제 서품을 받았다. 와일드가 세 번째로 깊은 관계를 맺은 인물은 스코틀랜드 귀족 출신으로 그보다 16세 아래인 알프레드 더글러스Alfred Douglas였다. 1891년 런던의 어느 파티에서 우연히 더글러스와 만난 것이 사실상 이후 와일드의 남은 생애를 결정지은 사건이 되었다.

와일드를 포함한 친구들에게 '보시Bosie'라는 별명으로 불린 더글러스는 용모가 빼어날 뿐 아니라 시를 짓고 번역도 하는 등 만만찮은 문학적 소양을 지닌 인물이었다. 와일드는 그에게 푹 빠진 나머지 함께 호화판 유럽 여행을 다녀오고 런던의 사보이호텔에 장기 투숙하며 예술과 인생을 논하고 같이 소네트를 짓는 등 '행복한 시간'을 만끽했다. 와일드가 자신을 『도리언 그레이의 초상』의 헨리 경, 더글러스를 그레이와 동일시하며 마치 자신이 써내려간 상상의 세계가 현실에서도 이루어지는 듯한 상황에 짜릿함을 느꼈을 것이라고 충분히 짐작할 수 있다. 하지만 현실에서 두 사람 관계를 능동적으로 주도한 쪽은 와일드가 아니라 더글러스였다. 더글러스는 또한 자신이 와일드와 친밀한 관계임을 사람들에게 자랑하고 싶어 안달이 나 있었다. 따라서 두 사람의 관계가 런던 사교계에 파다하게 소문나는 것은 당연한 일이었다. 그뿐만 아니라 더글러스는 와일드를 알프레드 테일러Alfred Taylor라는 동성애 브로커에게 소개했는데, 그는 주로 돈이 필요한 런던 하층민 출신 소년들을 더글러스와 와일드의 섹스 파트너로 알선했다. 마침 영국은 1885년 개정 형사법 제11조를 만들어 남성끼리 성추행act of gross indecency을 저지르거나 그러한 행위를 알선했다고 판명되면 중노동을 동반한 2년 이하의 징역

19세기 말 런던의 번화한 피카디리광장 풍경. 오스카 와일드는 오랫동안 런던 사교계를 주름잡은 스타였다.

에 처할 수 있도록 했기 때문에 와일드의 애정 행각은 빅토리아 시대의 도덕 기준에 따르면 비윤리적이었을 뿐 아니라 심각한 범죄에 해당했다.

퀸즈베리 후작

더글러스와의 연애에서 와일드가 간과한 점은 연인의 부친인 퀸즈베리 후작Marquis of Queensberry의 존재였다. 불같은 성격의 소유자로 프로급 맨손 권투선수이기도 했던 퀸즈베리 후작은 와일드와 아들의 관계가 동성애인 것으로 단정하고 더글러스에게 와일드와 절연하라고 요구했다. 더글러스가 반발하자 퀸즈베리 후작은 아들에게 보내던 생활비를 중단한 데 이어 와일드에게 직접 압력을 가해 관계를 청산하도록 종용했다.

퀸즈베리 후작이 이렇게 와일드와 더글러스의 관계에 민감한 데는 나름의 이유가 있었다. 퀸즈베리 후작에게는 원래 아들이 셋 있었는데 알프레드 더글러스는 그 중에서 막내였다. 1894년 후작의 첫째 아들이자 가문의 후계자이던 프랜시스 더글러스Francis Douglas가 사냥터에서 의문의 총기 사고로 사망하는 사건이 일어났다. 그런데 그 무렵 런던 사교

와일드를 탐미주의의 사도Apostle of Aestheticism로
표현한 당시 어느 신문의 삽화.

계에 파다하게 퍼진 소문은 프랜시스 더글러스가 영국 자유당 소속 총리 로즈베리 백작Earl of Rosebery과 수년간 연인 관계를 유지했으며, 그의 사망이 사고가 아니라 처지를 비관한 자살이었다는 것이었다. 이 소문이 사실이라면 동성애가 원인이 되어 첫째 아들을 잃은 퀸즈베리 후작이 셋째 아들마저 동성애에 탐닉하는 것을 알고 경악했을 것은 충분히 예상할 수 있다.

후작은 와일드가 즐겨 찾는 레스토랑과 호텔 등을 돌아다니며 와일드가 더글러스와 함께 오면 손님으로 받지 말라고 압력을 넣는가 하면, 와일드의 자택까지 직접 찾아가 공포 분위기를 만들었다. 퀸즈베리 후작은 와일드가 출입하는 회원제 사교클럽으로 찾아갔지만 현관에서 지배인에게 제지당한 끝에 결국 자신의 명함을 와일드에게 건네주도록 이르고 자리를 떠났다. 그런데 그가 남긴 명함에는 "젠체하는 남색가 오스카 와일드에게For Oscar Wilde, posing Somdomite"[3]라는 메모가 적혀 있었고, 이를 읽은 와일드는 격분했다. 결국 퀸즈베리 후작의 스토킹에 넌더리가 난 와일드는 후작을 명예훼손으로 고소하기로 마음먹었다.

• • •

3 퀸즈베리 후작이 쪽지에서 sodomite 대신 somdomite라고 쓴 것은 비단 재판에서뿐 아니라 와일드 연구자들 사이에서 논쟁거리가 되었다. 성서 창세기에 등장하는 극도로 타락한 도시 소돔Sodom에서 유래한 sodomite는 현대 영어에서는 동물과 성관계를 맺는 변태성욕자를 뜻하지만, 빅토리아 시대에는 남성 동성애자의 의미도 있었다. 그런데 퀸즈베리 후작은 여기서 m을 끼워 넣어 somdomite라고 썼다. 그 이유에 대해서는 그가 극도로 흥분한 상태에서 메모를 작성하면서 실수했다는 이론이 대세였다. 그러나 최근에는 퀸즈베리가 와일드를 sodomite(동성애자)라고 부르는 것에 더해 'some dumb mite(어떤 멍청한 놈)'라는 의미까지 집어넣기 위해 일부러 그렇게 썼다는 주장도 있다. 실제로 퀸즈베리 후작이 문학에도 상당히 조예가 있었음을 생각하면 아주 근거 없는 가설은 아닌 것으로 보인다. 와일드 자신이 퀸즈베리의 이러한 '신조어'를 어떻게 이해했는지는 알 수 없다.

재판의 시작

와일드가 퀸즈베리를 고소하려 한다는 소식이 알려지자 가까운 친구들은 그를 극력 만류했다. 퀸즈베리가 재판 결과에 영향을 끼칠 만큼 영향력 있는 귀족이라는 점도 문제였지만, 자칫하다가는 와일드가 도리어 남색금지법에 걸릴 확률이 높았기 때문이다. 와일드의 친구들은 차라리 이 기회에 동성애에 더 너그러운 유럽 본토로 건너가서 작품 활동을 계속하라고 제안하기도 했다. 망설이는 와일드를 다그쳐 소송을 진행하라고 강력하게 주장한 사람은 다름 아닌 퀸즈베리의 아들 더글러스였다. 결국 와일드는 1895년 3월 1일 당시 영국 최고 변호사 중 한 명으로 알려진 에드워드 클라크Edward Clarke를 법률 대리인으로 선임하여 퀸즈베리 후작을 명예훼손으로 고소했다. 클라크는 사건을 수임하기 전 항간에 떠도는 와일드의 동성애 행각과 관련된 소문이 사실이냐고 물었다. 와일드는 전적으로 근거 없는 모략이라고 장담했다. 와일드는 재판을 앞두고 더글러스와 모나코로 여행을 떠나는 등 태평스럽게 보냈다.

퀸즈베리 후작을 피고로 한 재판은 1895년 4월 3일 런던의 법원 올드 베일리Old Bailey에서 시작되었다. 방청석이 초만원을 이룬 가운데 증언대에 오른 와일드는 간간이 자신의 트레이드마크인 유머와 위트를 섞어가며 동성애 행각을 전면 부인했다. 그러나 자신만만하던 그의 기세는 그날 오후 퀸즈베리의 변호인인 에드워드 카슨Edward Carson의 질문이 시작되면서 꺾여버렸다. 먼저 카슨은 어디서 입수했는지 와일드가 더글러스에게 1893년 보낸 다음과 같은 내용의 편지를 공개했다.

자네의 편지는 내게 즐거운, 붉은색, 노란색 포도주라네. 하지만 어쩐지 슬프군. 보시, 나하고 다투려 하지 말게. 자네와의 다툼은 정말 괴로울 뿐 아니라 삶의 사랑스러움을 깨뜨려버린다네. 그리스의 신같이 아름답고 품위 있는 자네가 열정에 휘둘려 일그러진 모습을 차마 볼 수가 없다네. …
자네는 내가 갈망하는 성스러운, 기품과 미의 존재일세. 하지만 나는 어찌
해야 좋을지 모르겠군. 내가 솔즈베리로 갈까? 이곳[4]의 요금은 일주일에
49파운드일세. 템스강을 내려다볼 수 있는 응접실도 하나 빌렸네. 내 친
애하는 멋진 소년이여, 이리로 오지 않겠나?
그대의 오스카

편지를 두고 와일드와 카슨 사이에 설전이 오갔다.

카슨 : 그것은 결국 연애편지 아닌가요?
와일드 : 애정이 듬뿍 담긴 편지이기는 하죠.
카슨 : 한 남자가 다른 남자에게 흔히 보낼 수 있는 성격의 편지라고 생각
합니까?
와일드 : 그 편지는 알프레드 더글러스 경을 향한 나의 깊은 존경을 완곡히
표현한 것에 불과합니다.

이 정도는 서막에 불과했다. 카슨은 곧이어 와일드와 과거에 돈과 선
물 등을 받고 동성애 관계를 맺었다고 주장하는 청년들을 연달아 증언
대로 불러세워 대질신문을 벌였다. 이러한 행보는 와일드 측이 전혀 예
상치 못했던 수였다. 와일드의 변호인 클라크는 의뢰인 와일드의 주장
을 신뢰했을 뿐 아니라, 설령 와일드와 관계를 맺은 동성애 파트너가 있
다고 해도 법률에 따라 와일드와 똑같이 처벌받을 것이 두려워 증인으

●●●
4 런던의 사보이호텔을 말함.

로 나설 가능성은 없다고 생각했다.[5] 그러나 퀸즈베리 측은 와일드가 이렇게 여유를 부리는 사이 사설 탐정들을 고용하여 와일드와 동성애 관계를 맺은 하층민 청년들을 찾아낸 뒤 이들에게 증언대에 서면 법원에 호소하여 죄를 사면해주도록 뒤를 충분히 돌봐주겠다는 언질까지 하며 설득했고 결국 이들 중 여러 명을 증언대에 세우는 데 성공한 것이다. 뒤통수를 맞은 와일드는 대질신문 과정에서 눈에 띄게 당황했고 퀸즈베리의 변호인 카슨은 이 기회를 놓치지 않고 와일드를 더욱 세차게 몰아붙였다. 증언대에는 와일드와 관계를 맺을 당시 16세에 불과했던 월터 그레인저Walter Grainger라는 배달부 출신 청년이 서 있었고, 카슨은 단도직입적으로 와일드에게 물었다.

카슨 : 그에게 키스한 적이 있나요?

와일드 : 물론 아니요. 그는 유별나게 못생겼소. 불쌍할 정도였지요.

카슨 : 그것이 키스하지 않은 이유인가요? 그 말은 만약 그의 용모가 아름다웠다면 키스했을지도 모른다는 의미인가요?

와일드 : 그런 뜻이 아니고….

카슨 : 그런 의미가 아니라면 왜 군이 그의 추한 외모를 언급한 겁니까?

이 대목에서 와일드는 말문이 막혔다. 오후 늦게 휴정이 선언되자 클라크는 재판에서 승산이 거의 없음을 강조하며 고소를 취하하라고 제안했고 와일드는 이를 받아들일 수밖에 없었다. 와일드는 다음 날 고소를 취하했으며, 퀸즈베리가 공공의 이익을 위해 그를 '젠체하는 남색가'라고 부를 수 있는 권한 또한 인정하는 굴욕을 받아들여야 했다. 하지만 재

• • •

5 Andrew Elfenbein, *On the Trials of Oscar Wilde : Myths and Realities*, http//www.branchcollective. org, accessed on 2013. 7. 12.

판이 취소되자마자 퀸즈베리의 변호인 카슨은 검찰에 와일드와 관계를 맺었다고 털어놓은 청년들의 서면 증언서를 제출했다. 검찰은 동성애와 미성년 성추행 혐의로 와일드에게 체포 영장을 청구했다. 체포 영장에 따라 와일드가 런던의 홀러웨이교도소에 수감되는 사이 그의 연인 더글러스는 프랑스로 도주했다. 이대로 가다간 자신마저 재판에 회부될까봐 두려웠기 때문이다.

감히 이름을 부를 수 없는 사랑이란?

와일드는 자신의 '명예'를 지키기 위해 법적 수단을 동원하던 원고에서 졸지에 파렴치한 범죄 혐의의 피고가 되어 1895년 4월 25일 법정에 다시 섰다. 피고석에는 와일드와 더글러스를 위한 미소년 공급책이었던 알프레드 테일러도 앉아 있었다. 퀸즈베리 후작을 처음 고소했을 때의 의기양양함은 흔적도 없이 사라진 와일드는 간신히 검찰의 신문에 대답했지만 동성애 혐의는 줄기차게 부인했다. 검찰은 더글러스가 와일드에게 헌정한 것으로 알려진 「두 가지 사랑Two Loves」이라는 시의 내용을 문제삼기도 했다. 문제의 시에서 더글러스는 "소년과 소녀들의 마음을 불꽃으로 채우는 사랑love … fill the hearts of boys and girls with mutual flame"과 함께 "감히 이름을 부를 수 없는 사랑the love that dare not speak its name"을 대비했다. 검사 찰스 길Charles Gill은 "감히 이름을 부를 수 없는 사랑"이란 무슨 뜻이냐고 와일드를 추궁했다. 이 질문에 대한 답변으로 와일드가 증언대에서 행한 다음과 같은 연설은, 어떤 면에서 더글러스가 와일드에게 바친 원래 시보다도 더욱 시적인, 지금까지도 동성애에 대한 고상하고 뛰어난 해석의 하나로 남아 있다.

우리 시대에 '감히 이름을 부를 수 없는 사랑'이란 다윗과 요나단의 관계처럼, 플라톤이 자기 철학의 근거로 삼았던 그리고 미켈란젤로와 셰익스피어의 소네트에서 찾아볼 수 있는 연장자와 젊은이 사이에 피어나는 위대한 애정을 말합니다. 그것은 완벽하면서도 순수하며 깊은 정신적 사랑입니다. … 그러한 애정은 금세기에 들어와 너무도 잘못 이해된 나머지 이제는 '감히 이름을 부를 수 없는 사랑'이라고밖에 표현될 수

오스카 와일드(왼쪽)와 알프레드 더글러스(오른쪽). 이들의 동성애 관계는 결국 와일드를 최악의 상황으로 몰고 갔다.

없으며, 내가 이 자리에 불려온 이유이기도 합니다. 그것은 아름답고도 뛰어나며 애정 가운데서도 가장 고귀한 형태입니다. 부자연스러운 것은 전혀 없습니다. … 그러한 사랑은 지성을 갖춘 연장자와 인생의 환희, 희망, 영광을 목전에 둔 젊은이 사이에 끊임없이 존재합니다. … 세계는 그것을 비웃으며 종종 조롱하기도 하지만요.

와일드가 대답을 마치자 장내 곳곳에서는 박수가 터져나왔다. 최후진술에서 변호인 클라크는 와일드가 타고난 예술가로 예술을 떠나서 세계를 인식하는 것이 불가능한 인물임을 배심원들에게 상기시키고, 예술가의 영혼에 씌워진 터무니없는 혐의를 벗겨 와일드뿐 아니라 그러한 예술가를 키워낸 사회가 뒤집어쓰게 된 치욕까지 씻어달라고 호소했다. 여러 시간 회의한 끝에 배심원들은 증거불충분으로 와일드에 대한 유죄 평결

에 도달할 수 없었다고 발표했다. 와일드는 곧 보석으로 풀려났지만 3주 뒤에 시작될 두 번째(퀸즈베리 후작을 고소했던 재판을 포함하면 세 번째) 재판을 준비해야 했다. 산 넘어 산이었다.

마지막 재판

마지막 재판에서 검찰 측을 지휘한 인물은 당대 최고의 검사로 인정받던 프랭크 록우드Frank Lockwood였다. 담당 판사 알프레드 윌스Alfred Wills 또한 와일드에 대해 상당히 비판적인 시각을 지닌 인물이었다. 윌스의 엄호를 받은 록우드는 이미 두 번 재판을 겪으며 심신이 지칠 대로 지친 와일드를 사정없이 몰아붙였다. 그뿐만 아니라 퀸즈베리 후작 역시 와일드가 소송을 취하한 뒤에도 2차, 3차 재판에 꼬박꼬박 참석하여 와일드를 심리적으로 압박하는 집요함을 보였다. 검찰 측에서는 증인으로 찰스 파커Charles Parker와 알프레드 우드Alfred Wood라는 두 청년을 내세웠다. 그들은 금전과 선물 등을 받는 대가로 와일드와 동성애 관계를 맺었다고 주장했다. 다음은 파커가 법정에서 행한 증언의 일부다.

와일드 씨는 내게 2파운드를 쥐어주며 일주일 뒤에 사보이호텔로 찾아오라고 했습니다. … 내가 객실에 들어서자 그는 나더러 스스로를 여자라고, 그리고 그를 내 애인이라고 상상하라고 하더군요. 그러더니….

이런 증언을 펼칠 당시 파커와 우드는 이미 검찰과 협상해서 증언의 대가로 고발에서 면제돼 있었다. 와일드의 변호인 클라크는 그 점을 꼬집으며 다음과 같이 자신의 의뢰인을 변호했다.

이 재판은 마치 런던의 모든 공갈범에게 면죄부를 주는 것 같습니다. … 적반하장이 따로 없습니다. 오히려 피고석에 서야 할 사람들은 이들 고소 인입니다. 사실 파커와 우드는 앞선 명예훼손 소송 재판에서 사면 보장을 받을 때까지 와일드 씨에 대해 어떤 혐의도 제시한 적이 없습니다. 이것 이야말로 피고가 무죄라는 가장 강력한 증거가 아니겠습니까? … 배심원 여러분은 의혹이나 편견이 아닌, 오직 사실관계만 엄격히 검증한 뒤 판결 을 내려주십시오.

클라크에 이어 검사 록우드는 최후진술에서 다음과 같이 말했다.

여러분에게 제출된 증거를 제대로 검토하려면 우선 여러분이 마주한 인물 이 어떤 인간인지 이해하셔야 합니다. 그는 대체 어떤 사람들과 어울렸습 니까? 교양과 문학적 감수성을 갖추었다는 자가 자신의 동류도 아닌, 증 언석에 출석했던 무지한 젊은이들과 어울렸다는 사실을 상기하시기 바랍 니다. … 테일러에게 와일드는 "자네 친구들을 데려오게. 그들은 내 친구 들이기도 하다네. 그들이 마굿간 출신인지, 식당 주방 출신인지 따위는 자 세히 물어보지 않을테니"라고 말하지 않았던가요? … 변호인 측은 증인 들이 공갈범이라고 주장하지만, 설사 그렇다고 해도 협박 근거를 제공한 것은 기꺼이 화대를 지불한 인물 자신입니다. 이런 역겹고 가증스러운 형 태의 악행을 구입할 용의가 있는 자들이 없었더라면 그러한 범죄에 대한 암시장도 존재하지 않았을 것이고, 갈취 여지도 없었을 테니 말입니다.

약 세 시간 만에 돌아온 배심원들은 혐의 대부분에 유죄 평결을 내렸 다. 이어서 윌스 판사는 기다렸다는 듯이 와일드와 테일러에게 일장 훈 시를 하고는 선고를 내렸다.

오스카 와일드와 알프레드 테일러, 당신들이 유죄 평결을 받은 범죄는 너무나 지독한 나머지 누가 말로 표현하려다가도 스스로 입에 재갈을 물어 그 말이 입 밖에 나오지 못하도록 자제해야 할 판이다.[6] 명예를 아는 사람이라면 이 끔찍한 재판의 세부 내용을 듣고 가슴에 수치스러운 감정이 떠오르지 않을 수 없을 것이다. … 이 법정은 두 사람에게 강제 노동을 포함하는 2년의 징역을 선고한다.

윌스 판사의 선고가 끝나자 방청석에서는 동감을 표하는 고함이 터져 나왔다.

심연에서 영원으로

강제 노동까지 추가된 2년간의 수형 생활은 와일드를 육체적 · 정신적으로 완전히 망가뜨렸다.[7] 또한 1차 재판에서 고소를 취하한 탓에 와일드는 자신의 법률 비용뿐 아니라 퀸즈베리 측의 전 비용을 배상하게 되어 재정적으로도 거덜이 났다. 결국 와일드는 파산선고를 받을 수밖에 없었다. 저택은 물론 그가 수집한 상당한 수준의 예술품 컬렉션 역시 법원 경매에서 헐값에 팔려나갔다. 그의 저서들은 서점에서 자취를 감추었으며 연극들 역시 극장에서 간판이 내려졌다. 이런 가운데 1898년에는 와일드의 아내 콘스탄스마저 충격을 이기지 못하고 사망했다.

와일드가 교도소에서 더글러스에게 보내는 편지 형식의 메모를 모은

---

6 실제로 와일드 재판에서 상류사회의 동성애 매춘 커넥션이 일부 폭로되면서 영국 대중은 오랫동안 동성애를 극도로 추잡하고 타락한 행위로 인식하게 되었다.

7 190cm가 넘는 당시로서는 엄청난 장신이었던 와일드는 어딜 가나 유독 눈에 띄었다. 그의 이러한 외모는 전성기 런던 사교계에서 좌중의 시선을 끌어들이는 데 큰 몫을 했지만, 수감 생활 중에도 항상 주변의 이목을 집중시킨 탓에 농땡이 한 번 제대로 치지 못하고 힘든 나날을 보내야 했을 것이다.

옥중기인 『심연에서 De Propundis』에는 옛 애인에 대한 복잡한 감정이 잘 드러나 있다. 와일드는 두 사람의 관계가 출발부터 잘못되었다고 탄식하면서 더글러스가 자신의 진정한 지적 · 정신적 파트너가 되기엔 미숙한 인물이었다고 은근히 폄하하면서도 곳곳에서 그를 그리워하는 마음을 감추지 못했다.[8] 출감한 뒤 와일드는 더글러스와 재결합하여 이탈리아의 나폴리에서 동거를 시작했지만 3개월 만에 완전히 헤어졌다. 이후 와일드는 파리에서 약 3년 동안 지인들의 경제적 원조에 의지하여 살다가 1900년 46세로 세상을 떠나고 말았다. 사인은 뇌수막염이었다. 그는 사망 불과 며칠 전 가톨릭으로 개종했다.

어느 전기 작가는 "보시를 기쁘게 할 요량으로 퀸즈베리를 징벌하려다 도리어 스스로 징벌하고 만 셈"이라고 와일드의 행보를 요약했다.[9] 자신의 삶을 그 이상 극적일 수 없는 방식으로 파멸한 와일드의 법정 드라마는 "예술이 인생을 모방하는 것이 아니라 인생이 예술을 모방한다"라는 그의 명언을 전혀 새로운 맥락에서 다시금 음미하게 만든다.

●●●

8 원고 내용을 뒤늦게 알게 된 더글러스가 온갖 방법으로 출판을 저지하는 등 우여곡절을 겪은 끝에 와일드 사후 수십 년이 지난 뒤에야 책으로 나올 수 있었다.

9 Barbara Belford, *Oscar Wilde : A Certain Genius*, Random House : New York, 2000, p. 263.

02 루스 스나이더 –
저드 그레이 재판

전기의자에서 마감한 위험한 로맨스 : The Ruth Snyder and Judd Gray Trial (1927)

우리는 아무 말도 하지 않았다. 그녀는 무엇을 해야 할지 이미 알고 있었다.
_제임스 M. 케인James M. Cain, 『포스트맨은 벨을 두 번 울린다The Postman Always Rings Twice』 중에서

위기의 주부, 1925년

제1차 세계대전을 승리로 이끈 미국이 전대미문의 번영을 구가하던 이른바 '광란의 20년대the Roaring Twenties'가 후반기를 향해 치닫던 1925년, 뉴욕의 가정주부 루스 스나이더Ruth Snyder의 삶은 매우 안정적으로 보였다. 뉴욕 맨해튼 토박이인 스나이더는 경리 사무원으로 일하던 중 만난 12세 연상의 앨버트 스나이더Albert Snyder와 1915년 결혼하여 딸 하나를 두었다. 《모터 보팅Motor Boating》이라는 잡지의 편집장으로 일하는 남편 앨버트의 수입은 안정적이었고, 뉴욕의 대표적 중산층 거주지 퀸즈 빌리지Queens Village에 있는 주택은 넓고 깨끗했다.

스나이더는 종종 친구들과 댄스 파티를 즐기고 금주령을 피해 칵테일과 진을 마시기도 하면서 중산층으로서 삶을 만끽하는 듯이 보였다. 하지만 겉으로 보이는 그런 모습과 달리 스나이더의 삶은 복잡했다. 우선 그녀의 결혼 생활은 행복과는 거리가 멀었다. 세대 차이가 나는 남편은 보수적인데다 융통성이 없었다. 앨버트는 스나이더와 결혼하기 전 원래 혼인을 약속한 여성을 폐렴으로 잃은 아픈 경험이 있었다. 앨버트는 결혼한 뒤에도 옛날 약혼녀 사진을 액자에 넣어 집 안에 모셔두는 등 과거

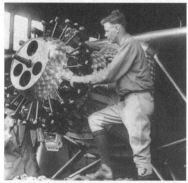

위쪽부터 차를 타고 파티장으로 향하는 남녀들, 풍기단속의 일환으로 수영복의 길이를 재는 공무원. 비행 영웅 찰스 린드버그, 뉴욕 양키즈 선수들. '광란의 20년대'는 미국 사회 각 계층, 여러 분야에서 다양한 화젯거리와 엔터테인먼트를 양산했으나 스나이더-그레이 살인 사건만큼 대중의 관심을 집중시킨 사건은 드물었다.

Photo Credit : Library of Congress

에 집착해 아내를 섭섭하게 했다. 시간이 흐를수록 남편과의 사이에 감정적 벽은 두꺼워졌다. 직장 없는 여성의 일상이란 너무나 뻔하여 지루하기 그지없었다. 스나이더는 점점 1920년대를 대표하는 '위기의 주부'가 되어갔다.

1925년 3월, 스나이더는 친구들과 점심을 먹으러 들른 식당에서 헨리 저드 그레이Henry Judd Gray라는 남성과 우연히 동석하게 되었다. 당시 34세로 코르셋 세일즈맨이던 그레이는 안경을 낀 평범한 외모였지만, 영업사원답게 좋은 양복을 입고 있었고, 말을 점잖게 해서 스나이더의 호감을 샀다. 당시 그레이 역시 결혼하여 딸 하나를 두었지만, 스나이더와 그레이는 각자 배우자 눈을 피해 위험한 교제를 시작했다. 그레이는 세일즈맨으로 출장이 잦았기 때문에 손쉽게 아내를 속일 수 있었고, 스나이더 남편 역시 아내의 동정에 워낙 무심했기에 두 사람의 혼외정사는 발각되지 않고 1927년까지 이어졌다. 이들은 만나는 장소로 앨버트가 출근한 사이 스나이더의 자택을 이용하기도 했고, 여러 모텔과 호텔을 전전했으며, 기분을 내고 싶을 때는 뉴욕 맨해튼의 고급 호텔인 월도프 애스토리아에 방을 잡기도 했다. 스나이더는 종종 딸과 함께 맨해튼에 왔는데, 이때는 월도프 호텔 로비에서 딸을 기다리게 해놓고 위층에서 그레이와 만나는 경우도 있었다. 만남이 잦아질수록 스나이더와 그레이는 서로에게 매우 깊이 빠져들어 며칠이라도 보지 못하면 불타는 감정을 담은 연애편지를 몇 통씩 교환하기도 했다.

어설픈 계획 살인

정확히 언제부터 스나이더가 남편을 제거하기로 마음먹었는지, 그리고 그 과정에서 그레이가 정확히 어떤 역할을 했는지는 두 사람의 주장이 엇갈리기 때문에 확실하지 않다. 그러나 분명한 것은 1926년 9월, 스나이더가 남편을 설득하여 4만 8,000달러짜리 생명보험에 들도록 했다는 사실이다. 그뿐만 아니라 이때 스나이더는 남편이 돌연사, 사고사, 살인 사건 등으로 사망하는 경우에는 4만 8,000달러의 곱절인 9만 6,000달러의 배상금이 자신에게 돌아오도록 하는 유별난 배액 보상 조항을 추가했다.

공교롭게도 스나이더가 보험에 든 직후 앨버트 신변에는 여러 차례 이상한 일이 일어났다. 앨버트가 거실 소파에서 낮잠을 자는 사이 스나이더가 가스 스토브 끄는 것을 잊어버리고 외출하는 위험한 '실수'를 두 번이나 저질렀지만 그때마다 앨버트는 곧 깨어나서 질식사를 모면했다. 또한 번은 앨버트가 차를 수선하는 동안 차를 떠받치고 있던 받침대가 갑자기 고장나는 바람에 압사할 뻔하다가 가까스로 위기를 모면했다. 심지어 스나이더는 남편이 즐기는 위스키에 수은으로 만든 독약을 넣기도 했으나 치사량을 잘못 계산하는 바람에 앨버트는 멀쩡했다.[1] 이때까지도 앨버트는 상황을 전혀 눈치채지 못했다. 결국 스나이더가 단독으로 남편을 처치하는 것이 쉽지 않다고 판명되자 스나이더와 그레이는 공동 작업을 위한 계획을 세웠다.

1927년 3월 20일 새벽, 스나이더와 그레이는 침실에서 자고 있는 앨버트[2]를 무거운 추로 세 차례 머리를 가격한 뒤 다시 준비한 클로로폼으로 의식을 잃게 하고 끈으로 목을 졸라 살해했다.[3] 사건을 강도의 소행처럼 보이게 하려고 둘은 집 안 가재도구를 어지럽게 흩트렸다. 그리고 그레이는 스나이더를 의자에 묶은 뒤 미리 의논한 대로 현장을 떠났다. 스나이더의 비명을 들은 이웃의 신고로 들이닥친 경찰은 현장 조사를 시작하자마자 이상한 낌새를 눈치챘다. 우선 남편이 강도에게 살해당하는 엄청난 상황을 겪은 여자치고 스나이더의 태도가 너무 침착했으며, '두 명의 건장한 이탈리아계 남성'이라는 용의자 묘사도 수상쩍었다. 곧이어 스나이더가 강도들에게 빼앗겼다고 진술한 보석류가 침실 매트리스 밑에서 발견되면서 경찰은 스나이더가 거짓 증언을 한다고 확신하게 되었다. 결정타는 앨버트의 소지품 가운데 발견된, J.G.라는 서명이 들어간 편지였다. 경찰이 J.G.가 누군지 아느냐고 스나이더에게 묻자 그녀는 놀란 나머지 그만 "저드 그레이가 거기 왜 있죠?" 하며 자기 애인이자 공범의 이름을 불쑥 공개하고 말았다. 스나이더는 순간적으로 J.G.가 저드 그레이의 머리글자라고 생각하고 놀라서 그렇게 말해버린 것이다.

• • •

1 그레이의 증언에 따르면 스나이더는 일곱 번에 걸쳐 단독으로 남편 살해를 기도했다고 한다.

2 당시 스나이더의 딸은 외가에 있었다.

3 그레이는 자신의 첫 번째 가격에 앨버트가 침대에서 벌떡 일어서자 스나이더가 두 차례 더 가격하여 쓰러뜨렸다고 증언했고, 스나이더는 세 번의 가격 모두 그레이가 했을 뿐 아니라 자신은 상황이 종료될 때까지 침실에 들어가지도 않았다고 주장했다.

하지만 J.G.는 남편의 옛 약혼녀 제시 귀샤드Jessie Guischard로, 앨버트는 옛사랑이 그리울 때마다 그 편지를 꺼내보곤 했던 것이다. 더욱 수상하게 여긴 경찰의 추궁이 계속되자 스나이더는 결국 사건 전말을 자백하고 말았다. 스나이더의 자백에 따라 경찰은 범행 직후 롱아일랜드의 호텔에서 휴식을 취하던 그레이를 체포했다. 스나이더는 경찰서에 연행되어서야 자백을 부인하고 말을 바꿨지만 이미 엎질러진 물이었다. 둘은 완전범죄를 꾸몄다고 생각했지만, 어느 기자의 말처럼 처음부터 끝까지 어설프기 짝이 없던 그들의 범행은 "역사상 가장 불완전한 범죄the most imperfect crime on the record"[4]라고 할 만했다. 스나이더와 그레이는 일급 살인 혐의로 기소되어 1927년 5월 롱아일랜드 지방법원에서 재판을 받게 되었다.

이들의 재판은 뉴욕뿐 아니라 전 미국에서 큰 뉴스가 되었다. 신문은 스나이더와 그레이의 신상과 재판 진행 과정을 연일 대서특필했다. 당시 뉴욕에는 신문사가 12개 있었는데, 스나이더와 그레이의 기사가 뜨는 날이면 모두 발행 부수를 두 배로 늘렸을 정도로 사건에 대한 대중의 관심은 뜨거웠다. 법원이 방청석을 일부러 입석으로 만들었는데도 재판정은 연일 만원을 이루었다. 데이먼 러니언Damon Runyon, H. L. 멘켄H. L. Mencken을 비롯한 유명 저술가들의 참관기가 신문, 잡지를 장식했다. 두 용의자에 대한 온갖 근거 없는 풍문도 양산되었다. 심지어 유명한 손금쟁이와 골상학자까지 동원되어 스나이더와 그레이가 대담한 불륜과 악랄한 범죄를 저지를 운명이라는 징조가 그들의 외모에서 나타나는지를 분석하는 기사가 인기를 끌기도 했다.

• • •

4 H. Paul Jeffers, *History's Greatest Conspiracies*, Lyons Press, 2004, p. 289.

배신의 계절

스나이더와 그레이는 각기 따로 변호사를 선임하고 별도 재판을 요구했으나 법원은 이를 거부하고 둘을 한 법정에 세웠다. 그런데 한때 서로 몹시 갈망한 나머지 하루에도 몇 통씩 편지를 주고받는 불타는 정열을 나누었지만 재판 시작부터 분위기가 심상치 않았다. 검사 측은 모두진술을 펼쳐 두 피고인의 유죄를 주장했으나, 스나이더와 그레이 측은 둘 다 모두진술을 거부했다. 이들이 어떤 재판 전략을 세웠는지는 변호인들이 피고를 증인으로 호출하여 주고받은 문답을 보면 명확해진다.[5] 먼저 스나이더와 변호인 대나 윌리스Dana Wallace의 대화를 보자.

변호인 : 언제 저드 그레이가 당신 남편을 처치하는 문제에 대해 처음 언급했나요?

스나이더 : 올해 초였던 것 같아요.

변호인 : 그가 당신에게 뭐라고 했습니까?

스나이더 : 그게, 이런저런 얘기를 많이 했는데, 한번은 나한테 독극물을 주면서 남편에게 먹이라고, 그게 가장 쉬운 방법일 거라고 말했어요.

…

변호인 : 그가 직접 일을 처리하겠다고 말한 적은 없나요?

스나이더 : 내가 그의 계획에 동의하지 않으면 나부터 죽이고 자기도 죽겠다고 말한 적이 있어요.

변호인 : 그건 당신들이 월도프호텔에 마지막으로 갔을 때 한 말인가요?

스나이더 : 네, 하지만 그전에도, 지난여름에도 협박한 적이 있어요. 그는 남편한테 우리 문제를 폭로하겠다고 협박했어요.

• • •

5 원래 미국 형사 재판에서 변호인이 자신의 의뢰인인 피고를 증인으로 호출하는 전략은 자주 사용되지 않는다. 그렇게 되면 검찰 측에도 상호 검증할 기회를 주게 되고, 피고가 증언 도중 자충수를 둘 위험성이 크기 때문이다.

물론 이와 관련한 그레이의 기억은 '약간' 다르다. 다음은 그레이와 변호인의 질의응답 내용 중 일부다.

변호인 : 1926년 10월 26일 헨리식당에서 스나이더 여사와 당신이 무슨 대화를 했는지 말해보세요.

그레이 : 우리가 점심을 먹는 사이 그녀는 자신이 가정에서 매우 불행하다고, 남편과 계속 말다툼을 하고 있고, 그런 생활을 얼마나 견딜 수 있을지 모르겠다고 했습니다. 그녀는 남편을 제거하기 위해 무언가 하지 않으면 안 된다, 정말 견딜 수 없는 단계에 이르렀다고 말했죠. 나는 그런 어리석은 생각은 하지 말라고 말해주었습니다. … 그녀가 나에게 사람의 의식을 잃게 하는 약을 어떻게 구하는지 아냐고 물어봐서 모른다고 했습니다.

…

변호인 : 이번에는 스나이더 여사와 1926년 11월의 만남에서 나눈 대화를 말해보시죠.

그레이 : 그녀는 가정 상황이 얼마나 그녀의 정신을 갉아먹고 있는지, 얼마나 불행한지를 되풀이하더니 내가 그녀를 도와 문제를 해결할 계획이 없는지 물었습니다. 나는 없다고 분명히 말했습니다.

…

변호인 : 이번에는 1927년 2월에 있었던 대화에 대해 말해보세요.

그레이 : … 그녀가 "당신, 날 도와줄 거죠, 그렇죠?" 하고 물었습니다. "도와줄 수 없소. 하지만 클로로포름은 마련해주리다"라고 말했습니다. … 그녀는 계속 남편을 처치하는 데 협력하라고 나를 다그쳤고 나는 그럴 수 없다고, 살인은 꿈도 꾼 적이 없다고 계속 말했지만 … 정말 내가 왜 그 문제에 얽히게 되었는지 이해할 수 없습니다.

둘 중 한 명이 거짓말을 하는 것일까? 아니면 둘 다 거짓말을 하는 것일까? 분명한 것은 스나이더와 그레이가 이제 살아남으려고 상대에게 죄를 떠넘겨야 하는 제로섬 게임을 본격적으로 시작했다는 것이다. 욕망과 정열 그리고 당시로서는 엄청난 거금인 9만 6,000달러를 거머쥐는 대박의 신기루가 사라진 자리에 남은 것은 생존 본능뿐이었다.

판결

스나이더와 그레이의 변호인들이 펼친 최후진술 역시 서로 상대에게 죄를 전가하는 데 초점이 맞추어져 있었다. 먼저 포문을 연 이는 그레이 측 변호인 윌리엄 밀라드William Millard였다. 밀라드가 묘사하는 스나이더는 거의 중세 마녀를 방불케 했다.

독을 머금은 뱀처럼 저 여성은 저드 그레이를 자신의 번쩍이는 비늘 속으로 끌어들였고, 거기에 탈출구란 없었습니다. … 마치 쇠붙이가 강력한 자석에 달라붙듯이 저드 그레이는 저 여성의 뇌쇄적인 매력에 빠져들었고 그녀는 그를 꽉 쥐어버렸습니다. 인류 가운데서도 특히 독살스러운 족속인 그녀는 모든 것을 빨아들이는 성적 정열, 만족을 모르는 동물적인 음탕함을 겸비했던 것입니다. … 이 과도한 성적 탐닉 속에서 우리의 불쌍한 희생양, 저드 그레이는 그녀의 힘에 포로가 되어버렸고, 결국 불가피한 비극적 결과가 뒤따랐습니다. … 이 두 남녀가 함께 밤을 보내는 날이면 그는 계속 술을 들이켰고, 그의 윤리적 감각은 무뎌졌으며, 그녀는 남편 앨버트 스나이더를 제거하려는 결심을 그의 정신 속으로 계속하여 투사했습니다. … 결과적으로 그가 스스로 이 여자의 제물이 된 것은 사실이니까, 배심원 여러분 가운데 어떤 분은 이 불쌍한 사나이에게도 비난받을 책임이 있다고 생각할 수 있습니다. 그러나 그러한 도덕적 문제에 대한 처벌은 일단 그가 법률적으로 무죄 방면되면 신께서 내리도록 둡시다.

그레이 측 변호인의 '마녀 사냥'이 끝나자 이번에는 스나이더의 변호인 월리스가 반격에 나섰다.

그레이 측 변호인의 주장은 결국 스나이더 여사가 그레이 씨를 마치 자석 같은 흡인력으로 지배한 끝에, 그에게 최면을 거는 것 같은 영향력을 발휘하여 그를 범죄 행위로 몰아가는 원인을 제공했다는 것입니다. 하지만 대질 신문 때 내가 "무엇이 당신으로 하여금 그런 짓을 하게 만들었습니까?"라고 물었을 때 그의 애초 대답은 "모르겠습니다"였습니다. 그는 '지배'니 '흡인력'이니 하는 말 대신 그저 "모르겠습니다"라고 했을 뿐입니다. 물론 그는 나중에 말을 바꾸었지만, 그것은 부끄러운 줄도 모르고 여자의 치마 뒤에 숨어 죄를 모면하려는 꼼수에 불과합니다. … 정말 배심원 여러분은 저 여성이 자신이 낳은 아이의 아버지를 죽음으로 내몰 만큼 악독하다고 생각합니까? 그런 여성은 존재하지 않습니다. 여러분 12명 가운데 그렇게 믿을 사람은 아무도 없습니다. … 사실 그녀는 어떤 범죄와도 관련이 없습니다.

이렇게 그레이와 스나이더의 변호인들이 상대 측 피고를 각각 '뱀 같은 요녀'와 '찌질한 남자'로 몰며 한참을 서로 치고받은 뒤 검찰은 최후 진술에서 둘을 싸잡아 비난하며 사건의 성격을 간단하게 정리했다.

앨버트 스나이더 씨는 9만 6,000달러짜리 보험에 들어 있었고, 루스 스나이더가 그 수혜자로 지정되어 있었으며 저드 그레이는 그 사실을 잘 알고 있었습니다. … 또한 그레이는 앨버트 스나이더의 방해를 받지 않고 그녀의 육체를 자유롭게 탐닉하고 싶었고 그녀 역시 앨버트 스나이더에게서 해방되어 원할 때면 언제든지 그레이의 품에 안기고 싶었습니다. 앨버트 스나이더는 그들에게 귀찮은 존재였고, 그가 제거되면 9만 6,000달러도 떨어지게 되어 있었죠. … 배심원 여러분, 피고들은 자비를 내려달라고 합니다. 머리에 타격을 입은 앨버트 스나이더가 최후로 본 것은 자기 아내와 그 정부가 자신을 죽이려고 달려드는 모습이었습니다. 여러분, 자신이 아내와 그 정부에게 살해당하고 있다는 사실을 깨달은 남자의 심정을 상상해보십시오!

배심원단은 퇴정했다가 불과 90분 만에 돌아왔다. 판결은 스나이더와 그레이 둘 다 유죄였다. 판사는 10일 이내에 사형을 집행하라고 선고했다.

전 세계를 발칵 뒤집은 사진 한 장

선고가 있은 지 6개월 만에 고등법원이 항소를 '이유없음'으로 판결하면서 두 옛 연인의 운명은 정해졌다. 1928년 1월 12일 오후, 스나이더와 그레이는 뉴욕 싱싱교도소에 설치된 전기의자에서 차례로 사형에 처해졌다. 뉴욕주는 전기의자를 연방에서 가장 먼저 사형도구로 채택했다.

이후 싱싱교도소의 전기의자는 '올드 스파키'라는 별명으로 불리며 여러 악명 높은 범죄자들을 앉혔지만 스나이더만큼 거물급 여성 사형수가 그 대상이 된 적은 한 번도 없었다. 그리고 스나이더가 사형을 당한 뒤에도 그녀의 이름만큼은 '전기의자' 하면 조건반사적으로 떠오르는 유명한 이미지의 주인공으로 영생을 얻을 거라고 예상한 사람 역시 아무도 없었다.

스나이더가 처형된 다음 날 아침,
전기의자에 앉은 스나이더의 몸에
전기가 흐르는 순간을 포착한 사진
이 신문 전면에 대문짝만 하게 실렸
다. 문제의 사진을 찍은 인물은 뉴
욕의 타블로이드 신문 《데일리 뉴
스The Daily News》에 근무하는 톰
하워드Tom Howard라는 사진기자였
다. 스나이더의 사형 집행에 참관인
자격으로 초대받은 그는 사진 촬영

《데일리 뉴스》에 특종으로 실린 스나이더의 처형 장면.
고압 전류에 노출된 직후의 모습이다. 당시 참관인 자격
으로 현장에 있던 기자 톰 하워드가 몰래 찍은 이 사진은
타블로이드 저널리즘의 신기원을 개척한 걸작으로 평가
받는다.
Photo Credit : Getty Images

금지 규정에도 발목에 소형 카메라를 부착하고 바지춤으로 가린 뒤 현장
에 들어가 주머니 밑에 연결된 끈으로 카메라를 조작하여 역사적인 특종
을 낚는 데 성공했다.

스나이더의 처형 장면이 실린 《데일리 뉴스》는 그날 무려 100만 부가
팔려나갔다. 그 사진은 지금까지도 전기의자형에 대한 대중의 궁금증과
관음증을 충족해준 타블로이드 저널리즘의 최고 걸작으로 불리며, 사진
촬영을 둘러싼 하워드의 무용담은 '저널리즘 역사상 가장 많이 언급된
성취'[6]로 평가받는다.

실제로 이후 미국 전역의 교도소들이 참관인들에 대한 몸수색을 강화
했기 때문에 전기 처형 장면을 찍은 사진은 이것이 유일하다.

• • •

6 Sharon Shahid, The Daily News's front-page photo of Ruth Snyder's execution, *"New York Daily News"*, 2008. 1. 10.

어두운 영감의 원천이 되다

1927년은 미국에서 다양한 화제를 낳은 해였다. 이해에 찰스 린드버그Charles Lindberg가 세계 최초로 대서양 횡단 비행을 성공시켰다. 최초의 유성 영화 〈재즈 싱어〉가 상영되고, 아카데미상이 제정되었다. 그런가 하면 뉴욕 양키스를 대표하는 두 타자 베이브 루스와 루 게릭의 홈런 경쟁이 관중석을 달구기도 했다.

그러나 이렇게 밝고 명랑한 뉴스와 볼거리로 가득했던 1927년, 스나이더와 그레이의 재판과 그 비하인드 스토리는 대중에게 전혀 다른 차원의 엔터테인먼트를 제공했다. 두 연인의 체포→재판→배신→처형의 전 과정은 대중의 상상력을 사로잡았다. 비록 사실과 100% 일치하지는 않았지만 당시 언론이 규정한, 남자를 유혹하여 파멸로 이끄는 팜므파탈[7]과 파멸의 길인 줄 알면서도 사랑과 욕망의 포로가 되어 속절없이 끌려가는 남성이라는 공식은 이후 다양한 영화나 소설 등의 원형을 제공했다. 실제로 사건을 취재한 기자 제임스 M. 케인James M. Cain은 몇 년 뒤 소설 『배액 보상Double Indemnity』과 『포스트맨은 벨을 두 번 울린다The Postman Always Rings Twice』를 연달아 발표했다. 지금까지도 하드보일드 장르의 고전으로 남아 있는 이 작품들은 기본적으로 스나이더 - 그레이 사건을 공통의 모티브로 했다. 케인의 소설 제목을 그대로 가져온 동명의 영화들 역시 크게 히트했다. 이후에도 1981년 영화 〈보디 히트Body Heat〉, 2011년의 〈코끼리를 위한 물Water for Elephants〉까지 '삼각관계에서 비롯된 배우자 살인'이라는 소재는 수많은 변주로 소개되었다.

●●●

7 당시 재판을 취재했던 데이먼 러니언은 스나이더와 그레이를 다음과 같이 묘사했다. "서리가 낀 듯한 눈과 깎은 대리석마냥 광대뼈가 두드러진 차가운 인상의 금발 여성, 그리고 100명의 남자들 가운데서도 미녀 사기꾼이 쳐 놓은 덫이라면 어김없이 걸려들 후보로 꼭 집어낼 수 있을 것 같은, 어딘가 어설프고 두려움 때문에 술에 취한 듯한 사내."

비교적 가벼운 터치로 스나이더 – 그레이 사건을 재활용한 작품으로
는 브루스 윌리스Bruce Willis와 시빌 셰퍼드Cybil Shephard가 날마다 좌
충우돌 티격태격하는 사립 탐정 동업자로 등장한 1980년대 미국 인기
텔레비전 시리즈 〈문라이팅Moonlighting(국내에는 〈블루문특급〉이라는 제목
으로 소개되었다 : 편집자주)〉이 있다. 그중 케인의 소설 제목을 그대로 패
러디한 〈꿈의 시퀀스는 언제나 두 번 울린다The Dream Sequence Always
Rings Twice〉라는 에피소드에서 브루스 윌리스가 연기하는 데이빗과 시
빌 셰퍼드가 연기하는 메디는 의뢰인을 만나기 위해 어느 나이트클럽을
방문한다. 상담이 끝난 뒤 의뢰인은 오래전 클럽에서 일어난, 서로 사랑
에 빠진 가수와 코넷 연주자가 공모하여 가수의 남편을 살해한 사건 이
야기를 들려준다. 두 사람은 결국 전기의자형에 처해졌는데, 전기의자에
앉는 마지막 순간까지도 서로에게 죄를 떠넘겼다는 것이다. 각자 집으로
돌아간 두 사람은 그날 밤 자신들이 그 사건의 주인공이 되는 꿈을 꾼다.
꿈에서 메디의 모습 그대로인 가수의 꾐에 빠져 남편을 살해한 데이빗은
결국 체포되어 전기의자로 향한다. 이때 교도소 목사와 데이빗은 다음과
같은 대화를 주고받는다.

목사 : 마지막 소원을 말하시오.
데이빗 : 성서를 처음부터 끝까지 읽어주세요!
목사 : (사형집행인에게) 그냥 빨리 죽여요.

데이빗과 메디가 꾼 꿈의 원형을 제공한 실존 인물 스나이더와 그레이
가 처형되는 데는 도합 30분이 채 걸리지 않았다. 성서의 시작부터 끝은
커녕 창세기를 다 읽기에도 부족한 시간이었다.

03 O. J. 심슨 재판

● 전 세계를 텔레비전 앞으로 끌어들인 법정 리얼리티 쇼 : The O. J. Simpson Trial(1995)

법정에 카메라가 돌아가면 아무것도 여과되지 않습니다. 거기서 벌어지는 것을 여러분은 바로 보게 됩니다.

_랜스 이토Lance Ito, O. J. 심슨 재판 담당 판사

세기의 판결 개봉 박두

1995년 10월 3일 오전 10시, 미국 정부의 업무와 월스트리트의 증시 거래가 거의 중단되었다. 전 세계적으로 1억 5,000만 명의 눈이 텔레비전 화면에 고정되었다. 심지어 당시 미국 대통령 빌 클린턴도 일정을 중단하고 텔레비전을 시청했다. 연방 의회 또한 예정된 상임위원회 활동을 잠시 연기했다. '세기의 재판'이 이제 배심원 평결만을 남겨두고 있었기 때문이다.

미식 축구계의 영웅 O. J. 심슨O. J. Simpson이 전처 니콜 브라운 심슨Nicole Brown Simpson과 로널드 골드먼Ronald Goldman 살해 혐의로 체포된 지 1년 4개월, 공판이 시작된 지 10개월 만에 드디어 전 세계를 사로잡은 드라마가 대단원을 향하고 있었다. 미국의 공중파와 케이블을 포함하여 거의 모든 방송사가 실시간 생중계로 이 과정을 방영했으며, 미국 내에서 순간 텔레비전 시청률은 91%에 달했다. 사건 수사를 담당했던 로스앤젤레스 경찰은 심슨의 유죄를 의심치 않았고 미디어와 언론에 등장한 법률전문가들 또한 대체로 심슨이 유죄 평결을 받을 것으로 예상했다. 배심원들은 심의 시작 4시간 만에 법정으로 돌아왔다. 통계적으로 배심원들의 심의 시간이 짧을수록 유죄 평결로 이어지는 경우가 많았다. 만장일치가 빨리 나온다는 것은 검찰이 제시한 증거에 이론을 둘 여지가 별로 없다는 반증이었기 때문이다. 돌아온 배심원들에게 담당 판사 랜스 이토가 물었다.

"배심원들은 평결에 도달했나요?"
"그렇습니다, 재판장님."

브렌트우드의 살인

1994년 6월 13일 자정 무렵, 로스앤젤레스 근교의 고급 주택가 브렌트우드에 있는 어느 콘도미니엄 단지의 진입로 한쪽 구석에서 온몸이 날카로운 흉기로 난자당하여 살해된 두 남녀의 시신이 발견되었다. 여성은 머리와 목에 수차례 공격을 받았고, 목이 반쯤 잘린 참혹한 상태였다. 손에도 흉기를 막으려다 입은 것으로 보이는 상처가 여러 군데 있었다. 남성은 얼굴, 목, 배, 가슴, 옆구리, 손, 다리 등 온몸에 치명상을 포함해 무려 30여 개 상처가 남아 있었다.[1]

남녀의 신원은 당시 35세로 콘도 단지 주민인 니콜 브라운 심슨과 26세로 산타모니카의 고급 이탈리아 식당 메잘루나 트라토리아Mezzaluna Trattoria에서 웨이터로 일하는 로널드 골드먼이었다. 니콜 브라운은 메잘루나 트라토리아에서 식구들과 저녁식사를 즐긴 뒤 집으로 막 돌아오는 길이었는데, 평소 단골 손님과 식당 종업원으로 안면이 있던 로널드 골드먼이 니콜의 어머니가 식당에 두고 온 선글라스를 돌려주려고 콘도

• • •
1 정황상 남성은 사망하기 전까지 살인범에 맞서 상당한 수준으로 저항한 것으로 보였다.

에 들렀다가 참변을 당한 것으로 밝혀졌다. 현장에 도착하여 초동수사를 마무리한 경찰이 니콜 브라운과 2년 전 이혼한 전 남편을 유력한 용의자로 판단하는 데는 시간이 오래 걸리지 않았다. 니콜 브라운의 전 남편은 미국의 스포츠 스타 겸 배우, 방송인인 O. J. 심슨으로 그의 거주지는 사건 현장에서 차로 10여 분 거리에 있었다.

고속도로 위의 아메리칸 히어로

보통 O. J. 심슨으로 불리는 오린설 제임스 심슨Orenthal James Simpson은 단순한 유명인이 아니라 미국 스포츠 사상 최고 스타 가운데 한 명이었다. 샌프란시스코의 빈민 지역에서 자라난 심슨은 남가주대학University of Southern California, USC에 풋볼 장학생으로 진학한 뒤 USC를 1967년 전미 대학 풋볼리그 챔피언으로 이끄는 데 큰 공을 세웠다. 이듬해인 1968년에는 대학 풋볼 선수에게 주어지는 최고의 영예인 하이즈만상Heisman Trophy을 수상했다.

프로로 전향한 후 버펄로 빌스에서 활약하면서 온갖 기록을 갈아치운 심슨은 1970년대가 낳은 최고의 러닝백으로 미식축구 명예의 전당에 올랐다. 심슨은 뛰어난 외모를 앞세워 선수 시절부터 영화, 광고 등에 간간이 출연하는가 하면 현역에서 은퇴한 후에는 스포츠 해설가로도 큰 인기를 누리며 부와 명성을 거머쥔 아메리칸드림의 표상이었다. 그런 인물이 전처를 포함해 2명이 살해된 사건에서 유력한 용의자가 되었다는 것 자체가 엄청난 뉴스였다.

사건 발생 당일 심슨은 저녁 비행기로 자신이 홍보하는 렌트카회사가 여는 행사에 참석하기 위해 시카고에 간 것으로 밝혀졌다. 경찰은 다음 날 아침 일찍 심슨이 묵고 있는 호텔에 전화를 걸어 사건을 알렸다.

프로 풋볼 구단 버펄로 빌스 시절의 O. J. 심슨. 그는 하이즈만 트로피와 풋볼 명예의 전당에 빛나는 1970년대 최고의 러닝백이자 아메리칸 드림의 표상과도 같은 인물이었다.

Photo Credit : Jery Coli

이때 심슨은 경찰에게 사건의 세부 사항에 대해 어떤 질문도 하지 않았는데, 이는 심슨이 마치 이미 내막을 다 알고 있다는 듯한 인상을 주었다. 심슨은 바로 로스앤젤레스행 비행기를 타고 돌아와 경찰의 조사를 받았다. 1차 조사 뒤 경찰은 심슨을 유력한 용의자로 지목했다. 심슨은 변호사인 로버트 샤피로Robert Shapiro를 통해 니콜의 장례식 다음 날인 6월 17일 기소인부 절차에 참석하기 위해 로스앤젤레스 경찰청에 출두하는 데 동의했다.

6월 17일 아침, 보도진이 경찰청 앞을 가득 메웠지만 심슨은 약속한 오전 열 시까지 나타나지 않았다. 체포조가 곧 심슨의 자택으로 출동했지만 그는 이미 사라진 뒤였다. 책상에서는 심슨이 직접 쓴, 자살을 암시하는 듯한 메모가 발견되었다. 그날 오후 늦게 오렌지카운티에서 심슨이 흰색 포드 SUV를 몰고 가는 모습을 보았다는 신고가 접수되었다. 약 1시간 만에 경찰은 405번 주간 고속도로에서 심슨의 차를 발견했다. 이때부터 경찰 차량 20여 대가 심슨의 뒤를 바짝 쫓는 모습이 방송국 소속 헬리콥터들이 전송하는 영상으로 90여 분간 텔레비전에 생중계되었다. 경찰이 심슨의 차를 바로 정지시키지 않은 것은 그가 혹시라도 머리에 총을 대고 방아쇠를 당길지 모른다는 우려 때문이었다. 그러나 결국 심슨을 붙잡고 차량을 조사해보니 총과 함께 여권, 변장용 가짜 수염 그리고 현금이 상당한 액수 발견되어 심슨이 자살하기보다는 오히려 도주를 기도했다는 심증을 굳게 했다.

O. J. 심슨 재판 – 초대형 리얼리티 쇼

허술하기 짝이 없는 도주행각으로 심슨은 현역 시절 풋볼 필드에서 한여러 전설적인 터치 다운과는 또 다른 차원의 볼거리를 제공했지만, 그정도 '팬 서비스'는 앞으로 펼쳐질 드라마에 비하면 서곡에 불과했다. 미디어에서 볼 때 심슨 사건은 하늘이 내린 콘텐츠나 마찬가지였다. 보기드문 잔혹한 방식으로 살해된 남녀, 가장 유력한 용의자가 전직 미식 축구 스타 출신의 유명인이라는 사실, 희생자들은 모두 백인인 반면 유력하고 사실상 유일한 용의자는 흑인이라는 공교로움, 도주까지 감행했다가 붙잡혀온 용의자…. 이렇게 드러난 정황만 해도 충분히 매력적인 데다가 황색 언론이 상상의 나래를 펼칠 추측과 억측의 공간 또한 충분히마련되어 있었다. 만약 용의자 심슨이 정말 니콜을 살해했다면 증오 때문일까? 자녀 양육과 돈 문제 때문일까? 이혼한 뒤에도 여전히 남은 집착과 소유욕 때문일까? 죽은 니콜 심슨과 로널드 골드먼의 관계는? 두사람은 정말 단순히 손님과 레스토랑 종업원 사이였을까? 아니면 그 이상의 관계였을까? 심슨은 두 사람이 함께 있는 현장을 보고 둘의 관계를 착각해 질투에 눈이 멀었을까?

여기에다 심슨 재판을 주재한 랜스 이토 판사가 공판 과정의 텔레비전생중계를 허용함으로써 이 각본없는 세기의 드라마는 전혀 새로운 차원의 엔터테인먼트, 즉 법정 리얼리티 쇼를 미국인에게 제공했다. 대중은그동안 주로 픽션으로만 접하던 법정 공방전을 이제 텔레비전을 통해 현실에서 리얼타임으로 지켜볼 수 있게 되었다. CNN 등 유선방송은 심슨 재판의 전 과정을 보도했다. 재판 텔레비전 중계 시간의 광고비는 한때 평상시의 10배까지 뛰었다. 재판 방송은 마치 미식축구 중계처럼 아나운서와 법률가 출신의 해설자가 법정에 출두한 인물들의 발언과 일거수 일투족을 분석, 해설하는 식으로 이어졌다. 재판이 진행되는 로스앤젤레스 지방법원 안팎에서는 언제나 1,000명이 넘는 기자가 취재경쟁을 벌였다. 《내셔널 인콰이어러National Enquirer》를 비롯한 타블로이드 주간지들도 심슨 재판 취재 전담팀을 따로 꾸려 심슨의 지인들, 전직 가정부, 운전기사 등과 접촉하여 제공받은 정보를 부풀린 가십성 기사를 특종으로 삼기도 했다.

'드림팀'의 활약

1994년 7월 22일 드디어 법원에 출두한 심슨이 무죄를 주장하면서 재판 준비 절차가 개시되었다. 이후 6개월에 걸쳐 검찰과 변호인단 사이에 증거 인증, 증인 탐문, 배심원 선출로 이어지는 지루한 협상의 줄다리기가 이어졌다. 당시 유명한 유대계 변호사 로버트 샤피로Robert Shapiro와 최고 흑인 변호사로 불리던 조니 코크란Johnnie Cochran이 이끈 심슨의 변호인단을 언론은 스포츠 용어를 빌려 '드림팀'이라고 했다. 이들은 재판이 시작되기도 전에 이미 몸값을 톡톡히 했다. 원래 살인 사건이 벌어진 곳은 로스앤젤레스 교외의 산타모니카Santa Monica였다. 따라서 재판역시 산타모니카 지방법원에서 열려야 했다. 그러나 심슨의 변호인들은 백인 상류층 주민이 절대적으로 많은 산타모니카 지역은 공정한 배심원 후보자군을 확보하기가 힘들다고 주장했다. 검찰은 재판 관할 법원을 로스앤젤레스 도심에 위치한 로스앤젤레스 지방법원으로 옮기는 데 동의했다. 최종 선출된 배심원단의 인종 구성은 흑인 9명, 백인 2명, 히스패닉 1명이었다.

재판은 1995년 1월 23일 시작되었지만 그 이전부터 일부 언론은 심슨의 유죄 판결이 거의 기정사실인 것으로 보도했으며 검찰 내부에서도 재판 결과를 자신하는 분위기가 지배적이었다. 재판에서 심슨의 범행 동기, 알리바이, 사건 전후의 행태 등과 관련하여 검찰과 변호인단은 한 치의 양보도 없는 공방전을 벌였다.

검찰이 특히 자신했던 증거물은 심슨의 저택 수사 도중 경찰이 수집한 피묻은 장갑이었다. DNA 검사에서 장갑에 묻은 피가 니콜 브라운의 것이 거의 확실하다는 결론이 나왔다. 검찰은 심슨이 니콜 브라운을 살해할 때 문제의 장갑을 끼고 있었으며 범행 직후 집에 돌아와 시카고행 비행기를 타려고 허둥거리다가 미처 장갑을 처리하지 못했다는 시나리오를 제시했다. 심슨의 변호인단은 이 증거물의 신뢰성을 어떻게 해서든지 떨어뜨리지 않으면 안 되었다. 변호인단은 검사 과정에서 혈액 샘플 관리가 부실했던 점 등을 포함, DNA 검사의 신뢰성에 의문을 제기하는 전략[2]을 펼치는가 하면, 문제의 장갑이 정작 심슨의 손에 잘 맞지 않는다는 것을 증명해 보이기도 했으나, 조니 코크란은 좀 더 과격하고 자극적인 '한 방'이 필요하다는 결론을 내렸다.

변호인단은 초동수사 단계에서 문제의 장갑을 포함한 여러 증거물 수집을 주도했던 경관 마크 퍼먼Mark Fuhrman에 초점을 맞추고 수소문한 끝에 로라 맥키니Laura H. McKinney라는 여성이 퍼먼이 흑인을 비하하는 인종주의자라는 사실을 증명할 증거를 가지고 있다는 것을 알아냈다. 대학에서 창작을 강의하는 맥키니는 심슨 사건 발생 10여 년 전인 1980년대 범죄 소설이나 시나리오를 써볼 요량으로 지인을 통해 소개받은 경찰

• • •

2 사건이 일어난 1990년대 초반 무렵에는 DNA 검사를 비롯한 CSI급 첨단 과학 수사는 막 걸음마 단계여서 시행착오가 적지 않았던 것도 사실이다.

관들을 인터뷰하며 그들의 경험담에서 작품 소재를 찾았는데, 그 가운데 마크 퍼먼이 포함되어 있었다. 맥키니는 그때 퍼먼과 한 인터뷰를 녹음한 테이프를 여전히 소장하고 있었다. 검찰은 퍼먼의 인종관과 녹음 테이프는 심슨 사건과 직접 연관이 없기 때문에 증거로 채택되어서는 안 된다고 항변했으나 변호인단은 결국 이토 판사를 설득하여 8월 29일 재판정에서 문제의 테이프를 배심원단에 들려주는 데 성공했다. 테이프 속에서 퍼먼은 흑인을 극도로 비하하는 '검둥이nigger'[3]라는 표현을 연거푸 사용했을 뿐 아니라 심지어 자신이 마음만 먹으면 범죄 현장의 증거물을 바꿔치기하거나 조작할 수도 있다고 암시하는 발언까지 했다. 변호인단의 노림수는 퍼먼이 흑인인 심슨을 경멸한 나머지 그의 범행을 증명할 결정적 증거물을 현장에서 조작했을지 모른다는 의혹을 배심원들의 뇌리에 심는 것이었다.

최종변론과 판결

검찰은 원래 최종 논고에서 피 묻은 장갑을 주요 증거물로 집중해서 강조할 계획이었으나 퍼먼 사태의 여파로 전략을 수정하지 않을 수 없었다. 검사 마샤 클라크Marcia Clark는 산더미처럼 쌓인 증거를 조목조목 열거하는 방식으로 논고를 풀어나갔는데, 결론적으로 다소 밋밋한 연설이 되고 말았다. 뒤이어 법정에 선 조니 코크란의 최후변론은 검찰의 최종 논고보다 훨씬 다채로운 내용에 자극적인 톤을 담고 있었다. 코크란은 변론 초반부에 법률의 공평한 적용을 강조한 19세기 흑인 민권운동가

• • •

3 보통 언론 등에서 'N 단어N-word'라고 불리는 nigger는 미국 사회에서 폭발성이 대단한 민감한 어휘다. 2012년에는 미국의 저명한 요리연구가로 남부 출신인 백인 폴라 딘이 과거에 N-word를 쓴 적이 있다고 인정한 것이 밝혀지면서 방송계에서 거의 매장당하기도 했다. 아이러니하게도 흑인들 사이에서는 서로를 부를 때 이 N-word를 스스럼 없이 사용하는 경우가 많다.

프레더릭 더글러스Frederick Douglass를 인용4하면서 변론의 기조가 어떤 방향으로 흘러갈지를 일찌감치 암시했다. 코크란의 주장은 모든 인종과 계층을 막론하고 평등하게 적용되어야 할 법률이 심슨 사건의 경우 균형을 잃었을 확률이 높다는 것이었다. 검찰이 애당초 결정적인 증거물로 간주했던 문제의 장갑이 바로 그런 예다. 초동수사에 참여했던 경관 마크 퍼먼의 인종적 성향으로 볼 때 그가 그 장갑을 어디선가 가져다가 사건 현장에서 니콜의 피를 묻힌 뒤 심슨의 자택에 놓아두었을 가능성은 충분하다. 아니, 심지어 퍼먼뿐 아니라 초동수사에 참여했던 다른 백인 경관들마저 증거 조작에 조직적으로 참여했을 가능성도 배제할 수 없지 않은가?

코크란은 연설 내내 "맞지 않으면 무죄 방면을 해야 합니다If it doesn't fit you must aquit"라는, 이후 심슨 재판을 대변하는 명언이 된 문장을 계속 반복하면서 배심원들의 주의를 환기했다. 이 구절은 1차적으로는 검찰이 결정적 증거로 삼았던 문제의 장갑을 법정에서 심슨이 직접 끼어본 장면을 지적하는 것이었다. 그때 검찰의 예상과 달리 장갑은 심슨의 손에 잘 맞지 않는 것처럼 보였다. 전문가들은 나중에 장갑에 묻은 피 때문에 가죽이 수축되었을 가능성을 제시했지만 이미 때는 늦었다. 코크란은 변론에서 "if it doesn't fit"을 반복하면서 장갑이 맞지 않았다는 것을 배심원들에게 직접 상기시킴과 동시에 한걸음 더 나아가 인종주의로 오염된 검찰의 수사 자체가 "이치에 맞지 않는다it doesn't make sense"는 교묘한 중의법을 구사했다.

1995년 10월 3일, 133일에 걸쳐 150명에 달하는 증인, 5만 페이지가

• • •

4 코크란이 인용한 더글러스의 명언은 다음과 같은 내용이다. "In a composite nation like ours as before the law, there should be no rich, no poor, no high, no low, no white, no black, but common country, common citizenship, equal rights and a common destiny."

배심원 판결을 듣고 환호하는 변호인단과 O. J. 심슨. 주먹을 불끈 쥔 모습이 마치 풋볼 경기에서 승리를 거둔 구단주 같다. 실제로 당대 최고 변호사로 구성된 심슨의 변호인단은 언론으로부터 '드림팀'이라고 불렸다.
Photo Credit : Getty Images

넘는 공판 기록, 기소와 변호에 도합 2,000만 달러가 넘는 비용이 소요되는 등 캘리포니아주 사법 역사의 모든 기록을 갈아치운 재판이 드디어 선고만 남겨놓고 있었다. 법정 서기가 배심원단이 제출한 판결을 읽었다.

우리 배심원단은 피고 오린설 제임스 심슨의 살인 혐의에 대해 무죄라고 평결합니다.

판결을 들은 심슨과 변호인단이 기쁨에 겨워 서로 얼싸안고 펄쩍펄쩍 뛰어오르는 가운데 검사들의 표정은 얼음처럼 굳었고 방청석에 앉은 로널드 골드먼의 가족 사이에서는 깊은 탄식이 흘러나왔다.

O. J. 심슨 재판이 남긴 것

심슨의 무죄 판결은 영미법 특유의 배심원 제도, 1990년대 당시 로스앤젤레스의 정치사회적 분위기, 검찰의 잘못된 대응, 드림팀이라고 불린 변호인단의 수완 등이 절묘하게 어우러져 나온 결과였다. 좋게 말하면 심슨 재판의 배심원단은 이른바 '무죄 추정'의 원칙, 즉 용의자가 범인임을 증명하는 강력한 증거가 나오기 전까지는 용의자를 무죄로 본다는 미국 형사법의 원칙을 문자 그대로 100% 구현했다고 할 수 있다. 심슨의 변호인단에 참여한 로버트 샤피로 역시 "미국 사법 체계에서 국민 대다수가 심슨이 '그랬을 것이 거의 확실하다'고 믿는다는 사실만으로 유죄 판결을 내릴 수는 없다"라고 회고했다.[5] 그러나 과거 심슨 사건보다 훨씬 빈약한 증거에도 유죄 판결이 나온 사례가 적지 않은 것은 '무죄 추정'이 실은 절대적인 것이 아니라 상대적인 원칙일 뿐이라는 현실을 드러낸다.

당시 검찰이 변호인단의 요구를 받아들여 사건을 로스앤젤레스 지방법원으로 옮긴 공식적인 이유는 '관할 법원에 상관없이 그동안 수집한 증거가 용의자에 대한 유죄 판결을 끌어내는 데 충분하다'는 것이었지만, 그 결정에는 정치적 배경이 있었다. 심슨 사건보다 3년 전인 1992년 로드니 킹 구타 사건 관련 재판에서 배심원의 인종 구성 때문에 여론의 뭇매를 맞고 재판 직후 대규모 인종 폭동까지 일어났던 악몽 같은 기

●●●

5 Robert Shapiro, *The Search for Justice : A Defense Attorney's Brief on the O.J. Simpson Case*, Warner Books, 1996, p. 19.

억[6]이 여전했기 때문이다. 로드니 킹 사건의 과도한 '학습 효과' 탓에 검찰이 배심원의 절대 다수인 9명이 흑인으로 채워지도록 방임한 것은 결국 심슨 변호인단이 인종 차별을 근거로 배심원을 압박하도록 만들어준 셈이 되었다. 조니 코크란이 밀어붙인, 유력한 증거들을 모두 인종주의자 경관들이 조작했을 가능성을 강조하는 전략은 당시 심슨의 변호인단 내부에서도 이견이 적지 않았으며, 지금까지도 법률 전문가들 사이에 의견이 엇갈린다. '안 되면 인종 차별 탓'이라는 식으로 인종 문제를 만병통치약마냥 꺼내든 코크란의 일차원적 전략을 비판하는 목소리가 있는 반면, 인종적 편견이 있는 것이 분명해 보이는 경관이 관련된 상황에서 인종 편견의 가능성을 심층적으로 파고든 것은 정황상 지극히 당연한 접근이었다는 옹호론자들도 있다. 실제로 미국 법체계에 대한 흑인들의 피해의식은 계층을 막론하고 워낙 뿌리깊다. 일부 흑인 법률학자들은 아직까지도 심슨 사건을 당국의 법절차 적용 과정에서 인종 차별이 있었던 재판으로 간주한다. 그러나 이는 심슨의 유죄를 입증할 만한 상당한 분량의 증거에도 배심원들이 심슨에게 무죄 평결을 내린 결과를 반영하지 않고 있다.[7]

대중의 알 권리를 충족하고, 재판이 비공개로 진행될 경우에 발생할 억측을 사전에 방지한다는 이유로 재판의 텔레비전 생중계를 허용한 이토 판사의 결정 또한 두고두고 후유증을 몰고 왔다. "법정에 카메라가 돌아가면 아무것도 여과되지 않습니다. 거기서 벌어지는 것을 여러분은 바로 보게 됩니다"라고 이토 판사는 말했지만 오히려 재판이 중계 방송된 것은 대중의 알 권리 대신 센세이셔널리즘과 관음증을 충족시켰을

• • •

6 로드니 킹 폭행 사건 재판과 관련된 자세한 사항은 관련 챕터 참조.

7 Randall Kennedy, *Race, Crime and the Law*, Vintage Books, 1997, p. 300.

뿐이며, 이득을 본 것은 광고 수익을 올린 방송사들뿐이라는 비판은 이미 심슨 재판 당시부터 있었다.

심슨 사건 관계자들은 대부분 상업적으로 큰 재미를 보았다. 재판을 승리로 이끈 '드림팀' 변호인들의 명성과 몸값이 치솟은 것은 물론이었다. 검사 마샤 클라크 또한 재판이 끝나자마자 수백만 달러의 선인세를 챙기며 심슨 재판에 대한 책을 쓰기로 계약을 체결했고, 이후 검찰을 떠나 방송인으로도 성공했다. 1990년대 미국에서 출판된 수많은 심슨 사건 관련 서적 가운데는 심슨 자신이 재판 중 변호사 비용을 대기 위해 급하게 써서 베스트셀러가 된 자서전도 있으며, 심지어 재판이 인종문제로 오염되는 데 일등공신 역할을 한 마크 퍼먼의 저서도 있다. 이렇게 보면 심슨 사건으로 손해 본 사람은 목숨을 잃고 진범도 밝혀지지 않은 니콜 브라운과 로널드 골드먼뿐인 것처럼 보인다.

사필귀정?

심슨은 '드림팀'의 활약으로 형사 재판에서 극적인 무죄 평결을 받아내기는 했지만 그것으로 모든 상황이 종료된 것은 아니었다. 니콜 브라운과 로널드 골드먼의 유가족은 1996년 산타모니카 지방법원에서 심슨을 상대로 금전적 손해배상을 청구하는 민사 소송을 시작했다. 사실상 진범이라는 100% 확신이 있어야 유죄 판결을 내리도록 하는 형사 재판과 달리 미국 민사 소송에서 배심원들은 훨씬 운신의 폭이 넓다.[8] 민사 재판에서 배심원들은 심슨의 일관성없는 증언과 유가족 측이 제시한 새로운 증거들을 검토한 끝에 원고의 손을 들어주었다. 재판 결과 심슨은

• • •

8 산타모니카에서 열린 재판에서 배심원 12명 중 9명이 백인이었다.

유가족에게 850만 달러의 피해배상에 더해 2,500만 달러의 징벌적 보상까지 지불하라는 명령을 받았다. 심슨은 배상금을 갚기 위해 저택과 기타 동산들을 모두 경매로 넘겨야만 했다. 다행히도 피고가 수령하는 연금만은 보전하도록 되어 있는 캘리포니아 배상법 덕분에 심슨은 민사 소송 패소 이후에도 미식축구협회를 통해 들어오는 은퇴 연금으로 편안한 삶을 누릴 수 있었다.

민사 소송 패소 이후 간혹 플로리다의 골프장 등지에서 파파라치에 의해 모습이 드러나는 것을 제외하곤 점점 대중의 뇌리에서 잊히는 것 같았던 심슨은 2007년 다시 '화려하게' 언론의 스포트라이트 속으로 복귀했다. 이번 사건의 무대는 로스앤젤레스가 아닌 라스베이거스였다. 심슨은 무기 소지 강도죄, 총기 소지 침입죄, 일급 납치죄 등 여러 강력범죄 혐의로 체포되었다. 경찰에 따르면 심슨은 총기로 무장한 채 공범과 함께 라스베이거스의 '더 팜스 카지노호텔'의 한 객실에 무단 침입하여 스포츠 기념품 딜러 2명을 위협한 뒤 수천 달러 상당의 기념품을 강탈한 혐의였다.

그런데 이 사건은 얼핏 1994년 살인 혐의와 관계가 없는 듯 보였으나 실상 둘은 묘하게 이어져 있었다. 민사 소송에서 패소해 전 재산을 압류당할 위기에 놓인 심슨은 자신이 소장한 스포츠 관련 기념품들만은 빼앗기지 않으려 주변 지인들에게 맡겼는데 그중 한 명이 이를 돌려주지 않자 무장 강도를 계획한 것이었다. 문제는 네바다주 법률이 총기를 소지하고 벌이는 무단 침입 및 강도 행위를 매우 엄격하게 다룬다는 사실이었다. 이 점을 미처 깨닫지 못하고 애지중지하던 기념품을 되찾는 데 눈이 팔린 심슨은 결국 재판에서 총기 휴대 강도 혐의, 납치, 유괴 시도 혐의 등에 유죄 판결을 받고 징역 33년이라는 중형을 선고받았다.

비록 담당 판사는 선고를 내리기에 앞서 징역형이 1994년의 살인 사건과는 아무런 상관이 없다고 강조했지만 많은 사람은 심슨이 중형을 받은 것을 니콜 브라운과 로널드 골드먼에게 저지른 범죄에 대해 때늦게 찾아온 인과응보로 해석했다. 로널드 골드먼의 유가족은 재판이 열린 법정에 방청객 자격으로 참석하여 전 과정을 지켜보았으며, 선고 후 한 기자회견에서 재판 결과에 만족감을 표시하기도 했다.

심슨의 네바다주 교도소 생활은 간간이 타블로이드지 등을 통해 소개되고 있다. 2010년에는 왕년에 백인 여성들과의 화려한 편력을 떠벌리다 동료 흑인 죄수들에게 집단 구타를 당했다는 뉴스가 전해졌다. 2013년에는 심슨이 감옥에서 독실한 기독교 신자로 거듭나 만약 출옥할 수 있다면 전도 활동에 힘쓰겠다는 희망을 피력했다는 뉴스도 나왔다. 실제로 최근 유죄 판결 혐의 가운데 일부에 대해 재심사가 이루어지면서 심슨은 빠르면 2016년부터 가석방 대상에 포함되게 되었다.

Part 5

엽기, 광란의 사건과
판결들

01 카데바 시노드

● 죽은 교황을 재판정에 세운 중세 최대의 엽기 사건 : Cadaver Synod (897)

주께서 그를 보우하시고, 그를 장수하게 하시고, 그를 지상에서 축복받게 하시고, 그를 적들에게 넘기지 않으시기를.

_가톨릭 기도서, 「교황 성하를 위한 기도」

어부의 후계자

영국의 역사학자 에드워드 기번Edward Gibbon은 『로마제국 쇠망사』에서 교황을 다음과 같이 묘사했다.

미천한 갈릴리 출신 어부로부터 세계를 호령할 권한을 끌어낸, 로마 황제들의 왕좌를 물려받아 그 땅을 점령한 야만인 정복자들에게 법도를 부여하고 정신적 지배권을 발트해에서 태평양의 해안까지 뻗친 존재

사실 기독교는 나사렛의 목수 예수의 종교인 동시에 갈릴리의 어부 베드로의 종교이기도 하다. 베드로는 예수가 직접 선택한 첫 번째 제자이며, 기독교가 향후 2,000년간 성장할 수 있는 기틀을 마련한 인물이다.[1] 베드로는 그리스도가 처형된 뒤 예루살렘을 떠나 코린토스, 안티오키아 등 소아시아의 여러 도시를 전전하며 포교 활동을 펼쳤다. 기독교 전승에 따르면 베드로는 말년에 로마까지 진출하여 교세를 확장하다 폭군 네

• • •

1 성서 마태복음 16장 18절에 보면 예수는 베드로에게 이렇게 말한다. "내가 네게 이르노니 너는 베드로라, 내가 이 반석 위에 내 교회를 세우리니 음부의 권세가 이기지 못하리라."

성베드로성당St. Peter's Basilica의 화려한 내부. 성당이 들어선 부지는 베드로의 유해를 묻은 자리로 알려진 곳이다. 성당이 처음 이 자리에 세워진 것은 4세기의 일이지만, 이후 16세기에 대대적으로 재건축 작업을 벌여 현재의 건물이 되었다.
Photo Credit : Preisler (dreamstime.com)

로의 기독교 탄압 때 순교했다. 교황은 바로 이런 베드로의 직계 후계자로 여겨진다. 다시 말해 초대 교황은 성베드로이다. '어부의 신을 신다'라는 표현이 '교황에 즉위하다'라는 뜻이 된 것은 글자 그대로 초대 교황 베드로가 어부 출신이기 때문이다.[2]

교황과 황제

로마가 하루아침에 이루어지지 않았다시피, 교황의 권위와 권한 역시 하룻밤 사이에 주어진 것은 아니다. 교황은 원래 로마라는 한 도시의 주교였다.[3] 또 로마의 주교는 비록 성직자들의 추대라는 방식을 따랐으나

• • •

2 어부라고는 하지만 동생과 함께 고깃배를 여러 척 거느렸던 베드로는 고대 유대 사회의 기준으로는 상당한 재력을 보유한 인물이었을 개연성이 크다. 또 베드로가 어부였다는 것은 종교적 상징으로서 매우 중대한 의미가 있다. 성서에서 예수는 베드로에게 고기가 아니라 사람을 낚는 어부가 되라고 말했다.

3 콘스탄티누스 황제가 기독교를 공인한 이래 로마뿐 아니라 제국의 핵심 거점 도시라고 할 콘스탄티노플, 안티오키아, 알렉산드리아 등에는 각기 해당 교구를 관장하는 주교가 있었다.

사실상 황제가 임명하는 자리였다. 이러한 전통은 476년 서로마제국이 멸망한 뒤에도 계속되어 이후 약 2세기 동안 교황은 유스티니아누스 1세를 비롯한 동로마제국 황제들의 그림자 아래에 있었다.

교황청이 서유럽 역사의 주역으로 본격적으로 등장하게 된 데는 제64대 교황 그레고리오 1세Gregory I의 공이 컸다. '향후 서유럽이라는 무대에서 교황의 역사적 역할'[4]을 누구보다 명백하게 내다본 그레고리오 1세는 동로마 황제의 영향력을 견제하기 위해 프랑크족 출신 군주들과 결속을 다졌다.[5] 한편 베드로의 후계자로서 교황이 기독교 세계에서 가진 절대적 권위를 널리 알리는 데에도 힘썼다. 그레고리 1세의 계산은 적중하여 프랑크족 계열인 메로빙거 왕조Merovingian Dynasty의 군주들은 점점 종교적 수장으로서 교황의 권위와 현실 국가의 수장으로서 자신들의 권력이 동맹을 맺어 상승효과를 일으킬 수 있다는 것을 깨닫게 되었다. 이와 같은 동맹관계는 메로빙거 왕조의 뒤를 이은 카롤링거 왕조Carolingian Dynasty대에도 이어졌다. 이뿐만 아니라 전통적인 기독교 거점이었던 동방의 안티오키아, 북아프리카의 알렉산드리아, 히포 등이 모두 연달아 이슬람 세력의 손에 들어가고, 동로마제국이 점점 동방 전제 군주를 닮은 제정일치를 추구하며 서유럽과 상당히 이질적인 체제로 변질되자, 서유럽에서 기독교의 정통성을 수호할 지도자로서 교황의 위치는 점점 공고해졌다.

교황청과 유럽의 기독교를 위한 결정적인 일이 교황 스테파노 2세 Stephen II 때인 756년 일어났다. 유럽을 넘보는 이슬람 세력을 격파한 프랑크족의 영웅 카를 마르텔Karl Martel의 아들이자 카롤링거 왕조의 시

●●●

4 Norman F. Cantor, *The Civilization of the Middle Ages*, Harper Collins : New York, 1993, p. 155.
5 *Ibid.*

프리드리히 카울바하Friedrich Kaulbach의 〈샤를마뉴의 대관식Krönung Karls des Großen〉. 교황이 집전하는 의식을 치러야 전 유럽의 지배자로 공인받을 수 있는 선례를 세운 이벤트다.

조인 피핀Pippin이 자신을 프랑크왕국의 국왕으로 승인해준 대가로 스테파노 2세에게 로마와 라벤나를 포함한 이탈리아 중부 지역을 교황 직영지로 봉헌한 것이다. 이를 계기로 교황은 서방 기독교 전체를 대표하는 정신적 지도자일 뿐 아니라 이탈리아 중부의 방대한 지역을 직접 통치하는 세속적인 군주 역할까지 겸하게 되었다. 이어서 800년 크리스마스날, 교황 레오 3세Leo Ⅲ는 피핀의 아들 샤를마뉴Charlemagne를 이미 멸망한 서로마제국의 계승자로 공식 인정하여 '신성로마제국Holy Roman Empire'의 황제로 추대하는 대관식을 집전했다. 사실 샤를마뉴가 지배하던 영토는 엄격히 말해 신성하지도 않았고, 고대의 로마와는 별 관계도 없었으며, 제국이라 부를 수준도 아니었다.[6] 하지만 교황의 이러한 파격적 행보가 가져온 효과는 엄청났다. 비록 허울뿐일지언정 유럽의 다른

• • •

6 Joseph McCabe, *The Popes and Their Church : A Candid Account*, Watts & Co., 1924, p. 30.

군주들이 넘볼 수 없는 '이상'으로만 생각하던 '로마제국'과 '황제'라는 타이틀이 현실 세계에 다시 등장한 것이다. 이뿐만 아니라 교황은 이로써 황제의 대관식이라는 잔칫상에 '신성함'이라는 양념을 부여할 수 있는 조리사 역할을 확립하게 되었다. 이후 서유럽에서 황제에 즉위하려면 반드시 교황의 축복과 승인이 필요한 전례가 생겼다.

하루아침에 '신성한 황제'가 된 샤를마뉴는 그에 대한 보답으로 아버지 피핀대에 시작된 교황령을 정치적·군사적으로 더욱 확실히 보장해주었다. 샤를마뉴는 보헤미아, 크로아티아, 헝가리, 폴란드 등 자신이 새로 정복한 땅의 주민들에게 개종을 강요하여 유럽 기독교도들의 숫자를 급격하게 늘렸다. 정복 사업에서 모아들인 막대한 전리품으로 교황청의 금고를 채워주기도 했다. 이렇게 황제가 바치는 헌금과 기름진 농지로 가득한 교황령에서 거두어들인 세수가 더해지면서 교황청은 유럽에서도 가장 부유한 왕가의 하나가 되었다.

혼돈의 징조

세속의 군주처럼 장자 상속이나 형제 상속이 아닌 성직자들의 회의와 추대로 후계자를 뽑는 교황 선출 방식[7]은 처음부터 부패와 남용에 휘둘릴 여지가 많았고, 교황청 역사 초기부터 스캔들이 끊이지 않았다. 그러나 교황이 카롤링거 왕조로부터 영지를 기부받아 현실적인 권력과 부까지 거머쥐는 강력한 존재가 되자 교황청의 권력투쟁은 완전히 새로운 차원으로 접어들었다. 교황은 단순히 기독교의 영적·정신적 지도자로서의 능력뿐 아니라 탁월한 정치 감각까지 소유한 존재가 되지 않으면 안

• • •

7 교황 선출 방식으로 지금까지 시행되는 추기경들의 회의인 콘클라베는 11세기에 정착되었다.

되었다.

872년 즉위한 요한 8세John Ⅷ 역시 정치 문제에 민감했다. 그는 재위 내내 반대 세력의 암살 위협에 시달렸을 뿐만 아니라, 스스로도 자신의 지위를 보전하고 파벌의 번영을 도모하려 공작 정치에 적극적이었다. 요한 8세의 최대 정적은 이탈리아의 항구도시 포르토의 주교 포르모소Formosus였다. 포르모소는 불가리아, 프랑스, 독일 등지에서 교황청을 대표하는 외교 활동과 선교 사업을 하면서 두각을 나타낸 인물로, 동료 주교들 사이에서 장래의 교황감으로 거명되고 있었다. 요한 8세는 그의 존재에 위협을 느끼고 경계하기 시작했다.

요한 8세와 포르모소 주교의 갈등은 신성로마제국의 후계 구도와 연계되면서 심각해졌다. 신성로마제국은 843년의 베르됭조약에 따라 동, 중, 서 프랑크왕국으로 3등분되어 샤를마뉴 대제의 세 손자가 각각의 영토를 다스리게 되었다. 이때부터 이들과 그 자손들은 모두 영토 확장과 함께 최종 트로피라고 할 황제 자리를 놓고 치열하게 경쟁하게 된다. 요한 8세는 875년, 당시 황제이면서 이탈리아의 지배자였던 루이 2세가 사망하자 서프랑크왕국의 샤를 2세Charles Ⅱ에게 황제 대관식을 해주었다.

교황의 이러한 결정은 당시 새로운 황제감으로 동프랑크왕국의 지배자 카를로만Carloman을 지지하던 주교들에게는 큰 타격이 되었는데, 포르모소도 여기에 속해 있었다. 신변에 위협을 느낀 포르모소와 여러 주교가 로마를 떠나 망명길에 오르자 요한 8세는 이들에게 소환 명령을 내렸다. 요한 8세는 특히 주교들 가운데서도 포르모소에게는 자신의 교구인 포르토는 돌보지 않고 불가리아의 대주교 자리를 넘보았을 뿐 아니라 수도원의 재산을 강탈하고 교회가 금지하는 여러 의식을 집전했으며, 교황을 교체하자고 귀족들과 모의하였다는 등 다양한 혐의를 씌워 파문을 명했다. 물론 혐의는 대부분 정치 공작을 위해 조작된 것들이었지만, 기독교도에게는 최악의 형벌이라고 할 파문을 당한 포르모소는 878년 요한 8세에게 다시는 로마로 돌아가지 않겠다고 맹세한 뒤에야 겨우 복권될 수 있었다.

교황 포르모소

포르모소의 운세는 요한 8세가 882년 사망하면서 회복되기 시작했다. 신임 교황 마리노 1세는 포르모소가 요한 8세에게 한 맹세를 풀어주고 로마 귀환을 허락했을 뿐 아니라 다시 포르토 주교에 임명했다. 891년 당시 70대의 고령이었음에도 포르모소는 스테파노 5세의 뒤를 이어 제111대 교황에 선출되는 기염을 토했다. 다른 교황에게 찍혀 도망자가 되어 유럽의 수도원을 전전하던 인물이 가톨릭 수장에 오른 것이다.

교황 포르모소는 재위 기간 대부분을 프랑크왕국들과 교황청의 더욱 복잡해진 역학관계 속에서 아슬아슬하게 균형을 유지하기 위해 애쓰며 보냈다. 특히 그는 스폴레토 공작가Duchy of Spoleto의 세력을 견제하는 데 많은 노력을 할애했다. 스폴레토가는 게르만족의 일파인 롬바르드족이 이탈리아 중부에 세운 소왕국에서 유래했다. 비록 샤를마뉴 대제의 지배 아래 들어가기는 했지만 카롤링거왕조와 교황청의 후계 문제를 비롯한 유럽의 정치 문제에서 큰 영향력을 행사했던 가문이다.

실제로 샤를마뉴의 증손자 뻘인 스폴레토가의 영수 귀도Guido Ⅲ는 신성로마제국 황제 샤를 3세가 실각한 뒤 후계 구도가 다시 혼란에 빠지자 교황 스테파노 5세에게 자신과 아들 람베르토 2세Lambert Ⅱ를 신성로마제국의 공동 황제로 인정하도록 압박을 넣었고, 교황은 이를 마지못해 승인했다. 하지만 귀도의 황제 즉위는 다른 카롤링거 출신 군주들과 제후들의 반발을 샀다. 새 교황으로 선출된 포르모소는 스폴레토파의 교황청에 대한 영향력을 경계하여 즉시 대립각을 세우기 시작했다. 포르모소는 귀도가 사망하자 동프랑크의 실질적 지배자였던 아르눌프Arnulf를 설득하여 이탈리아를 침공하도록 했다. 밀약 조건은 아르눌프가 로마에서 스폴레토가를 몰아내는 대가로 그를 신성로마제국의 황제로 만들어주겠다는 것이었다. 아르눌프가 알프스를 넘어 이탈리아로 남진해 귀도의 아들 람베르토의 군대를 격파하고 로마에 입성하자, 포르모소는 약속대로 람베르토를 폐하고 아르눌프를 새로운 황제로 인정하는 대관식을 성대하게 열어주었다.

그러나 아르눌프는 황제가 된 기쁨을 누릴 새도 없이 중병에 걸려 본거지인 독일 지역으로 돌아가지 않을 수 없었다. 아르눌프 군대의 보호를 받지 못하게 된 교황청은 다시 고스란히 람베르토와 스폴레토 일파의 영향력 아래 놓이게 되었다. 다행이랄까, 포르모소는 아르눌프가 철수할 때쯤 선종했지만, 람베르토와 스폴레토파는 포르모소의 주도로 황제 자리에서 쫓겨난 굴욕을 잊지 않았다.

카데바 시노드

교황 포르모소의 뒤를 이어 보니파시오 6세Boniface Ⅵ가 즉위했으나 그는 선출된 지 16일 만에 퇴위하면서 역사상 짧은 재위 기록을 세운 교황 중 한 명이 된다. 보니파시오 6세는 퇴위 이후 행적이나 심지어 생사 여부조차도 불분명하지만 학자들은 뒤를 이은 스테파노 6세Stephen Ⅵ를 지지한 스폴레토 가문의 막후 작업에서 제거된 것으로 본다. 그러나 스폴레토파가 목표로 한 이는 보니파시오가 아니라 이미 선종한 교황 포르모소였다. 스테파노가 즉위함과 동시에 포르모소의 측근들과 지지자들은 모조리 로마에서 자취를 감추었다. 많은 수가 스폴레토의 하수인들에

장 폴 로랑Jean Paul Laurens의 〈교황 포르모소와 교황 스테파노 6세Les Papes Formose et Etienne VI〉. 19세기에 그려진 상상화지만 실제로 벌어진 상황의 섬뜩한 분위기를 잘 묘사하였다. 전임 교황의 시신을 피고로 삼은 재판 카데바 시노드는 교황청 역사상 가장 기괴한 사건으로 꼽힌다.

게 살해당했으며 운좋게 목숨을 구한 일부 사제들과 관리들은 모두 망명했기 때문이다. 하지만 람베르토와 스폴레토파는 그 정도에 만족하지 않고 스테파노 6세를 앞세워 교황청 역사에서 전무후무하고 기괴하기 짝이 없는 엽기 이벤트를 준비했다.

897년 1월 스테파노 6세는 역대 교황들이 잠들어 있는 지하 묘지에서 9개월 전 안치된 포르모소의 시신을 꺼내 교황청의 정전으로 옮겨왔다. 이미 상당히 부패되어 백골이 드러난 시신은 포르모소가 생전에 입었던 교황의 대례복을 그대로 입은 채 의자에 앉혀졌다. 스테파노가 포르모소의 시신을 옮겨온 것은 시체를 앞에 놓고 재판을 하기 위해서였다. 즉 피고는 이미 죽은 교황 포르모소였고, 검찰은 신임 교황 스테파노 자신이었으며, 판결은 스테파노가 소집한 주교들이 내리게 되어 있었다. 포르모소에게 내려진 혐의는 로마에 다시는 돌아오지 않겠다는 맹세를 어긴 것, 교회법을 어기고 한 교구의 주교로 다른 나라의 주교가 된 것, 교황이 될 자격이 없으면서도 교황 자리를 탐한 것 등이었다.[8] 스테파노가 굳이 언급하지 않아도 가장 큰 죄는 스폴레토 가문의 자랑 람베르토에게서 신성로마제국 황제의 직위를 박탈하여 카를로만의 서자 아르눌프에게 준 것이었다.

포르모소 재판은 다음과 같은 순서로 진행되었다. 먼저 스테파노가 거의 절규에 가까운 목소리로 포르모소의 죄상을 조목조목 밝히고 온갖 저주의 말을 퍼붓는다. 그가 제풀에 지쳐 잠시 숨을 돌리는 사이 포르모소는 자신에게 적용된 혐의를 반박한다. 물론 죽은 포르모소가 스스로 변호할 수는 없으니 그 역할은 스테파노가 지명한 젊은 사제가 맡았다. 포르모소의 시체가 놓인 옥좌의 뒤에 숨어 포르모소가 살아서 말하는 것 같은 분위기를 연출해 재판이 스테파노의 원맨쇼가 되는 것을 막는 것이 젊은 사제의 임무였다. 다른 곳도 아닌 전 기독교 세계가 우러러보는 교황청에서 벌어진 이 기괴한 쇼는 후대에 카데바 시노드Cadaver Synod 혹은 시노드 호렌다Synod Horrenda[9]라는 이름으로 영원히 악명을 떨치게 된다. 라틴어로 카데바는 시체, 시노드는 회의, 재판을 뜻한다. 카데바 시노드 현장에서 관계자들이 행한 발언을 담은 자세한 기록은 전해지지 않는다. 하지만 그런 기록이 지금까지 남아 있더라면 더 어처구니없을 뻔했다. 다시 말하지만 재판의 주인공 포르모소는 이미 죽었기 때문이다. 포르모소 교황의 증언이나 변론 등의 기록이 지금까지 남아 있다면 얼마나 황당하겠는가?

• • •

8 이들 혐의는 앞서 밝혔듯이 포르모소가 교황에 오르기 전에 이미 모두 정리된 문제들이었다.
9 Synod Horrenda는 '공포의 재판'이라는 뜻이다.

재판에서는 정해진 각본대로 포르모소는 애초에 교황에 오를 자격이 없었다는 판결이 내려졌다. 따라서 그가 재임 중 발표한 모든 칙령과 행정명령은 무효가 되었다.[10] 이뿐만 아니라 포르모소가 교황 자격을 잃은 것을 상징하기 위해 시신에서 교황의 대례복을 벗겨 갈가리 찢었으며, 포르모소가 생전에 칙령에 인장을 찍는 데 사용했던 오른손의 세 손가락을 잘라냈다. 스테파노는 그것으로 모자라 포르모소의 시신을 역대 교황들이 안치된 성베드로성당의 지하 무덤이 아니라 가족 없는 노숙자들이 묻히는 로마의 공동묘지로 보냈다가 며칠 뒤 다시 테베레강에 던져버리라고 명령했다.[11]

진정한 암흑 시대의 시작

포르모소의 시체에 한껏 분풀이를 했지만 카데바 시노드에서 보여준 스테파노의 '신들린 연기'는 그에게 부메랑으로 돌아왔다. 재판에 참석했던 인사들 사이에서 신임 교황이 미친 것 같다는 소문이 돌더니 곧 로마 전체에 파다해진 것이다. 그뿐만 아니라 재임 기간 일반 신도들에게서 상당한 존경을 받던 포르모소의 시신에 가해진 만행이 외부로 알려지면서 전임 교황을 동정하는 여론이 급격히 확산되어 로마의 민심이 크게 동요하기 시작했다. 결국 심상치 않은 분위기를 감지한 스폴레토파는 불필요한 말썽을 막기 위해 스테파노 6세를 희생양으로 삼기로 결정하고

---

10 따라서 람베르토의 신성로마제국 황제 자격을 취소하고 아르눌프를 황제로 승인한 포르모소의 결정 역시 무효가 되었다.

11 재판과 관련된 여러 결정 사항이 어디까지가 스테파노 자신의 의지였는지는 확실치 않다. 모든 명령은 스테파노 명의로 나왔지만, 그 배후에 람베르토와 스폴레토 가문이 있었던 것은 의문의 여지가 없다. 어떤 학자들은 황제 자리에서 밀려난 람베르토 본인보다 그의 모친으로 귀도 3세의 미망인인 아겔트루다Ageltruda를 이 분풀이 촌극의 주동인물로 보기도 한다. 그러나 스테파노 교황 역시 포르모소에게 개인적 감정이 상당히 있었던 것이 사실로 보인다.

그를 강제로 퇴위시켜 연금했다. 카데바 시노드가 열린 지 7개월 만인 897년 8월, 스테파노는 연금 장소에서 목이 졸린 채 변사체로 발견되었다. 스테파노를 승계한 교황 테오도로 2세Theodorus II는 즉위와 동시에 포르모소의 복권을 단행했다. 그는 카데바 시노드의 모든 결정을 무효로 하고 테베레강에 던져졌다가 어느 용기 있는 사제가 간신히 거둬들여 비밀리에 매장했던 포르모소의 시신을 다시 성베드로성당에 안치했다. 이러한 일련의 조치가 민심 이반을 우려해 급한 김에 스테파노를 제거해버린 스폴레토파의 의중을 잘못 해석했기 때문인지, 아니면 교황 자신의 소신 때문이었는지는 확실치 않다. 기록에 따르면 테오도로는 즉위한 지 20일 만에 의문의 죽음을 당하고 교황직은 다시 공석이 되었다.

이렇게 포르모소의 선종으로 시작된 교황청의 혼란은 896년부터 1058년까지 이어져 이 기간에 재위 2년을 채우지 못한 교황의 숫자가 무려 30명에 달했다. 또 이 시기에 이탈리아의 유력 가문들은 자기 편 인물을 교황으로 세우기 위해 수단 방법을 가리지 않았다. 그런 가운데 교황을 손안에 쥐고 영향력을 행사하고 싶은 황제와 제후들의 개입까지 더해져 교황청 내부의 음모와 쟁투는 갈수록 격렬해졌다. 심지어 로마의 명문 테오필라치Theophylaci가 출신으로 교황 요한 10세의 연인으로 알려졌던 테오도라Theodora와 그의 두 딸은 자신들의 육체적 매력을 무기 삼아 역대 교황들의 정부情婦가 되었다. 이들은 라테라노궁전Lateran Palace[12]의 안주인 행세를 하며 무려 30년간 교황청 정치를 좌지우지했다. 교황 주변에 어린 '조카'들이 눈에 띄게 늘어난 것도 이 무렵이었다. 심지어 테오도라의 손자 알베렉Alberic은 쿠데타로 로마의 독재자가 되어 자신의 배다른 형제를 포함해 무려 5명의 교황을 마음대로 갈아치우다 말년에

• • •
12 교황청 내에 있는 교황의 거주지.

는 친자를 교황으로 삼았는데 그가 요한 11세John XI이다.

원래 중세 전반을 싸잡아 '암흑 시대'라고 한 이들은 기독교를 극도로 비판적으로 바라본 계몽주의자들이었다. 하지만 9세기부터 11세기 중반까지 교황청이 타락하고 혼란에 빠진 시기는 문자 그대로 한 줌의 빛조차 보이지 않는 진정한 암흑 시대였다고 할 수 있다. 그리고 지금까지도 가톨릭 교회의 역사에서 가장 기괴하고 당혹스러운 기억으로 남아 있는 엽기 재판 카데바 시노드는 이 암흑 시대의 시작을 알린 서곡이었다.

02 바토리 사건
(차흐티체성 살인 사건) 재판

● **헝가리 고성에서 벌어진 피의 향연 :** The Bathory (Cachtice Castle Murders) Trial (1611)

오직 신만이 그녀가 저지른 모든 범죄의 진상을 아실 겁니다.

_차흐티체성 살인 사건 재판에서 어느 증인의 진술

바토리, 동유럽의 명가

유럽의 동쪽에 있는 헝가리Hungary는 다채로운 역사를 지닌 나라다. 한때 로마제국과 자웅을 겨루던 훈족이 4세기 그들의 본거지로 삼았던 헝가리 지역[1]은 훈족이 쇠퇴한 이후 수백 년간 여러 민족의 흥망이 계속되는 혼란을 겪었다. 마침내 895년 아르파드Arpad라는 걸출한 지도자가 나타나 여러 부족을 연합하여 헝가리와 트란실바니아를 아우르는 일종의 연방 국가를 세우면서 근대 헝가리왕국의 기틀을 세우기에 이른다. 이때부터 헝가리는 유럽 기독교 세계의 일원으로서 13세기에는 당시 전 아시아를 호령하던 몽골제국의 유럽 진출을 저지하는가 하면, 15세기부터는 동로마제국을 멸망시킨 오스만제국의 이슬람 세력을 막아서는 최전방 요충지 역할을 담당하기도 했다. [2]

헝가리는 전통적으로 유력한 귀족 가문들이 권력을 나누어갖고 나라를 다스렸는데, 그 가운데서도 바토리The House of Bathory가의 명성은 대

• • •

1 헝가리Hungary라는 이름 자체가 훈족the Huns에서 유래했다고 주장하는 학자들도 있다.
2 전성기의 헝가리 영토는 현재의 루마니아 일부 지역, 슬로바키아 등을 포함했다.

단했다. 1279년 게르만 기사 일족이 국왕으로부터 북부의 바토르Bator[3] 라는 땅을 영지로 하사받으면서 시작된 바토리 가문은 이후 15~16세기를 거치는 동안 헝가리뿐 아니라 동유럽 전체에서 막강한 영향력을 행사하는 실세로 성장했다. 헝가리왕국의 총리, 가톨릭 추기경뿐 아니라 트란실바니아의 지배자와 폴란드의 국왕까지 배출하는 기염을 토한 바토리가는 전성기에는 헝가리와 트란실바니아를 통틀어 가장 넓은 토지를 소유하기도 했다. 그러나 유감스럽게도 오늘날 세계인들이 바토리가를 기억하는 것은 그런 영광스러운 역사보다는 그 가문 출신으로 전대미문의 엽기 행각을 벌인 여성 엘리자베스 바토리Elizabeth Bathory 때문이다.

백작 부인의 일상

엘리자베스 바토리는 1560년 죄르지 바토리Gyorgy Bathory와 안나 바토리Anna Bathory 사이에서 태어났다. 부친 죄르지는 바토리가 내부에서 합스부르크 왕가 출신을 헝가리국왕으로 지지하는 문제를 두고 분열되어 있던 파벌 세력을 통합하는 수완을 발휘한 인물이다. 모친 안나는 전 유럽을 휩쓸던 종교개혁 운동의 열렬한 지지자로 바토리를 포함한 자녀들이 가톨릭 대신 칼뱅주의 신앙을 따르도록 인도했다. 이렇게 권력과 재력에다 개혁 마인드까지 두루 갖춘 부모 밑에서 자라난 바토리는 고전, 수학, 논리학을 포함한 당대 최고의 교육을 받았으며 그리스어와 라틴어, 독일어까지 능숙하게 구사했다.

현재까지 전해지는 초상화를 보면 검고 긴 머리카락에 차가운 느낌이 나는 미녀인 바토리는 15세 때 헝가리에서 바토리가와 쌍벽을 이룬

• • •
3 Bator는 헝가리어로 bravery(용기)라는 의미도 있다.

명문 나다스디가의 백작 페렌츠 나다스디 Ferenc Nádasdy와 결혼했다.[4] 타고난 무인이었던 나다스디는 한평생 전장을 누비며 오스만제국의 침공을 번번이 패퇴시키는 공을 세운 국가적 영웅이었다. 바토리와 나다스디 백작은 결혼한 뒤 나다스디 가문이 두 사람에게 결혼 선물로 준 차흐티체성 Čachtice Castle에서 살게 되었다. 남편이 영지를 비우는 일이 잦았기 때문에

작자를 알 수 없는 엘리자베스 바토리의 초상화. 바토리 가문은 수세기 동안 헝가리 최고의 명문가였다.

홀로 남겨진 백작 부인 바토리는 자식들의 양육은 물론 하인들과 영지의 농민들, 토지와 재산을 모두 직접 책임지지 않으면 안 되었다. 당시 차흐티체 지역뿐 아니라 바토리와 나다스디 가문의 재산은 헝가리왕국 내의 다른 어떤 귀족 가문보다 규모가 컸기 때문에 방대한 인적·물적 자원을 효과적으로 관리하기는 결코 간단한 일이 아니었다.

다른 유럽의 제국들이 절대 왕정에 기초한 근대 국가 수립을 준비하던 16세기 초반까지도 헝가리는 몇몇 유력한 귀족 가문이 권력을 분점하고 각각의 영지 내에서 고도의 자치를 누리는, 이른바 후기 봉건주의 체

• • •

4 엘리자베스 바토리는 결혼하면서 나다스디 백작 부인으로 불렸지만 여기서는 편의상 계속 바토리로 쓴다.

제를 겪고 있었다.[5] 당시 헝가리는 헝가리계의 지배층과 루마니아계 및 슬로바키아계의 농민들이 대부분인 피지배층으로 이루어져 있었는데, 이 인종적·계급적 차이는 매우 엄격했다. 바토리가를 비롯한 명문 귀족들은 흔히 영지에서 뽑은 농민 가정 출신의 젊은 남녀들을 하인으로 삼아 집안일을 돌보도록 했다. 하인이 되면 적어도 의식주는 확실히 보장받을 수 있었기 때문에 농민들은 앞다투어 영주의 휘하로 들어가고 싶어 했다. 귀족들은 자신이 다스리는 영지의 농민들과 농민들 중에서 차출된 몸종들에게 거의 절대적인 권한을 행사했고, 몸종들이 맡은 일을 제대로 수행하지 못하면 가혹한 처벌을 내리는 경우도 종종 있었다. 어려서부터 부모, 친척 등 가문의 어른들이 하인, 하녀들을 가혹하게 대하는 것을 보며 자란 바토리는 자신의 영지를 소유하게 되면서 어려서 보고 배운 경영 방식을 그대로 충실히 실천했다. 한편 바토리의 남편 나다스디는 전쟁터에서 사로잡은 오스만제국 포로들을 무자비하게 고문하여 죽인 것으로 유명한데, 집안에서도 하인들과 농민들에게 처벌을 내릴 때 매우 독창적인 방식을 선호했다고 한다. 바토리 역시 존경하는 남편의 행동에서 영향을 받았음을 짐작할 수 있다.

차흐티체성의 비밀

언제부턴가 바토리 백작 부인이 머무는 차흐티체성 인근의 농민들 사이에서는 성에 하녀로 들어간 여성은 두 번 다시 돌아오지 않는다는 소문이 떠돌기 시작했다. 일부 농민들은 지역의 루터교 사제를 찾아가 성에 들어간 뒤 소식을 알 수 없는 자식들의 안부에 대한 궁금증과 걱정을

●●●
5 Miklos Molnar, *A Concise History of Hungary*, Cambridge University Press, 2001, p. 96.

털어놓기도 했다. 심지어 성에서 악마 숭배 의식이 벌어진다는 소문도 있었다. 하지만 그 지역에서 바토리가의 권위는 워낙 절대적이어서 성으로 자식을 보낸 부모들이 직접 차흐티체성을 방문하는 일 따위는 상상할 수조차 없었고, 소문만이 더욱 무성해졌다.

1609년에는 차흐티체 마을의 농민들을 대표해서 루터교 사제가 중앙 정부에 상황을 조사해달라는 진정서를 올리기도 했다. 이 무렵 실제로 중앙 정부 역시 다양한 경로로 바토리의 행각과 관련한 정보를 입수하고 있었다. 우선 정부 당국의 주의를 끈 것은 바토리가 빈을 방문했을 때 묵었던 저택에서 여류 성악가가 시체로 발견된 사건이었다. 백작 부인 측은 사고사였다고 주장했지만 손님들 앞에서 성악가가 기대만큼 노래를 잘 부르지 못한 것에 분개한 바토리가 마치 큰 실수를 저지른 하인을 취급하듯이 성악가를 고문해서 죽여버렸다는 소문이 있었기 때문이다. 두 번째로 문제가 된 사건은 그 무렵 차흐티체성에 초청한 하급 귀족의 딸들 가운데 한 명이 사망한 일이었다. 바토리는 상류사회의 에티켓을 가르쳐준다는 명목으로 귀족 자녀들을 수십 명씩 성으로 초대하여 숙식하게 했다. 바토리 측은 소녀가 자살했다고 주장했으나 농민이 아닌 귀족의 딸이, 흉흉한 소문이 무성한 성채에 들어갔다가 목숨을 잃은 사실은 사망한 소녀의 가족뿐 아니라 정부 당국의 주의를 끌기에 충분했다. 드디어 1610년 겨울, 헝가리 국왕 마티아스 2세Matthias Ⅱ는 차흐티체성에서 무슨 일이 벌어지고 있는지 파악하기 위해 수사팀을 파견하는 데 동의했다.

수사팀이 발견한 것

기병과 보병까지 포함된 대규모 차흐티체성 수사팀을 지휘한 인물은 헝가리의 재상 죄르지 투르조Gyorgy Turzo였다. 헝가리는 합스부르크 가문 출신인 신성로마제국 황제 마티아스 2세가 명목상 국왕으로 있었지만, 마티아스 2세는 멀리 떨어진 오스트리아의 빈에 머물렀기 때문에 헝가리 정부는 국왕이 지명한 후보자들 가운데 의회가 투표로 선출한 재상이 국정을 책임지고 있었다. 따라서 이 사건의 수사를 투르조가 맡았다는 것은 사실상 국가 지도자가 살인 사건 수사를 직접 지휘했다는 것이다. 이는 당시 바토리 가문의 위세가 얼마나 대단했는지를 짐작하게 하는 대목이기도 하다.

1610년 12월 29일, 목적지에 도착한 투르조 일행은 비밀 군사 작전마냥 신속하게 성문을 밀고 안으로 진입하여 성안의 주요 구역을 장악했다. 투르조 일행은 일단 바토리와 하인들의 신병을 확보한 뒤[6] 성 안팎을 둘러보기 시작했는데, 그들이 본 것은 경악스럽기 짝이 없는 광경이었다. 공식 보고서를 비롯하여 수사팀에 참여했던 인사들이 후에 남긴 기록에 따르면, 성안 여기저기에 가혹 행위를 당한 흔적이 있는 젊은 여성들의 시체가 즐비했다고 한다. 손발이 없거나 눈이 파헤쳐진 시체도 상당수 있었으며, 화형을 당한 것으로 보이는 시체도 있었다. 출혈 과다로 숨진 것으로 보이는 여성들의 시신도 적지 않았다. 성 밖에는 대충 묻어 밖으로 반쯤 드러난 시체들로 가득한 대규모 매장지가 있었고, 개들이 시체에서 떨어져나온 팔다리 등을 물고 돌아다녔다는 보고도 있었다. 성의 지하 감옥에서는 온몸에 상처가 난 채 살아 있던 젊은 여성들과 소녀들이 발견되어 풀려나기도 했다. 결국 마을에 떠돌던 소문이 많은 부분 사실이었음이 밝혀진데다 자칫하다가 사건이 전국적인 스캔들로 비

• • •

6 바토리는 수사팀이 올 거라고는 전혀 예상하지 못했던 것 같다. 바토리가 막 어느 젊은 처녀를 고문하여 죽음에 이르게 하는 찰나 투르조 일행이 나타나 바토리를 막아세우고 희생자를 구조했다고도 하지만, 사실 바토리는 한가하게 저녁식사를 하던 중이라 무방비 상태로 체포되었다고 한다.

화하여 민심 이반을 일으킬 수도 있었기 때문에 적극적인 진상 조사와 관련자 처벌이 불가피해졌다.

재판에서 드러난 진상

1611년 1월, 마티아스 2세의 명령으로 바토리 사건에 대한 특별 법정이 비치카Bytĉa에서 시작되었다. 헝가리 최고법원에서 파견된 대법관 테오도시우스 술로Theodosius de Szulo와 투르조를 필두로 한 재판관 21명이 지켜보는 가운데 법정에는 수백 명에 달하는 증인이 소환되었다. 자녀들이 성에서 실종된 농민들을 비롯하여 바토리 가문에서 일했거나 최근까지 고용되어 있던 하인들이었다. 이들의 증언을 통해 놀라운 사실이 속속 밝혀졌다. 바토리는 20대 중반 무렵부터 자신의 영지에서 모집한 젊은 여성들을 다양한 방식으로 고문하고, 그들이 죽음에 이르는 과정을 보며 즐기는 엽기 행각을 본격적으로 벌였다. 증언을 종합해보면 이러한 행각은 특히 남편 나다스디 백작이 사망한 1604년부터 1610년 사이에 절정에 달했다. 이 과정에서 바토리를 적극 도운 이들은 하녀 3명과 남자 하인 1명이다. 이들은 16년에 걸쳐 백작 부인의 손발이 되어 처녀들의 모집부터 고문, 살인, 사체 유기에 이르는 전 과정을 충실히 집행했다. 재판관들은 이들 4명에게 구체적인 범죄 행위와 바토리의 관여 정도를 집중 추궁했는데, 그 과정에서 드러난 만행은 충격 자체였다. 다음은 이른바 '새장'을 이용한 고문을 자백한 내용이다.

폴라Pola라는 12세 소녀가 성을 탈출했지만 곧 헬레나 조의 도움을 받은 도르카에게 붙잡혀 성으로 돌아왔다. 긴 흰색 망토를 걸친 바토리 백작 부인은 소녀의 귀환을 환영했다. … 백작 부인은 소녀를 새장에 밀어넣었다. 이 특수한 새장은 큰 공같이 만들어져서 앉기에는 바닥이 너무 좁고 서 있기에는 천장이 너무 낮았다. 일단 소녀가 안에 들어가자 새장은 도르 래로 공중에 높이 매달렸고 칼날 수십 개가 새장 안쪽으로 솟구쳐 들어갔 다. 폴라는 칼날을 피하려고 애썼지만 … 결국 살점이 조각조각 떨어져나 갔다.[7]

희생자들에게는 구타, 채찍질 등은 기본이고, 손가락 자르기, 피부 태 우기 등도 빈번히 행해졌다. 어느 희생자는 발가벗겨진 뒤 온몸에 꿀이 발린 채 나무에 묶여 개미와 벌레들에게 산 채로 살을 파먹히기도 했다. 겨울철이면 바토리는 희생자들을 발가벗긴 뒤 빙판 위로 내던진 다음 다 른 하인들을 시켜 계속해서 찬물을 끼얹는 게임도 즐겼다. 트란실바니아 의 혹한 속에서 희생자들의 젖은 몸은 점점 얼음으로 뒤덮여 결국 죽는 것이었다.

바토리는 하인들이 모집해온 여성들 가운데서 희생자를 직접 고른 것 으로 알려졌다. 바토리는 연약해 보이는 여성보다는 어느 정도 체격이 있는 여성을 선호했는데, 고문 도중 희생자가 너무 빨리 죽어버리면 재 미가 덜했기 때문이다. 일부 여성들은 고문에 사용되기 전에 몸집을 키 우기 위해 지하 감옥에서 좋은 음식을 제공받으며 사육당하기도 했다. 희생자들은 주로 차흐티체성 인근의 마을에서 뽑아왔으며, 심지어 농민 들 가운데는 돈에 눈이 멀어 적극적으로 자식들을 팔아넘기는 이들도 있 었다. 인근에서 조달할 수 있는 젊은 여성들의 씨가 거의 말라가자, 바토 리와 하인들은 다른 지역까지 원정을 가는가 하면 농민 계층을 넘어 하 급 귀족의 자녀들에게까지 손을 뻗치기 시작했다. 즉 바토리가 하급 귀

• • •

7 Raymond McNally, *Dracula was a Woman : In Search of the Blood Countess of Transylvania*, New York : McGraw-Hill, 1983, pp. 47~48.

서쪽에서 바라본 차흐티체성. 바토리가 피의 향연을 벌인 본거지다.
Photo Credit : Martin Hlauka (Pescan)

족의 자녀들을 성으로 초청한 것은 예절 교육을 하기 위해서가 아니라 고문에 쓸 희생자를 확보하기 위해서였던 것이다. 증인신문에서는 희생자 숫자가 자그마치 600명이 넘을 것이라는 주장이 나오기도 했으나 성 안팎에서 발굴된 시체들과 하인들의 자백에 근거해 재판에서 공인된 희생자 숫자는 그보다 훨씬 적은 80명이었다.

이상한 판결

재판에서 바토리의 범행에 적극 가담한 하인 4명에게는 죄질에 따라 화형, 참수형, 종신형 등이 선고되어 곧 집행되었다. 그러나 모든 만행의 중심인 바토리는 법정에 소환되지조차 않았다. 바토리 가문의 여러 유력

인사가 가문의 명예를 보호하기 위해 바토리가 법정에 출두하는 것을 막으려고 온갖 압력을 행사했기 때문이다. 바토리의 신병 처리는 재판관들에게는 골칫거리였다. 당시 헝가리 귀족들은 대부분의 범죄에 면책특권을 누렸고 설령 재판에서 유죄 판결을 받는다고 해도 해외로 망명할 기회 등이 보장되었다. 하지만 바토리의 경우는 워낙 죄상이 엽기적이고 심각하여 단순히 졸개들을 처형하는 것만으로 마무리할 수는 없는 분위기였다. 실제로 마티아스 2세는 바토리 역시 처형하라고 강력히 주장했다. 그러나 투르조로서는 합스부르크가 출신 국왕의 비위를 맞추는 것도 중요했지만 헝가리 명문 귀족들의 이해관계에도 민감하지 않을 수 없었다. 그가 마티아스 2세에게 1611년 3월 보낸 서신에서도 그러한 고민이 읽힌다.

> 이 사건에서 어려운 점은 신분이 고귀한 여성이 잘못된 삶의 방식으로 사형에 처해져야 할 만한 상황을 자초하는 일이 워낙 드물기 때문에 처리 방식을 합의한 선례가 없다는 것이며, 또한 처벌한다고 해서 정부가 얻을 수 있는 이익이 과연 무엇인가도 심사숙고해야 할 것입니다. [8]

결국 투르조는 마티아스 2세를 설득하여 바토리에 대해 어떤 공식적인 재판이나 선고 절차도 없이 엄격한 종신 가택 연금에 처하는 결정을 내렸다. 바토리의 생활 공간은 차흐티체성 깊은 곳에 있는 방 몇 개로 제한되었으며, 외부로 통하는 입구와 큰 창문 등은 모두 폐쇄되었다. 음식물과 기타 생필품을 공급하려고 만든 작은 구멍만이 외부와 소통하는 유일한 통로가 되었다. 바토리는 연금형에 처해진 지 4년 만인 1614년, 54

• • •

8 Kimberly Craft, *Infamous Lady : The True Story of Countess Erzsébet Báthory*, CreateSpace Independent Publishing Platform, 2009, pp. 251~252.

세로 사망했다. 바토리는 죽는 날까지 일관되게 자신의 범죄 사실을 부인했다.

신화와 사실의 분리

엘리자베스 바토리의 몰락과 함께 바토리 가문 역시 서서히 쇠락의 길로 접어들었다. 하지만 그녀가 저지른 만행을 둘러싼 소문은 사그라들기는커녕 헝가리와 트란실바니아를 넘어 전 유럽으로 퍼져갔다. 18~19세기 유럽에서 고딕 문학이 유행하면서 여러 작가가 이미 존재하던 바토리 전설에 자신들의 상상력을 가미한 새로운 이야기를 계속 소개하며 이른바 '바토리 신화'는 끊임없이 확대재생산되었다. 바토리 재판과 관련된 동시대 문서 등을 통하여 바토리 사건에서 사실과 허구를 구별하려는 시도는 겨우 20세기 후반 들어서야 본격화되었다. 지금까지 밝혀진 바토리 사건의 진실과 허구를 대략 정리해보면 다음과 같다.

희생자 수 : 희생자가 650명에 달한다고 되어 있는 문헌들이 있으나 이 숫자는 이름도 알려지지 않은 어린 소녀의, 그것도 누군가에게서 전해 들었다는 간접 증언 기록만 남아 있을 뿐이다.[9] 당시 법정이 차흐티체성 안팎에서 발굴된 유해들을 토대로 산정한 희생자 숫자는 80명이다. 비록 수사팀이 찾아내지 못한 시체들이 있을 수 있다 해도 전체 희생자 숫자는 600명에는 훨씬 미치지 못할 것으로 보인다.

성적 문란 : 법정에서 나온 증언 가운데는 바토리가 남자 하인들 여럿을 애인으로 두었으며 남자 하인들에게 고문으로 죽은 젊은 여성의 시체를 간

• • •

9 *Ibid*., p. 7.

음하도록 강요했다든가 심지어 바토리가 사탄과 관계하는 장면을 보았다는 주장도 나왔다. 남자 하인 가운데 애인을 두는 것은 당시 동유럽 귀족 부인들 사이에는 보편적인 관습이었기에 특별한 것은 없다.[10] 바토리가 양성애자였음을 암시하는 기록도 있는데, 이런 성적 취향이 사디즘과 결합되면서 더욱 처녀 사냥에 집착했을 개연성은 있다. 사탄과 교접했다는 것은 목격자가 바토리와 육체 관계를 맺는 젊은 하인 모습을 착각했을 수 있다.

피에 대한 집착 : 백작 부인의 피에 대한 집착은 여러 증언에서 일관되게 나타났다. 바토리는 문자 그대로 야수처럼 희생자들의 살점을 이로 물어뜯은 뒤 상처에서 피가 흐르는 모습을 즐기기도 했으며, 새장을 이용한 고문에서 새장에 갇힌 희생자가 칼날에 베어 피를 흘리면 그 아래서 떨어지는 피가 얼굴에 묻는 것도 아랑곳하지 않고 저주의 말을 외치곤 했다는 것이다. 이러한 바토리의 피에 대한 집착에서 유래한 전설은 바토리가 희생자들의 피를 받아 목욕을 즐겼다는 것이다. 바토리를 소재로 한 소설, 영화 등에서도 피 목욕 장면은 빠지지 않고 등장한다. 하지만 실제 재판의 증인신문 기록에는 피 목욕에 대한 증언은 없다. 또 욕조를 가득 채울 양의 혈액을 모으려면 매번 적어도 수십 명을 한꺼번에 살해하고 채혈해야 했을 것이므로 현실적으로 거의 불가능하다.

정치적 희생양 혹은 원조 뱀파이어

그간 역사가들과 작가들 사이에서는 바토리 옹호론이 심심찮게 제기되어왔다. 바토리 옹호론의 가장 주된 흐름은 바토리가 사실은 고도의

• • •
10 Katalin Peter(editor), *Beloved Children : History of Aristocratic Childhood in Hungary in the Early Modern Age*, Central European Univ. Press, 2001, p. 50.

정치 공작으로 제거되었다는 주장이다. 당시 바토리의 처벌을 강력하게 주장한 마티아스 2세의 경우, 나다스디 백작에게서 막대한 액수의 돈을 빌렸는데, 국왕이 차흐티체성 수사에 동의한 타이밍이 공교롭게도 백작이 죽은 뒤 채권을 물려받은 그 아내 바토리가 국왕에게 채무 상환을 요구한 직후였다. 결국 바토리가 가택 연금에 처해진 뒤 마티아스 2세의 채무는 모두 탕감되었고 바토리의 영지 또한 그 사위들을 포함한 여러 귀족에게 분산되었다. 이 과정에서 투르조는 상당한 규모의 땅을 손에 넣었다. 실제로 재판이 열린 비치카는 투르조 가문의 본거지로 죄르지 투르조가 직접 세운 궁전이 있는 도시이다. 다시 말해 투르조는 애초부터 바토리 사건을 라이벌 귀족 가문이라고 할 바토리가의 권력을 축소하고 자신의 영향력을 확대하는 계기로 삼으려고 작정했을지도 모른다는 얘기다.

바토리가 사실은 병원이 없던 시절 일종의 의료원을 열어 병자들을 치료하다가 오해를 샀을 뿐이라는 이색적인 주장도 있다. 고문이라고 오해된 행동이 사실은 여성 환자들을 치료한 것이거나 임상 실험이었다는 것이다. 중세 유럽에서 의술이 뛰어난 여성들을 마녀로 몰아 처형한 사례가 없는 것은 아니지만 이러한 주장은 논리가 다소 비약된 것으로 보인다.

바토리 전설과 아일랜드 출신 작가 브람 스토커Brom Stoker의 걸작『드라큘라Dracula』의 관계를 파헤친 연구도 흥미롭다. 보스턴대학교 레이먼드 맥널리Raymond McNally 등이 제기하여 유명해진 이론에 따르면, 스토커가 창조한 트란실바니아의 귀족이자 흡혈귀인 드라큘라 백작이라는 캐릭터가 실은 바토리를 모델로 했을 확률이 높다는 것이다. 한동안 드라큘라의 모델로 믿겨졌던 역사상 실존 인물은 15세기 트란실바니아의 지배자 블라드 2세Vlad Ⅱ였다. '드라큘라'는 블라드 2세가 속한 가문의 이름이었는데, 고대 루마니아어로 드라쿨dracul은 용dragon을 의미했으

며, 드라큘라는 '용의 자손'이라는 뜻이었다. 그런데 맥널리 등은 블라드 2세뿐 아니라 바토리 또한 드라큘라의 모델이었을 수 있다고 주장했다. 일단 드라큘라가 뱀파이어라는 콘셉트 자체가 피에 얽힌 전설로 유명한 트란실바니아의 실존 인물 바토리를 연상케 한다는 것이다. 게다가 공교롭게도 바토리 가문의 문장 또한 자신의 꼬리를 물고 있는 용, 즉 '드라쿨'의 형상이다. 스토커가 자신의 책을 구상하면서 당시 유행하던

1992년 영화 〈브람 스토커의 드라큘라〉 포스터. 원작자의 이름을 앞세운 제목처럼 역대 드라큘라 영화 가운데 원작 소설의 내용에 가장 충실하다는 평을 받았다. 흡혈귀 드라큘라 백작의 모델과 관련하여 브람 스토커가 실은 바토리 사건에서 아이디어를 얻었다는 주장이 대두된 바 있다.

고딕 괴담집에서 바토리 사건과 마주쳤을 개연성도 충분하다. 이런 정황을 종합해보면 바토리 백작 부인과 드라큘라 백작은 의외로 촌수가 가까운 사이인지도 모른다.

그러나 드라큘라와의 관련 여부와 상관없이, 기록과 전설이 전하는 바토리는 존재 자체로 충분히 강렬하다. 트란실바니아 출신 역사가이자 작가인 산도르 마카이Sandor Makkai의 소설 『악마의 마차Devil's Wagon』에 등장하는 바토리는 조카딸에게 다음과 같이 조언하고 있다.

어떤 사람들에게는 누군가를 사랑하고 자신을 희생하는 것이 큰 기쁨이겠

지만 우리에게는 그런 것이 전혀 무의미하단다. 우리에게 사랑의 기쁨이
란 정복의 쾌락일 뿐.[11]

어려서부터 끊임없는 권력투쟁과 음모가 판치는 궁정 암투와 함께 사
랑과 존경에 바탕을 둔 지배 대신 무자비한 폭력에 지탱되는 권위를 배
우며 자란 바토리가 지녔을 뒤틀린 세계관을 생각하면, 생전에 그녀가
실제로 이런 말을 했다고 해도 별로 놀랄 일은 아닌 것 같다.

● ● ●

11 Tony Thorne, *Countess Dracula : The Life and Times of Elisabeth Bathory, the Blood Countess,*
Bloomsbury Publishing, 1998, p. 149.

03 세일럼 마녀 재판

● **신대륙에서 벌어진 종교적 광기의 기록 :** The Salem Witchcraft Trials (1692)

마녀가 스스로 고발할 리 없으니, 우리는 피해자들의 증언에 의존해야 하오.

_아서 밀러Arthur Miller, 「크루서블Crucible」

'뉴잉글랜드', 세일럼

1620년 범선 메이플라워Mayflower호를 타고 아메리카 신대륙에 도착한 청도교 102명이 플리머스Plymouth에 최초의 청교도 공동체를 이루고 정착했다. 이후 청교도를 중심으로 한 영국인 이주민들은 계속 아메리카로 몰려들었고, 대륙 동부의 이른바 뉴잉글랜드 지역New England[1]에서는 크고 작은 청교도 공동체들이 자생적으로 일어났는데, 그 가운데는 상당한 규모의 도시로 발전하는 경우도 적지 않았다. 히브리어 '샬롬Shalom'을 따라 이름 붙인 매사추세츠의 세일럼Salem 역시 1629년 청교도 공동체로 시작하여 뉴잉글랜드의 물류 수송과 상업의 중심지로 빠르게 성장한 곳이다. 세일럼 타운이 점점 규모가 커지면서 1637년경에는 타운의 일부 주민들이 그보다 서쪽으로 8km 정도 떨어진 내륙에 세일럼 빌리지Salem Village라는 촌락을 세우기도 했다. 비록 세일럼 타운이 인구, 소득, 설비 등 여러 면에서 빌리지를 압도했지만, 빌리지 주민들은

●●●
1 영국에서 건너온 청교도 이주민들이 최초로 기반을 다진 코네티컷Connecticut, 매사추세츠Massachusetts, 메인 Maine, 뉴햄프셔New Hampshire, 로드아일랜드Rhode Island, 버몬트Vermont를 통틀어 일컫는 명칭. 여전히 영국 시민이라는 의식을 강하게 가지고 있던 청교도들에게 아메리카는 문자 그대로 '새로운 영국new England'이었다.

나름의 자부심 속에 신앙과 생산 활동을 병행하는 독자적인 공동체를 일구어나갔다. 그런데 뒷날 댄버스Danvers로 이름을 바꾼 이 세일럼 빌리지가 지금까지 세계 역사에서 기억되는 이유는 그곳이 아메리카 식민지 역사상 가장 기묘한 사건이라고 할 마녀 재판의 무대였기 때문이다. [2]

소녀들의 이상 행동

세일럼의 마녀 사건이 "정확히 어떻게 시작되었는지 아는 사람은 아무도 없다."[3] 단지 재판 기록에 의지하여 군데군데 빈 공간마다 개연성 있는 추측을 채워넣은 여러 이야기만이 있을 뿐이다. 일단 1692년 2월 세일럼 빌리지 교구 목사 새뮤얼 패리스Samuel Parris의 자택에서 목사의 열 살짜리 딸 베티Betty가 갑자기 알아들을 수 없는 헛소리를 하고 방안을 이리저리 뛰어다니는 등 기이한 행동을 했으며 발열·발작 증상을 보였다는 기록이 있다. 그러나 이것이 모든 사태의 시발점이었는지는 확실치 않다.[4] 베티의 이상 행동이 관찰된 며칠 뒤 이번에는 그 사촌인 애비게일Abigail이 비슷한 증상을 일으켰다. 얼마 지나지 않아 이웃의 소녀들도 유사한 증상을 보여 그 숫자는 모두 일곱 명에 달했다. 소녀들은 마치 간질병 환자처럼 희한한 표정을 하고 몸을 배배 꼬는가 하면 갑자기 얼어붙은 것 같은 모습으로 방바닥에 쓰러져 한참을 일어나지 못했다. 그 가운데 몇몇은 누군가가 그들의 목을 조르거나 찌르는 것 같다며 통증을 호소하기에 이르렀다.

●●●

2 엄밀히 말해 유명한 마녀 재판의 무대는 세일럼 타운이 아니라 세일럼 빌리지였다.

3 Marc Aronson, *Witch-Hunt : Mysteries of the Salem Witch Trials*, p. 57.

4 그보다 앞서 패리스 목사의 노예 티투바가 베티, 애비게일뿐 아니라 여러 소녀에게 카리브해 원주민들이 행하는 이른바 흑마술의 여러 테크닉을 가르쳐주었다는 주장도 있다.

이때 패리스 목사의 요청으로 소녀들을 진찰한 의사 윌리엄 그릭스William Griggs는 소녀들의 증상이 마녀의 소행인 것으로 보인다는 폭탄 선언을 했다. 그 말을 들은 패리스는 동료 목회자 몇몇을 초청해 퇴마기도회를 했지만 소녀들의 증상은 호전되지 않았다. 마침내 소녀들 가운데 베티 패리스와 애비게일 윌리엄스, 앤 퍼트넘Ann Putnam 등이 하늘을 날아다니는 마녀를 실제로 보았다고 주장하기 시작했다. 소녀들의 증언을 들은 패리스 목사, 앤 퍼트넘의 아버지로 빌리지에서 영향력 있는 인물 중 한 명인 토머스 퍼트넘Thomas Putnam과 그 동생 에드워드 퍼트넘Edward Putnam이 에식스 카운티의 행정관에게 소녀들의 증언에 근거하여 체포령을 발동해달라고 요청하면서 마녀 사냥의 막이 올랐다.

체포령

2월 29일 패리스 목사의 노예인 티투바Tituba, 하층민 출신인 세라 굿Sarah Good과 중년의 세라 오즈번Sarah Osborne 세 명을 체포하라는 명령이 떨어졌다. 티투바는 부두교 비슷한 민간신앙과 미신이 횡행하는 서인도 제도 바베이도스Barbados 출신이었기 때문에 애초부터 마녀로 지목되기에 적합한 배경을 가지고 있었다. 세라 굿은 마을에서 유명한 비렁뱅이에다 입이 거친 여자였으며 세라 오즈번은 알렉산더 오즈번Alexander Osborne과 재혼한 뒤 사망한 전 남편의 아들들에게서 토지 상속권을 박탈하려고 하면서 동네 사람들의 구설에 올라 있었다.

3월 2일 마녀로 몰린 이들 세 명에 대한 공개 신문이 카운티에서 파견된 두 행정관의 주재로 열렸다. 이때 신문 과정에서 티투바는 별다른 저항도 하지 않고 자신이 사탄의 하녀로서 하늘을 날아다니면서 소녀들에게 해를 끼치려고 했다고 순순히 자백했다. 티투바의 자백은 마녀 재판이 본격적으로 시작되었음을 알림과 동시에 그때까지 사건의 진행을 미심쩍게 지켜보던 마을의 회의론자들을 침묵시키는 효과도 가져왔다. 공개적으로 반론을 폈다가는 마녀 혹은 마녀의 하수인으로 찍힐 개연성이 너무 높았다. 그러나 티투바, 굿, 오즈번 등이 투옥되었음에도 소녀들의 증세는 가라앉지 않았고, 오히려 비슷한 증세를 보이는 사람이 늘어났다. 소녀들은 빌리지에 숨어 있는 마녀라면서 몇몇 주민을 지목하기 시작했다. 그뿐만 아니라 주민들 가운데서도 이웃을 마녀로 고발하는 신고가 쇄도하면서 용의자들의 대대적인 체포와 투옥이 이어졌다. 이런 식으로 5월 말이 되자 체포되어 수감된 사람은 100여 명에 달했다.

재판의 진행

마녀의 존재는 일찍이 성서의 창세기 편에도 언급되었지만,[5] 유럽에서 마녀 재판이 본격적으로 시작된 것은 많은 사람이 생각하는 중세가 아니라 15세기 중엽이었다. 마녀 재판은 교황청이 주도하던 이단 색출을 위한 종교 재판의 파생 절차 비슷하게 시작되었다. 그러다가 1486년 독일의 가톨릭 사제가 마녀의 행태와 색출법 등을 자세히 기록한 『말레우스 말레피카룸Malleus Maleficarum』이라는 팸플릿을 발표하면서 비로소 체계가 잡히기 시작했다. 이렇게 출발은 좀 늦었지만 마녀 재판은 16세기 중엽부터 본격적으로 유럽 전체로 퍼져 갔으며, 가톨릭뿐 아니라 프로테스탄트 국가들도 적극적으로 시행했다.

마녀 재판은 종교적 명분이 유대인, 집시, 과부, 독신녀 등 유럽식 전통에서 벗어나는 생활방식을 유지하는 개인에 대한 공동체적 경계심

• • •

5 "무당을 살려두지 말라Thou shalt not suffer a witch to live." (출애굽기 22장 18절) 여기서 무당은 마녀를 말한다.

신체 검사를 당하는 마녀 용의자. 당시 사람들은 마녀에게 독특한 신체적 특징이 있다고 믿었다.

과 결합되면서 더욱 기세를 올렸다. 마녀는 밤중에 비밀 집회를 열어 악마 숭배 의식을 치르고 여러 반인륜적 죄악을 저지른다고 알려졌다. 마녀 혐의를 받은 여성은 '시련'이라고 불리는 각종 테스트를 통해 마녀가 아니라고 증명하도록 강요당했다. 테스트는 마녀의 증거가 되는 특징이나 표식이 있는지를 면밀히 검토하는 신체검사로 시작해서 극단적인 경우에는 용의자를 절벽에서 떨어뜨리거나 물속에 빠뜨리기도 했다. 마녀는 날아다니거나 물 위를 걸어다닐 수 있다고 믿었기 때문이다. 물론 이때 용의자는 최악의 경우 죽음으로 결백을 증명해야 했다. 세일럼 마녀재판은 이런 구대륙의 전통에 신대륙의 혁신을 가미한 독특한 형태를 취했다. 1692년 6월 세일럼의 상황을 보고받은 뉴잉글랜드 총독 윌리엄 핍스William Phips는 윌리엄 스타우턴William Stoughton을 재판장으로 하는 특별재판관 7명을 파견하여 재판을 주관하도록 명령했다. 재판관들은 용의자가 마녀임을 증명하는 데 다음 세 가지 증거를 인정했다.

환영 증거 : 마녀에게 피해를 입었다고 주장하는 고발자나 증인이 용의자의 '환영'으로 보이는 존재를 목격했거나 귀신의 방문을 받았다고 주장하는 증언이 증거로 채택되었다. 새뮤얼 그레이Samuel Gray라는 인물이 법정에서 증언한, 마치 전래 괴담 같은 다음 내용은 마녀 재판이 일찌감치 상식적인 판단과는 결별했음을 보여준다.

> 약 14년 전 어느 날 밤, 침실에서 잠을 자다 어떤 밝은 빛을 느끼고 눈을 떠보니 요람과 침대 사이에 한 여자가 서 있는 것이 보였으나 곧 사라졌습니다. 침대에서 일어나 문을 확인해보니 분명히 잠겨 있었습니다. 잠자리에 들려는데 같은 여자가 다시 침실에 나타났습니다. 제가 정체를 밝히라고 소리치자 여자는 갑자기 사라졌습니다. 문은 여전히 잠긴 채였습니다. … 갑자기 요람에서 잠자고 있던 아기가 비명을 지르기 시작했으며 이전까지 건강했던 아기가 그 일이 있고 나서 몇 달 뒤에 죽고 말았습니다. … 그 당시 제가 보았던 여인은 지금 마을에서 브리짓 비숍이라고 불리는 바로 그 여자와 동일 인물임을 증언합니다.

접촉 테스트 : 용의자에게 마녀에게서 피해를 입었다고 주장하는 '희생자'를 만지도록 하고 그 반응을 관찰하는 것이다. 이 테스트의 논리는 피해자가 발작이나 경련을 일으키도록 저주한 마녀가 피해자를 직접 만지면 증상이 사라진다는 민간 전설을 그대로 받아들인 것이다. 재판정에서까지 발작 등 이상 행동을 일으키던 소녀들은 자신들이 지목한 용의자들이 판사의 명령으로 자신들을 만지면 거짓말같이 증상이 사라지곤 했다.

신체검사 : 재판에 회부된 용의자들은 남녀를 막론하고 마녀의 표식을 찾기 위한 신체검사를 당했다. 6월 2일, 여성 5명을 신체검사한 조사관들의 보고 내용은 문자 그대로 받아들이기에는 상당히 기괴하다.

> 면밀한 검사 끝에 우리는 비숍, 너스, 프록터 3인의 신체에서 … 거의 똑같은 장소에 보통의 여성들에게는 흔하지 않은, 습진과 비슷한 형태의 사마귀처럼 부자연스럽게 뭉친 돌기를 발견했음.

이에 덧붙여 증인들이 어디선가 들었다고 하는 용의자에 대한 소문, 심지어 개인의 의견이나 추측까지도 증거로 채택되었다. 반면 용의자들을 대변할 변호사는 선임되지 않았고 피해를 입었다고 주장하는 고발자들이나 증인들을 반박할 피고 측 증인의 증언도 허락되지 않았다. 일단 판결이 내려지면 항소도 불가능했다.

마녀들의 프로필

6월 초에 시작된 마녀 재판은 여름 내내 계속되어 체포된 용의자 185명 가운데 59명이 재판에 회부되어 31명이 유죄 판결을 받았다. 그 가운데 19명은 교수형으로 처형되고, 1명은 고문으로 사망했으며, 3명은 재판을 기다리다 감옥에서 사망했다. 마녀(남자의 경우 마법사)로 판명된 인물 가운데 몇 명의 프로필을 소개하면 다음과 같다.

브리짓 비숍 Bridget Bishop : 마녀 혐의로 재판을 받은 최초의 인물. 원래 빌리지가 아닌 타운 거주민이었다. 비숍은 빌리지로 이주한 뒤 살던 집을 개조해서 술집을 열었는데, 일부 골수 청교도들은 그 술집을 빌리지 내 가정 불화와 타락의 소굴로 여기기도 했다. 법정에서 혐의를 강력하게 부인했으나 결국 6월 10일 교수형을 당했다.

레베카 너스 Rebbeca Nurse : 재판 당시 71세로 고령이던 너스는 재판에서 처음에는 무죄 판결을 받았다. 그러나 판결을 들은 소녀들이 이상 행동을 다시 시작하자 중립을 지켜야 할 재판장 스타우턴이 배심원들을 돌려보내며 유죄 평결을 내리도록 대놓고 강요한 끝에 결국 마녀로 판정되어 교수형에 처해졌다.

가일즈 코리 Giles Corey, 마사 코리 Martha Corey : 당시 80세의 고령이던 가

일즈 코리는 처음부터 마녀 재판 자체에 공공연히 비판적이었으며 재판정에 서는 것 자체를 거부했다. 그는 재판을 거부하는 용의자를 처분하는 당시 관습에 따라 무거운 돌에 깔리는 고문을 받다 압사했다. 그의 아내 마사 코리는 그보다 앞서 교수형에 처해졌다.

존 프록터 John Proctor : 빌리지에서 술집을 운영하던 인물로 가일즈 코리와 마찬가지로 마녀 재판을 공개적으로 비판했다. 프록터의 마법을 증언한 이는 앤 퍼트넘, 애비게일 윌리엄스 외에 프록터와 경쟁 관계에 있는 다른 주점의 하인인 존 등이었다. 프록터는 보스턴에 가서 재판을 받게 해달라는 공개 청원을 총독 앞으로 보내기도 했으나 결국 교수형에 처해졌다. 프록터의 아내 엘리자베스 프록터 역시 사형선고를 받았으나 임신 중이어서 처형이 연기되었다가 후에 방면되었다.

조지 버로스 George Burroughs : 세일럼 빌리지 교구의 목사를 지낸 인물로 재판이 시작되었을 때 메인에서 살고 있었으나 압송되어왔다. 끝까지 혐의를 부인했으며 교수형 직전 자신의 결백을 주장하는 연설로 군중을 감동시켰고 마녀 재판 관계자들 사이에서도 큰 동요를 일으켰다.

희생자 명단에서 빠진 의외의 인물로는 카리브해 출신이라는 배경 탓에 가장 먼저 마녀로 지목되는 불운을 겪은 목사의 노예 티투바가 있다. 티투바는 마녀로 지목되자 일찌감치 스스로 마법을 사용했다고 자백하고 나섰는데, 오히려 이것이 단순한 의혹 수준에 불과했던 '마녀 저주설'을 마녀 재판으로 발전시키는 방아쇠 구실을 했다. 티투바는 화끈한 자백 탓에 법정을 열어 굳이 마녀임을 증명할 필요성이 없어진 터라 재판이 계속 미루어지는 '행운'을 얻었고, 사태가 종료된 뒤 석방되었다. 재판에 회부된 인물 가운데는 끝까지 혐의를 부인하거나 아예 재판 자체를 인정하지 않은 이들도 있었다. 반면 티투바의 예를 본받아 초기에는 혐의를 부정했지만 재판 도중 혐의를 인정하고 재판정의 자비를 구하는 이들도 있었다. 심지어 이상 행동을 했던 소녀들 가운데 나이가 가장 많았던 메리 워렌Mary Warren은 발작 증세를 멈추고 그때까지 자신이 증언했던 사항이 실은 과장된 것이었다고 자백했다가 마녀로 몰려 투옥되기도 했다. 결국 워렌은 자신이 사탄의 꼬임에 빠져 이전의 증언을 부정하는 거짓말을 했다고 두 번째로 자백한 뒤 다른 소녀들과 합류하여 이상 행동을 계속했다.

재판 종료

조지 버로스 목사가 처형되고, 가일스 코리가 고문으로 사망하면서 사태가 9월까지 이어지자 드디어 빌리지 안팎에서는 마녀 재판에 대한 피로감이 감지되기 시작했다. 초기의 광란적 분위기 때문에 제 목소리를 내지 못했던 회의론 역시 서서히 힘을 얻었다. 그토록 많은 사람이 마녀로 체포됐는데도 소녀들의 증세가 전혀 나아지지 않았을 뿐만 아니라 오히려 새로운 혐의가 계속 양산되고 있다는 보고를 받은 핍스 총독은 저명한 청교도 신학자들에게 자문했다. 신학자들은 세일럼 빌리지같이 한정된 공간에서 그토록 갑자기 수많은 사람이 악마의 사주를 받았다는 것이 믿어지지 않으며, 마녀로 몰려 죽음을 당한 인물들 가운데 평소 자상한 부모로 공동체에서도 존경받는 원로들이 많이 포함되어 있다는 것 역시 납득이 가지 않는다고 지적했다. 신학자들은 또한 환영 증거에 근본적인 의문점을 제기했다. 이를 받아들인 핍스 총독은 마녀 재판에서 환영에 대한 증언을 더는 증거로 인정하지 말라고 명령했다.

생사람을 마녀로 만드는 데 결정적인 역할을 한 '귀신 괴담'이 증거로 채택되지 않자 마녀 재판은 사실상 더 전진할 동력을 잃었다. 1693년 1

처형장으로 향하는 마녀 용의자. 그림을 그린 19세기 미국 화가 토마스 노블Thomas Noble은 세일럼 사건 당시 처형당했던 희생자의 후손을 작품 속 캐릭터의 모델로 삼았다고 했다.

월까지 체포된 사람들 대부분이 무혐의로 풀려났고, 같은 해 5월까지 투옥되어 있던 마지막 용의자들이 모두 풀려남으로써 사건이 종결되었다. 이렇게 해서 사실상 사태 초기에 이상 행동을 벌인 소녀들과 기타 고발자들의 증언이 모두 거짓이었음이 드러났으나 어처구니없게도 당국은 이들에 대해 추가 수사나 추궁을 전혀 하지 않았다. 문제를 더 파고들었다가는 세일럼 빌리지 공동체 자체가 붕괴되는 사태가 올 수 있었고, 마녀 재판에서 사람들의 생사 여부를 결정한 재판관들과 마녀 재판이 상징하는 식민지 정부의 행정적 · 종교적 권위 자체에 타격을 줄 수 있었기 때문이다.

일부 관련자들을 중심으로 반성과 참회의 목소리가 나온 것은 사태가 종료되고 한참 지나서였다. 1696년 마녀 재판의 판사 중 한 사람인 새뮤얼 수얼Samuel Sewall은 자신이 무고한 사람들을 마녀로 몬 것에 책임감과 수치심을 느낀다고 공개적으로 사죄했다. 이상 행동을 보였던 소녀들 가운데는 1706년 앤 퍼트넘이 유일하게 자신이 사탄의 꾐에 빠져 거짓 증언을 한 것 같다는 성명을 발표했다. 1711년 식민지 정부는 그때까지 생존해 있던 마녀 재판의 피해자들에게 배상금을 지급하고 이들의 유죄 기록을 공식 말소했다. 1992년에는 세일럼 마녀 재판 300주년을 맞아 세일럼과 댄버스 시민들이 마녀 재판의 억울한 희생자들을 위한 추모 비를 세웠다.

다양한 해석

기묘하기 짝이 없는 세일럼 마녀 재판 사건의 실체를 이성적으로 이해하려는 노력이 19세기 후반 들어 본격적으로 시작되었다. 연구자들이 가장 먼저 초점을 맞춘 것은 소녀들이 벌인 기행이다. 이에 관해 오랫동안 일반적 해석으로 자리 잡은 것은 소녀들이 함께 짜고 의도적으로 거짓말을 퍼뜨렸다는 음모론이다. 그러나 이후 티투바가 주도한 최면, 유난히 추운 겨울 날씨 탓에 발생한 집단 히스테리, 청교도적인 엄격한 양육 방식에서 기인한 정서 불안의 폭발,[6] 그리고 대규모 식중독[7] 등 다양한 방향에서 원인을 찾으려는 시도도 있었다.

한편 소녀들의 이상 행동에 이어 고발자와 용의자가 급증한 원인은 당시 세일럼 빌리지에서 벌어지던 이른바 '동네정치village politics'의 부산물로 이해할 수 있다. 폐쇄적인 종교 공동체 내부에서 온갖 이해득실과 악감정으로 얽히고설킨 인간 관계가 결국 이웃을 마녀로 고발하여 제거하려는 내전으로 발전했다는 것이다. 우선 번창하는 세일럼 타운과의 인연을 강조하며 타운 교구에 예속되기를 선호한 주민들과 빌리지를 독립된 별개 교구로 발전시키려는 주민들 간의 교구 문제를 둘러싼 갈등이 마녀 재판에 큰 영향을 끼쳤던 것으로 보인다. 마녀로 지목된 사람들

• • •

6 Ernest Caulfield, *Pediatric Aspects of the Salem Witchcraft Tragedy*, American Journal of Diseases of Children 65(May 1943), pp. 788~802.

7 발작을 일으킨 소녀들이 세일럼 인근에서 많이 재배하는 밀이나 귀리에 기생하는 곰팡이균에 집단 감염됐다고 하는 가설은 잔 다르크가 본 환영에 대한 주장과도 일치하여 흥미롭다(「잔 다르크 재판」 편 참조).

중 많은 수가 그들이 사라지면 토지 소유, 재산 분배, 심지어 사업의 경쟁 구도 등에서 반사이익을 취할 상대 내지는 라이벌을 두고 있었던 점도 주목해야 한다. '동네정치론'을 적용하면 소녀들이 벌인 '설명 불가'의 기행 또한 어느 정도 설명된다. 소녀들은 집에서 부모, 친지를 포함한 성인들이 여러 가지 이유로 적대적인 관계에 있는 동네 이웃들을 험담하는 소리를 너무 자주 듣다 못해 아예 이웃들을 악당 내지는 사악한 마녀, 마법사로 믿어버렸을 수 있다.[8] 그뿐만 아니라 아예 재판으로 부모나 친지의 라이벌을 제거함으로써 가문에 '충성'하려는 열성파도 있었을 법하다.[9] '동네정치론'에 더해 강하고 독립적인 여성에 대해 빌리지 사람들이 두려움과 반감을 가졌을 것이라는 페미니즘적 견해, 재판을 대토지 소유 농민과 무산계급 간의 갈등으로 보는 계급투쟁적 견해 등 세일럼 재판의 실체에 대해서는 아직도 다양한 이론이 펼쳐지고 있다.

근본주의가 불러온 광란

한편 역사가 페리 밀러Perry Miller는 세일럼 연구자들이 현대적 이론의 틀로 마녀 재판을 재해석하는 데 집착한 나머지 당대 세일럼 빌리지의 교회에서 "주일마다 도대체 어떤 내용으로 설교했는지를 이해하는 것은 등한시했다"라고 꼬집은 바 있다.[10] 밀러에 따르면, 기본적으로 세상을 신과 악마의 싸움터로 인식하는 청교도적 세계관에서는 악마의 끄나풀로서 마녀의 존재는 당연한 신학적 귀결이었다. 따라서 마녀 재판 역시 청교도적 이상에서 보면 예외적 사건이라기보다는 지극히 정상적인

● ● ●

8 어른들이 누군가를 비유적으로 '마녀'라고 한 것을 어린 소녀들이 문자 그대로 받아들였을 수도 있다.

9 이 대목과 관련해서는 Aronson, *op. cit.*, pp. 57~61 참조.

10 Perry Miller, *The New England Mind : From Colony to Province*, Harvard Univ. Press, pp. 192~193.

시스템적 반응이었다는 것이다. 실제로 뉴잉글랜드에서 마녀 재판은 세일럼 사태 이전에도 종종 있었다. 1647~1663년 사이 마녀 혐의로 체포된 79명 가운데 33명이 재판에 회부되었고 15명이 처형당했다. 이는 거의 50%에 가까운 사형률인데, 그보다 앞선 16세기 영국에서조차 마녀 재판의 용의자가 실제로 처형될 확률이 10% 미만이었다는 점을 생각해 보면 상당히 엄격한 편이다.

끝으로 세일럼 재판을 전후한 뉴잉글랜드 청교도 사회의 심리를 이해하려면 그보다 50여 년 전 영국에서 일어난 대격변에 눈을 돌릴 필요가 있다. 1648년, 영국에서는 올리버 크롬웰Oliver Cromwell이 주도하는 청교도혁명이 성공을 거두었는데, 이 소식을 들은 아메리카의 청교도들은 상당히 복잡한 심정이었을 것이다. 자신들의 이상이 모국에서 현실로 구현되었다는 사실에서 일종의 카타르시스를 느끼기도 했겠지만, 한편으로는 이민자로서 삶의 목표 내지는 의미 자체를 잃는 경험을 했을 수도 있다. 오로지 신앙의 자유를 찾아 모든 익숙한 것을 버리고 대서양을 건너와 신대륙에 공동체를 건설하려 했던 '숭고한 이상'이 정작 본국에서 혁명이 성공함으로써 상당 부분 퇴색하고 말았기 때문이다. 물론 청교도 공화국은 불과 10여 년 만에 붕괴되었고 영국은 왕정을 복고했지만, 뉴잉글랜드 청교도들이 한 번 겪은 정체성의 위기는 쉽게 해소되지 않았을 수 있다. 어쩌면 이런 정신적 공황사태가 그들로 하여금 신앙의 순수성에 더욱 집착하게 만들었고, 마녀 재판을 자신들의 근본주의 신앙을 만방에 과시하는 이벤트로 과감하게 밀어부치도록 만들었으리라는 가설은 충분히 개연성이 있다.

특히 이런 시각은 총독의 명령으로 부임한, 빌리지 내부의 이해관계에서 비교적 자유로운 특별 재판관들이 오히려 한동안 분위기를 부추겼다는 점을 설명하는 데 유용하다. 마녀 재판에 대한 근본주의적 시각은 세일럼 사태 직후 당시 유명한 논객인 코튼 매더Cotton Mather가 마녀 재판의 정당성을 옹호하기 위해 쓴 『보이지 않는 세계의 경이The Wonders of the Invisible World』에서도 확인된다. 세일럼 재판에서 재판장을 맡았던 윌리엄 스타우턴과 당시 빌리지 교구의 목사 새뮤얼 패리스 등이 이 팸플릿을 적극 지지하고 나선 것 역시 우연은 아니다.[11]

세일럼의 비극 그리고 걸작 세 편

세일럼은 19세기 대표적 미국 작가 너새니얼 호손Nathaniel Hawthorne이 어린 시절을 보낸 고향이다. 그의 직계 선조인 존 호손John Hathorne은 마녀 재판을 담당했던 특별 재판관 7명 중 한 명이었다. 마녀 사냥의 가해자 편에 선 인물을 조상으로 둔 것을 치욕으로 생각한 호손은 결국 자신의 원래 성 Hathorne을 Hawthorne으로 철자를 바꾸기도 했다. 호손은 세일럼에서 대표작 『주홍 글씨The Scarlet Letter』를 썼는데, 이 작품은 여러 면에서 작가가 마녀 재판의 희생자들에게 바치는 오마주hommage라고 할 수 있다. 호손은 1850년 『주홍 글씨』 출판과 함께 세일럼을 떠났으며 죽을 때까지 다시는 고향땅을 밟지 않았다.

영어를 비롯한 여러 나라 언어에서 이제 마녀 재판 혹은 마녀 사냥은 생사람 잡기, 누명 씌우기 등을 뜻하는 관용구가 되었지만, 아예 세일럼 마녀 재판 자체를 소재로 세태를 풍자한 작품도 있다. 20세기 미국의 대표적 극작가 아서 밀러Arthur Miller의 『크루서블The Crucible』이 바로 그것이다. 『크루서블』은 세일럼 마녀 재판을 생생하게 재현해 1940~50년대 미국을 휩쓸었던 매카시즘의 광기를 풍자했다.

• • •

11 원래부터 마녀 문제에 대표적 강경파였던 스타우턴은 평생 세일럼 마녀 재판이 정당했다는 소신을 굽히지 않았으며 오히려 총독의 개입으로 마녀를 더 색출하지 못한 것을 분해하기도 했다(*Ibid.*, pp. 195~197).

미국 수정헌법 제1조 역시 세일럼 사태에 직간접으로 영향을 받아 탄생했다. 독립운동을 시작한 미국 건국의 아버지들 가운데 많은 숫자가 뉴잉글랜드 출신이고, 이들은 식민지 시대 초기에 벌어진 세일럼 마녀 재판의 역사를 잘 알고 있었을 것이다. 이들이 연방헌법에 이어 수정헌법을 추가로 작성하면서 제1조에 "연방 의회는 국교를 정하거나 자유로운 신앙 행위를 금지하는 법률을 제정할 수 없다"라고 못박은 것은 세일럼 사

미국 작가 너새니얼 호손. 17세기 청교도 공동체의 위선을 다룬 『주홍 글씨』 등으로 유명하다. 호손은 세일럼 재판에 참여했던 인물의 직계 후손으로 그 사실을 부끄러워하여 이름까지 바꾸기도 했다.

태를 포함해 식민지 시대 초기에 종교 권력이 정치 권력을 장악하며 드러난 각종 폐해를 신생 공화국에서 반복하지 않겠다는 의지의 표현이라고 해도 지나친 비약은 아닐 것이다.

04 맨슨 패밀리 재판

● 1960년대의 마지막을 장식한 광란의 살인극 : The Manson Family Trial (1971)

헬터 스켈터를 주의해!
그녀가 빠르게 추락하고 있어.
_비틀즈The Beatles, 〈헬터 스켈터Helter Skelter〉

비벌리힐스의 참극

1969년 8월 9일 오전, 로스앤젤레스 최고의 부촌으로 꼽히는 비벌리힐스Beverly Hills에 있는 영화배우 샤론 테이트Sharon Tate[1]와 그 남편이자 영화감독인 로만 폴란스키Roman Polanski의 저택에 경찰이 들이닥쳤다. 가정부의 신고를 받고 출동한 경찰이 발견한 것은 끔찍한 살인 사건 현장이었다.

저택의 정원과 거실에서 무려 수십 차례씩 칼에 난자당한 것으로 보이는 시신이 4구 발견된 것이다. 사망자의 신원은 당시 임신 9개월째였던 샤론 테이트, 테이트와 폴란스키 부부의 친구이자 커피 브랜드로 유명한 폴저the Folgers 가의 상속녀 애비게일 폴저Abigail Folger, 폴저의 남자친구이자 시나리오 작가 워즈시엑 프리코프스키Wojciech Frykowski 그리고 샤론 테이트의 헤어드레서 제이 세브링Jay Sebring이었다. 저택 어디에도 귀중품이 도난된 흔적은 없었으며, 거실에서 현관으로 이어지는 벽면에는 희생자의 피로 눌러 쓴 '돼지PIG'라는 큼직한 단어가 보였다.

• • •
1 출연작으로는 〈인형의 계곡Valley of the Dolls〉 등이 유명하다.

다음 날인 8월 10일, 이번에는 로스앤젤레스의 또 다른 부촌인 로스펠리즈Los Feliz에서 새로운 살인 사건이 접수되었다. 슈퍼마켓 체인 경영인 리노 라비앙카Leno LaBianca와 그의 아내 로즈마리 라비앙카Rosemary LaBianca가 자택에서 몸이 묶인 채 칼에 찔려 숨져 있는 것을 딸이 발견하고 경찰에 신고한 것이다. 사망한 리노의 목에는 칼자국이 12개 있었으며 복부에는 포크로 긁어 만든 것으로 보이는 '전쟁WAR'이라는 글씨가 새겨져 있었다. 로즈마리는 거의 40여 군데를 칼에 찔려 살해당했다. 그뿐만 아니라 거실 벽면에는 희생자들의 피로 쓰인 '돼지들에게 죽음을DEATH TO PIGS', '봉기하라RISE' 등의 사인이 있었다. 부엌의 대형 냉장고에는 '헬터 스켈터HELTER SKELTER'[2]라고도 씌어 있었다.

비슷한 살인 사건이 두 건 연달아 터지자 로스앤젤레스는 공포의 도시로 변했다. 특히 샤론 테이트 살해 사건이 유명인들에 대한 계획적 연쇄 테러의 일환이라는 소문이 퍼지면서 비벌리힐스 지역에 밀집해 거주하는 배우, 가수 등 연예인들을 공포로 몰아넣었다. 실제로 로스앤젤레스의 어느 총기 상점에서는 사건이 일어난 지 이틀 만에 총기가 200여 정 팔려나가기도 했다.

경찰은 초기에는 두 사건이 동일범의 소행일 가능성이 크다고 보았다가, 곧이어 두 번째 살인 사건은 단순히 첫 번째 살인을 흉내내려는 모방범의 소행이라고 단정하는 등 우왕좌왕하면서 유력한 용의자를 파악하는 데 애를 먹었다. 사건 현장에서 현금이나 귀중품이 도난당한 흔적이 없었기 때문에 희생자들을 그렇게 끔찍하게 살해할 만한 동기를 짐작할 수 없었던데다 목격자를 찾기도 어려웠다. 시간은 흘러 1969년은 늦가을로 접어들었고, 두 사건은 그대로 오리무중에 빠지는 듯했다.

●●●

2 helter skelter는 형용사로는 서두르는, 허둥지둥하는 등의 뜻이며 영국에서는 놀이공원의 나선형 미끄럼틀이라는 의미도 있다.

데스밸리의 히피들

같은 해 10월, 로스앤젤레스에서 북쪽으로 약 400km 떨어진 데스밸리 국립공원Death Valley National Park에서 공원 순찰대와 경찰이 히피들로 보이는 일단의 남녀를 방화[3] 및 차량 절도 혐의로 체포했다. 체포된 인원은 총 24명에 달했는데, 이들은 데스밸리 근처에 버려진 오랜 목장 건물에 모여 살며 스스로 '패밀리'라고 부르는 컬트 비슷한 집단이었다. 이들의 지도자격인 인물은 34세의 찰스 맨슨Charles Manson이었다. 찰스 맨슨의 전과 기록을 조사한 경찰은 그가 감옥 바깥보다 감옥 안에서 산 햇수가 더 많은 문제 인물이라는 것을 확인했다. 하지만 이때까지만 해도 경찰은 찰스 맨슨과 그 패밀리가 로스앤젤레스에서 벌어진 연쇄 살인 사건과 어떤 연결점이 있다는 생각은 하지 못했다.

그런데 수사의 전환점은 이때 체포된 패밀리 멤버 가운데 한 명인 수잔 앳킨스Susan Atkins에게서 나왔다. 앳킨스는 테이트, 라비앙카 사건보다 앞서 벌어진 다른 사건의 혐의 때문에 멤버들과 떨어져 로스앤젤레스 카운티의 경범자 수감 시설로 보내졌다. 그런데 이때 앳킨스가 감방 동료 버지니아 그레이엄Virginia Graham에게 자신이 테이트, 라비앙카 살인 사건과 연계되어 있다고 떠벌린 것이다. 그레이엄을 신뢰하게 된 앳킨스는 살인 현장에 있지 않았다면 도저히 알 수 없는 온갖 세부 정황을 말하기 시작했다. 그러나 그레이엄은 가석방되기를 희망하며 앳킨스에게서 들은 내용을 간수를 통해 로스앤젤레스 경찰국에 통보했다.

경찰은 앳킨스를 강도 높게 추궁하는 동시에 11월 데스밸리에서 체포되었다가 방면된 다른 '패밀리' 멤버들을 상대로 보강 수사를 진행한 끝

●●●

3 맨슨 패밀리는 국립공원이 보유한 굴착기를 잘못 다뤘다가 덜미를 잡히게 되었다. 굴착기가 불에 탄 것을 발견한 국립공원 순찰대는 현장에서 목장 근처까지 이어지는 토요타 자동차 바퀴를 추적하여 맨슨 패밀리의 소재를 파악했다(Vincent Bougliosi, *Helter Skelter : The True Story of the Manson Murders*, W. W. Norton & Company, 1994, p. 125).

에 이들 가운데 상당수가 문제의 사건과 관련되었음을 확신하게 되었다. 곧 앳킨스에 이어 20대 여성 패트리샤 크렌윙클Patritica Krenwinkel, 레슬리 밴 휴튼Leslie Van Houten, 린다 카사비안Linda Kasabian과 찰스 텍스 왓슨Charles 'Tex' Watson이라는 남성에게 체포 영장이 발부되었다.

테이트 – 라비앙카 살해 용의자로 대배심이 최종적으로 기소한 인물은 앳킨스, 크렌윙클, 밴 휴튼, 카사비안, 왓슨 그리고 패밀리의 지도자 찰스 맨슨이었다. 캘리포니아주 검사 빈센트 불리오시Vincent Bougliosi가 이들을 기소하면서 함께 언론에 공개한 사건의 진상은 실로 놀라웠다.

찰스 맨슨, 헬터 스켈터의 메시아

찰스 맨슨은 1934년 오하이오에서 미혼모의 아들로 태어났다. 결손 가정에서 자라난 맨슨은 정규 교육을 제대로 받지 못했다. 게으른데다 신경질적이고 어려서부터 과대망상적인 행동을 보이는 등 심각한 문제아였다. 결국 13세 때 절도죄로 처음 미성년자 교정 신세를 진 것을 시작으로 절도, 사기, 매춘, 심지어 아동 성희롱까지 다양한 죄목으로 감옥을 전전하는 인생을 살던 맨슨은 1967년 캘리포니아의 연방 교도소에서 가석방되어 샌프란시스코로 향했다.

당시 샌프란시스코의 헤이트Haight와 애시베리Ashbury 두 거리가 만나는 지역은 1960년대 기성세대가 이룩한 모든 체제와 질서에 반발하는 카운터컬처counterculture의 메카처럼 되어 있었다. 따라서 미국 각지에서 히피, 아티스트, 기타 젊은이들이 모여들어 약물 복용, 음주, 섹스 등 퇴폐적인 삶을 만끽하는 장소이기도 했다.

어처구니없게도 그때까지 철저히 밑바닥 인생을 살아온 맨슨은 이 헤

대배심 앞에 출두하기 위해 법정으로 향하는 찰스 맨슨. 158cm 정도인 키가 주변 인물들 때문에 더욱 작게 보인다. 맨슨은 고등학교조차 마치지 못한데다 화려한 전과 기록 외에는 뭐 하나 내세울 것이 없는 인물이었지만 1960년대 미국 언더그라운드 문화의 몽환적 분위기를 타고 강력한 카리스마로 수십 명의 추종자를 거느리며 종국에는 폭력 혁명을 꿈꾸기까지 했다.

Photo Credit : Getty Images

이트 – 애시베리에서 마치 자신을 위해 준비된 것 같은 완벽한 무대를 발견했다. 수감 생활 중 동료 죄수에게서 기타 연주를 배운 맨슨은 자신이 직접 작곡한 노래들을 흥얼거리면서 술과 마약에 취해 여성들을 유혹했다. 반쯤 몽롱한 상태에서 그가 지껄이는 횡설수설을 뭔가 깊은 뜻이 담긴 신비한 메시지로 받아들이는 젊은이들도 종종 눈에 띄었다. 언제부턴가 맨슨 주변에는 그를 따르는 젊은 남녀들이 눈에 띄게 늘어났으며 스스로 '패밀리'라고 부르기 시작했다.

맨슨은 수십 명까지 늘어난 추종자를 데리고 샌프란시스코를 떠나 이 곳저곳을 전전하다가 1968년 말 로스앤젤레스 교외에 다다랐다. 맨슨은 자신이 작사·작곡한 노래들을 추종자들에게 가르쳤다. 때로는 1960년대 대표적인 영국 록밴드 비틀즈의 노래들에 숨겨진 '메시지'에 대해 설교하기도 했다. 또 추종자들 간의 자유로운 섹스를 장려하고 마리화나와 환각제인 LSD[4]를 집단 복용하는 등으로 내부 유대를 강화해갔다.

추종 세력이 수십 명까지 이르게 된 데 고무된 맨슨은 언제부터인가 자신을 메시아적 인물로 생각하기 시작했으며, 종말론적인 기괴한 세계관에 빠져들었다. 미국의 1960년대는 흑인 인권운동의 시대이기도 했다. 마틴 루터 킹 2세, 말콤 엑스 등을 비롯한 인권운동가들의 인종 차별 반대 시위가 끊이지 않는 가운데, 미국 곳곳에서 흑인 린치, 흑인과 백인 간의 크고 작은 충돌이 끊이지 않고 보도되었다.

맨슨은 조만간 흑인과 백인 간의 전면적인 인종전쟁이 벌어질 것이라고 보고, 그것을 전제로 이른바 패밀리의 '세계 지배 계획'을 구상하기 시작했다. 맨슨은 흑백 간의 아마겟돈 같은 최후의 전쟁을 비틀즈의 노래 제목이자 나선형 미끄럼틀을 의미하는 〈헬터 스켈터Helter Skelter〉라고 불렀다. 검사 빈센트 불리오시가 중간 수사 결과 발표 때 밝힌 맨슨의 원대한 구상은 그가 정신적으로 얼마나 파탄 상태에 있었는지 보여준다.

조만간 백인과 흑인 사이에 거대한 인종 전쟁 '헬터 스켈터'가 벌어지고 결국 흑인들이 유약하고 타락한 백인들에게 승리를 거둘 것이다. 그러나 일단 전쟁이 끝나면 용감하지만 우둔한 흑인들은 자신들이 획득한 권력을 어떻게 행사해야 할지 몰라 우왕좌왕하다가 결국 백인 생존자들에게 도움을 청할 수밖에 없을 것이다. 우리 패밀리는 전쟁 중 사막 한가운데의 '무저갱'[5] 속에 숨어 있다가 전쟁이 끝나면 혜성처럼 나타나 흑인들에게서 권력을 물려받아 세계를 지배하면 된다.

● ● ●

4 1960년대에 유행하던 환각제로 정식 명칭은 lysergic acid diethylamide. LSD는 스웨덴어 약자가 그대로 고착된 것이라고 한다.

5 성서 요한계시록 9장 11절에 등장하는 표현. "그들에게 왕이 있으니 무저갱의 사자라. 히브리어로는 그 이름이 아바돈이요 헬라어로는 그 이름이 아볼루온이더라."

망상이 여기까지 미치자 맨슨은 문제의 '헬터 스켈터'를 하루라도 빨리 앞당기고 싶어 견딜 수 없었다. 좋은 수가 없을까 곰곰이 생각하던 맨슨이 LSD와 알코올에 절어 게슴츠레한 눈길을 주변으로 돌리자 그의 말이라면 무엇이라도 할 준비가 되어 있는 '패밀리'가 보였다.

사건의 진상

1969년 8월 8일 저녁, 맨슨은 그의 행동대장격인 왓슨을 불렀다. 왓슨은 텍사스에서 대학 미식축구 선수로 활동했던 인물로, '텍스'라는 별명으로 더 유명했다. 맨슨은 왓슨에게 자세한 행동 지침을 내린 뒤 앳킨스, 크렌윙클, 카사비안에게는 왓슨과 함께 차를 타고 모종의 장소에 가서 그가 시키는 대로 하라고 명령했다.

왓슨이 모는 차량은 그날 밤 늦게 비벌리힐스 시엘로 드라이브에 있는 샤론 테이트와 로만 폴란스키의 저택으로 접근했다. 폴란스키는 영화 제작 때문에 런던 출장 중이었고, 저택에는 테이트와 친구 셋이 담소를 나누고 있었다. 외부와 연락을 끊기 위해 저택의 전화선을 미리 절단하는 용의주도함까지 보인 왓슨은 카사비안에게 차에 대기하면서 망을 보라고 한 뒤 앳킨스와 크렌윙클을 데리고 저택 담장을 넘어 집 안으로 향했다.

첫 번째 희생자는 정원까지 도망가다 붙잡혀 죽음을 당한 애비게일 폴저였다. 복도에서 폴저의 애인 프리코프스키가, 거실에서 헤어드레서 제이 세브링과 샤론 테이트가 칼에 찔려 쓰러졌다. 검찰의 검시 결과는 이네 희생자가 총 100회 이상 칼질을 당한 것으로 보고했다. 앳킨스가 샤론 테이트의 피를 찍어 현관 입구에 '돼지'라고 쓴 뒤 일당은 현장을 빠져나갔다.

이렇게 4명은 학살극을 성공리에 끝내고 은신처로 돌아왔지만 맨슨은 헬터 스켈터의 서곡으로는 어딘가 부족하다고 느꼈다. 살인은 그렇다고 치고 메시지 전달이 미흡했다고 본 것이다. 바로 2차 범죄를 계획한 맨슨은 다시 왓슨을 대장으로 하고 1차 거사에 가담했던 크렌윙클에다 이번에는 무리 가운데 최고의 미모를 뽐내던 레슬리 밴 휴튼을 지목하여 출동하게 했다.

이들은 로스앤젤레스 주택가를 차를 타고 배회하다가 라비앙카 부부를 타깃으로 선택했다. 이들은 희생자들을 칼로 난자한 다음 그들의 피로 '전쟁', '돼지들에게 죽음을', '봉기하라', 마지막으로 '헬터 스켈터'라고 써서 더 확실하게 메시지 전달을 시도했다.

2차 거사팀의 보고를 받은 맨슨은 그 정도면 충분하다고 판단했다. 맨슨은 경찰이 범행을 흑인들이 백인을 공격하기 시작한 것으로 보고 조만간 흑인들에 대한 대대적인 탄압을 시작하면 곧이어 흑인들이 본격적으로 봉기할 것이라고 보았다. 맨슨은 곧 패밀리의 근거지를 북쪽의 데스밸리로 옮기도록 했다.

실제로 그들은 데스밸리에서 맨슨의 지시에 따라 '헬터 스켈터'가 마무리될 때부터 숨어 있을 무저갱을 찾는답시고 이곳저곳을 들쑤시고 다니기도 했다. 애초에 경찰에게 체포의 단서를 제공한 굴착기 방화 사건역시 땅을 파려고 국립공원이 보유한 장비를 훔치려다 발생한 것이다.

법정 공방

1970년 7월, 전 세계 언론이 지켜보는 가운데 찰스 맨슨과 추종자들을 피고로 한 테이트 – 라비앙카 살인 사건 재판이 시작되었다. 재판이 시작될 때부터 검찰이 염두에 둔 것은 어떻게 하면 맨슨이 살인 사건의 주범으로 유죄 판결을 받도록 하느냐였다. 유죄 인정 협상을 통해 검찰에 협력한 카사비안의 증언을 토대로 직접 학살에 참가한 4명이 유죄 판결을 받도록 하는 것은 비교적 수월한 작업이었다. 그러나 맨슨은 범행에 직접 가담하지 않았기 때문에 유죄를 입증하기가 간단하지 않았다. 불리오시가 지휘하는 검찰은 재판 내내 맨슨이 살인 사건을 배후조종했다는 점을 증명하려고 노력했다. 검찰 측의 가장 중요한 증인인 카사비안은 맨슨이 범행을 직접 지시하는 현장을 보았다고 증언했다.

불리오시 : 당신이 차로 걸어가고 있을 때 크렌윙클과 앳킨스는 이미 차에 타고 있었다고 했지요. 그때 텍스 왓슨은 어디 있었나요?

카사비안 : 운전석 쪽에 서 있었어요.

불리오시 : 그는 누구랑 얘기라도 하고 있었나요?

카사비안 : 찰리(찰스 맨슨)와 얘기하고 있었어요. … 이윽고 텍스는 차에 올랐고, 우리가 막 차도로 나가려고 할 때 찰리가 다시 우리를 불러세웠어요. 그리고 내가 앉아 있는 쪽 차창 쪽으로 걸어오더니 차 안으로 머리를 쑥 집어넣으면서 이렇게 말했어요. "표식을 남기고 와. 아가씨들, 내 말이 무슨 뜻인지 알지. 뭔가 사악한 표식 말이야."

검찰은 또한 패밀리의 멤버들이 자신들의 의지보다는 맨슨의 절대적인 권위로 시작되어 조직 전체에 퍼진 집단착란[6] 상태에서 범행을 저질렀음을 증명하는 데 많은 노력을 기울였다.

한편 재판 중 맨슨과 다른 피고인들은 법정에서 각종 사보타주 공작과 기이한 퍼포먼스를 펼치면서 언론에 풍부한 뉴스거리를 제공하는 동시에 재판 자체를 희화화하려고 했다. 공판 첫날 맨슨은 이마에 X를 새

• • •

6 Ed Sanders, *The Family : The Story of Charles Manson's Dune Buggy Attack Battalion*, E P DUTTON & CO INC,1971, p. 390.

긴 모습으로 등장했다. 맨슨은 X가 자신이 이 사회에서 이미 영구히 X, 즉 제거되었다는 징표라고 설명했다. 맨슨은 증언석에 서겠다고 자청하더니 장황하게 횡설수설 지껄여대서 주변을 지치게 하는가 하면 심지어 변호인 책상 위에 있던 연필을 집어들고 검사석의 불리오시를 노리며 육탄 돌격을 감행하다가 법정 경관들에게 제지당하기도 했다. 맨슨과 함께 기소된 앳킨스, 크렌윙클, 밴 휴튼 역시 맨슨의 지시에 따라 놀라우리만치 일사불란하게 움직였다. 이들은 매일 맨슨이 작사·작곡한 노래를 합창하면서 재판정에 등장하는가 하면 법정에서 검찰을 향해 등을 돌린 채 동시에 스커트 자락을 들어올리는 등 기행을 벌였다.

맨슨의 변호인 어빙 카나렉Irving Kanarek은 미국 대통령의 발언을 걸고넘어지기도 했다. 찰스 맨슨이 언론을 통해 전국적으로 유명해지자 한 기자회견에서 닉슨 대통령이 맨슨을 거론하며 "이유도 없이 직간접적으로 살인 사건 8건을 저지른 책임이 있는 자가 언론 보도에서 유명 인사 비슷하게 등장하는 것은 유감스럽습니다"라고 말했는데, 《LA 타임스》가 다음 날 「닉슨, 맨슨이 유죄라고 선언!Manson Guilty Nixon Declares!」이라는 자극적인 제목 아래에 특종으로 대통령의 발언을 보도한 것이다. 대통령의 발언은 범죄 용의자가 마치 대중 스타처럼 언론에서 크게 다루어지는 것에 유감의 뜻을 표현한 것이지만, 카나렉은 판사에게 국가 최고지도자가 재판 결과가 나오지도 않은 용의자를 유죄라고 단정지은 것은 공정한 재판 절차의 위반이자 압력이라며 재판 무효를 선언하라고 요구했다.

법원은 대통령 개인의 견해가 배심원들의 판결에 아무런 영향을 끼칠 수 없다며 변호인단의 요구를 거부했다. 1970년 6월에 시작된 재판은 해

7 이 기록은 25년 뒤 O. J. 심슨 재판 때 깨졌다.

를 넘겨 1971년 1월까지 이어지며 당시 캘리포니아 역사상 가장 긴 재판이라는 기록을 수립했다.[7]

선고 그리고 최후의 반전

불리오시는 검찰 측 최종 논고에서 다음과 같이 말했다.

일단 범죄가 모의되면 공모에 참여한 각 개인은 그 범죄행위에 대하여 형사법상 책임이 있으며 동등하게 유죄가 됩니다. … 만약 A와 B가 X를 살해하자고 공모하고 그러한 합의에 따라 B가 X를 살해한다면 A는 비록 실제 살해범이 아니라 해도 그 살인에 공동으로 유죄가 됩니다. 그가 어디에 있었는지, 테니스 혹은 배드민턴을 치고 있었든 그것은 문제가 되지 않습니다. A는 공모의 일원인 것입니다. 이것이 공동 모의에 대한 법률입니다. 거기에는 어떤 조건이나 예외도 없습니다. 설령 찰스 맨슨이 단지 살인을 저지를 것을 모의한 일원으로 실제로 아무도 죽이지 않았다고 해도 그는 이 모든 살인에 대해 유죄일 터인데, 이 사건의 경우 그는 단순히 공모한 일원이 아니라 지도자였으며 이 모든 음모의 배후에 도사린 주동 세력이었습니다.

불리오시는 샤론 테이트부터 살인 사건의 피해자를 한 명씩 호명한 뒤 이렇게 진술을 마무리했다.

이들 희생자들이 무덤에서 정의를 보여달라고 울부짖고 있습니다. 배심원 여러분이 내리는 유죄 평결만이 정의에 부합할 수 있습니다.

마치 나들이라도 가는 표정으로 재판정으로 향하는 맨슨의 여인들. 왼쪽부터 패트리샤 크렌윙클, 수잔 앳킨스, 레슬리 밴 휴튼. 모두 캘리포니아주 중산층 가정 출신이었으나 맨슨에게 홀려 끔찍한 범죄에 가담하면서 인생을 망쳤다. 이들 가운데 수잔 앳킨스는 2009년 암으로 사망했으며 크렌윙클과 밴 휴튼은 여전히 복역 중이다.
Photo Credit : Getty Images

배심원단의 평결은 1971년 1월 25일 나왔다. 결과는 피고인 전원 유죄였다. 당시 캘리포니아주 법률은 배심원단이 양형까지 결정할 수 있었는데, 배심원단은 검찰의 권고를 받아들여 피고 전원에게 사형을 선고했다. 재판정을 떠나면서 맨슨은 불리오시에게 이렇게 말했다.

"당신이 지금 하는 짓은 모두 내가 원래 나온 곳으로 돌려보내는 것뿐이야. … 나는 감옥을 좋아한다고. 하기야 사막, 태양 그리고 여자를 더 좋아하기는 하지만."

불리오시는 차갑게 대답했다.

"그래? 하지만 넌 아직 샌퀜틴의 '그린룸'은 본 적이 없지."[8]

그린룸은 샌퀜틴교도소에 있는 가스실의 별명이었다. 즉 그 말의 의미는 맨슨이 이번에는 그냥 감옥으로 돌아가는 것이 아니라 조만간 가스실에서 처형될 사형수로 가는 것이기 때문에 상황이 다르다는 것이었다. 그런데 결과적으로 맨슨은 그린룸을 결코 보지 못했다. 1972년 4월 캘리포니아주 대법원이 사형제도가 주 헌법에 위배된다고 결정하면서 맨슨 일당을 포함해 당시 사형이 확정된 기결수들이 모두 무기징역으로 감형된 것이다.

비록 주민 청원이 받아들여져 주 헌법이 개헌되면서 같은 해 11월 사형제도는 원상회복되었지만, 이미 무기징역으로 감형된 사형수들은 형벌불소급의 원칙에 따라 사형 대상에서 계속 제외되는 행운을 누렸다.

1960년대의 종말

1960년대는 미국 역사에서도 매우 독특한 시기다. 비트 문학, 인디 영화, 브리티시 록과 우드스톡 페스티벌 등 기존의 주류 문화와 전혀 이질적인 새로운 창조적 에너지가 넘쳐흘렀다. 그와 동시에 미국이 베트남전쟁에 점점 깊숙이 개입하면서 당시 징병 대상이었던 젊은이들 사이에서는 불확실한 미래에 대한 불안감 때문에 정상적인 삶보다는 모든 질서를 거부하고 순간의 쾌락을 탐닉하는 말세적인 분위기가 퍼져 있었다. 여러 모로 보아 황당하기 짝이 없는 맨슨이 출신 배경과 지적 능력이 훨씬 앞서는 젊은이들을 쉽사리 자신의 수하로 끌어모을 수 있었던 것은 이런

• • •

8 Vincent Bougliosi, *Helter Skelter : The True Story of the Manson Murders*, W. Norton & Company, 1994, p. 378.

시대적 배경과 무관하지 않다.

1960년대는 히피의 시대이기도 했다. 미국 히피 문화는 미국의 1960
년대를 대표하는 두 에너지인 창조성과 자기 파괴를 동시에 지니고 있었
다. 물질적 풍요를 부정하고 작은 공동체를 이루어 소박한 방랑자의 삶
을 살려는 히피 정신은 어떤 면에서는 고귀함마저 느끼게 했다. 하지만
동시에 그러한 삶은 음주, 마약, 섹스 등 파멸적인 유혹에 쉽게 빠질 수
있었다.

그러나 맨슨 사건은 히피 문화에 부정적인 시각을 확산해 몰락을 부추
기는 결정적 계기가 되었다. 가벼운 약물중독자 혹은 자본주의의 시스템
에서 벗어나 근심걱정 없이 인생을 즐기려는 순진한 젊은이들의 집단 정
도로 생각되던 히피들이 맨슨 사건으로 모조리 뒤틀린 세계관을 가지고
언제라도 끔찍한 일을 벌일 수 있는 잠재적인 범죄 집단으로 낙인 찍힌
것이다. 아이러니하게도 맨슨 자신은 스스로 히피라고 여기지 않았던 것
으로 보인다.

불리오시에 따르면 맨슨은 신문 도중 "히피는 기성 체제를 좋아하지
않기 때문에 뒤로 물러서서 끼리끼리 체제를 만들 뿐이라 사실 기성 체
제에 속한 놈들보다 더 나을 것도 없다"라고 말했다는 것이다.[9] 즉 '헬
터 스켈터 혁명'을 꿈꾼 자신은 현실도피적인 히피 따위와는 차원이 다
르다는 얘기다. 실제로 시스템 관리의 세련성에서는 한참 떨어지지만 투
박하게나마 광신적 컬트 집단을 만들고 꾸려간 맨슨은 이후 미국 사회를
경악시켰던 1980년대의 짐 존스Jim Jones, 1990년대의 데이비드 코레시
David Koresh 등 악명 높은 종교 집단 지도자들의 대선배급이라고 할 수
있다.

● ● ●
9 *Ibid.*, p. 403.

비록 사형 집행까지 이어지지는 못했지만 유죄 판결을 받은 이들 '패밀리'의 사회인으로서의 생명은 종말을 고했다. 맨슨을 제외한 대부분은 오랜 수형 생활을 거치면서 맨슨에 대한 환상에서 깨어나 진정으로 죄를 뉘우치는 모습을 보였지만, 이들 가운데 살아서 감옥 밖으로 나온 인물은 2013년 현재까지 아무도 없다.

심지어 처음에 사건 해결의 단서를 제공한 수잔 앳킨스의 경우, 2008년 불치의 암에 걸린 것이 밝혀지면서 인간답게 죽도록 해달라며 가석방을 요청했고, 여론도 호의적이었지만 가석방 심사위원회는 그 요청을 기각했다. 앳킨스는 결국 교도소에 있는 병원에서 2009년 사망했다. 맨슨의 경우 지금까지 12차례 가석방 신청을 했으나 모두 기각되었다. 2013년 현재 그의 다음 가석방 심사는 2015년으로 예정되어 있다.

Part 6

생각을 심판하다

● 아테네 법정을 발칵 뒤집은 철학자의 도발 : The Trial of Socrates (기원전 399)

작별의 시간이 왔으니 이제 우리는 각자가 갈 길을 갑시다. 나는 죽기 위해, 여러분은 살기 위해. 어느 쪽이 더 좋은 일인지는 오직 신만이 아시겠지요.

_소크라테스Socrates, 변론을 마치며

제국의 황혼

페르시아의 대군이 그리스 연합군에 대패하여 물러간 기원전 479년부터 약 반세기 동안 아테네는 국운의 절정기였다. 페르시아의 재침에 대비하고 동맹국들의 해상 무역을 보호한다는 명분으로 결성된 델로스동맹을 통해 아테네는 강력한 해군력을 구축하는 동시에 엄청난 부를 축적했다. 그리고 이를 바탕으로 소아시아까지 식민지를 건설하며 일개 도시국가가 아닌 제국의 지위에 올랐다. [1] 이 시기 아테네의 국력은 장엄함을 자랑하는 파르테논신전을 비롯하여 도시의 중심인 아크로폴리스를 덮은 거대한 건축물들과 기념비, 금은보석으로 치장한 석상들로 표현되기도 했다. 결국 아테네의 독주를 보다 못한 스파르타가 기원전 431년 내륙의 도시국가들과 동맹을 결성하여 아테네에 도전하면서 그리스반도는 펠로폰네소스전쟁 Peloponnesian War의 소용돌이에 휩싸였다.

전쟁에 임하는 아테네는 자신감이 넘쳤다. 도시의 성벽은 난공불락

• • •

1 델로스동맹Delian League의 사령부는 원래 델로스 섬Isle of Delos에 있었는데, 기원전 454년 맹주인 아테네가 아예 사령부와 그 재원이 되는 금고를 아테네로 옮겨버리면서 이후 동맹국들이 내는 헌금은 사실상 아테네에 바치는 조공이 되었다.

으로 여겨졌고, 해상을 통한 물자 조달도 풍부했을 뿐 아니라 페리클레스Pericles라는 걸출한 지도자가 이끌고 있었다.[2] 페리클레스는 델로스동맹을 이용하여 아테네를 제국의 위치로 끌어올린 당사자로 전략적 두뇌뿐 아니라 웅변술과 카리스마 역시 비교할 상대가 없는 인물이었다. 그러나 기원전 430년 무서운 전염병이 도시를 덮치면서 아테네의 국운은 급속히 기울기 시작했다. 수년간 창궐한 전염병에 인구의 3분의 1가량이 사망했는데, 그 희생자들 가운데는 페리클레스와 그의 아들들마저 포함되어 있었던 것이다. 구심점을 잃은 아테네는 전투에서 연전연패했고, 기원전 404년 피폐해질 대로 피폐해져 결국 스파르타에 항복했다. 전쟁이 끝나고 아테네는 한동안 극도의 혼란을 겪었다. 전염병과 오랜 전란으로 인구는 급격히 감소했다. 전쟁 비용과 배상금 등으로 한때 넘쳐나던 국고도 거덜났다. 무엇보다도 전쟁 패배의 책임 소재와 국가 운영 방향을 둘러싼 국론 분열이 극에 달했다.

이런 가운데 기원전 404년 스파르타의 사주를 받은 상류층 인사 30명이 쿠데타를 일으켜 이른바 '30인 독재' 정권을 세우는 사태가 벌어졌다. 이들 30명은 평소 아테네 민주정의 폐해를 비판하고 전쟁 중에도 친스파르타적 행태를 보인 자들로, 정권을 잡자 부유한 아테네 시민들과 외국인들의 재산을 압류하고 민주정 지도자들을 포함해 1,500명을 처형하는 등 공포정치를 펼쳤다. 실제로 이들의 행보가 워낙 급진적이고 과격해서 스파르타마저 놀라 지원 결정을 재고할 지경이었다.[3] 30인 독재는 지도부의 분열에 이은 시민들의 봉기로 불과 8개월 만에 몰락했다. 하지만

• • •

2 페르시아 전쟁 직후부터 펠로폰네소스전쟁이 발발한 기원전 431년까지 약 반세기를 보통 '아테네의 황금기'라고 한다. 이 시기는 페리클레스가 집권한 기간과도 많이 겹치기 때문에 '페리클레스의 시대'라고도 한다.

3 스파르타는 아테네가 완전히 멸망할 경우 강력한 해군을 거느린 또 다른 도시 국가 코린토스Corinth가 독주할 것을 우려했다(Thomas R. Martin, *Ancient Greece : from Prehistoric to Hellenistic Time*, Yale University Press, 1996, p. 162).

그들이 짧은 기간 아테네 사회에 남긴 폐해는 컸고, 시민들은 그 악몽을 오랫동안 기억해야 했다.

소피스트

전통적으로 아테네 민주주의에서는 토론과 논쟁의 역할이 컸다. 웅변으로 대중의 환심을 사고, 화술로 상대를 설득하거나 제압하는 기술은 점점 정치뿐 아니라 일상생활에서도 선택이 아닌 필수가 되었다. 또한 아테네는 드라콘과 솔론, 클레이스테네스로 이어지는 입법가들의 노력으로 오래전부터 법치가 정착되어 있었기 때문에 인간관계에서 벌어지는 다양한 상황이 법정으로 이어지는 일이 빈번했다. 따라서 논리정연한 화술과 변론술의 필요성이 나날이 커져갔다. 송사가 늘어나면서 심지어는 '시코판테스sykophantes'라고 불리는 전문 소송꾼들이 판을 치기도 했다. 이들은 공동체에서 일어나는 불의한 일이나 공직자의 비리 등을 고발한다는 명분으로 소송을 걸겠다고 협박하여 돈을 뜯어내는 일종의 공갈꾼들이었다. 이들에게서 스스로를 보호하기 위해서도 아테네인들은 자기 방어를 위해 무기를 휴대하듯 화술을 갈고닦지 않을 수 없었다.

이런 대중의 욕구에 호응하여 기원전 5세기 무렵 아테네 사회에 등장한 것이 소피스트sophist라고 불리는 논변 전문가 집단이었다. 이 소피스트들 가운데는 단순한 논변이나 말재주 차원을 넘어 깊이 있는 사유에 도달한 사실상 철학자들도 적지 않았다. 그러나 기본적으로 소피스트들의 본업은 학생들에게서 수업료를 받고 논변 기술을 가르치는 것이었다. 실제로 그 가운데는 평판과 함께 몸값도 높아져 엄청난 재산을 모으는 이들도 있었다. 하지만 소피스트식 논변술은 종종 주제의 본질과 상관없이 단지 눈앞의 상황을 모면하기 위한 궤변이나 억지 주장을 펴는 기술로 변질되기도 했다. 논변술의 부정적 측면을 보여주는 극단적 예가 유명한 소피스트들인 티시아스Tisias와 코락스Corax의 일화다. 티시아스는 코락스에게서 논변술을 배웠는데 교과 과정을 다 마치고 나서도 수업료를 내지 않으려고 했다. 코락스가 티시아스에게 수업료를 받기 위해 소송을 걸자 티시아스는 재판정에서 다음과 같이 주장했다.

만약 코락스가 내게 제대로 논변 기술을 가르쳐주었다면 나는 그 기술로 코락스가 나에게서 수업료 받기를 포기하도록 설득할 수 있어야 할 것이고, 그렇게 되면 나는 물론 수업료를 낼 필요가 없어집니다. 하지만 만약 내가 그를 설득할 수 없다면, 그것은 그가 내게 논변술을 제대로 가르치지 못했다는 것을 증명하는 것이니 역시 나는 수업료를 내지 않아도 됩니다.

이렇게 논리와 궤변 사이에서 아슬아슬하게 줄타기하던 소피스트들은 당대 아테네 사회에 필요한 일종의 사회악이기는 했지만, 대다수 아테네 시민이 이들을 보는 시선은 별로 곱지 않았다.

재판이 시작되다

기원전 399년 아테네에서는 소크라테스Socrates라는 70세 노인에 대한 재판이 열렸다.[4] 석공인 아버지와 산파인 어머니 사이에서 태어난 소크

• • •

4 기본적으로 소크라테스의 재판 상황을 전해주는 문서로는 당시 소크라테스의 제자였던 플라톤Platon이 쓴 『변명 Apology』과 크세노폰Xenophone이 쓴 『소크라테스의 변명Apology of Socrates』이 있다. 두 작품 모두 소크라테스 재판에 참여했던 당사자들이 여러 명 생존하던 시기에 발표된 만큼 비교적 역사적 사실에 가까운 것으로 믿을 수 있다. 그리스어 apologia는 변명보다는 변론, 변호라는 뜻이다. 소크라테스의 재판을 언급한 또 다른 고대 문헌으로는 3세기경의 철학자 디오게네스 라이르티우스Diogenes Laertius가 쓴 『저명한 철학자들의 삶과 사상Lives and Opinions of Eminent Philosophers』이 있으나, 이는 사건이 일어나고 한참 뒤인 문헌이라 사료로서 가치는 조금 떨어진다.

라테스는 일정한 직업도 없이 곤궁하게 살았지만, 당시 아테네에서는 꽤 유명 인사였다. 그의 주변은 언제나 그의 이야기를 듣거나 그와 대화를 나누기 위해 몰려든 상류층과 부유층 자제들로 북적거렸다. 많은 아테네인은 소크라테스 역시 소피스트의 한 명으로 생각했지만 그는 전형적인 소피스트라고 하기에는 독특한 면모가 많았다. 우선 그는 보통의 소피스트들과 달리 배움을 청하는 젊은이들에게서 수업료를 일절 받지 않았다. 용모에도 전혀 신경 쓰지 않

소크라테스의 두상. 독일 철학자 니체가 "그리스인치고는 유독 추한, 열성인자적 얼굴"이라고까지 평할 만큼 외모가 거칠었지만 기원전 5세기 아테네의 많은 젊은이에게는 우상과 같은 존재였다.

아 더부룩한 머리카락에 긴 망토 한 벌로 사시사철을 보냈다. 그의 논변술은 '문답법'이었는데, 일반인에게 문답법이란 덕, 정의, 사랑 등 사람들이 별 생각없이 일상에서 사용하는 개념의 정의를 상대의 말문이 막힐 때까지 집요하게 캐묻는 테크닉 정도로 보였다.

이런 소크라테스를 고발한 인물은 멜레토스Meletus, 아뉘토스Anytus, 뤼콘Lycon 3인이었다. 이들이 적용한 혐의는 소크라테스가 국가에서 인정하는 신을 인정하지 않고 다른 괴이한 신령daemon[5]을 숭배하며, 젊은이들을 타락시켰다는 것이었다.

• • •

5 다에몬은 신과 인간의 중간쯤에 있는 존재로 신령, 정령 등을 가리킨다. 소크라테스는 내면으로부터 자신을 올바른 길로 인도하는 다에몬의 소리를 종종 듣는다고 주장했는데, 고발자들은 이를 신성모독죄의 근거로 삼은 것으로 보인다.

당시 아테네의 재판은 아고라에 마련된 재판정에서 이루어졌다. 종교와 관련된 재판은 아르콘archon이라고 불린 최고 행정관 9인의 관할이어서 고소장은 이들 앞으로 제출되었다. 아테네 법정은 시민층을 구성하는 전통적인 10부족에서 추첨으로 선출된 600명씩 모여 6,000명으로 이루어진 배심원 풀에서 사건의 비중과 성격에 따라 수백 명부터 심지어는 1,000명 이상까지도 배심원을 뽑아 재판을 하도록 했다. 배심원을 최소한 수백명씩 만든 것은 원고나 피고 측이 이들을 매수할 수 없게 하기 위해서였으며, 배심원의 숫자는 홀수로 만들어 가부동수 없이 판결이 나오도록 했다. 소크라테스의 재판은 501명으로 이루어진 배심원단 앞에서 진행된 것으로 보인다.

혐의를 해명하다

아테네 법정은 피고의 혐의를 관리가 낭독한 뒤 고발자가 왜 피고를 고발했는지 배심원들에게 설명하고 다시 피고가 방어하기 위한 변론을 하는 순서로 진행되었다. 법정에서는 물시계를 사용하여 한 사람의 발언 시간을 제약했다. 이런 전통을 생각하면 틀림없이 소크라테스를 고발한 3인 역시 고발 이유를 발표했을 테지만, 유감스럽게도 이들의 연설은 기록으로 남아 있지 않다. 따라서 그 뒤를 이은 소크라테스의 응답에서 그 내용을 유추할 수밖에 없다. 소크라테스는 3인이 펼친 연설에 자신의 소감을 피력하는 것으로 변론을 시작했다.

아테네인들이여, 내 고발인들이 여러분에게 어떤 영향을 미쳤는지 나는 모르겠습니다. 하지만 그들 덕분에 나는 하마터면 내가 누구인지 잊어버릴 뻔했습니다. 그들의 연설은 그만큼 설득력이 있었으나, 한편으로는 거

신탁이 영험한 것으로 유명했던 델포이의 아폴로 신전 유적. "어떤 인간도 소크라테스보다 현명하지 않다"라는 신탁을 내렸다.

의 단 한마디의 진실도 말하지 않았습니다. [6]

이렇게 고발자들에게 황당함을 피력한 소크라테스는 이어서 자신을 향한 고발에 대해 더 자세히 말하는데, 이 부분은 시사하는 바가 적지 않다.

우선 나는 오래전부터 나에게 제기된 혐의들에 대해서 해명하고, 이어서 새로운 고발과 고발인들에게 변론하겠습니다. 왜냐하면 나는 여러 해 동안 나에 관해서 여러분에게 전혀 터무니없는 모략을 해온 자들을 아뉘토스와 그 일행보다 더 우려하기 때문입니다. 그들도 나름 위험하기는 하지

● ● ●

6 이 장에서 소개하는 소크라테스의 진술은 모두 플라톤의 『변명』에서 인용했다.

만, 여러분이 어렸을 때부터 "하늘 위의 일을 헤아리고 땅 밑의 일들을 들 춰내며 빈약한 이론을 더 그럴듯하게 만드는 소크라테스라는 현인이 있다"라는 식으로 여러분의 마음을 현혹한 자들이야말로 더욱 위험스럽기 때문입니다.

이러한 발언에서 소크라테스의 평소 행적에 대해 아테네인이 불만을 품은 역사가 실은 꽤 오래되었으며, 따라서 멜레투스를 비롯한 3인의 고소가 하루아침에 일어난 사건이 아니었음을 알 수 있다. 소크라테스는 자신에 대한 '해묵은 오해와 편견'에 대해 해명하기 시작한다.

단순한 진실은, 나는 삼라만상에 대해 억측하는 일과는 아무 상관이 없다는 것입니다. … 또 내가 수업료를 받는 선생이라는 것 역시 앞서의 비난과 마찬가지로 근거 없는 소문일 뿐입니다. 하기야 누군가가 사람들을 가르칠 능력이 있고 그 대가로 돈을 받는다면 그것은 명예로운 일일 것입니다. … 아테네인들이여, 나는 그런 재주가 없답니다.

자신이 수업료를 받는 선생, 즉 소피스트가 아니라고 강조한 소크라테스는 이어서 자신이 왜 '현인'으로 불리게 되었는지 다소 긴 해명을 시작한다. 바로 그 유명한 델포이 신탁Oracle of Dephi의 에피소드가 여기에 등장한다. 언젠가 소크라테스의 친구 카이레폰이 델포이에 가서 "소크라테스보다 더 지혜로운 자가 있습니까?"라고 묻자 신전의 영매는 "소크라테스보다 더 지혜로운 인물은 아무도 없다"라는 신탁을 주었다는 것이다. 이 소식을 전해들은 소크라테스는 한동안 당혹스러워했으며, 그 신탁의 의미를 이해하지 못했다. 그는 스스로 지혜로운 사람이 못 된다는 것을 잘 알았기 때문이다. 소크라테스가 그 신탁의 진정한 의미를 깨달은 것은 그가 지혜가 있다는 평판이 있거나 스스로 지혜롭다고 생각하는 여러 인물을 직접 만나 대화를 나눠본 뒤였다. 소크라테스에 따르면 그가 만나본 사람들 가운데 그 누구도 지혜를 지닌 자는 없었다. 따라서 그의 결론은 인간이란 기본적으로 모두 무지하다는 것이었다. 그런데 신탁은 왜 소크라테스가 가장 현명하다고 말했을까? 소크라테스는 이렇게 말했다.

아테네인들이여, 현명한 분은 오직 신뿐입니다. 그럼에도 신께서는 인간의 지혜란 전혀 보잘것없다는 것을 드러내려는 의도로, 마치 나 소크라테스의 이름을 한 본보기로 들어, 인간들이여, 소크라테스처럼 자신의 지혜가 실은 아무런 가치도 없다는 것을 깨달은 자야말로 너희들 가운데 가장 현명한 자이니라, 라고 말씀하시는 것처럼 보입니다.

이렇게 소크라테스는 자신이 궤변을 펴는 소피스트라는 주장, 그리고 현자로 자칭한다는 해묵은 오해에 대해 해명을 펼친 뒤, 법정에 불려오게 된 직접적 동기인 두 가지 혐의에 대한 변론을 본격적으로 전개했다. 먼저 그가 젊은이들을 타락시켰다는 고소장의 내용에 대해, 소크라테스는 누구더러 좋은 이웃과 사악한 이웃 사이에 사는 것을 선택하라면 당연히 좋은 이웃을 선택할 것이며, 사악한 이웃에 둘러싸여 살고 싶은 사람은 아무도 없을 것이기 때문에 자신 역시 젊은이들에게 둘러싸여 있으면서 그 젊은이들을 사악하게 타락시킬 동기가 전혀 없다는 논리를 펼쳤다. 만약 소크라테스가 스스로 깨닫지 못하는 사이에, 즉 젊은이들을 타락시킬 의도가 없으면서도 결과적으로 그렇게 되었다면 어떨까. 하지만 그런 경우라면 애초부터 악의가 없었기 때문에 죄가 성립되지 않으며, 멜레투스는 소송을 거는 대신 소크라테스를 개인적으로 만나 훈계하고 시정하도록 했어야 했다고 소크라테스는 주장했다. 계속해서 소크라테스는 자신이 국가의 신을 인정하지 않고 새로운 신령에 대한 신앙을 도입했다는 혐의에 대해 변론을 시작했다. 소크라테스는 평소 자신의 삶을 바르게 인도하는 내면의 소리가 들린다고 주장했다. 소크라테스는 이를 고대 그리스인이 '다이몬의 계시'라고 한, 신의 정령으로부터 온 메시지라고 믿었다. 소크라테스는 이 내면의 소리가 자신이 정치에 발을 들이지 못하도록 하는 등 인생의 고비마다 행동 지침을 주었다고 술회한 바 있다. 멜레투스 등은 소크라테스가 이 내면의 소리가 들려주는 가르침을 따르는 것은 바로 국가의 신을 인정하지 않고 새로운 신앙의 대상을 도입한 것과 마찬가지이거나, 심지어 그가 무신론자라는 주장이었다. 소크라테스는 이 문제와 관련해 고발자 멜레투스를 직접 신문했다. 사실상 그의 트레이드 마크인 대화술을 재판에서 시도한 것이다.

소크라테스 : 멜레투스여, 마술은 믿으면서 말의 존재를 믿지 않는 자가 있을까요? 피리 연주는 믿으면서 피리 연주자의 존재는 믿지 않을 수가 있을까요? … 다음 질문에 대답해보시오. 누군가가 인간과 신 사이에는 영적인 신성한 매개자가 있다고 믿으면서 정령과 반신반인의 존재를 믿지 않을 수가 있을까요?

멜레투스 : 그럴 수 없소.

소크라테스 : 그런데 정령과 반신반인은 신이거나 신의 자손들이 아니오?

멜레투스 : 확실히 그렇소.

소크라테스 : 하지만 이 대목이야말로 내가 당신이 발명한 익살스러운 수수께끼라고 부르는 것이오. 반신반인이나 정령들은 신인데, 당신은 애초에 내가 신을 믿지 않는다고 말했다가, 다시 내가 반신반인을 믿는다면 신을 믿는 것과 마찬가지라고 말하고 있소. 만약 반신반인이 님프나 혹은 다

른 여인들과 신들 사이에 태어난 사생아라면, 어떤 인간이 신의 자손은 믿으면서 신은 존재하지 않는다고 믿겠소? 그럴 바에는 차라리 노새의 존재를 인정하면서 동시에 말과 당나귀는 인정하지 않는 편이 낫겠구려.

결국 멜레투스는 말문이 막혔다. 소크라테스는 이렇게 해명한 후, 약간은 엉뚱하게도 마치 자신의 운명을 예언하는 듯 다음과 같은 발언을 했다.

나는 멜레투스가 건 혐의에 대해 충분히 대답했습니다. 사실 공들인 변론이 필요없을 정도지요. 하지만 나는 내가 초래한 원한이 얼마나 큰지, 그리고 이것이야말로 멜레투스도 아뉘투스도 아닌, 세상의 질투와 중상이야말로 나를 파멸시키리라는 것을 너무도 잘 알고 있습니다. 그 때문에 많은 선인들이 죽어야 했고, 앞으로도 그럴 것이므로, 내가 마지막 희생양이 될 가능성은 전혀 없습니다.

그가 변론을 마치자 배심원들은 투표에 들어갔다. 결과는 281대 220으로 유죄였다.

철학자, 법정을 발칵 뒤집다

아테네 법정에서는 유죄 판결이 나면 고발인들이 제시한 형벌과 피고가 대안으로 제시한 형벌 가운데 하나를 선택하는 절차로 접어들도록 되어 있었다. 고발인들이 소크라테스에게 제시한 형벌은 사형이었다. 이런 경우 피고는 보통 망명을 대안으로 제시하고 배심원들이 이를 받아들이는 것이 당시 관례였다. 그런데 소크라테스의 생각은 전혀 달랐다. 그는 자신에게 합당한 형벌이 무엇인지와 관련한 새로운 연설을 이렇게 시작했다.

아테네인들이여, 자, 그럼 내 입장에서는 어떤 형벌을 제안해야 할까요?
나는 어떤 대접을 받아야 마땅할까요? 한평생 게으름이라고는 피워본 적
이 없되, 남들이 신경 쓰는 것들, 예를 들어 돈, 가족의 이해관계, 고위 군
사직, 민회에서의 연설, 관리가 되는 것, 이런저런 계략을 도모하고 잔치
에 가서 즐기기… 이런 것들에는 초연했던 인물에게 어떤 보상이 돌아가
야 할까요? … 나는 여러분 모두에게 먼저 스스로를 돌아보고, 개인적 이
득을 따지기 전에 덕과 지혜를 추구하고, 상황으로부터 이득을 추구하기
전에 그 상황 자체를 바라보는 식으로 모든 행동거지를 취할 것을 설득하
기 위해 노력했습니다. … 아테네인들이여, 그런 인물에게 적합한 대우란
영빈관[7]에서 제공받는 향응일 것입니다. 그런 사람은 올림픽의 경마나,
전차 경주에서 상을 탄 시민보다도 더 그런 대접을 받을 자격이 있습니다.
… 그는 여러분에게 행복의 외양만을 선사하지만 나는 행복의 본질을 선
사하기 때문입니다.

마치 이 순간 배심원들 사이에 일었을 웅성거림, 그리고 방청석에서
소크라테스의 제자들과 후원자들이 지었을 한숨이 들리는 듯하다. 그나
마 가벼운 형벌을 받으려면 배심원들에게 몸을 낮추고 용서를 빌어도 모
자랄 판에 소크라테스는 오히려 자기는 벌이 아닌 상을 받아야 한다고
주장한 것이다. 소크라테스는 계속한다.

만약 내가 망명을 선택한다면 나는 진실로 목숨에 집착하여 판단력을 상

●●●
7 영빈관Prytaneum은 아크로폴리스에 있던 회의장을 겸한 건물로, 외국 귀빈, 올림픽 우승자, 국가 공신 등에게 성
대한 연회를 베푸는 장소이기도 했다.

실한 것이 틀림없습니다. 내 동료 시민들조차 나의 담화와 언어를 견디지 못하고, 그것들이 그토록 분하고 혐오스럽게 여겨져 더 듣고 싶지 않은 마당에 타향의 사람들이 나를 참아낼 수 있을 것 같지는 않군요. 내가 이 나이에 이 도시 저 도시로 망명지를 전전하면서 계속 쫓겨다녀야 하겠습니까! … 게다가, 나는 내가 형벌을 위시해서 어떤 위해를 겪어야 마땅하다는 생각에 영 익숙하지가 않아서 말입니다.

이렇게 계속 좌중을 당혹스럽게 하던 소크라테스는 귀찮다는 듯이 다음과 같이 연설을 끝맺었다.

내가 저지른 죄의 경중을 측정해서 형편상 낼 수 있는 벌금을 계산하라고 해도 나는 그럴 만한 돈이 없습니다. 흠, 1므나라면 낼 수 있겠으니 그걸로 내 형벌을 제안하죠. 아, 여기 내 친구들인 플라톤, 크리토불루스, 아폴로도루스가 30므나를 제안하라고 하면서 보증까지 서겠다는군요. 그럼 뭐 벌금 30므나로 합시다.

투표가 시작되었다. 361 대 140으로 배심원들은 소크라테스의 사형을 택했다. 유·무죄 판결 때보다 무려 80표가 더 반소크라테스 진영에 가담한 것이다.

최후의 연설

선고가 내려진 뒤 소크라테스는 자신에게 내려진 선고에 소감을 피력했다. 우선 그는 자신에게 사형선고를 내린 배심원들에게 따끔한 충고를 던졌다.

제자들과 친구들에 둘러싸여 독배를 마시는 소크라테스. 프랑스 고전파 화가 다비드Jacques-Louis David의 유명한 그림이다.

여러분이 나를 죽이려는 것은 여러분 삶에 대해 솔직한 이야기를 전해주는 그 인물로부터 벗어나기를 원하기 때문입니다. 하지만 그렇게 되지는 않을 것입니다. 전혀 다른 결과가 나올 것입니다. … 만약 여러분이 사람을 죽여서 여러분의 사악한 삶을 질책당할 곤란에서 벗어날 수 있다고 생각한다면 그것은 착각입니다. 그런 식으로 모면하려는 것은 가능하지도, 명예롭지도 않은 일입니다. 가장 쉽고 고귀한 길은 다른 사람을 해치려 하는 대신, 자신의 개선을 위해 노력하는 것입니다.

이어서 그는 무죄 선고를 내린 배심원들과 친구들을 향해 더 다정한 톤으로 말한다.

친구들이여, 여러분에게 나는 지금 방금 일어난 사건에 대한 의미를 보여주고 싶습니다. … 죽음이 좋은 것이라는 희망을 가질 만한 이유가 있음을 알아야 합니다. 왜냐하면 죽음이란, 무의 상태이자 문자 그대로의 무의식

상태이거나, 아니면 사람들이 말하듯이 영혼이 이 세상에서 다른 세상으로 옮겨가는 변화이거나 둘 중 하나입니다. 이제 죽음이 의식이 없는, 꿈에 의해서조차 방해받지 않는 깊은 잠이라면 죽음은 말할 필요도 없이 소득이지요. … 왜냐하면 영원이란 실은 단 하룻밤에 지나지 않기 때문입니다. 그러나 만약 죽음이 다른 사람들이 말하듯이 망자들이 기거하는 다른 세계로의 여행이라면, 친구들과 배심원 여러분, 이보다 더 신나는 일이 어디 있겠습니까? … 오르페우스, 무사에이우스, 헤시오도스, 그리고 호메로스 등의 예술가들, 또 위대한 트로이 원정의 지도자들, 오디세우스나 시시포스 등의 영웅들과 대화하고 싶어하지 않을 사람이 누가 있겠습니까!

드디어 소크라테스는 다음과 같은 유명한 문장으로 연설을 마치며 감옥으로 향했다.

작별의 시간이 왔으니 이제 우리는 각자의 갈 길을 가십시다. 나는 죽기 위해, 여러분은 살기 위해. 어느 쪽이 더 좋은 일인지는 오직 신만이 아십니다.

소크라테스 – 아테네에 필요했던 제물

재판이 있은 지 약 한 달 뒤인 기원전 399년 6월, 소크라테스는 감방에서 독미나리즙으로 만든 독약을 마시고 사망했다. 플라톤은 대화편 『파에돈Phaedo』에서 소크라테스가 더할 나위 없이 완벽한 '철학자다운 죽음'을 맞이한 것으로 묘사하였다. [8]

• • •

8 그러나 실제로 신경 계통을 마비시키는 독미나리를 섭취한 뒤 죽음에 이르는 과정은 적지 않은 고통이 수반되었을 것이다(Paul Cartledge, *The Greeks : Crucible of Civilization*, TV Books, 2000, p. 135).

그런데 『파에돈』의 문장을 빌리면 아테네에서 '가장 현명하고, 가장 공정하고, 가장 선량한' 인간이었던 소크라테스는 도대체 왜 유죄 판결을 받았을까? 소크라테스가 변론에서 적지 않은 시간을 자신에 대한 부정적인 여론을 해명하는 데 할애한 것은 시사하는 바가 크다. 소크라테스는 이미 재판이 있기 오래전부터 아테네에서 유명 인사였으며, 그의 활동을 통해 친구들뿐 아니라 적도 많이 만들었다. 변론에서 밝혔듯이 그가 자신보다 지혜로운 자를 찾는다며 각계각층의 인사들과 나눈 '대화'는 대화 상대들에게 스스로 무지를 깨닫는 '철학적 갱생'의 경험보다는 오히려 분노와 짜증만 일으켰을 것이다. 소크라테스의 문답법은 심지어 아테네에서 전통적인 부자관계에까지 영향을 미치는 물의를 일으켰다.[9] 소크라테스를 따라다니며 그가 소피스트나 정치가 등 당대 거물들의 '무지'를 자각하게 하는 장면을 목격한 젊은이들은 집에 돌아가 부친이나 숙부, 조부 등 가문에서 전통적으로 교육과 자문 노릇을 담당하는 어른들에게 스승을 본뜬 대화술로 그들의 '무지'를 깨닫게 하려고 시도했으니 그 결과가 어떠했을지 짐작이 간다. 이런 식으로 아테네 대중에게 소크라테스는 소피스트 가운데서도 최악의 인물로 인식되어갔다.

그러나 소크라테스에게 소피스트라는 타이틀보다 더욱 심각한 문제는 그와 친분이 있는 인물들의 면면이었다. 우선 펠로폰네소스전쟁 말기에 무리하게 군사 작전을 밀어붙이다 아테네에서 공공의 적으로 몰려 스파르타로 망명한 알키비아데스Alcibiades가 소크라테스와 막역한 사이였다. '30인 독재'의 리더였던 크리티아스Critias와 카르미데스Charmides 역시 그의 제자였다.[10] 아테네의 상류층 젊은이들 사이에는 종종 중우정치

• • •

9 Martin, *op. cit.*, pp. 170~171.
10 크리티아스와 카르미데스는 둘 다 플라톤의 모계 쪽 친척이다.

로 흐르는 아테네 민주정의 혼란에 염증을 느끼고 단순함, 소박함과 함께 남성미가 느껴지는 스파르타식 사회를 동경하는 경우가 적지 않았다. 소크라테스 자신도 아테네가 아닌 스파르타 체제에 친근감을 느꼈다는 단서들이 있다.

민주주의의 고향으로 언론과 사상의 자유가 폭넓게 보장되었고 지혜의 여신인 아테나를 수호신으로 섬기던 아테네인이 신탁을 통해 '가장 지혜로운 자'로 명명된 소크라테스를 처형한 것은 아이러니다. 그러나 당시 펠로폰네소스전쟁과 30인 독재의 후유증을 딛고 새 출발을 모색하던 아테네 사회는 과거의 악몽에서 벗어나기 위해 필요한 제물을 찾고 있었다. 악질 소피스트에다 친스파르타계 불순분자들의 정신적 대부로 여겨지던 소크라테스는 그 제물이 되기에 안성맞춤이었다.

그런데 『변명』을 읽다 보면 소크라테스 역시 당시 아테네 사회와 자신의 존재가 서로 화해가 불가능한 사이라는 것을 깨닫고 오히려 재판을 자기 삶을 마감하는 기회로 적극 활용한 듯한 인상을 떨칠 수 없다. 이뿐만 아니라 소크라테스는 재판과 처형을 통해 '철학의 순교자'라는 불멸의 타이틀 또한 덤으로 얻었다. 비록 아테네의 영빈관은 그를 무시했을지 모르지만 철학의 '성전聖殿'은 문을 활짝 열고 그를 맞아들였다.

02 토머스 모어 재판

절대 군주에 맞선 시대의 양심 : The Trial of Sir Thomas More (1535)

나는 누구에게도 해로운 일을 끼치지도, 말하지도, 생각하지도 않으며,
모든 사람이 잘되기만을 기원한다. 한 사람을 살려두는 데 이것으로 부
족하다면, 솔직히 더 살고 싶은 생각도 없다.

_토머스 모어Thomas More, 옥중에서 딸에게 쓴 편지

현자의 충고

1520년 독일의 종교 개혁 지도자 마르틴 루터는 세례, 견진, 고해, 혼인 등 가톨릭의 이른바 '일곱 성사'의 정당성을 성서에 비추어 분석한 뒤 교황과 가톨릭 교회가 개인들의 믿음을 속박하고 있다고 비판한 『교회의 바빌론 유수에 관하여 On the Babylonian Captivity of the Church』를 발표했다. 이때 영국 국왕 헨리 8세는 『일곱 성사의 옹호론 The Defence of the Seven Sacraments』이라는 소고를 써서 루터의 행태를 이렇게 꼬집었다.

도대체 누구하고나, 심지어 그 자신과도 잘 지내지 못하는 자와 논쟁하는 것이 무슨 소용이 있겠는가? 루터는 한자리에서 인정한 사실을 다른 곳에서 금세 부인하는가 하면, 심지어 인정하면서 동시에 부인하는 위인이다. 누군가가 그의 믿음에 반대하면 그는 이성적으로 반박할 것이고, 이성적으로 비판하면 다시 믿음에 매달린다. 누가 철학자들의 주장을 인용하면 그는 성서 속으로 도망치고, 성서의 문구를 제시하면 다시 궤변을 휘두른다.

토머스 모어는 영국 역사상 최고의 지성과 정치적 감각을 지녔던 인물로 평가받지만 한때 신부가 될지 심각하게 고려할 정도로 신앙심이 깊었다.

이 글을 읽고 만족한 당시 교황 레오 10세는 헨리 8세에게 '믿음의 수호자Defender of the Faith'라는 칭호를 수여했다. 헨리는 기쁜 나머지 "교황 성하는 전체 사제뿐 아니라 모든 군주가 복종해야 하는 세계에서 가장 위대한 분"이라고 칭송하는 편지를 썼다.[1] 헨리는 이 편지를 한 측근에게 먼저 보였는데, 그 측근은 왕에게 이렇게 조언했다.

"폐하와 교황은 후일 사이가 틀어지고 불화가 생길 수도 있습니다. 그렇게 되면 이 편지는 교황의 손에 폐하를 찌를 칼을 쥐어주는 것과 같을 것입니다."[2]

그 측근의 이름은 토머스 모어Thomas More였다. 영국이 낳은 위대한 법률가, 사상가, 정치가 가운데 한 명인 토머스 모어는 1478년 런던에서 변호사의 아들로 태어났다. 옥스포드대학교에서 그리스·로마의 고전을 공부한 모어는 다시 런던에서 법률 공부를 시작하여 1502년 변호사 자격을 얻었다. 모어는 한때 사제가 될지 심각하게 고려할 정도로 독실한 가톨릭 신자였으나, 르네상스 운동의 세례를 받은 인문주의자로서 면모도 가지고 있었다. 그는 『우신예찬』을 쓴 네덜란드의 신학자이자 인문주

• • •

1 George Hodges, *Saints and Heroes Since the Middle Ages*, Henry Hold & Company, New York, 1912, p. 29.

2 *Ibid.*

의자인 에라스무스Erasmus 등을 비롯한 당대 유럽의 석학들과 친교를 맺었다. 또 문학, 역사, 신학, 철학 등 다방면에 걸쳐 뛰어난 저서들을 집필했다. 모어는 현실 정치 감각이 뛰어난 데다 관운도 좋아서 26세 때 의회에 진출했고, 1510년에는 런던 부시장에 올랐다. 그는 헨리 7세의 뒤를 이은 헨리 8세 아래에서도 승승장구하여 1515년에는 신성로마제국과의 외교 교섭에서 큰 성과를 올렸고, 1518년에는 국왕의 자문 기관인 추밀원Privy Council 위원이 되었으며, 1521년에는 기사 작위를 받았다. 모어는 다시 1523년에 하원의장에 오르더니 1529년에는 평민 출신으로는 사상 처음으로 대법원장에 오르는 기염을 토했다.

왕의 콤플렉스

모어가 모신 군주 헨리 8세 역시 여러 모로 인상적인 인물이다. 특히 젊은 시절 그는 큰 키, 우윳빛 피부에 코가 오똑한 미남이었으며 테니스, 창술 시합, 사냥 등을 즐기는 만능 스포츠맨이었다. 게다가 상당한 수준의 라틴어와 프랑스어를 구사했고, 시를 지었으며, 작곡에도 뛰어났다. 목소리도 좋아 잔치에서 흥이 나면 자기가 지은 노래를 직접 부르기도 했다. 이렇게 문무를 겸한 젊은 국왕이 스페인 아라곤 출신의 아름다운 왕비 캐서린Catherine of Aragon과 함께 치세를 시작했을 때, 그에 대한 궁정 안팎의 기대는 높을 수밖에 없었다.

그러나 시간이 지날수록 헨리 8세는 점점 조바심이 났다. 하루빨리 왕자를 얻어 후계 문제를 정리하고 왕조의 기반을 튼튼히 하고 싶은 소망이 좀처럼 이루어지지 않았기 때문이다. 왕비 캐서린의 임신과 출산은 연속해서 불행만 가져다주었다. 캐서린은 1510년부터 1518년까지 무려 6차례나 임신했지만, 그 가운데 유년기를 지나 살아남은 자녀는 메리 공주Princess Mary가 유일했다. 1518년 캐서린이 낳은 여섯 번째 아이인 사내아이가 다시 출생 5일 만에 사망하자 헨리 8세는 자신의 자녀 문제를 생물학이 아니라 신학적인 차원에서 바라보기 시작했다. 그가 내린 결론은 자신의 결혼이 저주를 받았다는 것이다.

원래 캐서린은 헨리 8세가 아닌 그의 형이자 당시 왕세자였던 아서 튜더Arthur Tudor와 결혼하기 위해 1501년 영국으로 건너왔다. 그런데 결혼한 지 6개월도 되지 않아 아서가 전염병에 걸려 죽으면서 캐서린은 겨우 17세에 과부가 되었다. 그녀가 가져온 막대한 지참금과 강대국 스페인의 왕녀라는 지위가 탐난 시아버지 헨리 7세는 캐서린을 스페인으로 돌려보내는 대신 아서의 뒤를 이어 왕세자로 올라선 둘째 아들 헨리와 재혼하도록 정치공작을 꾸미기 시작했다. 단 한 가지 문제는 교황의 결혼 승인을 받는 일이었다. 헨리와 캐서린의 결혼이 형제의 배우자와 결혼하는 것을 금지한 성서 레위기의 "누구든지 형제의 아내를 데리고 살면 더러운 일이라 그가 그의 형제의 하체를 범함이니 그들에게 자식이 없으리라"라는 구절에 저촉하는지에 대해 교황청의 해석을 받아야 했다. 캐서린은 공청회에서 전 남편과의 짧은 결혼 생활 중 아서의 바쁜 일정과 갑자기 닥친 병마 때문에 합방한 적이 없다고 맹세했다. 결국 합방할 때까지는 법적인 결혼의 효력이 발생하지 않는다는 당시 유럽의 관습법에 따라 교황은 헨리와 캐서린의 혼인을 승인했다. 그런데 헨리는 캐서린과의 사이에 태어나는 아이들에게 계속 불상

당시 궁정 화가였던 한스 홀바인Hans Holbein, the Younger이 그린 헨리 8세의 초상. 그에 대하여 '뚱뚱한 폭군' 정도로 생각하는 사람들도 많지만 젊은 시절에는 스포츠, 외국어는 물론이고 시와 음악에도 재능을 보인 르네상스맨이었다.

사가 일어나자 결국 자신의 결혼이 신의 저주를 받았다는 결론을 내리게 된 것이다. 왕에게 강박관념과 죄의식이 자라는 사이 그보다 다섯 살 연상이던 캐서린은 여성적인 매력과 출산 능력을 서서히 상실하고 있었다.

이혼 작전

1525년경부터 헨리는 캐서린의 시녀 앤 불린에게 눈독을 들이기 시작했다. 어려서 외교관인 부친을 따라 네덜란드와 프랑스에서 자란 앤 불린은 빼어난 미모에 유럽적인 교양을 갖춘 인물이었다. 드디어 앤 불린과 내연관계를 시작한 헨리는 캐서린과 이혼할 결심을 하기에 이른다. 하지만 문제는 지극히 예외적인 경우에만 이혼을 허락하는 가톨릭 교회가 지배하던 시대였다는 것이다. 게다가 캐서린이 순순히 이혼 요구를 들어줄 리 만무했다. 강대국 스페인의 왕녀이자 독실한 가톨릭 신자인 캐서린은 이혼 같은 굴욕을 감당할 의사가 전혀 없었을 뿐 아니라, 자신의 딸 메리가 헨리의 새로운 적법한 아내에게서 태어날 아들에게 왕위계승권에서 밀리게 되는 악몽 같은 사태를 막으려고 했다.

헨리는 교황청에서 이혼 허락을 받아내기 위해 계획을 추진했고, 그 임무는 추기경 토머스 울지Thomas Wolse에게 떨어졌다. 대표적인 권력 지향형 성직자였던 울지는 국내 정치에 영향력이 컸을 뿐 아니라 뛰어난 외교 감각으로 유럽의 여러 군주, 귀족들과 친분이 두터웠고 교황 클레멘트 7세Clement VII의 신임도 받고 있었다. 그러나 그러한 울지의 영향력으로도 헨리 8세의 이혼에 대해 교황의 지지를 얻기는 지극히 힘들었다. 헨리 8세는 울지를 통해 자신이 한때 형수였던 여자와 결혼한 것은 성서에서 지적한 부정한 결혼에 해당하며, 저주를 받아 후사를 잇지 못할 지경에 이르렀으니 새 출발할 기회를 달라고 교황에게 호소했다. 하지만 문제는 그렇게 간단하지 않았다. 교리적인 문제는 별도로 하더라도, 교황으로서 스페인의 왕녀인 캐서린을 이혼녀로 만들 경우 캐서린의 조카이자 스페인 국왕이면서 독일, 이탈리아 반도를 통치하는 신성로마제국 황제 카를 5세Karl V의 추궁을 감당할 자신이 없었다.[3] 교황은 시간을 끌며 확답을 주지 않고 결정을 미뤘다. 울지는 교황의 승인을 얻는 것이 현실적으로 어렵다고 보고 왕에게 이혼 결정을 재고하라고 권고했다가 진노를 산 끝에 저택과 영지를 포함한 개인 재산까지 박탈당하고 반역죄로 기소되는 등 철저하게 몰락했다.

교황의 승인을 받을 수 없다는 것이 분명해지자 헨리는 서유럽에서 교회가 성립된 이래 전례가 없는 최후의 카드를 만지작거렸다. 그것은 자신이 이혼하기에 앞서 영국 교회를 먼저 유럽 대륙의 교회로부터 '이혼'시키는, 즉 영국 국왕이 영국 교회의 수장을 겸임하게 하려는 계획이었다. 이를 위한 물밑작업으로 헨리는 우선 저명한 신학자들, 성직자들을 동원하여 자신과 캐서린의 결혼이 '신학적'으로 무효이며, 국왕의 결혼은 국가의 중대사이기 때문에 교회법이 아닌 국법의 해석이 우선할 수 있다는 등의 내용을 담은 각종 논문, 팸플릿 등을 제작, 배포했다. 다시 헨리는 1530년 6월 주요 귀족들과 고위 성직자들을 한꺼번에 소집하여 이들 명의로 교황에게 국왕의 결혼을 무효로 선언해줄 것을 요청하는 공개 서한을 작성하도록 종용하는 등 명분 쌓기에 들어갔다. 이어서 그동안 캐서린의 처지를 공개적으로 지지하던 로체스터 주교Bishop of

• • •

3 헨리 8세가 교황에게 이혼 승낙을 요청한 타이밍은 사실 그 이상 최악일 수 없었다. 교황 클레멘트 7세는 1527년, 갈수록 강력해지는 신성로마제국을 견제할 목적으로 이탈리아의 여러 공국과 프랑스를 아우르는 '코냑 동맹League of Cognac'을 맺고 카를 5세를 상대로 전쟁을 벌였다가 참패하여 로마가 점령당하는 이른바 '로마의 약탈Sacco di Roma'로 불리는 굴욕을 겪은 바 있었다. 다시 말해 당시 교황은 카를 5세의 심기를 거스를 수 있는 처지가 아니었던 것이다.

Rochester 존 피셔John Fisher를 포함한 고위 성직자 15명이 체포되었다.

1530년 9월, 헨리는 국왕의 결혼 적법성과 관련한 교황의 칙령은 영국 땅에서 효력이 없다고 선언했다. 1532년에는 영국 교회가 교황청에 직접 헌금을 바치던 관례를 폐지하고 교회가 이단 여부를 판정하는 권위를 부정하는 법안이 의회에 제출되었다. 드디어 1533년 4월, 영국 의회는 공식적으로 헨리 8세와 캐서린 왕비의 결혼이 무효임을 선언하고, 앤 불린을 새로 적법한 왕비로 인정했다. 1534년, 영국 의회는 헨리 8세가 '지상에서 영국 교회의 유일한 수장'이라고 선언하는 유명한 「수장령The Act of Supremacy」을 선포했다. 거기에는 왕이 영국 교회의 우두머리인 이상 교황이 국왕의 이혼 문제에 가타부타할 수 없다는 의미가 포함되어 있었다.

체포

이러한 일련의 숨가쁜 과정에서 토머스 모어는 국왕의 행보에 공개적으로 찬성도, 반대도 하지 않는 모호한 상태로 있었다. 모어는 비록 왕에게 캐서린과 이혼하고 앤 불린과 결혼하는 것에 반대한다는 의사를 개인적으로 표명한 적은 있으나, 한 번도 왕의 결정을 공개적으로 비판한 적이 없었다. 그뿐 아니라 합법적인 왕비로서 앤 불린의 지위 자체를 부정하는 발언이나 행위를 한 적도 없었다. 그러나 모어는 국왕이 기획한 결정적으로 중요한 두 가지 행사에 모습을 드러내지 않음으로써 오히려 왕의 결혼 문제와 관련해 존재감을 과시하는 결과를 낳고 말았다. 먼저 1530년 6월 귀족들과 성직자들이 교황청 앞으로 작성한 공개 서한에는 모어의 서명이 빠져 있었다. 웨스트민스터사원에서 열린 앤 불린의 왕비 대관식에도 모어는 참석하지 않았다.[4] 당시 모어는 이미 대법원장직에서는 물러났으나 추밀원 위원직은 유지하고 있었는데, 고관대작 가운데 대관식에 불참한 유일한 인물이 되어 큰 구설수를 낳으면서 왕의 진노를 사고 말았다.

그 무렵 왕의 신임을 얻은 이는 토머스 크롬웰Thomas Cromwell이었다. 크롬웰은 중인 계급 출신으로 자수성가했다는 점에서 모어와 공통점이 있었지만, 울지나 모어와 달리 종교 개혁의 열렬한 지지자였으며, 현실 정치에서는 왕의 권위를 중요시했다. 또한 권력 의지가 강하고 목표를 위해 수단과 방법을 가리지 않는 경향을 지닌 크롬웰은 결혼 문제로 시작해 일련의 과격한 개혁을 밀어붙일 '해결사'가 필요하던 헨리 8세가 찾던 유형의 신하였다. 이윽고 헨리와 크롬웰은 당시 각계의 존경을 받던 모어를 반개혁파의 정신적·상징적 지도자로 보고 그를 처단하여 본보기로 삼는 것이 종교 개혁에 성공하기 위해 중요하다는 공감대를 형성했다. 크롬웰은 모어를 엮어넣을 그물을 교묘하게 짜기 시작했다.

1534년 의회는 크롬웰이 제안한, 오직 헨리 8세와 앤 불린 사이의 자식만이 적법한 왕위계승권을 가진다는, 사실상 캐서린 왕비의 딸 메리 공주를 사생아로 만들어버린 이른바 「승계 법령Act of Succession」을 승인하였다. 이 법령에는 왕과 그 가족을 폄하하는 어떤 발언도 반역으로 다스릴 수 있다는 내용에 덧붙여 신하들은 필요할 경우 영국 교회 수장으로서 왕의 권위를 인정하는 수장령에 공개 맹세를 해야 한다는 조항이 포함되어 있었다. 이 법령의 조항은 존 피셔나 바튼처럼 공개적으로 왕의 뜻에 반기를 든 성직자와 정치인들뿐 아니라 모어와 같이 침묵으로 소극적인 저항을 택한 세력 역시 추궁할 수 있도록 고안된 것이다. 결국 모어는 왕의 측근들과 성직자들로 이루어진 특별위원회에 소집되어

●●●
4 헨리와 앤 불린은 대관식 몇 개월 전에 이미 비밀 결혼식을 올렸다.

문제의 맹세를 하라고 요구받았다. 모어는 법령 내용을 부인하지는 않지만, 맹세도 하지 않겠다고 대답했다. 위원회 위원들의 협박과 종용에도 모어는 그 이상 답변을 거부한 채 침묵으로 일관했다. 결국 모어는 런던탑에 유폐되었다. 모어가 런던탑에 1년 이상 갇혀 있는 동안 크롬웰을 비롯한 정치인, 성직자, 모어의 친구들이 번갈아 방문하여 맹세만 하면 방면될 수 있다는 왕의 언질을 전달했지만 그는 계속 거부했다. 크롬웰은 런던탑 안에서도 대우가 매우 열악한 감방으로 그를 옮기는가 하면 성서를 포함하여 모어가 읽던 책을 압수하는 등 다양한 압력을 가했지만 상황은 달라지지 않았다. 결국 1535년 7월 1일, 모어의 반역죄를 심의할 재판정이 웨스트민스터강당에 마련되었다.

법정 공방

1535년 7월 1일, 토머스 모어는 오랜 수감 생활로 쇠약해진 몸을 간신히 가누며 런던탑을 나와 법정으로 향했다. 모어가 법정에 서기 일주일 전, 성직자들 가운데 로마 교회와 캐서린 왕비의 가장 극렬한 지지자로 꼽히던 존 피셔가 반역죄로 유죄 판결을 받고 런던탑에서 처형되었다. 그보다 앞서 5월, 클레멘트 7세의 뒤를 이은 교황 바오로 3세 Paulus Ⅲ는 피셔를 울지가 죽은 뒤 공석이던 영국 추기경에 임명했다. 이는 오랫동안 수감되어 있던 피셔를 교황청이 중요하게 생각한다는 신호를 헨리에게 보내기 위한 경고의 제스처였다. 하지만 이런 행보는 오히려 헨리 8세를 격분하게 만들어 피셔의 죽음을 재촉하는 결과를 낳았다.[5] 이러한 상황을 알고 있는 모어로서는 피셔의 다음 타자로 처형대에 오를 인물이

●●●

5 피셔의 추기경 임명 소식에 격노한 헨리 8세는 "바오로(클레멘트에 이은 신임 교황)가 피셔에게 추기경의 관모를 보낼 수는 있겠지만, 그 모자를 쓸 머리는 없을 것이다"라고 말했다.

자기일 거라는 것 정도는 쉽게 예상했을 것이다.

　법정 재판관석에 모인 인물 가운데는 모어의 뒤를 이어 대법원장에 오른 옛 친구 토머스 오들리Sir. Thomas Audley를 비롯해 토머스 하워드Thomas Howard, 앤 불린의 부친인 토머스 불린Thomas Boelyn과 오빠인 조지 불린Goerge Boelyn 등이 포함되어 있었다. 또한 영국 정부와 국왕을 대변하여 모어를 고발하는 검찰석에 선 이는 다른 누구도 아닌 당시 주무장관Chief Minister으로 검찰총장Attorney General이던 크롬웰이었다. 크롬웰이 모어에게 건 반역 혐의는 네 가지였다.

- 승계 법령과 수장령에 대한 맹세를 거부했음.
- 이미 처형당한 존 피셔와 반역 모의를 꾸미는 편지를 교환했음.
- 재판에 앞서 있었던 사전 신문 도중 심문관 앞에서 수장령은 복종하지 않으면 이승에서의 목숨을 잃게 되지만, 복종하면 영혼을 잃게 되는 '양날의 칼'이라고 악의적으로, 패역적으로, 그리고 사악하게 묘사한 적이 있음.
- 의회가 왕을 교회 수장으로 선언할 권한이 없다는 말을 한 적이 있음.

　모어는 당대 최고의 석학이자 대법원장까지 지낸 법률가답게 각 혐의를 조목조목 논리적으로 부인했다. 먼저 법령에 대한 맹세를 거부한 문제를 그는 거부한 것이 아니라 침묵했을 뿐이라고 정정했다. 그런데 영국의 관습법에서 침묵은 부정보다는 동의로 해석되는 것이 일반적이다. 따라서 국왕이 교회의 수장이기도 하다는 수장령의 취지를 공개적으로 비난한 것이 아니라, 단지 침묵했다는 사실이 어떻게 반역죄로 둔갑할 수 있다는 말인가? 두 번째로 존 피셔와 반역 모의를 했다는 주장에 대해서도 무어와 주고받은 편지 내용은 지극히 사적인 문제에 대해 의견을 교환했을 뿐이며, 피셔가 죽기 전 문제의 편지들을 모두 불태워버린 상황에서 그 편지에 역모와 관련된 내용이 담겨 있다는 증거는 존재하지 않음을 상기시켰다. 세 번째 혐의인 수장령을 '양날의 칼'로 묘사했다는 주장에 대해 모어는

토마스 모어가 재판 전까지 유폐되었던 런던탑. 원래는 궁전 겸 요새로 지어졌으나 곧 정치범들을 가두는 감옥으로 악명을 떨치게 되었다.

자신이 '양날의 칼'이라는 표현을 신문 도중 사용했을 때의 맥락은 전혀 다른 것이었다고 해명했다. 그는 심문관들에게 "만약 양날의 칼과 같은 법령이 있다면, 한 끝을 피하자면 다른 한 끝으로 베일 테니 누가 빠져나갈 수 있겠는가"라고 말한 적이 있는데, 이때 그는 수장령과 같은 특정 법령을 언급한 것이 아니라 "만약 어떤 법령이 그러하다면~"이라고 일반적인 가정을 논했을 뿐이었다는 것이다. 어떻게 가정법 문장이 악의적 묘사에 해당될 수 있는가?

한편 모어가 의회는 국왕을 교회의 수장으로 선포할 권한이 없다고 말했다는 네 번째 혐의는 당시 법무차관Solicitor General 자리에 있던 리처드 리치Richard Rich의 증언에 근거했다. 리치의 증언에 따르면 그가 6월 초순, 크롬웰의 명령에 따라 책과 필기도구 등을 압수하러 런던탑으로 모어를 방문했을 때 모어가 자신에게 그렇게 말했다는 것이다. 모어는 리치의 증언을 전면적으로 부정하면서 리치와 자신이 함께 신에게 자신의 증언이 추호의 거짓도 없다는 맹세를 하도록 재판정에 요구했다. 특히 모어의 맹세는 다른 사람들의 그것보다 더욱 무게가 있었다. 애초에 종교적 신념 때문에 모든 걸 희생하고 법정에 선 인물이 신 앞에서 거짓말을

한다면 무슨 의미가 있을 것인가? 게다가 법무차관 리치는 크롬웰의 오른팔과 같은 인물이었다. 하필 그가 모어에 대해 결정적으로 불리한 증언을 하는 증인이 된 것은 우연일까? 맹세를 끝낸 모어는 재판 내내 유지했던 평정심이 약간은 무너진 듯한 어조로 이렇게 말했다.

내가 만약 맹세를 존중하지 않는 인간이라면 여기 이 자리, 이 시간, 이 사건에 피고로서 서 있을 필요가 없을 것이라는 것은 여러분도 잘 알 것이오. 그리고 리치 씨, 당신의 증언이 사실이라면, 나는 설령 세상을 다 얻는다고 해도, 다시는 주님을 뵐 면목이 없을 것이오. … 진심으로 하는 말인데, 리치 씨, 나는 내가 처한 운명보다도 당신의 위증이 더 유감스럽소. … 재판관과 배심원 여러분에게는 내가 그토록 중대한 문제를 그렇듯 경솔하게 리치 씨에게 털어놓는다는 것이, 내가 국왕의 수장령과 관련된 내 양심상의 비밀을 그에게 언급한다는 것이 있을 법한 일로 보입니까? 내가 심지어는 전하께는 물론이고 추밀원 위원들에게도, 심문관들에게도 밝히지 않았던 것을? 여러분의 판단으로는 정말 그의 증언이 있을 법한 것으로 들린단 말이오?

모어가 조리있게 열정적으로 자기방어를 했지만 역부족이었다. 잠시 휴회한 뒤 다시 모인 재판관들과 배심원들을 대표하여 대법원장이 판결을 낭독했다. 유죄였다.

최후진술과 선고
유죄를 선언한 대법원장이 다시 형벌을 선고하려고 하는 순간 모어가 그를 제지하고 나섰다. "재판장님, 내가 사법부에 있었을 때는 유죄 판결을 받은 피고에게 선고가 내려지기 전에 왜 그런 판결이 내려져서는 안 되는지 대답할 기회를 주는 것이 관례였던 것으로 아는데요?" 대법원장은 동의했다. "그럼 토머스 모어 경은 우리의 판결에 반대하여 무언가 할 말이 있소?"

이렇게 해서 모어는 최후진술을 펼칠 기회를 얻었다. 그러나 그의 진술 내용은 법정의 자비에 호소하기보다는 재판관과 배심원들을 자극하기 위한 공격적이고 도발적인 것이었다.

이제 유죄 판결을 받았으니, 내 기소 및 국왕의 권한과 관련한 내 생각을 자유롭게 털어놓겠소. … 일개 의회가 제정한 법령에 기초한 이 기소는 유한한 인간이라면 어떤 법률로도 이의를 제기할 수 없는 주님과 그분의 교회, 그 존엄한 정부의 법칙, 우리 구세주께서 이승에 살고 머무시는 동안 성베드로와 그의 후계자들인 로마의 주교들에게 몸소 부여하신 권위에 모순됩니다. … 주님의 교회의 극히 작은 일부분을 차지하는 이 나라가 가톨릭 교회의 일반 법칙을 거스르는 특정 법률을 만들 수 없는 것은, 영국 전체로 보면 한 부분에 불과한 런던 시가 의회의 법령에 반하는 법률을 제정하여 온 나라를 복속할 수 없는 것과도 같소. 수장령은 심지어 영국 교회는 국왕의 영향으로부터 자유롭다고 명시한 「대헌장」을 필두로 하여 아직 공식적으로 폐지되지 않은 기타 제 법률, 규정과도 배치되오. 그리고 이는 국왕 폐하 자신이 다른 모든 기독교 국가의 군주들과 마찬가지로 즉위식 때 엄숙하게 올린, '교회를 보호하겠다'는 신성한 맹세와도 일치하지 않습니다. … 따라서 나는 내 양심을 전 기독교 세계의 법정에 반하여 일개 왕국의 법정에 복종하도록 할 수는 없다고 생각합니다.

모어가 최후진술을 마무리하자 선고가 내려졌다.

대역죄인 토머스 모어를 사형에 처한다. 죄인은 런던 시에서 티번까지 이송되어, 그곳에서 반쯤 죽을 때까지 목이 매였다가, 다시 반쯤 죽을 때까지 물 속에 담긴 뒤, 아직 살아 있는 상태에서 사지를 자르고, 배를 갈라 내장을 꺼내 불에 태우며, 잘려진 신체 조각들은 런던의 4대문에, 머리는 런던 다리 위에 효시한다.

모든 계절의 사나이

모어는 재판 나흘 뒤인 1535년 7월 5일 사형에 처해졌다. 모어의 처형을 둘러싸고 전해지는 여러 에피소드는 죽음 앞에 초연했던 그의 당당한 태도와 함께 그가 남긴 여러 재치 있는 명언으로 가득하다. 모어가 사형선고를 받은 며칠 뒤 모어의 과거 공적을 감안하여 사형 방식을 간단히 참수형으로 감한다는 왕명이 하달되었다. 이를 전해들은 모어는 "고마우신지고. 하지만 내 친구들은 모쪼록 그런 호의조차도 필요 없는 삶을 살기를"이라고 소감을 피력했다. 간수가 곧 있을 처형에 대비하여 머리를 단정하게 깎으라고 권유하자 모어는 "왕이 내 머리를 겨냥해서 재판을 일으켰는데, 사태가 종료될 때까지 거기에 더 비용을 지출할 필요가 있겠나?"라며 거절했다. 드디어 7월 5일 아침 사형장에 도착한 모어는 계단을 오를 때 그를 부축한 간수장에게 "올라갈 때만 좀 부탁하오. 내려올 때는 어떻게든 나 혼자 할 수 있을 테니"라고 말했다. 사형대에 올라서서는 군중을 향해 "나는 이 자리에서 국왕의 좋은 신하로, 그리고 주님의 으뜸가는 종으로 죽습니다"라고 간단하게 연설했다. 사형 집행인이 모어에게 관행대로 용서를 구하자 모어는 그의 어깨에 손을 얹고 "기운을 내어 임무를 수행해주게. 내 목이 짧으니 신경을 좀 써주시고"라고 말했다. 이윽고 참수대에 머리를 누이려던 모어는 "내 수염은 대역죄를 짓지 않앉으니 구해주어야겠군"이라고 말하며 자신의 긴 턱수염이 목과 함께 잘 려나가지 않도록 조심스럽게 아래로 늘어뜨렸다. 그의 머리는 단 한 차 례 도끼질로 신체에서 분리되었다.

모어의 재판과 처형 소식은 당시 전 유럽에 충격을 주었다. 모어는 기 본적으로 인문주의자라기보다는 인문학적 교양을 지닌 철저한 가톨릭 보수주의자라고 할 수 있었지만, 그만한 인품과 재능을 겸비한 인물이 목숨을 잃은 것은 영국으로서도 큰 국가적 손실이었다. 모어와 동시대를 산 영국의 문필가 로버트 위팅턴Robert Whittington의 다음과 같은 묘사 는 그에 대한 당대인들의 인식과 경외감을 잘 나타낸다.

모어는 천사의 재치에다 뛰어난 학식을 겸비한 사나이다. 그는 정말 알 수 없는 친구다. 도대체 그처럼 정중함, 겸손함, 애정을 동시에 지닌 인간이 또 어디 있다는 말인가? 게다가 때가 되면 놀랍도록 유쾌하고 유희도 즐 기는가 하면 엄숙히 슬퍼할 줄도 아는 사나이. 모든 계절의 사나이a man for all seasons.[6]

● ● ●

6 A Man for All Seasons는 토머스 모어의 재판을 그린 영국 극작가 로버트 볼트Robert Bolt의 유명한 희곡 제목 이기도 하다. 모어가 처형된 이후 전개된 헨리 8세의 결혼과 후계 구도에 대해서는 「스코틀랜드 여왕 메리의 재판」 편을 참조할 것.

● 정치에 서툴렀던 과학자의 비극 : The Trial of Galileo Galilei (1633)

오직 바보 천치만이 과학에 순교가 필요하다고 믿을 것이다.
_다비트 힐베르트David Hilbert, 독일 수학자

코페르니쿠스와 지동설

오랜 세월 유럽인은 고대 그리스의 아리스토텔레스Aristoteles와 프톨레마이오스Ptolemaeos가 제안한 천동설을 따라 지구가 우주의 고정된 중심이며 모든 별은 지구를 중심으로 회전한다고 믿었다. 천동설은 이후 유럽을 장악한 기독교적 세계관과 맞아떨어지면서 1,500년이 넘도록 부동의 사실로 받아들여졌다. 16세기에 접어들어 폴란드의 가톨릭 사제이자 수학자 코페르니쿠스Nicolaus Copernicus는 지구가 우주의 중심임을 부정하는 태양중심설, 즉 지동설을 주장했다. 이는 인류가 세상을 인식하는 방법을 바닥부터 뒤흔든 사건이었다.

실제로 코페르니쿠스는 자신의 이론이 가져올 파장과 종교적 이단으로 추궁받을 것을 우려한 나머지 지동설 이론을 정리한 저서『천체의 회전에 관하여On the Revolutions of the Celestial Spheres』를 자신의 임종과 동시에 원고가 인쇄소에 도착하도록 조치하기까지 했다. 그러나 그의 예상과 달리 라틴어로 쓰인 그의 책이 그 시대 일반 대중에게 끼친 영향은 미미했다.[1] 또 코페르니쿠스는 저서에서 태양을 중심으로 지구를 포함한 행성이 배열되어 있으며 각 행성은 일정한 속도로 태양 주위의 원궤도를 돌고 있을지 모른다는 '가설'을 수학적으로 제시했지만 이를 뒷받침할 관측 자료를 제시하지는 못했다. 그의 이론을 실측 자료와 함께 더욱 세련되게 다듬은 인물은 그가 사망하고 21년 뒤에 출생한[2] 이탈리아의 과학자 갈릴레오 갈릴레이Galileo Galilei였다.

갈릴레이의 망원경

1608년 10월 네덜란드의 안경제작자 한스 리퍼레이Hans Lipperhey가 망원경을 제작해 특허를 신청하였다. 당시 이탈리아 파도바대학교University of Padua의 수학 및 자연과학 교수였던 갈릴레이는 리퍼레이의 망원경에 대한 정보를 입수한 뒤 이를 참고로 직접 망원경을 제작하기로 결심했다. 최초로 만든 망원경은 장난감 수준이었으나 갈릴레이는 시행착오를 거치면서 망원경을 점차 고화질, 고배율로 개량했다. 결국 당시 8배율에 불과했던 기존의 망원경 성능을 30배율까지 끌어올리는 데 성공했다. 이제 갈릴레이는 훨씬 강력해진 망원경으로 기존의 망원경으로는 식별할 수 없었던 달의 분화구, 태양의 흑점, 목성 주위의 위성, 토성의 띠를 자세히 관측할 수 있었다. 이로써 태양과 달 그리고 다섯 개 행성만 알고 있던 사람들에게 갑자기 목성 주위를 도는 위성 4개의 존재가 새롭게 드러났다. 그뿐 아니라 그동안 전혀 알지 못했던 수많은 별과 은하수의 존재 또한 알려졌다. 갈릴레이는 태양의 표면에서 움직이는 흑점을 관측하기도 했다. 이렇게 해서 지구가 흔들리지 않는 우주의 중심이라는 생각은 갈릴레이의 관측을 통해 근본적으로 '흔들리기' 시작했다.

• • •

1 실제로 그의 책이 교황청의 금서 목록에 오른 것은 출판된 지 70여 년 후인 1615년이다.

2 갈릴레이가 태어난 1564년은 셰익스피어가 태어난 해이며, 미켈란젤로가 사망한 해이기도 하다.

갈릴레이는 직접 제작한 망원경으로 이 놀라운 사실을 발견했다는 사실에 몹시 흥분했다. 혹시라도 자기가 발견한 것을 남에게 빼앗길세라 갈릴레이는 서둘러 관측 결과를 정리한 관측보고서 형식의 소책자『별들의 메신저 The Starry Messengers』를 발간했다. 이 책은 근대 천문학의 토대를 제시한 것으로 평가받는다. 자신의 관측 결과를 바탕으로 코페르니쿠스의 이론에 대한 새로운 실험 증거를 보유하게 된 갈릴레이는 공개적으로 지동설을 지지하

지세페 베르티니Giuseppe Bertini의 〈베니스의 총독에게 망원경 보는 법을 알려주는 갈릴레이Galileo Galilei che mostra l'utilizzo del cannocchiale al Doge di Venezia〉. 갈릴레이는 당시 초보적 수준이던 천체 망원경의 기능을 강화하는 데 크게 공헌했다.

기 시작했다. 교회 또한 당연히 망원경으로 관측된 사실인 코페르니쿠스의 이론을 승인할 것이라고 생각했다. 수학적 증명뿐 아니라 실측된 데이터가 한때 철옹성 같았던 아리스토텔레스 – 프톨레마이오스의 이론 체계를 구시대의 유물로 만들었기 때문이다. 갈릴레이는 1613년 다시『흑점에 대한 서신 Letters on the Sunspots』에서 코페르니쿠스의 지동설을 공개적으로 옹호했다.

첫 번째 위기

의외로 갈릴레이가 활동하던 시기의 가톨릭 교회는 기본적으로 천문학 등의 자연과학 연구를 장려했다. 당시 스페인과는 가톨릭 세계의 주도권을 놓고, 루터파를 비롯한 종교 개혁 세력과는 기독교 세계의 미래를 두고 경쟁하던 바티칸 교황청에서는 종교적 진리의 전당일 뿐 아니라 학문과 지성의 후원자라는 이미지를 구축하는 것도 중요했기 때문이다.

실제로 성직자들 가운데 자연과학을 연구하는 인물들도 적지 않았다.

그러나 교회 당국은 갈릴레이의 코페르니쿠스 옹호에 대해서는 우려를 표시했다. 어떻게 보면 문제는 그의 주장 자체보다 그가 주장을 표현한 방식에 있었다. 갈릴레이는 성서와 과학적 사실은 서로 융화될 수 있지만, 이를 위해서는 성서가 쓰인 그대로가 아닌 비유적 해석이 적용돼야 한다고 주장했다. 이러한 관점은 당시 성서의 권위를 생각하면 상당히 민감한 문제였다.

종교계와 학계에 포진한 갈릴레이의 정적들로부터 갈릴레이가 지동설을 공개적으로 옹호한 문제를 검토해달라는 청원이 끊이지 않자 1616년 교황청은 갈릴레이의 이론을 신학자 12명으로 이루어진 위원회에 검토하도록 했다. 위원회는 갈릴레이의 이론이 터무니없을 뿐 아니라 이단으로 간주될 수도 있다는 결론을 내렸다. 위원회의 보고를 받은 교황 바오로 5세는 벨라르미노 추기경Cardinal Bellarmine에게 갈릴레이를 만나 그의 이론을 포기하도록 종용하라고 명령했다. 벨라르미노 추기경은 갈릴레이를 만난 자리에서 지동설이 과학적 진리라는 주장을 철회하고 오직 수학적 가설로만 인정하라고 압력을 가했다. 그리고 권고에 따르지 않으면 종교 재판에 회부되어 투옥될 수도 있다고 경고했다. 갈릴레이는 결국 추기경의 권고에 따라 코페르니쿠스의 견해를 지지하지 않을 것이며, 그 내용을 과학적 사실로 가르치지 않는다는 데 동의했다. 교회는 곧이어 코페르니쿠스의 책 『천체의 회전에 관하여』를 공식적으로 금서로 지정했다.

이후 실의에 빠진 갈릴레이는 한동안 아무런 저술 활동도 하지 않았다. 그러나 그는 망원경을 이용한 천체 관측은 멈추지 않았다. 계속 관찰되는 천체 운동의 놀라운 모습은 갈릴레이로 하여금 코페르니쿠스 이론에 대한 지지를 포기하게 하기는커녕 어떻게 해서든 망원경으로 관측한 결과를 바탕으로 지구가 움직인다는 주장을 발표하고 싶도록 만들었다. 관찰에 따른 이론의 검증에 모든 의미를 부여하는 과학자로서 갈릴레이가 겪은 갈등과 심적 고통은 상당했다. 그리고 7년 만에 그에게 드디어 기회가 찾아왔다.

『대화』의 발간

1623년 자연과학에 관심이 전혀 없던 바오로 5세가 선종하고 바르베리니 추기경 Maffeo Barberini이 신임 교황으로 선출되어 우르바노 8세 Urbanus Ⅷ로 즉위하자 갈릴레이는 이것이 자기 주장을 다시 펼칠 수 있도록 하늘이 내린 기회라고 생각했다. 갈릴레이는 우르바노 8세와는 그가 추기경으로 있을 때부터 친분이 두터웠다. 갈릴레이는 1627년 로마를 방문해 교황을 알현한 뒤 우주체계에 관한 자신의 책이 출판될 수 있게 해달라고 교황에게 간청했다. 바오로 5세와 달리 항상 스스로를 '지적인 인물'로 여기고 과학 연구의 후원자로 보이기를 희망했던 우르바노 8세는 갈릴레이가 지구가 움직이지 않는 우주의 중심이라는 교회의 견해를 어기지 않고, 코페르니쿠스의 체계를 단지 수학적 가설로만 다룬다는 조건으로 출판에 동의했다. 갈릴레이는 이 조건에 만족하면서 자기 의견을 모두 피력할 방법을 궁리하다가 대화의 형식을 빌려 천체 이론을 설명한다는 아이디어를 생각해냈다. 이에 따라 그는 대화자를 세 사람 등장시켜 『두 우주 체계에 관한 대화 Dialogue on the Two Chief World System(이하『대화』)』를 장장 5년 여에 걸쳐 완성하여 1632년 출간했다.

『대화』는 제목 그대로 등장인물 세 사람이 나누는 토론, 즉 대화 내용을 담았다. 아리스토텔레스와 프톨레마이오스의 이론을 옹호하는 철학자 심플리치오 Simplicio, 코페르니쿠스의 이론을 지지하는 과학자 살비아티Salviati 그리고 부유한 상인으로 그려지며 중립을 표방하는 사회자 역할을 맡은 사그레도Sagredo가 바로 그 세 명이다. 나흘 동안에 걸쳐 펼치는 우주론 논쟁에서, 갈릴레이를 대변하는 인물인 살비아티는 관측 증거와 수학적 계산을 기초로 하여 반대편 이론을 하나씩 공격해나가며 억지 주장을 펼치는 심플리치오의 반론을 물리쳤다. 토론이 진행됨에 따라 사그레도마저 점점 중립적인 태도를 바꿔 살비아티의 주장을 지지하게 되어 결국 논쟁은 사실상 코페르니쿠스 이론의 승리로 마무리된다.

그러나 갈릴레이의 기대와 달리『대화』의 출간은 그에게 재앙이 되었다. 우선 코페르니쿠스의 이론을 천동설과 마찬가지로 하나의 가설로만 다뤄야 한다는 교황의 지침이 있었지만 누가 봐도『대화』는 지동설이 유일한 진리라고 주장하는 책이 되고 말았다. 문제는 거기서 그치지 않았다. 등장 인물 가운데 천동설을 주장하는 심플리치오가 실은 우르바노 8세를 모델로 했다는 소문이 급속히 퍼지기 시작했다. 심플리치오는 원래 6세기경 실존했던 아리스토텔레스 주석가 심플리키우스Simplicius를 모델로 했지만 이름 자체가 바보나 얼빠진 사람을 뜻하는 이탈리아어 셈플리치오토sempliciotto와 비슷한 것부터 모양이 좋지 않았다. 게다가『대화』에서 심플리치오는 라틴어를 사용하며 거드름을 피우는 인물로 묘사되어 있었다. 그리고 종종 알맹이 없는 장황한 이론을 펼쳐 보이다가 총명한 살비아티에게 논박당하고 공정한 사그레도가 살비아티에 동의하는 식으로 시간차 공격을 당하기 일쑤였다. 결국 갈릴레이는 아무래도 책에서 지동설 편애를 완전히 감출 수 없었던 것이다.

심플리치오에 관한 소문을 알게 된 교황은 모욕감과 함께 호의를 원수로 갚은 갈릴레이에게 배신감을 느꼈다. 교황은『대화』의 배포를 금지하는 교령을 내렸고, 갈릴레이에 대한 종교 재판을 명령했다. 혐의는 갈릴레이가『대화』를 출간함으로써 코페르니쿠스의 이론을 더는 옹호하거나 가르치지 않겠다고 한 1616년의 서약을 위반했다는 것이었다. 동시에 교황청은 『대화』 내용의 이단성 여부를 자세히 조사하는 특별위원회를 구성했다. 이렇게 해서 갈릴레이의 두 번째 수난이 시작되었다.

종교 재판

당시 칠순의 나이에다 건강도 좋지 않았음에도 갈릴레이는 1633년 로마 교황청에 소환되었다. 갈릴레이가 로마에 도착한 것은 그해 2월 13일이었고 4월 12일 종교 재판소의 심문관 카를로 신체리Carlo Sinceri가 주재하는 1차 예비 신문이 시작되었다.

신체리 : 『대화』를 출간하는 것은 누가 허락했는가?

갈릴레이 : 교황청 검열관께서 원고를 검토하고 출판을 허락하셨습니다.

신체리 : 검열관에게 1616년 그대에게 내려진 코페르니쿠스의 이론을 포기하라는 교령을 신고했는가?

갈릴레이 : 1616년 당시 공식적인 교령은 없었습니다. 벨라르미노 추기경께서 저를 면담한 자리에서 지동설을 수학적 가설로만 취급하라고 말씀하신 일은 있습니다. … 그 말씀대로 『대화』에서 코페르니쿠스의 이론은 하나의 가설로 소개되었을 뿐입니다.

한편 4월 17일 『대화』의 내용을 검토한 위원회 보고서가 교황 앞으로 제출되었다. 보고서를 대표 집필한 예수회 소속 신학자 인초페르Melchior Inchofer는 "갈릴레이가 책에서 태양이 움직이지 않는 우주의 중심이며 지구를 비롯한 행성들이 그 주위를 돈다는 주장을 가르치고 옹호했을 뿐 아니라 실제로 그러한 주장을 굳게 신봉하고 있다"라고 결론

갈릴레오 갈릴레이. 천재적인 과학자였으나 정치적 감각이 모자란 탓에 종교 재판에까지 회부되는 신세가 되었다.

지었다. 보고서를 읽고 갈릴레이가 자신을 배신했다는 심증을 확인한 교황은 더욱 분노했다. 한편 교황청의 종교 재판소장인 빈센조 마쿨리니 Vincenzo Maculani는 갈릴레이를 개인적으로 면담한 자리에서 무조건 죄를 시인하여 재판이 길어지면서 겪을 고난을 모면하라고 충고했고 갈릴레이는 이를 받아들였다. 결국 4월 30일 열린 2차 신문에서 갈릴레이는 이렇게 말했다.

나는 『대화』에서 스스로의 주장에 도취된 나머지 코페르니쿠스의 견해를 너무 강하게 주장하는 실책을 범하고 말았습니다. … 허영심에 들뜬 야망 때문에 큰 잘못을 저질렀음을 고백합니다.

마쿨리니는 『대화』의 내용을 교회의 공식적 교리에 일치하도록 수정하라고 제안했고 갈릴레이는 거기에 동의했다. 그러나 마쿨리니와 갈릴레이는 교황의 진노가 얼마나 대단한지 깨닫지 못했다. 교황은 옛 친구 갈릴레이가 잘못을 인정하고 책 내용을 수정하는 정도로 만족하지 않고 반드시 신문 – 판결 – 선고 – 참회로 이어지는 종교 재판의 공식 절차를 밟아 끝장을 보려고 했으며 그 과정에서 갈릴레이가 지동설 지지를 공식적으로 철회하도록 강요하려고 했다. 결국 재판이 시작된 지 3개월 만인 1633년 6월 22일, 로마의 미네르바 성모 마리아 교회에서 열린 법정에서, 참회자의 복장인 흰 셔츠를 입은 갈릴레이는 종신 가택 연금과 함께 『대화』를 금서로 지정한다는 종교 재판소의 공식 선고를 들은 뒤 준비해

온 '철회 맹세'를 낭독했다. 갈릴레이는 태양이 세계의 중심으로 고정되어 있으며, 지구가 세계의 중심이 아니라 움직인다는 이론을 포함해 성스러운 교회의 가르침과 반대되는 어떠한 오류와 이단적 사상도 저주하며 앞으로 어떤 이단적인 주장도 말이나 글로 발표하지 않을 것을 맹세했다.

갈릴레이는 재판이 끝난 뒤 몇 개월 동안 시에나 대주교의 감시 아래 생활했으나 곧 피렌체 교외에 있는 자신의 농장으로 옮기도록 허가받고 그곳에서 여생을 보내게 되었다. 갈릴레이는 말년에 시련이 닥쳤는데도 연구·집필 활동을 계속하여 1638년에는 천문학이 아닌 물리학의 법칙을 논하는 『두 개의 신과학에 관한 수학적 논증과 증명Discourses and Mathematical Demonstrations Relating to Two New Sciences』을 출판했다. 이탈리아가 낳은 위대한 과학자 갈릴레이는 1642년 79세로 사망했다.

갈릴레이─과학 영웅 전설

계몽주의 시대 이후 갈릴레이 사건을 다룬 역사가들은 종종 갈릴레이를 권위주의적인 교회에 사슬이 채워진 용기 있는 위대한 과학자로 부각하려는 경향을 보였다. 그러다보니 갈릴레이 재판을 둘러싼 전설이 가톨릭 성인들을 둘러싼 전설만큼이나 많아지는 상황[3]이 벌어졌다. 그중 몇 가지를 뜯어보자.

먼저 갈릴레이가 종교 재판에서 유죄를 받은 것은 『대화』 출간 과정에서의 미숙함 때문이었지 애초에 이단죄를 지었기 때문이 아니었다. 당시에도 천문 계산을 위한 수학적 도구로 태양중심설을 사용하는 것에 가톨

●●●

3 Lewis Samuel Feuer, *The Scientific Intellectual : The Psychological & Sociological Origins of Modern Science*, Transaction Publishers : New Brunswick, NJ, 1992, p. 159.

릭 교회는 별 불만이 없었다.

또 갈릴레이의 이론은 그가 종교 재판을 받기 30년 전인 1600년에 교황청으로부터 이단으로 몰려 화형당한 이탈리아의 사제이자 철학자 지오르다노 브루노Giordano Bruno에 비하면 매우 온건한 편이었다. 지오르다노는 코페르니쿠스의 이론에서 한 걸음 더 나아가 아예 태양 역시 행성에 불과하며 우주에는 지성을 가진 생명체가 사는 행성이 많이 있을 것이라고 주장하기까지 했기 때문이다.

마찬가지로 갈릴레이가 재판 중 감옥에 수감되었으며 고문을 받았다는 것도 신화에 불과하다. 로마에 도착한 갈릴레이는 재판이 시작될 때까지 피렌체 대사관에서 기거했는데, 이때 교황청에서 내린 지침은 파티에 참석하지 말고 기도하며 근신하라는 것뿐이었다. 심리와 공판이 진행되는 동안에도 그는 바티칸궁전 안에 거주하면서 하인의 시중을 받았고, 재판이 끝나기도 전에 피렌체 대사관으로 돌아가 출퇴근하는 것을 허락받았다. 당시 피렌체 아카데미의 간판 수학자로 토스카나 공작의 비호를 받던 갈릴레이를 교황청도 함부로 대할 수 없었던 것이다. 갈릴레이가 고문을 받았다는 이야기 역시 당시 종교 재판의 공식 절차를 제대로 이해하지 못한 데서 비롯한 괴담일 뿐이다. 종교 재판관은 피고에게 죄를 자백하도록 권고하면서 만약 진실을 말하지 않으면 고문을 당할 수 있다는 것을 상기할 의무가 있었다. 이 규칙에 따라 갈릴레이 역시 고문 경고를 받기는 했으나 이는 형식에 불과했다. 그에게 내려진 가택 연금형 역시 대단히 너그럽고 융통성 있는 처분이었다.

갈릴레이가 종교 재판소를 나서며 "그래도 지구는 돈다"라고 말했다는 것도 후대의 상상의 산물일 가능성이 크다. 당시 그와 동석했던 인물들이 남긴 기록 어디에도 갈릴레이가 그런 발언을 했다는 이야기는 없다. 백번을 양보해서 그가 실제로 그런 발언을 했다 하더라도 그것이 종교 재판정을 걸어나오는 순간이었을 리는 없다. 그러다 교황청 관계자의 귀에 그 말이 들어가기라도 한다면 사태는 정말 난처해졌을 것이기 때문이다. 또 교황청으로부터 이런저런 구체적인 지시가 나오기 전부터 갈릴레이가 스스로 주장을 철회하기로 결정했다는 사실 역시 그가 막판에 그런 식으로 엉뚱하게 자기 성명을 번복했다는 시나리오의 신빙성을 갉아먹는다.

무엇보다도 갈릴레이에게는 종교에 저항하여 과학적 진리를 수호하는 사도라는 사명 의식 같은 것이 전혀 없었다. 재판에서 지동설을 포기한다고 선언하라는 교황청의 압력을 받은 갈릴레이는 두 가지 사항만은 절대로 인정할 수 없다는 조건을 '용감하게' 걸었다. 첫째는 자신이 '좋은 가톨릭 교도'가 아니라고 말하도록 명령받는 것, 둘째는 『대화』를 출간하기 위해 교황청을 기만했다고 인정하는 것이었다.[4] 여기서도 알 수 있듯이 그는 근본적으로 독실한 가톨릭 신자였으며, 항상 죄인으로 죽어서 교회 묘지에 묻히지 못할까 봐 두려워했다.

과학자의 정치

독일의 수학자 다비트 힐베르트David Hilbert는 한때 갈릴레이를 '과학의 순교 성인'처럼 취급하던 유럽 지성계의 경향을 꼬집어 "오직 바보천치만이 과학에 순교가 필요하다고 믿을 것"이라고 냉소한 바 있다. 과학에 순교는 필요없을지 모르지만, 갈릴레이의 극적인 몰락은 최소한 과학자에게도 때로는 정치 감각이 필요하다는 것만은 상기시켰다고 볼 수 있다. 고성능 천체 망원경이 널리 보급되지 않았던 17세기 초, 육안으로 보

• • •
4 Giorgio de Santillana, *The Crime of Galileo*, University of Chicago Press, 1976, p. 311.

고 느끼는 것과 반대 이론인 지동설을 과학적 사실로 받아들이는 것은 과학에 문외한인 일반 성직자들뿐 아니라 과학자들조차도 상당한 노력이 필요한 과정이었다. 갈릴레이에게는 아주 명백한 것이 다른 사람들에게는 그렇지 못했던 것이다. 그뿐만 아니라 코페르니쿠스 이론을 하나의 가설로만 취급하라는 교황청의 요구는 현대의 과학적 상대주의 관점에서 보아도 아주 터무니없는 요구는 아니었다.[5]

그러나 유감스럽게도 갈릴레이는 과학의 천재이기는 했지만 거만한데다 자존심이 세서 동료 과학자들을 모두 자신보다 지적으로 열등하다고 여겼을 뿐 아니라, 종종 그런 생각을 대놓고 표현했다. 갈릴레이는 1615년경 예수회 소속 성직자 겸 천문학자 크리스토퍼 샤이너Christopher Scheiner와 호라티오 그라시Horatio Grassi의 이론 체계를 인신공격에 가깝도록 비판했다. 당시 한창 세력을 늘려가던 예수회는 가톨릭 내부에서도 새로운 과학 이론을 적극적으로 받아들이기로 유명한 종파였다. 갈릴레이는 그런 예수회의 간판 스타인 두 학자를 무참하게 깔아뭉갬으로써 미래에 지동설을 지지해줄 가톨릭 내의 잠재적 원군을 적으로 돌리는 결과를 만들고 말았다. 1616년 심사에서 갈릴레이에게 경고를 내린 벨라르미노 추기경과 1633년 종교 재판 전후 『대화』의 검토를 주도한 신학자 인초페르가 모두 예수회 출신이었다는 것은 우연이 아니다.

갈릴레이가 망원경 개발 기술의 절반만큼이라도 정치적 수완이 있었더라면 근대 과학사는 크게 바뀌었을지도 모른다. 갈릴레이 재판의 직간접적인 영향으로 이후 가톨릭 세계에서 자유로운 과학 연구 활동은 침체되었다. 그리고 이탈리아는 문학, 미술, 건축에 이어 자연과학에서도 진정한 르네상스를 꽃피울 기회를 놓치고 말았다. 갈릴레이의 거만

• • •
5 Feuer, *op. cit.*

함과 교황청의 교조적인 태도가 부딪친 결과, 근대 과학 이론의 개척자라는 영예로운 칭호를 프로테스탄트 세력에 넘기고 만 것이다. 갈릴레이 재판이 끝나고 10년 뒤 태어난 영국의 과학자 아이작 뉴턴Isaac Newton은 1687년 케플러Kepler의 이론과 갈릴레이의 실험 등을 정리하여 만유인력universal gravitation의 법칙과 운동의 3법칙을 발견함으로써 근대물리학의 발판을 마련하였으며, 행성과 위성의 운동을 지동설의 견지에서 설명

플로렌스의 산타크로체성당에 있는 갈릴레이의 무덤. 갈릴레이는 죽어서 교회의 무덤에 묻히지 못하는 것을 가장 두려워하던 독실한 가톨릭 신자였다.
Photo Credit : Alvalo G. Vilela

할 수 있음을 증명했다. 갈릴레이가 독실한 가톨릭 교도이면서 코페르니쿠스주의자였듯이, 뉴턴 역시 우주 만물의 움직임을 수학적으로 증명하는 것을 신의 영광으로 돌린 독실한 프로테스탄트였다.

재판이 있은 지 약 360년 만인 1992년, 갈릴레이가 그토록 옹호하고 싶어했던 천문학자 코페르니쿠스와 같은 폴란드 출신 교황 요한 바오로 2세는 갈릴레이를 공식적으로 사면했다. 그리고 2000년에는 갈릴레이 재판을 포함해 가톨릭이 저지른 기타 과오를 사과했다.

04 스코프스 '원숭이' 재판

● 법정에서 맞붙은 진화론과 창조론 : The Scopes 'Monkey' Trial (1925)

확신은 대개 지식보다는 무지에서 나온다.
_찰스 다윈Charles Robert Darwin

진화론과 창조론, 두 번의 역사적 논쟁

영국의 자연과학자 찰스 다윈의 저서 『종의 기원On the Origin of Species』은 1859년 출판 즉시 센세이션을 일으켰다. 유기체가 때로 수백만 년에 이르는 오랜 시간을 두고 자연 선택의 과정을 거쳐 더 복잡하고 발달된 종으로 서서히 진화한다는 다윈의 이론은 인간과 다른 생물들을 지금 모습 그대로 신이 창조했다는 기독교 창조론의 교리를 정면으로 거부하는 메시지로 보였다. 영국에서는 다윈의 이론을 옹호하는 자연과학자, 무신론자, 자유사상가들과 이를 비판하고 비난하는 보수 종교계 사이에 격렬한 논쟁이 이어졌다. 1860년 옥스포드대학교 강당에서 진화론 옹호자들과 반대자들 사이에 벌어진 유명한 토론에서, 영국 국교회의 주교 새뮤얼 윌버포스Samuel Wilberforce가 당대 최고의 생물학자이자 진화론 지지자 헉슬리를 겨냥하여 "자신이 원숭이의 후손이라는 당신 생각은 조부 쪽에서 온 것이오, 아니면 조모 쪽에서 온 것이오?"라고 물었다. 헉슬리는 이에 대해 "나는 원숭이를 조상으로 둔 것은 부끄러울 게 없지만 위대한 재능을 진실을 감추는 데에만 쓰려는 인물을 알고 있다는 것은 부끄럽기 짝이 없소"라고 맞받았다.

윌버포스 - 헉슬리 논쟁이 있은 지 60여 년 뒤인 1925년, 대서양 건너 미국에서도 진화론을 놓고 세기의 논쟁이 벌어졌다. 이 미국판 진화론 '끝장 토론'의 무대는 대학 강당이나 교회가 아닌 법정이었다. 토론의 주인공 역시 학자나 종교인이 아니라 전설적인 인권 변호사와 대통령 후보까지 지낸 정치인으로, 토론 주제와는 동떨어진 것처럼 보이는 인물들이었다. 흔히 '스코프스 원숭이 재판Scopes Monkey Trial'이라고 불리는 이 재판은 미국 테네시주 소도시 데이턴Dayton에서 열렸다. 진화론과 창조론이 법정에서 대결했는데 주역들이 유명했을 뿐 아니라 사건의 역사적 상징성, 전 세계 언론의 이목을 집중시킨 전개 과정 등으로 가히 세기의 재판이라 불릴 만한 이벤트였다.

존 스코프스와 버틀러 법령

1925년 7월 10일, 딸기 생산지로 유명한 미국 테네시주의 소도시 데이턴의 한 고등학교 생물 교사 존 스코프스John Scopes는 수업 시간에 진화론을 가르쳤다는 혐의로 법정에 서게 되었다. 스코프스가 고발당한 것은 그보다 몇 개월 전 테네시주 의회가 통과시킨 이른바 「버틀러 법령Butler Act」을 위반했기 때문이다. 민주당 주 하원의원이며 기독교 근본주의자인 존 버틀러John Butler의 이름을 딴 법령은 테네시주 내 모든 공공 교육 기관에서 근무하는 교사들이 '인간이 신의 피조물이라는 성서 내용을 부정하고', '인간이 생태계상 열등한 동물의 후손'이라고 가르치는 것을 불법으로 규정했다. 이를 위반한 교사는 건당 100~500달러에 달하는 벌금을 물도록 되어 있었다. 법령은 처음부터 주 의회 내부에서 타당성 논란이 있었는데, 테네시 주지사로 재선을 노리던 오스틴 패이Austin Peay가 농촌 기독교 신자들의 표를 얻을 심산으로 최종 재가하면서 발효되었다.

하지만 법안을 발의한 존 버틀러나 주지사를 포함해서 이 법령이 현실에서 적용되리라고 예상한 사람은 많지 않았다. 예를 들어 당시 테네시주 공립 학교에서 의무적으로 사용되던 교재 『일반 생물학Civic Biology』은 진화론에 입각하여 쓰였기 때문에 그 책을 사용하는 교사는 자동으로 진화론을 가르치지 않을 수 없었다. 그러나 기독교 유권자들의 표를 얻을 꿍꿍으로 정치인들이 통과시킨 버틀러 법령이 인권옹호 단체인 전미인권연합American Civil Liberties Union, ACLU의 레이더에 걸려들면서 상황은 돌변했다. ACLU 측은 버틀러 법령을 종교 세력의 압박에 굴복하여 정부가 국민의 사상과 학문의 자유를 침해한 상징적 법안이라고 판단했다. 그래서 테네시주에서 버틀러 법령을 일부러 위반하여 재판정에 설 자원자를 물색했다.

결국 데이턴의 한 고등학교 생물 교사 존 스코프스는 재판에서 피고로 나서는 데 동의하고 학생들에게 자신이 진화론을 가르쳤다고 경찰에 고발하도록 부탁했다. 이에 따라 테네시주 검찰은 스코프스를 버틀러법 위반으로 기소했다. 그런데 사건이 외부로 알려지면서 관계자들이 미처 예상하지 못했을 만큼 대중의 폭발적인 관심을 끌었다. 이때부터 인구가 1,800명에 불과한 소도시 데이턴은 미국뿐 아니라 전 세계가 지켜보는 법정 드라마의 무대가 되었다.

대로우 대 브라이언 – 거물들의 격돌

재판에 대한 일반의 관심을 북돋우는 데는 진화론과 창조론 양대 진영을 각각 지휘하는 두 거물급 인사도 큰 몫을 했다. 비록 ACLU가 재판의 얼굴로 내세운 이는 스코프스였으나, 실제로 피고 측을 대표하는 인물은 변호인단에 속한 클래런스 대로우Clarence Darrow였다. 검찰 측을 대표

이른바 '원숭이 재판'의 주역 세 사람. 존 스코프스(피고, 왼쪽). 클래런스 대로우(변호인, 가운데). 윌리엄 제닝스 브라이언(검찰 측 자문, 오른쪽)

한 인물은 검찰 자문역으로 사건의 부검사를 맡은 윌리엄 제닝스 브라이 언William Jennings Bryan이었다. 당시 68세의 클래런스 대로우는 1924년 시카고에서 레오폴드와 롭이라는 부유층 출신 두 청년이 어린 소년을 잔 인하게 살해한 사건의 재판에서 피고들이 사형을 면하도록 변론을 펼쳐 전국적으로 명성을 얻은 저명한 인권 변호사였다.

그는 스코프스 사건을 기독교 근본주의의 맹점을 파헤칠 좋은 기회로 보고 변호인단에 자발적으로 참여했다. 한편 당시 65세로 검찰 측에 가 담한 윌리엄 제닝스 브라이언은 짧은 변호사 시절을 거쳐 1890년 네브래 스카주 연방 하원의원에 당선된 뒤 1896년부터 세 차례에 걸쳐 민주당 대통령 후보에 선출되었고, 우드로 윌슨 대통령 정부에서 국무장관까지 지낸 거물이었다. 기독교 근본주의자이기도 했던 브라이언은 스코프스 재판을 진화론으로 대변되는 과학 만능주의로부터 전통적·종교적 가치 를 수호할 좋은 기회로 보고 테네시주 정부 측 요청을 받아 검찰 측 인사 로 참여했다.

그런데 대로우와 브라이언 사이에는 종교적·이념적 차이를 넘어선 개인적 관계가 있었다. 사실 두 사람의 인연은 스코프스 재판보다 정확히 30년 전인 1896년 시카고에서 열린 민주당 전당대회까지 거슬러 올라간다. 열렬한 민주당원인 대로우는 전당대회에서 젊은 나이에도 강력한 카리스마와 연설로 청중을 사로잡는 브라이언에게 깊은 인상을 받아 그의 선거 진영에 가담했다.

브라이언은 당시 경험, 인맥, 자금 등 모든 면에서 다른 민주당 거물들에 비해 열세였다. 하지만 대로우의 활약에 힘입어 불과 36세에 대통령 후보에 오를 수 있었다. 그러나 브라이언은 본선에서 공화당의 매킨리에게 근소한 차로 패했다. 대로우는 대통령 선거 기간에 자신의 눈에 비친 브라이언의 단순한 종교관, 빈약한 지성, 비전의 부재 등에 환멸을 느껴 결국 그와 정치적 동지 관계마저 청산하고 말았다. 브라이언은 이후 두 차례 더 민주당 대통령 후보로 지명되었지만 번번이 본선에서 실패했다. 이 과정에서 대로우는 브라이언의 반대 진영에 섰다.

정계에서 은퇴한 브라이언은 점점 기독교 근본주의로 기울어 1920년 무렵에는 이미 미국의 진화론 반대 세력의 정신적 지도자 비슷한 대접을 받고 있었다. 법률가이자 침례교 목사였던 부친의 영향으로 일찍부터 신앙심이 깊기는 했지만 브라이언이 점점 종교적으로 과격해진 데에는 생물학적 진화론과 함께 영국 철학자 허버트 스펜서가 창안한 '사회적 다원주의(사회진화론, Social Darwinism)'에 대한 반발 역시 크게 작용했다. 브라이언은 정치 활동 내내 스스로 '위대한 보통 사람Great Commoner'이라며 민중의 동지라고 자처했다. 그런 그에게 생태계뿐 아니라 인간 사회에서도 능력 있는 자가 경쟁에서 앞서는 것이 당연하며 약자는 도태되고 만다는 이른바 '적자생존'이라는 용어로 대변되는 사회적 다원주의는 노동자를 착취하는 자본가들의 행위를 정당화하는 도구처럼 보였다.[1] 결국 브라이언은 사회적 다윈주의와 진화론에 맞설 수 있는 이념은 오직 복음주의 기독교 신앙뿐이라는 결론을 내리고 말았다. 그러나 대로우는 이런 브라이언의 변신을 지성의 빈곤으로 해석했으며, 여러 공개석상에서 그를 경멸했다. 이렇게 한때 정치적 동지였던 두 사람은 특히 종교 문제로 종종 신문 지면 등을 통해 서로 공격하는 등 껄끄러운 관계를 이어가다가 데이턴의 법정에서 만난 것이다.

전 세계가 지켜보다

과학과 종교의 법정 대결에 더해 길고 질긴 인연으로 얽힌 두 거물이 격돌한 스코프스 재판은 일반인의 상상력과 호기심을 자극할 흥행 요소를 갖추고 있었다. 실제로 데이턴에서는 전 세계에서 몰려온 언론의 취재 경쟁이 시작되었고, 재판은 역사상 최초로 라디오로 생중계되는 기록까지 보유하게 되었다. 당시 미국의 주요 언론 기관은 모두 데이턴에 특파원을 보내 현지 상황을 연일 대서특필했다.

취재를 맡았던 인물 가운데는 풍자 작가이자 칼럼니스트로 명성을 떨치던 H. L. 멘켄H. L. Mencken도 포함되어 있었다. 진화론자이자 무신론자인 멘켄이 당시 《볼티모어 선》에 기고한 논평과 기사에서 브라이언과 기독교 근본주의를 풍자한 내용이 큰 인기를 끌었는데, 스코프스 재판을 '원숭이 재판'이라고 이름 붙인 것도 멘켄의 솜씨였다. 원래 멘켄은 칼럼에서 진화론을 둘러싼 재판의 성격을 들어 재판을 '이교도 스코프스의 원숭이 재판Monkey Trial of Infidel Scope'이라고 불렀다. 그런데 이 말이 이 사건이 이후 역사에서 스코프스 원숭이 재판 혹은 원숭이 재판으

● ● ●

1 John A. Farrell, *Clarence Darrow : Attorney for the Damned*, Doubleday, 2011, p. 361.

로 불리게 되는 계기가 되었다. 멘켄은 재판 개정 직전 데이턴의 분위기를 대도시 언론인 특유의 비꼬는 필체로 다음과 같이 묘사했다.

내가 도착한 곳은 매력적이고 심지어 아름답기까지 한 전원 도시였다. … 마을에는 기독교 신자들이 자신들의 신앙의 위대한 교리를 수호하려고 할 때 흔히 보이는 표독스러운 정신상태를 드러내는 어떤 증거도 보이지 않았다. 스코프스가 예수회의 자금을 받았다든가, 위스키 신용 조합이 그를 후원하고 있다든가,[2] 그가 음탕한 활동 사진을 제작하는 유대인들의 선동을 받고 있다든가 하는 소문은 절대로 들리지 않았다. 오히려 진화론자들과 반진화론자들은 서로 잘 지내는 것 같고, 사실 누가 누군지 구분하기 어려울 정도다.[3]

다윈의 고향 영국의 언론과 지식인 사회 역시 재판에 큰 관심을 보였다. 극작가 조지 버나드 쇼George Bernard Shaw는 다음과 같이 빈정거렸다.

일개 주가 대륙 전체를 웃음거리로 만들거나 한 개인이 모든 유럽인으로 하여금 미국이 정말 문명의 세례를 받은 나라인지를 묻도록 만드는 것은 흔한 일이 아니다. 그런데 테네시주와 브라이언 씨는 이 두 가지를 동시에 이루어냈다.[4]

• • •

2 당시 미국은 '금주령 시대the Prohibition'였다.

3 "Mencken Finds Daytonians Full of Sickening Doubts About Value of Publicity", *The Baltimore Evening Sun*, 1925. 7. 9.

4 Donald McRae, *The Great Trials of Clarence Darrow*, Harper Perennial, 2010, p. 179.

재판의 시작

7월 10일, 데이턴에 소재한 레아 카운티 법원Rhea County Courthouse 에서 드디어 '테네시주 대 존 토머스 스코프스 재판'이 시작되었다. 재판 시작 몇 시간 전부터 방청석에는 약 300명이 몰려들어 초만원이었으며, 법정에 들어가지 못한 군중이 1,000명에 달했다. 남부 테네시의 여름이 무더운 것은 상식이었지만, 그해 여름은 유난히 덥고 습하여 법정은 거의 재판 진행이 불가능할 정도였다. 실제로 재판은 3일째부터 법원 앞에 마련된 천막으로 옮겨져 야외에서 진행되었다.

재판이 시작되기 전부터 스코프스의 변호인단은 상황이 자신들에게 매우 불리하다는 사실을 인식하고 있었다. 우선 선출된 배심원 12명 가운데 11명이 정기적으로 교회에 나간다고 밝혔다. 변호인단의 기본 주장은 버틀러 법령이 규정하는 금지 사항이 구체적이지 않고 모호하여 남용될 소지가 있으며, 헌법이 보장한 언론과 사상의 자유를 누릴 스코프스의 권리가 침해되었다는 것이었다.[5] 하지만 재판을 맡은 존 롤스턴John Ralston 판사는 검찰의 주장을 받아들여 혐의의 초점을 스코프스가 법률을 일부러 위반하는 범죄를 저질렀느냐는 쪽으로 몰아가도록 유도했다. 진화론과 성서는 추구하는 목적과 배경이 전혀 다르기 때문에 상호 공존할 수 있음을 증명하기 위해 변호인 측이 요청한 과학자들 역시 판사가 증인 채택을 거부했다. 이렇게 판사는 변호인단 측의 손발은 묶어버렸지만 반대로 브라이언이 검찰 측 발언을 가장하여 틈틈이 펼치는 종교적 내용의 짤막한 연설은 슬그머니 묵인했다.

『일반 생물학』은 인간이 심지어는 코끼리를 포함한 3,499가지 다른 포유

• • •

5 변호인단이 언론과 사상의 자유를 언급한 것은 사건을 연방대법원까지 가지고 가려는 계획이 있었기 때문이다.

류와 전혀 다를 것이 없는 한갓 포유류에 지나지 않는다고 가르칩니다. …
과학자들은 감히 인류를 사자, 호랑이, 기타 잡동사니들이 모인 범주 속에
넣고 가둬버린 것입니다.

기독교인은 인간이 저 위에서 왔다고 믿지만, 진화론자들은 인간이 저 아
래에서 왔음이 분명하다고 믿습니다.

과학자들은 원숭이들을 신세계의 원숭이들과 구대륙의 원숭이들로 구분
하는데, 우주의 기적이자 영광인 인류가 바로 구대륙 원숭이에서 발전해
온 것이라고 주장합니다. … 그들에 따르면 인간은 심지어 아메리카 원숭
이도 아니고 구대륙의 원숭이로부터 진화되어왔다는군요!

브라이언이 이렇게 종종 선거 유세 연설 혹은 교회의 설교와 검찰 측
발언을 혼동한 듯한 짧막한 연설을 마치면 방청석은 큰 박수와 환호로
응답하곤 했다. 분위기상 도저히 재판이 공정하게 진행되기가 어렵다고
본 대로우는 전략을 수정할 필요가 있었다. 7월 20일 오전, 변호인단은
새로운 증인을 신청했다. 바로 검찰석에 앉아 있는 브라이언이었다.

증언대에 선 창세기

판사는 브라이언이 피고 스코프스가 법률을 위반한 사실과 직접 관련
이 없기 때문에 증인으로 적절하지 않다고 했다. 그러나 변호인단은 재
판과 관련된 몇 가지 사항을 확인하고 기록을 남기기 위해서 일종의 참
고인 자격으로 브라이언의 증언이 필요하다고 주장했다. 재판정과 변호
인단이 옥신각신하는 것을 한동안 지켜보던 브라이언이 입을 열었다.

브라이언 : 내가 어디에 앉으면 됩니까?

판사 : 브라이언 씨, 증언석으로 가는 것에 이의가 없습니까?

브라이언 : 전혀요.

판사 : (대로우에게) 브라이언 씨가 증인 선서를 하기를 원하오?

대로우 : 아닙니다.

브라이언 : 선서를 해도 상관없습니다. "신이여, 제가 진실만을 말하도록 도우소서"라고 말하는 건 아무 문제가 없으니까요.

검찰 측의 인물을 변호인단에서 증인으로 호출하는 것 자체가 드문 데다가 다른 검사들과 재판장까지 불필요하다고 생각했음에도 브라이언이 선뜻 요청에 응한 정확한 이유는 지금까지도 미스터리다. 재판이

진화론을 재판정에 세운 스코프스 재판이 진행되던 당시 일요일 예배를 마치고 교회를 나서는 데이턴 시 주민들. 테네시주의 작은 도시 데이턴은 재판 기간 외부에서 몰려온 언론인, 작가, 종교인들로 북새통을 이루었다.

거의 마무리되는 시점이라 방심하여 별 생각 없이 받아들였다는 설, 전날 변호인 가운데 한 명인 더들리 멀론Dudley Malone이 했던 재판의 편파성에 대한 연설이 방청석에서 예상 외로 큰 박수를 받은 데 자극받았기 때문이라는 설, 평생의 정적인 대로우 앞에서 후퇴하는 모습을 보이기 싫었기 때문이라는 설 등 다양한 가설이 있다. 어쨌든 이렇게 해서 당시 《뉴욕타임스》가 "앵글로 색슨 역사상 가장 놀라운 법정 장면the most amazing court scene on Anglo-Saxon history"이라고 부른, 대로우와 브라이언의 대결이 시작되었다.

> 대로우 : 당신은 성서의 모든 내용이 문자 그대로 해석되어야 한다고 주장합니까?
> 브라이언 : 나는 성서에 쓰여 있는 그대로 받아들여야 한다고 믿습니다. 물론 성서의 어떤 표현은 비유적인 것이지만요. 가령 "너는 세상의 소금이니라" 같은 말은 사람이 실제로 소금이라는 뜻은 아니지요.

이때부터 대로우는 성서 창세기 내용을 조목조목 언급하며 브라이언을 추궁했다. 이제는 미국 사법 역사의 전설이 된 두 사람의 대화 중 몇 대목을 소개한다.

> 대로우 : 성서는 여호수아가 낮시간을 연장하기 위해 해가 멈추어 서도록 명령했다[6]고 하는데, 그 말을 믿나요?
> 브라이언 : 그렇소.
> 대로우 : 당신은 그때 태양이 지구 주위를 돌고 있었다고 믿나요?

• • •

6 "태양이 머물고 달이 멈추기를 백성이 그 대적에게 원수를 갚기까지 하였느니라. 야살의 책에 태양이 중천에 머물러서 거의 종일토록 내려가지 아니하였다고 기록되지 아니하였느냐"(여호수아 10:13).

브라이언 : 아니요, 나는 지구가 태양의 주위를 돈다고 믿소.

대로우 : 당신은 그 대목을 쓴 사람들이 실제로 낮시간이 연장되거나 태양을 멈출 수 있다고 생각했다고 믿나요?

브라이언 : 그들은 그들 자신의 생각을 표현하는 대신 그냥 사실을 있는 그대로 기술했다고 생각하오.

대로우 : 지구가 기원전 4004년에 탄생했다고 믿습니까?[7]

브라이언 : 오, 아니요. 그보다는 훨씬 오래되었다고 생각합니다.

대로우 : 지구가 6일 만에 만들어졌다고 생각하나요?

브라이언 : 하루 24시간에 해당하는 그런 6일은 아니오.

대로우 : 성경에 그렇게 쓰여 있지 않나요?

브라이언 : 그렇지는 않을 거요.

대로우 : 브라이언 씨, 최초의 여성이 이브였다고 믿습니까?

브라이언 : 그렇소.

대로우 : 그녀가 문자 그대로 아담의 갈비뼈로 만들어졌다고 믿나요?

브라이언 : 그렇소.

대로우 : 그런데 카인[8]이 어디서 아내를 취했는지는 연구해보셨습니까? … 성서는 그가 아내를 취했다고 말하지 않았나요? 그 당시 지구에 이미 다른 사람들이 있었다는 건가요?[9]

브라이언 : 내가 대답할 처지가 아니오.

대로우 : 대답할 처지가 아니다…. 혹 그 문제를 진지하게 고려해본 적이 없나요?

• • •

7 17세기 아일랜드 교회의 주교 제임스 어셔James Ussher는 기원전 4004년 10월 23일 지구가 탄생했다고 주장했으며, 이후 많은 기독교 신자, 신학자가 이것을 지구의 탄생일로 받아들였다.

8 낙원에서 쫓겨난 아담과 이브 사이에 태어난 아들로 창세기에서는 질투 때문에 동생 아벨을 죽인다.

9 성서에는 카인이 살인을 저지른 뒤 다른 지역으로 가서 아내를 얻어 종족을 일으켰다고 하는데, 만약 이미 다른 지역에 인간들이 살고 있었다면 아담과 이브가 최초의 인류라는 믿음과는 모순되는 셈이다.

브라이언 : 전혀 없소.

이 밖에도 여러 질문이 이어진 끝에 대로우는 창세기에서 이브에게 선악과를 따먹도록 꼬드긴 뱀에게 신이 저주를 내리는 장면을 언급했다.

대로우 : 당신은 뱀이 배로 기어다니게 된 것이 신의 저주 때문이라고 믿나요?

브라이언 : 그렇소.

대로우 : 그럼 그전에는 뱀이 어떻게 돌아다녔는지 생각해본 적이 있나요?

브라이언 : 없소.

대로우 : 뱀이 혹시 꼬리를 이용해서 걸어다녔는지 어땠는지 아시나요?

브라이언은 이 대목에서 인내심이 한계에 다다랐다. 결국 그는 판사를 향해 외쳤다.

브라이언 : 재판장님, 이쯤에서 제 증언을 마무리해도 될 것 같군요. 대로우 씨의 유일한 목적은 성서의 내용을 비방하려는 것입니다. … 나는 여기 신을 믿지 않는 인간이 테네시의 신성한 법정을 이용해서 성서를 중상모략하려는 것을 세상이 알기를 바랍니다.

대로우 : 당신의 발언에 반대합니다. 실은 나는 세상의 지적인 기독교도라면 아무도 믿지 않을 어리석은 생각에서 당신을 구해주고 있는 것이오!

판사는 황급히 휴정을 선언하고, 다음 날 9시에 재판을 속개할 것을 명령했다.

최후의 반전

7월 21일, 재판은 이제 판결에 앞서 양 진영의 최후진술만 남겨두고 있었다. 검찰 측 최후진술은 브라이언이 나서서 펼치기로 되어 있었다. 브라이언은 재판이 시작된 이후 최후진술을 겨냥한 연설 원고를 계속 다듬어왔는데, 전날 대로우가 쳐놓은 덫에 걸려 종교적 광신도처럼 비춰진 이미지를 쇄신하기 위해서도 명연설로 청중을 사로잡을 필요가 절실했다. 검찰 측 진술이라기보다는 정치적 선동과 종교적 설교의 색채가 다분한 연설 내용 일부를 소개한다.

과학은 놀라운 힘을 가졌지만, 도덕을 가르치지는 않습니다. 과학은 완전 무결한 기계를 만들 수는 있지만 그 기계의 오용으로부터 사회를 보호할 수 있는 도덕적 통제력을 제공하지는 않습니다. … 과학은 전쟁을 너무도 끔찍한 것으로 만들어 인류 문명은 자살하기 직전입니다. 게다가 지난 전쟁[10]의 잔혹함조차도 새롭게 개발된 파괴의 도구들이 사용될 미래의 전쟁에 비교하면 하잘것없는 수준일지 모릅니다. 사랑의 세례를 받지 못한 지성이 초래할지 모를 파국으로부터 문명이 구원될 길은 오직 온유하시고 낮은 곳에 임하신 구세주의 도덕률밖에 없습니다.

연설에는 장중한 어휘 선택과 시적 비유를 적절하게 이용하는 '위대한 보통 사람' 브라이언식 문장의 특징이 잘 나타나 있었다. 연설은 이렇게 마무리된다.

이 사건은 이른바 과학을 통해 말하려는 불신자들과 테네시 입법의회를

• • •

10 제1차 세계대전을 말한다.

통해 말하려는 기독교의 수호자들 사이의 사생결단의 대결이 되었습니다. 이는 주님과 바알Baal[11] 사이의 선택이요, 빌라도 법정[12]의 재현인 것입니다. … 배심원 여러분의 판결에 전 세계가 귀를 기울일 것입니다. 기도하는 수많은 백성이 열렬히 판결을 기다리고 있습니다. 해당 법령이 무효로 선언된다면 하나님을 배척하고, 구세주를 조롱하고, 성서를 웃음거리로 여기는 세력들은 환희할 것입니다. 반면 법령이 유지되고 학교 어린이들의 종교가 보호받는다면 수백만의 기독교인이 여러분에게 축복을 내릴 것이며, 주께 진심으로 감사하는 마음으로 승리의 찬가를 다시 부를 것입니다.

그런데 이 감동적이고 박력있는 연설에는 한 가지 문제가 있었다. 브라이언이 법정에서 실제로 이 연설을 할 기회를 갖지 못했다는 것이다.[13] 당시 테네시주의 법률은 만에 하나 변호인 측이 최후진술을 포기할 경우에는 검찰 측도 최후진술을 할 수 없도록 했는데, 스코프스 변호인단이 최후진술을 먼저 포기해버린 것이다. 전날 브라이언을 추궁하여 성서 내용을 문자 그대로 믿는다는 것이 과학과 상식이라는 관점에서 보면 얼마나 우스꽝스럽게 보일 수 있는지를 증명해 보인 대로우로서는 브라이언에게 상황을 만회할 기회를 줄 필요가 없었던 것이다. 최후진술을 분위기를 반전할 '필살기'로 보고 만반의 준비를 마친 뒤 재판정에 온 브라이언과 검찰은 변호인단의 예상을 뒤엎는 행보로 허탈 상태에 빠졌다. 대로우 측은 한 술 더 떠 빨리 배심원들을 불러 유죄 판결을 내려달라고 정

• • •

11 성서에서 여러 번 언급된 이교도의 신. 고대 티루스, 카르타고 등에서는 최고 신으로 추앙받기도 했다.
12 로마의 유대 총독 빌라도가 예수에게 사형을 선고한 법정을 말한다.
13 1만 5,000여 단어에 달하는 연설은 「브라이언의 마지막 연설Bryan's Last Speech」이라는 제목으로 브라이언이 죽은 뒤 출판되었다.

식으로 재판정에 요청하기까지 했다. 그 시점에서 변호인단의 계획은 사건을 하급법원에서 빨리 마무리짓고 항소법원, 다시 연방대법원까지 가져가는 것이었기 때문이다. 배심원들은 예상대로 스코프스에게 유죄 판결을 내렸다. 판사는 법정 최저액인 100달러 벌금을 선고했다. 많은 단체와 개인이 벌금을 대신 지불하겠다고 자원했다. 변호인단이 롤스턴 판사에게 다윈의 저서 『종의 기원』과 『인간의 계보』를 선물하겠다고 제안하면서 10여 일에 걸친 법정 드라마의 피날레를 장식했다.

재판 이후

공교롭게도 브라이언은 스코프스 재판이 끝나고 일주일 뒤인 7월 26일 일요일 오후 묵고 있던 데이턴의 호텔에서 갑작스럽게 사망했다. 원래 식도락가이자 대식가로 유명한 브라이언은 몇 년 동안 중증 당뇨병을 앓고 있었는데, 설탕과 탄수화물 섭취를 최대한 제한하라는 의사의 권고를 종종 무시했다. 브라이언은 문제의 일요일에도 교회에서 예배를 마친 뒤 롤스턴 판사를 비롯한 몇몇 지역 유지와 달고 기름진 음식으로 가득한 브런치를 즐기다가 변을 당한 것이다. 분명 브라이언의 의학적 사인은 급작스러운 당뇨 증상 악화에 따른 뇌졸중이었지만, 호사가들은 대로우가 주도한 문제의 증인신문에서 받은 스트레스가 모종의 역할을 한 것이 아니냐는 의혹을 제기했다. 이때 H. L. 멘킨은 칼럼에서 "원래 주님께서는 대로우를 겨냥하여 벌을 내리셨는데 그만 빗나가서 브라이언이 대신 맞고 말았다"라고 빈정거리기까지 했다.

1926년 테네시주 최고 법원은 스코프스 재판 결과를 파기환송했다. 그러나 법원이 제시한 이유는 피고에게 부과된 벌금액을 배심원이 아닌 재판장이 결정했다는 절차상 하자를 문제삼은 것이었다. 그 덕분에 해당 사건을 언론의 자유 및 정교 분리 문제로 몰아 연방대법원까지 끌고가 한판 승부를 펼치려던 대로우의 계획은 무산되고 말았다. 스코프스 재판은 기독교 근본주의자들의 과학 상식에 대한 무지, 융통성 결여 등을 만천하에 폭로하는 계기가 되었다. 하지만 이 재판은 그 뒤 미국에서 벌어진 진화론과 창조론의 끈덕진 대결의 시작을 알린 신호탄에 불과했다. 미국의 기독교 근본주의자들은 오랫동안 특히 공공 교육의 커리큘럼에서 어떤 식으로든 창조론의 시각을 반영하려는 시도를 포기하지 않았다. 스코프스 판결이 있은 지 반 세기도 더 지난 1981년에도 미국 루이지애나 의회는 주 공립학교에서 진화론과 이른바 창조과학 이론을 함께 가르칠 것을 의무화하는 법령을 통과시켰고, 이에 반발한 과학계가 소송을 제기하여 사건은 결국 연방대법원까지 올라가기도 했다.[14] 대로우와 브라이언이 그랬듯이 21세기에도 진화론자들과 기독교 근본주의자들의 진정한 화해는 적어도 미국땅에서는 요원한 일로 보인다.

• • •

14 '에드워즈 대 아길라르 사건Edwards vs. Aguillard'으로 불리는 이 역사적 연방대법원 판결과 뒷이야기는 『미국을 발칵 뒤집은 판결 31』 참조.

Part 7

세계대전과 냉전을 둘러싼
재판과 판결들

01 뉘른베르크 재판

● **나치 전범들을 심판하라! :** Nuremberg Trials (1945 ~ 1946)

자고로 공정하게 재판을 받았다고 생각하는 악당은 없는 법이다.
_영국 속담

전범 처리 방안의 논의

1944년 말, 제2차 세계대전에서 추축국樞軸國[1]의 패전이 확실해지면서 연합국 지도자들은 전쟁 종료 후 적국의 전쟁 책임자들을 어떻게 처리할지를 의논하기 시작했다. 처리 방식에는 크게 체포 즉시 즉결 처분, 재판 없는 무기한 유배, 재판에 회부하여 판결에 따른 형벌 집행하기 등 여러 방안이 논의되었으나 결국 재판 방식이 채택되었다.[2] 유럽 전선에서 전쟁이 종료된 직후인 1945년 7월 26일 발표된 포츠담선언에는 "연합국의 포로를 학대한 자를 포함한 모든 전쟁범죄인에게는 엄중한 처벌을 가하게 될 것이다"라는 전범 처벌 조항이 포함되었다. 이어서 같은 해 8월 미국, 영국, 소련, 프랑스가 참여한 런던협정에서 침략 전쟁을 불법으로 규정한 「국제군사재판소 헌장」이 채택되고[3] 19개국이 추가로 참여

• • •

1 제2차 세계대전 중에 미국, 영국, 소련 등의 연합국聯合國에 대항하여 전쟁을 한 나라들의 국제 동맹으로 독일, 이탈리아, 일본이 주축이 되었다.

2 영국은 즉결 처분을 선호했으나, 미국과 러시아는 재판을 열자고 강력히 주장했다.

3 「유럽 추축국 주요 전범 기소 및 처벌에 관한 협정 및 국제군사법원 헌장Agreements for the Prosecution and Punishment of the Criminals of the European Axis Powers and Charter of the International Military Tribunal」

한 국제군사재판소International Military Tribunal가 본격적으로 발족되면서 세계대전을 벌인 추축국 책임자들을 재판에 회부할 수 있는 국제법적 · 제도적 장치가 마련되었다.

뉘른베르크 전범 재판

나치 전범들에 대한 군사 재판은 1945년 10월 18일 중세 이래의 고도 뉘른베르크Nuremberg에서 시작되었다. 뉘른베르크는 독일 르네상스 미술의 거장 알브레히트 뒤러의 출생지이자 리하르트 바그너가 악극 〈뉘른베르크의 명가수〉의 배경으로 삼기도 한 유서 깊은 문화의 도시였다. 하지만 그와 동시에 수십만 명의 병사와 군중이 동원되어 나치의 야망을 전 세계에 알린 악명 높은 1935년 대집회가 열린 장소이기도 했다.[4] 전쟁 말기까지 독일군의 핵심 군수 · 병참 기지였던 뉘른베르크는 연합군의 대규모 폭격을 받아 시가지가 거의 초토화되었다. 독일의 도시 가운데 그보다 큰 피해를 입은 곳은 드레스덴뿐일 정도였다. 연합국 측이 뉘른베르크를 전범 재판 장소로 최종 선택한 것은 나치의 이념 활동과 전쟁 수행의 중심지였던 곳에서 전쟁 범죄자들의 책임을 묻는다는 상징성과 함께 뉘른베르크 시가지 내에서 폭격을 면한 거의 유일한 건물이라고 할 대법원이 대규모 재판을 벌이기에 적합한 장소였기 때문이다.

국제군사재판소 헌장에 따라 재판관 4명과 그들을 대리하는 대리판사 4명으로 구성된 법정에서 재판장은 영국인 판사 제프리 로렌스 경Sir. Geoffrey Lawrence이 맡았으며, 미국, 러시아, 프랑스에서 각각 1명씩 재판관이 참석했다. 전쟁 범죄 수사와 증거 수집을 위해서 수석검사 4명으

• • •

4 나치의 뉘른베르크 군중 집회는 1923년 시작되어 1938년까지 매년 개최되었다. 특히 리히펜슈탈Leni Riefenstahl이 감독한 나치 홍보 영화 〈신념의 승리The Victory of Faith〉에 소개된 1935년 대집회가 유명하다.

로 검찰위원회가 구성되었다. 이들을 진두지휘하는 검찰위원장에는 트루먼 대통령의 요청에 따라 당시 미국 연방대법관으로 있던 로버트 잭슨Robert H. Jackson이 임명되어 사건의 무게를 짐작하게 했다.

기소된 전범들의 프로필

뉘른베르크에서 열린 제1차 재판[5]에 기소된 피고는 총 22명이었다. 이들 1급 전범들 가운데서도 특히 거물급인 몇몇의 프로필을 소개하면 다음과 같다.

헤르만 괴링 Hermann Göring : 독일 국회 의장이면서 독일군 최고 지위인 제국 원수Reichsmarschall 겸 공군상이었다. 전쟁 말기에는 히틀러의 신임을 잃어 사실상 권력이 박탈되었으나 공식적으로는 여전히 나치 정권 서열 2위였다. 서류상으로는 연합국 측이 신병을 확보한 나치 수뇌부 가운데 최고 거물이었다.

루돌프 헤스 Rudolf Hess : 제국 부총통에 오른 히틀러의 최측근이었으나 1941년 영국과 평화 협상을 추진하겠다며 혼자 전투기를 몰고 영국으로 건너가는 기행을 벌였다가 포로 신세가 되었다. 결국 영국군에 내내 붙잡혀 있다가 종전 후 독일로 송환되어 전범으로 기소된 특이한 경우다.

카를 되니츠 Karl Dönitz : 히틀러가 자살하기 직전 주변의 예상을 깨고 후계자로 지명한 인물이다. 해군 장성 출신으로 나치색이 거의 없었으며 히틀러가 사망하자 곧 연합국 측에 항복했으나 역시 명목상 제3제국의 마지막 총통이었다는 이유로 전범 재판에 기소되었다.

• • •

5 실제로 뉘른베르크 전범 재판은 1949년까지 총 12차례 열렸으나 괴링과 헤스를 비롯한 1급 전범들을 다룬 것은 1차 재판이다. 여기에서는 이 1차 재판을 집중적으로 다룬다.

요아힘 폰 리벤트로프 Joachim von Ribbentrop : 전쟁 내내 외무장관을 지낸 탓에 전범으로 기소되었다. 전쟁 중 한 일은 일본, 이탈리아 등 다른 추축국들과 연락을 취한 정도였기 때문에 큰 범죄를 저지를 기회도 별로 없었으나 서류상으로는 상당한 지위에 있었다.

알베르트 슈페어 Albert Speer : 군수상으로 전쟁을 수행하기 위한 무기와 물자 공급을 담당했다. 베를린올림픽 스타디움을 비롯해 히틀러의 과대망상적 제3제국의 비전을 표현하는 여러 기념비적 건축물을 설계한 천재 건축가이기도 하다. 나치 정권의 광기를 아무런 고민 없이 행정적 · 기술적으로 철저히 뒷받침한 전형적 기술관료였다.

빌헬름 카이텔 Wilhelm Keitel : 참모총장. 1944년 있었던 히틀러 암살 미수 사건 이후에는 군 내부 반히틀러 세력 색출에서 활약했다.

아르투어 자이스 잉크바르트 Arthur Seyss-Inquart : 네덜란드 총독으로 네덜란드 국내의 유대인 색출에 전념했다.

전범들의 프로필에서도 알 수 있듯이 재판은 시작 전부터 약간 김 빠

뉘른베르크 법정 피고석에 앉은 나치 전범들. 턱을 괴고 있는 인물이 괴링이며 그 옆에 양복을 말쑥하게 차려입은 이가 루돌프 헤스다.
Photo Credit : Ray D'Addario

진 독일 맥주 같은 상태였다. 장장 7년간 유럽을 전쟁의 참화 속에 빠뜨린 당사자 아돌프 히틀러Adolf Hitler는 소련군이 베를린에 진주하기 직전인 1945년 4월 30일 지하 벙커에서 자살하여 죄를 물을 수가 없었다. 이뿐만 아니라 공포와 선전선동으로 나치 정권을 유지하던 두 날개로 나치 친위대 SS를 이끈 사실상 2인자 하인리히 힘러Heinrich Himmler와 당선전부장 괴벨스 역시 스스로 목숨을 끊은 뒤였다. 이런 상황에서 나치 정권 수뇌부 가운데 연합국 측이 신병을 확보한 최고위급 인물은 오랫동안 나치 정권의 공식적 2인자 노릇을 한 괴링이었다. 사실 괴링조차 없었다면 전범 재판이란 처음부터 꾸려지지도 못했을 판이었다.

괴링 ─ 제3제국의 스타, 현실적 낭만주의자

이렇게 뉘른베르크 재판의 최고 거물이 된 괴링의 삶은 흔히 나치라고 불리는 국가사회주의 노동자당National Socialist German Workers' Party의 부침과도 연결된다는 점에서 되짚어볼 만하다. 괴링은 1893년 바이에른 지방의 군인 가정에서 태어났다. 어려서부터 반항적이고 모험을 좋아하던 괴링은 제1차 세계대전이 벌어지자 공군 파일럿으로 지원했다. 천성이 공격적인데다 젊은 혈기까지 더해져 극히 초보적 수준이었던 전투기 조종에 안성맞춤이었던 그는 큰 공을 세우며 청십자훈장까지 받는 전쟁영웅이 되었다.

히틀러와 괴링은 제1차 세계대전 이후 나치가 독일에서 서서히 대중적 인지도를 넓혀가던 1922년 뮌헨의 한 집회에서 만났다. 괴링은 히틀러의 연설과 카리스마에 즉각 매료된 나머지 그가 독일을 구원할 인물이라고 확신하고 즉각 나치당에 가입했고 이후 빠르게 히틀러의 신임을 획득하며 나치의 간판 스타로 떠올랐다. 괴링은 왕년의 전쟁 영웅이라는 위상과 매력적인 외모[6]로 집회 등에서 대중에게 크게 어필했다. 괴링은 히틀러와 힌덴부르크Hindenburg 대통령의 면담을 알선하는가 하면 대기업들로부터 정치 자금 후원을 받아내는 등 수완을 발휘했다. 괴링은 나치 이데올로기 자체에 대한 이해도나 관심도는 낮았으나 히틀러 개인에 대한 충성심은 상당히 높았던 것으로 보인다. 괴링은 나치가 정국을 장악하고 히틀러가 대권을 잡을 때까지 10여 년간 히틀러를 위해 정력적으로 일했다.

히틀러와 괴링의 관계는 히틀러가 유럽 전선에서 본격적으로 전쟁을 확장하려는 결심을 측근들에게 밝히면서 삐걱대기 시작했다. 괴링은 나치가 세운 제3제국의 온갖 게르만 민족주의적 제례와 이벤트를 진심으로 즐기는 낭만주의자이기는 했지만 동시에 속물이자 현실주의자이기도 했다. 따라서 왜 히틀러가 고생 끝에 얻은 부귀영화에 만족하지 않고 전 세계를 상대로 전쟁을 벌이는지 잘 이해할 수 없었다.

괴링은 오스트리아와 체코 합병 때부터 전쟁이 확대되는 것을 극도로 불안해했다. 그리고 국가 생산력이나 군의 준비 상태로 보았을 때 독일이 유럽 열강과 전쟁을 벌이는 것은 매우 위험하다고 생각했다. 하지만 일단 전쟁이 시작되자 괴링은 히틀러의 명령에 따라 공군상을 겸임했다. 특히 영국에 대한 무차별 폭격과 공중전을 진두지휘했으나 결정적인 타격은 주지 못하고 독일군 공군 전력에 막대한 손실을 초래하는 결과만 가져왔다.

1942년 이후 괴링은 히틀러의 눈 밖에 난 끝에 사실상 모든 주요 의사 결정권을 잃고 일선에서 물러나 예술품 수집 등으로 소일하는 신세로 전락했다. 그러나 괴링의 대중적 인기 때문에 히틀러는 공식적으로는 계

• • •

6 말년의 다소 비만한 외모와 달리 젊은 시절 제복 차림의 괴링은 이상적인 '제3제국 기사'의 위엄을 보여준다.

속 그의 이미지를 활용했다. 독일 민중은 히틀러를 메시아적으로 숭배하기는 했으나 한편으로 부담스러워했다. 반면 괴링은 나치 정권의 '아이돌'이었다. 그는 다소 속물이기는 했지만 경직된 괴벨스나 히틀러와 달리 사교적이고 인간적인 매력도 있었다. 지휘관으로서는 무능했을지 몰라도 이런 사실을 왕년의 전쟁 영웅이라는 타이틀로 가릴 수 있었다. 이런 괴링을 내친다는 것은 히틀러에게조차 큰 부담이었다. 괴링이 히틀러에게서 벗어날 수 없었듯 히틀러도 괴링을 버릴 수 없었다. 두 사람은 거의 마지막까지 그렇게 공생관계를 유지했다.[7] 그런 제3제국의 '아이돌' 괴링은 이제 뉘른베르크 재판에서도 주목받는 스타가 될 상황이었다. 전 세계의 관심이 앞으로 다가올 그의 운명에 쏠려 있었던 것이다.

재판의 진행

재판은 1945년 11월 20일 시작되었다. 피고들에게 적용된 혐의는 침략 전쟁의 모의, 침략 전쟁의 수행, 전쟁 중 일으킨 범죄 행위, 반인도적 범죄 등이었다. 4개국에서 모인 재판장과 독일어를 모국어로 쓰는 피고인들이 의사소통을 하기 위해 사상 최초로 동시통역사가 등장하여 미국 기업 IBM이 제공한 전화선을 통해 관계자들의 발언을 즉각 통역하는 장면이 연출되기도 했다.

피고석에 앉은 나치의 거물들은 대부분 비교적 차분하게 재판에 임했다. 비록 법정에 모이기는 했으나 모처럼 한자리에 모인 나치의 옛 동지들은 서로 농담을 주고받는 등 화기애애한 장면을 연출하기도 했다. 재판이 전쟁 모의, 전쟁 수행, 전쟁 범죄 혐의 부분에 집중되면서 나치의

• • •

7 히틀러는 자살하기 직전에야 괴링 체포령과 즉결 처분 명령을 발표했으나 괴링은 독일군 손에 잡히기 전에 미군 포로가 되었다.

뉘른베르크 교도소. 재판 기간 괴링을 비롯한 전범들을 수용
했다.
Photo Credit : Ray D'Addario

성립, 권력 획득, 전쟁 발발 등의 과정에 이르는 여러 사건을 짚어가는 과정에서는 자신들의 전성기 시절에 향수를 느끼는 듯 감회에 젖기까지 했다. 그 가운데서도 괴링은 돋보이는 존재였다. 훈장이 뜯겨져 나간 나치 제복 차림으로 피고석에 앉은 괴링은 법정에서 나치 2인자 자리가 거저 얻어진 것이 아님을 증명하듯 상당한 전투력을 발휘했다. 다음은 침략 전쟁 혐의에 관한 증인신문 중 로버트 잭슨 검사와 괴링 사이에 벌어진 설전의 한 대목이다.

잭슨 검사 : 서류에 따르면 1935년 2월에 있었던 회의에서 총통 히틀러는 현재의 국제 정세에 비추어 비무장 지대는 당분간 준수되어야 하지만 동시에 독일은 긴급한 사태에 대한 만반의 준비를 해야 한다며 이 준비는 최대한의 보안을 요한다고 말했소. … 이 만반의 준비란 결국 군비 강화를 말하는 것 아니오?

괴링 : 어떤 국가라도 할 만한 일반적인 준비를 말하는 것이오.

잭슨 검사 : 결국 이 준비란 주변 국가에 통고하지도 않고 라인란트 Rhineland[8]에 쳐들어가기 위해 사실상 총동원령을 내린 것 아니오?

괴링 : 나는 미합중국이 군대 동원령을 내릴 때 주변 국가에 허락을 구했

다는 말은 들어본 적이 없소.

이렇게 괴링은 검찰의 기소 내용 중 허점이 있는 부분을 짚어내는가 하면 유쾌한 농담으로 좌중을 웃기기도 하는 등 줄곧 분위기를 주도하면서 시종일관 제3제국의 정책을 열정적으로 변호했다.[9] 심지어 재판을 참관한 몇몇 서방 대표는 그에게 호감을 느끼게 됐다고 나중에 털어놓을 정도였다. 실제로 다른 전범들이 괴링의 존재를 어려워하는 것이 감지되었고, 괴링이 스스로를 그들과 같은 부류로 보지 않는 것 역시 확실했다. 괴링이 미군 소속 주치의에게 털어놓았다는 다음과 같은 말에도 그의 사고방식이 드러난다.

왜 법정은 그냥 내게 모든 책임을 감수하도록 하고 풍크, 프리체, 칼텐브루너[10] 같은 조무래기들은 그냥 방면하지 않는 거요? 여기 수감되기 전까지 나는 그런 친구들은 이름조차 들어본 적이 없소! … 법정에서 말했다시피 모든 정부 결정 사항의 책임은 나에게 있소. 나는 히틀러의 공식 후계자였고 독일 국민 앞에 그런 자격으로 섰던 몸이오. 나는 책임 따윈 회피하지 않아.[11]

• • •

8 당시 베르사유조약에 따르면 독일은 라인란트 서쪽에 군대를 진주할 수 없었다.

9 괴링이 재판에서 선전한다는 사실이 언론을 통해 알려지자 괴링에게 독일인들의 팬레터가 쇄도하기도 했다. 재판 전까지 주로 나치의 선전 영화 등을 통해 괴링을 일종의 허수아비 내지는 나치의 얼굴 마담 정도로 이해하고 있던 검찰은 재판에서 발휘된 그의 지적 능력에 당혹스러워했다.

10 괴링과 함께 피고석에 앉았던 나치 간부들. 1) 발터 풍크Walter Funk : 경제장관. 학살한 유대인들의 몸에서 채취한 금을 재활용하는 정책을 승인해서 '금니의 은행가Banker of Golden Teeth'로 불렸으며 종신형을 선고받았다. 2) 한스 프리체Hans Fritzsche : 나치 선전부 뉴스부장. 괴벨스와 목소리가 비슷해서 라디오 성명 발표 등에 괴벨스 대타로 자주 섰으며 결국 법정에서조차 자살한 괴벨스 대타로 선전부를 대표하여 법정에 선 인물로 방면되었다. 3) 에른스트 칼텐브루너Ernst Kaltenbrunner : 친위대 SS 고위 지휘관으로 사형선고를 받았다.

11 Leon Goldensohn(Edited by Robert Gellately), *The Nuremberg Interviews, An American Psychiatrist's Conversations with the Defendants and Witnesses*, Alfred A. Knopf : New York, 2004, pp. 101~102.

그러나 재판정 분위기는 이른바 '반인륜적 범죄' 부분으로 옮겨지면서 급변했다. 반인륜적 범죄는 기본적으로 나치의 유대인 대량 학살을 일컫는 것이었다. 검찰 측은 연합군이 아우슈비츠를 비롯해 나치의 유대인 수용소를 해방시킨 뒤 현장에서 발굴한 시신들, 수용소 포로들의 피골이 상접한 모습, 각종 학살 증거 등을 모은 영상을 법정에서 상영했다. 피고들은 대부분 굳은 표정으로 화면에 시선을 고정했다. 괴링을 포함하여 일부는 눈을 가리고 아예 보려고도 하지 않았다. 괴링은 자신이 유대인 학살에 관여하지 않았으며 강제수용소의 존재에 대해서도 보고받은 바가 없다고 주장했다. 그러나 검찰은 이와 관련해 전범 가운데 심경의 변화를 일으킨 알베르트 슈페어의 증언으로 매우 유리한 고지를 확보했다. 슈페어는 몇 차례 자신과 괴링이 참석한 나치 수뇌부 회의에서 유대인 강제 노동 현황과 학대 현황 보고가 있었다고 증언하여 유대인 처리 방식의 세부 내용을 몰랐다고 한 괴링의 주장을 뒤집었다.

재판 내용을 놓고 보면 괴링이 전쟁 중 저질러진 유대인 학살 상황을 이해하고 있었으며 일부 학살 결정에 직간접적으로 관여한 것은 분명해 보였다. 하지만 그의 반유대주의 정도는 히틀러나 괴벨스에 비하면 불명확했다. 그는 예술품 거래상 등 자신에게 도움이 되는 유대인들의 신변 안전을 보장해주었으며, 지인들이 유대인에 대한 도움을 청할 때 특권을 발휘하기도 했다. 이런 사례로 볼 때 그는 다른 나치 지도자들처럼 극단적인 반유대주의자는 아니었던 것 같다. 그러나 동시에 주군에 대한 충성을 자랑으로 삼는 중세적 낭만주의자의 면모를 가지고 있던 괴링은 끝까지 히틀러에게 모든 책임을 떠밀거나 그를 비난하지 않았으며 법정에서 다른 피고들에게 히틀러를 옹호하라고 다그치기도 했다.

선고와 형집행

최종 논고가 끝나고 1946년 10월 2일, 국제군사재판소는 최종 선고를 내렸다.

피고인 22명 가운데 19명에게 유죄가 선고되었다. 또 전쟁 중 존재했던 독일 내 조직과 기관 가운데 나치당, SS, 게슈타포 등이 범죄조직으로 인정되었다.[12] 유죄 판결을 받은 19명 가운데 괴링을 비롯한 13명이 사형선고를 받았으며, 루돌프 헤스를 비롯한 3명이 종신 금고형, 슈페어와 되니츠를 비롯한 3명에게는 10~20년의 징역형이 선고되었다.

이미 사형선고는 예상했으나 군대식 총살형을 기대했던 괴링에게 교수형 선고는 엄청난 모욕이었다. 그는 결국 사형 집행 전날, 수감 생활 도중 가까워진 미군 헌병의 도움으로 손에 넣은 것으로 추정되는 청산가리 캡슐을 깨물어 목숨을 끊었다. 자살한 괴링 외에 나머지 11명의 형 집행은 10월 16일 오전 1시 외무장관 리벤트로프를 시작으로 네덜란드 총독 자이스 잉크바르트까지 약 2시간에 걸쳐 이루어졌다. 집행은 의외로 상당히 어설프게 진행되어 일부 사형수들 가운데는 수십 분간 교수대에 목이 매달린 채 숨이 끊어지지 않는 일도 발생했다. 이에 비하면 확실히 괴링은 깔끔하게 죽은 편이었다. 사형수들의 시신은 나치 추종자들이 묘비를 세우거나 나중에 추모집회를 할 것을 우려한 연합군이 비밀리에 화장해서 강에 뿌렸다. 징역형이 선고된 피고들 가운데 최장수 수감을 기록한 이는 루돌프 헤스이다. 헤스는 1987년까지 무려 40년을 복역하다가 결국 93세 때 감옥에서 자살했다. 만기 출옥한 되니츠와 슈페어는 회고록을 쓰며 여생을 보냈다.

●●●

12 이러한 선고에는 소련 측 재판관의 반대가 있었다. 소련 측은 무죄 선고를 받은 3명의 선고 결과에 반대하고, 종신형을 선고받은 헤스는 사형에 처해야 하며, 독일 참모부와 국방사령부가 똑같이 전쟁범죄 조직으로 선언되어야 한다는 의견을 제시했다(H. W. Verzijl, *International Law in Historical Perspective, Part IXA : The Law of War*, Sijthoff & Noordhoff, 1978, p. 398).

무엇을 위한 재판인가

뉘른베르크 재판은 여러 한계와 논란이 있었지만 나치당, 게슈타포, SS친위대 등을 불법 단체로 규정하였고, 전쟁 범죄의 책임을 '국가'가 아닌 '개인'에게 묻는 선례를 만들어 나치의 거물급 책임자들을 처벌했으며, '반인도적 범죄Crimes against Humanity'를 규정하는 등 국제법 발전에 획기적으로 공헌한 것으로 평가된다. 포로 학대, 민간인 살해, 유대인 학살, 문화재 약탈 행위 등 나치의 만행이 재판 과정에서 낱낱이 드러남으로써 독일 국민이 나치즘과 같은 광기의 재발을 경계하게 하는 교육적 효과도 거두었다. 국가 통치 행위 역시 국제법적으로 처벌될 수 있다는 선례는 독일뿐 아니라 일본의 전범 재판에도 적용되었으며 기타 여러 나라의 과거 청산 작업에 영향을 미쳤다.

원래 전쟁이 끝나기 전 전범 처리 문제를 미리 논의할 때 연합국 측에서는 재판의 역할에 의문을 제기하는 의견이 많았다. 심지어 윈스턴 처칠조차 전쟁 책임자들의 신병이 확보되는 즉시 즉결 처분을 해야 한다고 주장할 정도였다. 오히려 스탈린이 흥분하는 처칠에게 "우리 소비에트연방에서는 절대로 재판 없이 사람을 처형하지 않소"라고 차분히 말했다고 한다. 물론 스탈린이 말한 재판은 가능한 한 공정하게 판결하여 사법 정의를 세우려는 서구식 재판이 아니라 짜인 각본대로 진행되는 전시용 재판을 통해 정적들을 처치하면서 동시에 독재 권력의 위엄을 드러내는 깜짝쇼를 가리키는 것이었다. 뉘른베르크 재판 역시 기본적으로 이와 같은 전시용 재판에 불과하다고 보는 시각은 재판 때도 팽배했다. 전범들의 변호인단은 승전국 출신 판사들이 패전국의 적장을 단죄한다는 것부터가 공정한 판결을 불가능하게 하는 구조이며 "정의가 아니라 복수를 위한 레시피"[13]에 불과하다고 주장했다.

변호인단은 또한 독일이 유럽에서 전쟁을 시작했을 때 침략 전쟁을 범죄 행위로 규정한 군사 재판 헌장은 존재하지도 않았기 때문에 법률의 형식적 관점에서 볼 때 뉘른베르크 재판은 소급처벌을 야기하여 법률의 기본 원칙을 무시했다고 지적했다. 변호인단의 이러한 주장에 맞서 검찰 측은 추축국 세력이 절정에 달했던 시기에 누구에게도 부여했을 리 없는 공정한 재판 기회를 피고들에게 부여하고 있다고 주장했다.[14] 또한 군사 재판 헌장의 내용은 이미 침략 전쟁을 국가 정책의 수단으로 삼는 것을 금지한 파리조약, 제네바의정서 등의 내용을 공식적으로 정리한 것일 뿐 완전히 새로운 법률을 만들어낸 것이 아니라고 반박했다. 검찰은 재판의 근본적 공정성을 질문하는 변호인단의 '거대 담론'에 맞서 기소된 피고 개개인이 전쟁 중 벌인 행적에 대한 증거물과 증언을 수집하여 그들의 죄상을 구체적으로 밝히는 전략을 취하기도 했다. 이런 야단법석 속에서 로버트 잭슨 검찰 위원장은 다음과 같은 영국의 오랜 속담을 인용하며 상황을 분명하게 정리했다.

"자고로 공정하게 재판을 받았다고 생각하는 악당은 없는 법이다."

●●●

13 Andy Walker, *Nazi War Trials*, Oldcastle Books Ltd., 2013(ebook).
14 *Ibid.*

02 도쿄 전범 재판

짐이 영국과 미국에 선전포고를 한 것은 제국의 자존과 동아시아의 안정
을 보장하려는 신실한 마음에서 우러난 것이지, 타국의 주권을 침해하거
나 영토를 침범하려는 의도에서 나온 것이 아니다.
_일본 천황 히로히토裕仁, '종전 선언'에서

패전이 아닌 '종전' 선언

뉘른베르크에서 나치 전쟁 책임자들에 대한 국제 군사 재판이 한창 진행 중이던 1946년 5월, 지구의 반대편 일본의 수도 도쿄에서는 또 다른 군사 재판이 열렸다. 후에 도쿄 전범 재판 또는 도쿄 재판이라고 불리게 될, 일본의 전쟁 책임자들을 단죄하기 위한 '극동국제군사재판International Military Tribunal for the Far East'이 시작된 것이다. 1945년 7월 26일 미국, 영국, 중국이 일본의 항복을 권고하며 발표한 「포츠담선언Potsdam Declaration」의 제10항에는 "모든 전쟁 범죄자에 대해서 엄중히 재판해야 한다"라고 명시하고 있다. 이에 대해 일본 정부는 '전범 처벌을 일본 측에서 자주적으로 할 것'을 요구하며 마지막까지 저항했으나 결국 히로시마와 나가사키에 원자폭탄을 맞은 뒤 1945년 8월 14일 무조건 항복할 수밖에 없었다. 이와 동시에 일본의 최고 지도자 히로히토裕仁 천황은 라디오를 통해 아래와 같이 시작되는 이른바 「대동아전쟁 종결조서」를 낭독했다.

세계의 대세와 제국의 현상을 깊이 생각한 짐은 비상조치를 취함으로써 시국을 수습하려 하며 이에 신민에게 고한다. 짐은 제국정부로 하여금 미국, 영국, 중국, 소련 4개국에 공동선언을 수락한다는 뜻을 통고케 하였다.

조서는 항복 선언이었는데도 '패전'이나 '항복'이라는 말이 없었다. 심지어 조서에는 "짐이 영국과 미국에 선전포고를 한 것은 제국의 자존과 동아시아의 안정을 보장하려는 신실한 마음에서 우러난 것이지, 타국의 주권을 침해하거나 영토를 침범하려는 의도에서 나온 것이 아니다"라는 자가당착적인 대목도 나온다.

미군정과 도쿄 재판의 준비

일본이 항복하면서 일본 정부의 국가 통치 권한은 미군 40만 명을 이끌고 일본에 상륙한 연합국 최고사령관 더글러스 맥아더Douglas MacArthur에게 종속되었다. 독일의 경우 항복 후 영토가 각 연합국 관할 지역으로 갈라졌지만 일본은 미국의 단독 점령지가 되었다.[1] 전범들의 신속한 재판 회부는 도쿄에 점령군 총사령부를 설립한 맥아더에게 트루먼 대통령이 최우선 사항으로 하달한 임무 가운데 하나였다. 전범 재판을 어느 나라가 주도하느냐에 대해서는 연합국 내부에서도 격렬한 논쟁과 세력 다툼이 있었지만 트루먼은 영국 수상 클레멘트 애틀리Clement Attlee를 통해 9개국을 설득, 미국 주도의 법정 구성과 재판 진행을 유지하도록 했다. 이로써 맥아더는 일본 점령 2주 만인 1945년 9월 체포령을 발동하여 총 39명에 달하는 전범 용의자의 신병 확보에 들어갔다. 그리고 재판 운영의 전권을 부여받아 도쿄에 재판소를 설치한다고 선언하고, 판사와 검

•••

1 러시아가 홋카이도 점령을 요구했다가 미국의 반대로 무산되었으나 의지가 그렇게 강력했던 것으로는 보이지 않는
다(Ian Buruma, *Year Zero : A History of 1945*, Penguin Press, 2013, p. 297).

사, 변호인단의 구성을 지시했다. 즉 도쿄 전범 재판은 어디까지나 연합국 최고사령관을 최고 권위자로 하여 행해지는 '군사 재판'이라는 것이 대전제였던 것이다. 국제 군사 재판소 헌장에 따라 맥아더는 1946년 2월 미국, 중국, 영국, 소련, 오스트레일리아 등 일본이 제출한 항복 문서에 올라 있던 9개국에서 뽑은 판사 9명을 임명한 후 다시 필리핀과 인도에서 파견된 판사 2명을 추가, 총 11명을 임명했다. 11개국에서 파견된 판사들은 대부분 도쿄

더글러스 맥아더. 제2차 세계대전 직후 일본에 주둔하며 거의 절대적인 권한을 행사했다.
Photo Credit : Library of Congress

재판을 미국이 주도해서는 안 되며, 연합국 전쟁 범죄 조사위원회와 연합국 각국 정부의 공동책임 아래 전범 명단을 확정해야 한다는 데 의견 일치를 보았다. 이와 같은 내용을 담은 보고서가 9개국 정부 명의로 워싱턴에 있는 극동위원회에 제출되었다.

재판은 오스트레일리아의 윌리엄 웹William Webb 판사가 재판장을 맡았으며, 피고들을 위해 일본인뿐만 아니라 미국인 변호인[2]이 변호인단으로 선정되었다. 1946년 5월에 개정한 도쿄 재판은 1946년 5월 3일 개정 및 기소장 낭독으로 시작하여 1948년 11월 선고까지 무려 2년이라는 시간이 걸렸다.[3]

● ● ●
2 재판이 영어로 진행되는 경우가 많고 영미법을 중심으로 운영된다는 점을 고려한 결정이었다.
3 실제 심리는 1948년 4월 16일 종결되었으나 판결과 선고까지 이후 약 6개월이 소요되었다.

도쿄 재판 전범 프로필

1946년 4월 8일, 총 28명의 A급 전범이 기소 대상으로 결정되었다. 이 가운데 18명은 군 장성, 8명은 정치인·관료에 사상가도 1명 끼어 있었다. 이들에게 적용된 혐의는 침략 전쟁의 조직, 공모, 수행을 주도하여 평화를 무너뜨린 죄로, 전쟁 지도부로서의 책임을 묻는 것이었다. 기소된 A급 전범들 가운데 주요 인물의 프로필은 다음과 같다.

도조 히데키東條英機 : 육군 장성 출신으로 1941년부터 1944년까지 태평양 전쟁 기간에 일본 총리와 육군 대신을 겸임하고 전쟁을 지휘했다.

히로타 고키広田弘毅 : 1936년 잠시 총리를 지냈으며 이후 외무 대신이었을 때 군부와의 의견 충돌로 사실상 정계를 은퇴했다. 태평양전쟁을 반대했던 고키가 특A급 전범으로 기소되어 중형을 받은 것은 이후 두고두고 논란을 낳았다.

도쿄 전범 재판정 전경. 판사석이 왼쪽에 있고, 그 맞은편에 피고석이 있으며, 뒤쪽으로 검사 측이 자리하고 있다.

이타가키 세이시로板垣征四郎 : 육군 장성으로 주로 만주와 중국 전선에서 활약했으며 1938부터 1939년에 걸쳐 국방 대신을 지냈다.

기도 고이치木戸幸一 : 궁내 대신으로 히로히토의 최측근이었으며 전쟁 말기에는 일본이 빨리 항복하게 하려고 막후에서 활약했다.

마쓰오카 요스케松岡洋右 : 1940~41년 외무 대신으로 독일, 이탈리아와 동맹을 성사시킨 인물이다. 기소와 거의 동시인 1946년 6월 지병으로 사망했다.

도고 시게노리東鄕茂德 : 1941년 일본의 진주만 공격 당시, 그리고 1945년 일본 패망 당시 외무 대신이었다.

고이소 구니아키小磯國昭 : 육군 장성 출신으로 1942년부터 1944년까지 조선 총독으로 있으면서 조선인 강제징집을 주도했으며, 1944년부터 1945년 4월까지는 총리대신을 지냈다.

오카와 슈메이大川周明 : 대표적인 극우 사상가. 이슬람교에 정통하는 등 일본 식민 정책이 만들어낸 전형적인 오리엔탈리즘 지식인이다.[4]

말할 필요도 없이 기소된 A급 전범 리스트에서 명백하게 빠져 있는 인물은 히로히토 천황이었다. 히로히토의 이름이 빠진 도쿄 전범 재판은 당시 국제 사회의 시각으로는 마치 히틀러가 살아 있었다면 그를 총통 관저에 고이 모셔두고 뉘른베르크에서 전범 재판을 진행한 것과 마찬가지 꼴이었다.

• • •

4 슈메이는 도쿄 재판 중 도조 히데키의 뒤에 앉아 독일어로 횡설수설하면서 그의 뒤통수를 때리는 유명한 촌극을 연출하는 등 기행을 일삼았다. 결국 정신이상 진단을 받고 미군 정신병원에 수용되었다. 그가 정말 머리가 이상해진 것인지 아니면 연극을 했는지는 두고두고 논란이 되었다.

천황 구출 작전

히로히토가 전범으로 재판에 회부되지 않은 것은 전후 상황을 잘 모르는 관찰자로서는 거의 인류 역사의 불가사의 중 하나로 보일 지경이다. 이는 패전과 동시에 온갖 생존 방도를 궁리한 천황 자신과 측근들의 활약, 일본 점령과 전후 아시아 경영 전략을 고려한 트루먼 대통령과 미국 정부의 견해, 점령군 사령관으로 전범 재판에까지 막강한 영향력을 행사한 맥아더의 판단 등이 상호작용한 결과라고 할 수 있다.

히로히토의 측근들은 군부의 강경론자들이 온건파인 천황과 그 측근들을 철저하게 기만, 고립하고 전쟁을 밀어붙였다는 논리를 앞세워 천황이 전쟁 책임을 모면하게 한다는 전략을 세웠다. 1945년 8월 17일 과도기 총리에 임명된 히가시쿠니노미야 나루히코東久邇宮稔彦王의 내각 역시 히로히토의 신변을 보호하고 천황제를 수호하는 것을 제1순위 과제로 삼았다.[5] 히가시쿠니노미야 내각은 점령군이 일본에 상륙하기 전에 미리 수백만 명에 달하는 육해군에 대해 즉각적인 무장해제와 소집해제 명령을 내렸다. 이러한 조치는 연합군이 일본군을 해체, 접수하는 작업을 매우 수월하게 했다. 여기에 깊은 인상을 받은 트루먼 대통령이 점령 후에도 일본의 기존 정부 체제 및 관료 조직을 활용해서 일본 국민을 통치한다는 기본 방침[6]을 세우면서 히로히토와 천황제는 기사회생의 기회를 맞게 되었다.

한편 맥아더 역시 일본인의 천황에 대한 맹목적 충성을 활용하는 것이 점령 이후 정국을 안정하는 데 유리하다고 결론내리고 있었다. 소련의 존재에 위험성을 느끼고 있던 맥아더는 국민당과 공산당이 치열한 내전

• • •

5 Herbert P. Bix, *Hirohito and The Making of Modern Japan*, Perrennial, New York, 2000, p. 537, p. 540.

6 *Ibid.*, pp. 544~545.

을 벌이던 중국의 미래 역시 불확실한 상황에서 일본을 아시아에서 확실한 미국의 우방으로 개조하는 것에 주안점을 두고자 했으며, 이 목표를 위해서도 천황의 활용 가치를 높게 평가했다.

물론 맥아더를 포함한 미국 수뇌부의 이러한 방침은 종전에 즈음한 연합국 일반 국민의 여론과는 전혀 반대되는 것이었다. 전쟁이 끝나기 직전 미국을 비롯한 각국의 여론은 천황이 전범으로 재판에 회부되어야 한다는 의견이 지배적이었다.[7] 소련, 중국, 오스트레일리아, 뉴질랜드 역시 천황의 처벌을 강력하게 주장했다.

이런 분위기에서 히로히토는 맥아더와 개인 면담을 요청했으며 1945년 9월 27일 미국 대사관에서 두 사람이 만났다. 느긋한 맥아더와 바짝 긴장하여 차렷 자세로 서 있는 조례복 차림의 히로히토를 나란히 찍은 사진으로도 유명한 이 면담에서 맥아더가 천황에게 신변과 관련해 어느 정도 언질을 준 것이 분명하다. 그러나 다른 연합국의 반대를 누르고 히로히토와 천황제를 존속할 명분이 필요했던 맥아더는 12월에는 황실의 재산을 동결한 데 이어 천황에게 좀 더 성의를 보이라고 주문했다. 이렇게 하여 1946년 1월 1일, 히로히토는 대국민 선언인「신일본건설에 대한 조서新日本建設に関する詔書」를 발표하며 이른바 천황의 '인간 선언'을 하기에 이른다.[8] 이 '인간 선언'도 내용을 엄밀히 따져보면 어디까지나 천황의 신격 부정이 무게 중심이 아니라 천황과 국민 사이 유대의 근원이 '신뢰'와 '경애'에 있다는 주장이기는 했으나 미국과 맥아더를 만족시키기에는 충분했다.[9]

●●●

7 1945년 6월 미국 갤럽 조사에 따르면 "전후 천황을 어떻게 처리할 것인가"라는 질문에 처형 36%를 포함하여 70%가 어떤 식으로든 처벌을 희망하고 있었다.

8 선언에는 "짐과 너희 신민 사이의 연대는 언제나 상호의 신뢰와 경애에 따라 결합된 것이지, 단순한 신화와 전설에 따라 생긴 것이 아니다. 천황을 현인신現人神이라 하고, 일본 국민을 다른 민족보다 우월한 민족이라 하며, 게다가 세계를 지배해야 하는 운명을 가졌다고 하는 가공적인 개념에 기초하는 것도 아니다"라는 내용이 있다.

이런 우여곡절을 거쳐 1946년 4월 29일에 발표된 도쿄 재판 기소장에는 결국 히로히토의 이름이 빠져 있었다. 기소장 발행 전 오스트레일리아가 제출한 전범 목록에는 천황이 일곱 번째로 포함되어 있었다. 오스트레일리아 검사 앨런 맨스필드Alan James Mansfield는 끝까지 천황의 소추를 강력히 제의했으나 미국의 반대로 부결되고 말았다. 도쿄 재판의 수석검사였던 미국의 조셉 키넌Joseph Keenan이 상부 지시를 받들어 천황을 소추하지 않은 것은 물론 증인으로도 소환하는 일이 일어나지 않도록 전력을 다한 끝에 2년 반 동안 지속된 재판 기간에 히로히토는 재판정 근처에도 갈 필요가 없었다.

도조 히데키의 '활약'

도쿄 재판에서 변호인단은 뉘른베르크 재판과 마찬가지로 혐의 사항 자체의 법리적·논리적 허점을 지적하는 전략을 펼쳤다. 변호인들은 전쟁이 범죄 행위가 될 수 있다는 전제 자체에 의문을 제기했다. 단순히 선제 공격을 했다고 해서 침략 전쟁이 되는 것은 아니며, 전쟁이 일어나기 직전의 안보 상황을 엄밀히 따져봐야 한다는 주장도 펼쳤다. 가령 1941년 정세를 보면 미국이 만주에서 일본군 철수를 주장하며 진주만의 태평양 함대 기지의 군비를 대폭 강화했기 때문에 일본은 미국이 조만간 대대적으로 일본을 공격할 것으로 판단했다는 것이다. 그런 상황에서 적이 침공할 때까지 가만히 앉아 기다려야 한다는 주장은 얼마나 현실성이 있는 것인가?

변호인들은 '불법 침략 전쟁의 조직적 모의'라는 혐의도 논리적이지

●●●
9 Buruma, *op. cit.*, p. 301.

못하다고 주장했다. 1928
년부터 1941년까지 일본
은 내각이 15차례나 바
뀌었는데, 그렇다면 그
모든 내각의 각료가 전
부 작당하고 일사불란하
게 음모를 꾸몄다는 것인
가? 일부 변호인은 심지

도쿄 전범 재판의 피고들. 가운데 줄 왼쪽에서 다섯 번째가 태평양전쟁 당시 총리대신을 지낸 도조 히데키이다.

어 히로시마에 원폭 투하를 지시하여 무고한 민간인을 살상한 혐의로 트루먼 대통령을 전범으로 기소해야 한다는 역공을 펼치기도 했다.

히틀러가 없는 뉘른베르크 재판에서 가장 주목을 받은 피고가 헤르만 괴링이었다면 히로히토가 빠진 도쿄 전범 재판에서 괴링의 역할을 떠맡은 인물은 도조 히데키였다. 도조 히데키는 전쟁의 가장 중요한 시기라고 할 1941년 10월부터 1944년 7월까지 수상으로 재임했으나 1944년 전세가 걷잡을 수 없이 불리해지면서 정부의 과오와 독선을 비판하는 여론의 거센 질타 속에 사퇴했다. 도조는 패전 뒤 자택에서의 어설픈 자살 시도마저 미수로 그치고 미군에 체포되었다. 천황의 항복 선언을 전후하여 본토 방위 사령관 스기야마 하지메杉山元, 만주사변의 영웅이자 추밀원 고문이었던 혼조 시게루本庄繁 등 자살을 택한 인물들도 있으나 도조 히데키를 포함해 전세가 악화되어갈 때 장병들에게 항복 대신 옥쇄[10]와 자살 공격 등을 강요한 일본 수뇌부 대다수는 죽지도 않고 살아남아 '당당하게' 재판에 임했다.

• • •

10 옥처럼 아름답게 부서진다는 뜻의 옥쇄玉砕는 대의大義나 충절忠節을 위한 깨끗한 죽음을 일컫는다. 일본제국은 일본뿐 아니라 일본의 식민지였던 조선과 타이완의 전 인구가 함께 죽자는 뜻의 '일억옥쇄一億玉砕' 등의 구호를 전 국민을 제국주의적 침략전쟁에 총동원하기 위해 이용했다.

당시 천황의 측근을 비롯해 일본의 관료 집단, 기업가 등 보수 지배층 사이에서는 전쟁 책임 문제와 관련하여 군부, 그중에서도 도조 같은 육군 장성들에게 덤터기 씌우는 전략에 공감대가 형성되어 있었다. 이 점에서 도쿄 재판은 도조와 육군파를 악당으로 만들고 전쟁 책임을 뒤집어씌우는 '심리적 제단祭壇'[11] 역할을 했다. 도조 역시 보수 지배층의 바람대로 움직였다. 도조가 신문에서 일관되게 펼친 주장은 기본적으로 '모든 책임은 내각 수반인 자신에게 있으나, 전쟁과 관련하여 내린 결정은 모두 일본이 자기 보존과 자위를 위한 것으로 침략 행위가 아니며, 천황에게는 전쟁과 관련한 어떤 책임도 없다'는 것으로 요약할 수 있다. 도조는 감옥에서 줄곧 일기를 썼는데, 일상 기록뿐 아니라 에세이, 과거 내각 결정에 관한 메모, 검찰의 예상 질문에 대한 모범답안 등을 보면 특히 천황에게 피해가 가지 않도록 각별히 준비했다는 것을 알 수 있다.

증인신문 도중의 '사고'

그러나 이러한 도조의 '철저함'은 1947년 12월 31일, 궁내부 대신 기도 고이치의 변호인을 맡은 윌리엄 로건William Logan의 질문에 대답하면서 잠시 무너지기도 했다.

로건 : 당신은 기도가 단 한 번이라도 천황의 평화를 위한 의지에 반대하는 제안을 제출하거나 행동을 취한 적이 있는지 기억합니까?
도조 : 내가 아는 한 그런 일은 없었소. 일본의 신민으로서, 특히 고관대작인 자가 폐하의 의사에 반하는 행동을 하는 것은 있을 수 없습니다.

• • •
11 大沼保昭, 『東京裁判, 戰爭責任, 戰後責任』, 東信堂. p. 7.

아뿔싸, 천황을 받들어 말한다는 것이 그만 천황의 전쟁 책임을 간접적으로 시인하는 꼴이 되고 말았다. "일본 신민이라면 누구도 천황의 의사에 반하는 행동을 할 수 없다"라는 도조의 증언은 다시 풀어보면 누구도 천황의 뜻을 거스르면서 전쟁을 시작할 수는 없다, 즉 전쟁 수행이 천황의 뜻과 일치했다고 인정하는 것과 마찬가지였다. 이렇게 되자 천황을 전범으로 포함해야 한다는 소신을 가지고 있던 웹 재판장은 도조의 발언에 비상한 관심을 표명하기도 했다.[12] 불행인지 다행인지 로건 변호사는 그 대목에서 더는 질의를 밀어붙이지 않았으나 도조의 명백한 자책골은 곧 천황 측근들에게 알려졌다. 이에 천황 측은 즉각 형무소로 밀사를 보내 도조에게 상황의 심각함을 상기시키고 다시 법정에서 실책을 만회하라고 종용했다.[13] 그 일주일 뒤인 1948년 1월 6일 역시 사태의 심각성을 인지한 키넌 검사는 증인신문을 명분으로 아예 대놓고 도조에게 만회할 기회를 주었다.

키넌 검사 : 당신은 12월 31일 일본의 신민으로서 천황의 뜻을 거역하는 것은 있을 수 없다고 말했는데, 맞는가?

도조 : 그것은 국민으로서 제 감정을 표현한 것이지 책임 문제와는 별개요.

키넌 검사 : 실제로 미국, 영국, 네덜란드를 상대로 전쟁을 벌인 것은 사실이 아닌가?

도조 : 저의 내각에서 전쟁을 결의한 것입니다.

키넌 검사 : 그 전쟁을 수행해야 한다는 것은 히로히토 천황의 의지였는가?

도조 : 의지를 거스른 것인지 아닌지는 모르겠으나, 어쨌든 저의 진언, 통

• • •

12 Bix, *op. cit.*, pp. 604~605.

13 *Ibid.*

수부의 진언에 따라 마지못해 동의하신 것이 사실이오. 하지만 폐하께서는 마지막 순간까지 평화를 애호하는 정신[14]을 가지고 계셨습니다.

이 말은 어디까지가 진실일까? 이른바 '2·26 사태' 중 보여준 히로히토의 행보는 여기에 어느 정도 단서를 제공한다. 2·26 사태란 1936년 2월 26일 일단의 급진주의 청년 장교들이 군부 내각의 온건파를 대거 암살하고 초우익 천황 친정 체제를 구축하려 한 쿠데타 기도를 일컫는다. 이때 상황을 보고받은 히로히토는 즉각 거사를 일으킨 장교들을 역도로 규정하고 신속한 진압 명령을 내렸다. 이에 사태는 곧 종료되었고 체포된 주모자 19명은 모두 변호인 선임조차 없는 비공개 군사재판을 거쳐 총살형에 처해졌다. 천황을 군국주의 절대 군주로 모시려던 시도를 천황 스스로 물리친 이 사건에서 히로히토가 극단주의보다는 균형을 추구한 인물이었다는 평가를 내릴 수도 있다. 그러나 동시에 한때 1,500명의 병력으로 도쿄 중심부를 장악하고 기세등등했던 쿠데타 세력이 사실상 히로히토의 말 한마디로 평정된 이 사건은 당시 천황의 권위가 단순히 의례적·상징적인 것이 아니었다는 반증이기도 하다. 천황이 전쟁 내내 군부와 군수업체 재벌들이 결탁한 군산복합체의 꼭두각시였다는 일부 주장도 100% 진실로 보기는 어렵다.

처형과 씁쓸한 마무리

드디어 '평화를 애호하는' 천황의 심기를 어지럽히며 무엄하게도 전쟁을 주도했던 전범들을 심판하는 날이 왔다. 1948년 11월 12일 A급 전범

• • •

14 만주사변, 중일전쟁, 태평양전쟁을 아우르는 히로히토 재위 기간 사용된 연호가 하필이면 '평화를 밝힌다'는 의미의 '쇼와昭和'였다는 것은 가히 역사의 아이러니라고 할 수 있다.

25명에게 유죄 판결이 선고되었으며, 그중 도조 히데키와 히로타 고키를 포함한 7명에게는 교수형, 기도 고이치 등 16명에게는 종신 금고형, 2명에게는 장기 금고형이 선고되었다. 사형선고를 받은 전범들에 대한 형 집행은 12월 23일 있었다. 도조는 처형 전날인 1948년 12월 22일 다음과 같은 유서를 남긴다.

전쟁이 시작되던 때를 떠올리면 실로 억장이 무너진다. 이번 처형에 대해 개인적으로는 슬플지라도 나라를 생각한다면 죽음으로 보상해야 할 것이다. 하지만 국제적 범죄로서는 어디까지나 무죄를 주장한다. 힘 앞에 굴복한 것이다. … 천황 폐하와 국민에게는 깊이 사죄드린다. … 일본군에 입대하여 사망한 군인과 유가족에게도 사죄드린다. … 천황 폐하의 지위와 존재는 그 자체로서 필요하다. 이에 대해 함부로 말하는 것은 공기나 대지의 고마움을 모르는 것과 같을 것이다.[15]

이후 일본의 극우파가 의기양양하게, 일부 역사가들이 탄식과 함께 인용하는, '연합국이 천황은 못 잡고 대신 도조로 만족하는'[16] 상황이 완성되는 순간이었다. 이뿐만 아니라 도조 등을 사형 집행한 다음 날인 12월 24일 스가모 형무소에서 17명이, 12월 25일에는 남아 있던 2명이 석방되어 2차 재판을 위해 대기 중이던 A급 전범 용의자 전부가 방면되는 어처구니 없는 조치가 뒤따랐다.[17] 이렇게 해서 도쿄 재판은 히로히토 천황의 기소 면제 외에도 군부의 전쟁 주도에 적극 협력한 기업가들에 대한

●●●

15 清瀬一郎, 『秘録東京裁判』, 中央公論新社, 2002, p. 580.
16 Timothy M. Maga, *Judgment at Tokyo : The Japanese War Crimes Trials*, The Univ. Press of Kentuky, 2001, p. 50.
17 석방된 19명 가운데는 이후 수상이 된 기시 노부스케岸信介, 전후 일본 우익의 실세로 등장한 고다마 요시오児玉誉士夫, 사사카와 료이치笹川良一 등이 포함되어 있다.

도조 히데키를 포함, 도쿄 전범 재판 당시 1급 전범들의 위패가 있는 야스쿠니 신사의 본전. 지금까지도 일본 우익 정치인들에게는 정신적 고향 같은 장소다.

기소 보류, 일본이 중국, 한국, 필리핀, 말레이시아, 싱가포르 등 여러 아시아 국가에 가했던 각종 잔혹행위 등 반인도적 범죄에 대한 기소 보류, 악명 높은 일본 731부대의 화학전·생물학전의 책임자 면책 등 해결되지 않은 많은 의문점을 남기고 황급히 종결되어버렸다.

소수의견 유감

도쿄 재판의 판사들 가운데 소수의견을 제시한 인물로는 인도의 팔Radhabinod Pal[18] 판사가 있었다. 팔은 의견서에서 기소된 전범들에게

• • •
18 인도는 일본에 항복을 받은 참전국 명단에 없었으나 영국의 배려로 뒤늦게 재판부에 이름을 올렸다.

적용된 모든 혐의가 무효임을 선언하며, 전범 재판이 왜 원자탄을 투하한 미국의 책임을 묻지 않는지, 왜 패전국 출신 판사는 판결 과정에 관여하도록 하지 않았는지 등의 문제점을 제기했다. 팔 판사는 이뿐만 아니라 뉘른베르크 전범 변호인들의 논리와도 상통하며 한편으로는 다소 동양철학적이기까지 한 다음과 같은 주장을 펼치기도 했다.

> 승자가 내린 범죄의 정의에 따라 열리는 이른바 '재판'이란 우리가 사는 현대 문명과 전쟁에서의 패자들을 즉결 처형하던 몇 세기 이전 과거와의 차이를 없애버린다. 그런 목적으로 만들어진 법률에 따른 재판은 합법적 과정을 가장하여 복수의 갈증을 충족하려는 꼼수에 지나지 않는다. … 공식화된 복수는 순간의 만족감을 가져올 수는 있겠지만 궁극적으로 반드시 후회가 따르기 마련이다.[19]

이런 소수 의견 덕분에 팔은 전후 일본에서 영웅 비슷한 평가를 받는가 하면 몇 차례 방문할 때마다 국빈급 대접을 받기도 했다. 그러나 도쿄 전범 재판이 끝난 지 70년이 가까워 오는 지금, 일본과 치열한 전쟁을 치른 나라들과 일본군의 침략으로 막대한 피해와 참상을 경험한 아시아 여러 나라가 후회하는 것이 있다면 그것은 명색이 전범 재판을 열어놓고도 제대로 된 복수조차 하지 못한 것 아닐까.

●●●

19 Uhimura Kei, "Pal's Dissenitng Judgement Reconsidered : Some Notes on Postwar Japan's Responses to the Opinion", *Japan Review 2007*, p. 216(http://shinku.nichibun.ac.jp/jpub/pdf/jr/JN1907.pdf).

● 냉전의 희생양인가, 소련의 스파이인가? : The Rosenberg Trial (1951)

국민 여러분, 지금은 과잉반응을 하거나 공황에 빠질 때가 아닙니다

_미국 상원의원 브라이언 맥마흔Brien McMahon, 소련의 원폭 실험 소식에 대해

소련, 핵을 보유하다

제2차 세계대전이 끝나자 소련과 미국은 즉각 대결 국면으로 옮아갔다. 1949년 8월 소련이 중앙아시아 카자흐스탄 사막에서 원자폭탄 실험에 성공함으로써 미국은 무기경쟁에서 우위를 상실했다. 일본의 히로시마와 나가사키를 유린하며 제2차 세계대전에 마침표를 찍도록 만든 원자폭탄이 더는 미국만의 전유물이 아니게 된 것이다. 소련의 원폭 실험은 미국 공군의 장거리 정찰기가 캄차카반도 동쪽의 북태평양 상공에서 대기 중 방사능을 다량 감지함으로써 서방에 처음 알려졌다. 곧이어 소련은 원자폭탄 보유 사실을 공식 인정했다. 당시 소련이 핵무기를 개발하는데는 몇 년이 더 필요할 것으로 보고 있던 미국 정부의 충격은 컸다. 미국의 정보기관들은 소련의 핵실험과 관련된 정보들을 분석하면서 소련의 핵무기 기술이 미국의 그것과 놀라우리만큼 유사하다는 사실을 발견하고 미국의 기술 정보가 소련으로 넘어간 것이 틀림없다고 확신하게 되었다.

1949년 소련의 원폭 개발 소식에 이어 1950년에 한국전쟁이 발발하자 미국 내의 반공 분위기는 더더욱 고조되었다. 한국전쟁은 비록 북한

맨해튼 프로젝트에 따라 개발된 최초의 원자폭탄 모형. 제2차 세계대전이 끝난 뒤 소련이 생각보다 빨리 원자탄 개발에 성공하자 미국 사회는 충격에 빠졌다.

의 지도자 김일성이 남한으로 공격을 명령하여 시작되기는 했으나, 곧 한반도를 무대로 러시아, 중국 등 사회주의 국가들과 미국 주도의 자본주의 국가들이 참여하는 국제전으로 빠르게 발전했다. 이런 분위기를 업고 상원의원 조지프 매카시Joseph McCarthy는 공산 세력에 협력한 배신자와 스파이를 색출한다는 명목으로 청문회를 열어 공산당원, 사회주의자, 노동운동가, 반전운동가, 반체제 작가, 예술가들을 대거 소환하는 현대판 마녀 사냥을 벌이기도 했다. 이렇게 '냉전이 갑자기 뜨거워진'[1] 가운데 연방 수사국FBI은 뉴욕시에 거주하는 젊은 부부 줄리어스Julius Rosenberg와 에설 로젠버그Ethel Rosenberg를 주목했다.

• • •

1 Ilene J. Philipson, *Ethel Rosenberg : Beyond the Myths*, Rutgers Univ. Press, 1992, p. 246.

줄리어스와 에설

줄리어스 로젠버그Julius Rosenberg는 1918년 뉴욕에서 유대계 폴란드 이주민의 아들로 태어났다. 그는 이미 고등학교 때부터 노동운동을 비롯한 정치사회 문제에 관심을 보이기 시작했다. 뉴욕 시립대학에 진학하고부터는 청년 공산주의 연맹에 정식으로 가입하는 등 전공인 전자공학보다 진보 정치 활동에 더 열성을 보이기도 했다. 대공황을 겪고 있던 미국은 특히 젊은층과 지식인을 중심으로 공산주의 이념에 대해 우호적인 시각이 팽배했으며 소비에트 러시아[2]에 대한 막연한 동경이 퍼져 있기도 했는데, 줄리어스 역시 그러한 시대적 분위기의 영향을 깊게 받은 청년이었다.

줄리어스는 3년 연상의 에설 그린글래스Ethel Greenglass를 어느 노동 운동 기금 모금 파티에서 처음 만나 교제하기 시작했다. 에설은 경리, 비서 등 아르바이트를 하는 틈틈이 노동 운동에 열심인 활동가이기도 했다. 줄리어스와 에설은 둘 다 유대계 이민자의 자녀로 태어나 뉴욕 변두리 빈민가에서 자랐다는 공통점이 있는데다 일찍부터 공산주의와 노동 운동에 가담하는 등 정치적 이념 역시 함께했던 탓에 급속도로 가까워졌고, 결국 둘은 줄리어스가 대학을 졸업하던 1939년 결혼했다. 제2차 세계대전 중 줄리어스는 육군 통신대U. S. Signal Corp.에 군무원으로 고용되었지만 전쟁이 끝날 무렵인 1945년 불분명한 이유로 해고당했다. 이후 처남과 함께 기계사업을 벌이기도 했지만 이 또한 1947년 실패하는 등 그의 개인사는 부침을 계속했다.

• • •

2 당시 러시아는 스탈린이 1인 독재 체제 확립을 위해 대규모 숙청을 단행하던 시기였다(「모스크바 재판」 편 참조).

세기의 범죄

1950년 2월 독일 출신 물리학자 클라우스 푹스Klaus Fuchs가 영국에서 스파이 혐의로 체포되는 사건이 발생했다. 푹스는 제2차 세계대전 말기 미국으로 건너가 원자탄 개발 작전인 맨해튼 프로젝트Manhattan Project에 참여했는데, 그 당시 입수한 핵무기 관련 정보를 몇 년에 걸쳐 소련 측에 넘겨왔다고 자백했다. 영국 정보부의 연락을 받은 미국은 자체 수사를 벌인 끝에 푹스의 미국 측 연락원으로 화학자 해리 골드Harry Gold를 체포했다. 골드는 신문 과정에서 스파이 행위를 자백했을 뿐 아니라 원자탄 관련 도면을 소련 측에 넘긴 데이비드 그린글래스David Greenglass라는 인물에 대해서도 털어놓았다. 그린글래스는 제2차 세계대전 당시 맨해튼 프로젝트가 진행되었던 미국 뉴멕시코 주 로스앨러모스 기지에서 하사관으로 복무한 경력이 있었다. 그린글래스는 즉각 체포되었고, FBI는 그의 자택에서 맨해튼 프로젝트 때 빼돌린 것으로 보이는 우라늄 견본을 확보했다.

그런데 신문 도중 그린글래스는 로스앨러모스의 연구소 안에서 핵폭탄에 들어가는 렌즈 도면은 자신이 몰래 스케치했지만 그 도면을 건네받아 소련 측에 전달한 인물은 자신의 매형인 줄리어스 로젠버그이며 애초에 해리 골드를 알게 된 것도 매형을 통해서였다고 주장했다. 그린글래스는 바로 줄리어스의 아내 에설의 남동생이었다. 그린글래스의 자백에 따라 1950년 7월 17일 오전, FBI는 외출 준비를 하던 줄리어스 로젠버그를 뉴욕의 아파트에서 긴급 체포했다.

이 사건을 미국 내 소련 스파이를 일망타진할 기회로 판단한 FBI는 신문 과정에서 로젠버그에게 그가 아는 모든 접선 인물의 신원을 밝히라고 주문했다. 그러나 로젠버그가 자백이나 협력을 하기는커녕 계속 결백을 주장하자 당국은 에설 로젠버그 또한 참고인 자격으로 소환했다가 결국 남편의 간첩 행위를 도운 혐의로 체포했다. 에설을 체포한 것은 줄리어스의 자백을 얻기 위한 압력의 일환이었다. 당시 FBI 국장 에드거 후버Edgar Hoover는 로젠버그 사건을 '세기의 범죄The Crime of the Century'라고 하는가 하면 검찰총장에게 직접 메모를 보내 "줄리어스 로젠버그가 다양한 스파이 활동의 세부 사항을 털어놓는다면 다른 인물들을 엮어넣는 것도 가능하리라는 것은 의문의 여지가 없소. ··· 그의 아내를 기소하는 것은 이 문제를 위한 지렛대 역할을 할 것이오."[3]라고 말했다. 그러나 약 8개월 동안 수감되어 조사받으면서도 줄리어스는 당국에 도움이 될 만한 정보를 전혀 제공하지 않았고, 결국 로젠버그 부부는 함께 스파이 혐의로 기소되어 재판에 회부되었다. 이렇게 젊은 부부 한 쌍이 '원자탄 스파이atom spy' 용의자로 체포되어 재판받게 된 사건은 당시 미국은 물론 전 세계의 이목을 집중시켰다.

재판의 진행

줄리어스와 에설의 스파이 혐의 재판[4]은 1951년 3월 6일 뉴욕에서 시작되었다. 재판에서 로젠버그 부부에 대해 가장 결정적인 진술을 한 증인은 다른 사람도 아니고 에설의 남동생 데이비드 그린글래스였다. 스파이 혐의에 대한 형량을 낮추고 아내가 에설처럼 공모자로 연루되는 것을 막기 위해 검찰과 사전 협상을 성사시킨 그린글래스의 증언은 로젠버그 부부의 스파이 행위에 가장 유력한 증거로 채택되었다. 재판정에서 그는

●●●

3 Ronald Radosh & Joyce Milton, *The Rosenberg File : The Second Edition*, Yale Univ. Press 1997, p. 99.

4 실제 재판에서는 로젠버그 부부와 함께 줄리어스의 대학 시절 친구로 공산당 활동을 함께했던 모튼 소벨Morton Sobell도 스파이 혐의로 기소되었다.

도면이 전달된 장소는 줄리어스의 아파트였으며 에설이 관련 내용을 타자기로 타이핑했다고 증언함으로써 누나까지 공모자로 끌어들였다.

변호인 이매뉴얼 블로흐Emanuel Bloch는 줄리어스와 에설을 증언석으로 불러들였다. 로젠버그 부부는 일관되게 그린글래스의 증언을 부인했다. 최종변론에서 블로흐는 먼저 로젠버그 부부의 생활 환경과 소비 패턴 등이 검찰이 묘사하는 '초특급 국제 스파이'로는 믿어지지 않을 만큼 평범하다는 것을 상기시켰다. 소련 KGB 수뇌와 직통으로 통하는 거물이 어떻게 그렇게 곤궁한 삶을 살 수 있는가? 이어서 블로흐는 검찰 측 주요 증인인 그린글래스의 신뢰성에 의문을 던지는 데 집중했다.

자기와 피를 나눈 형제에게 불리한 증언을 하는 것은 어떤 문명에서 살든 모든 규범을 위반하는 혐오스러운 짓입니다. 그린글래스 씨는 내가 지금껏 보아온 인간 가운데 최악이며 배심원 여러분이 그런 인간의 증언을 신뢰한다면 여러분의 수준도 그만큼 내려갈 뿐입니다.

이에 대해 검사 어빙 세이폴Irving Saypol은 최종진술에서 다음과 같이 반박했다.

로젠버그와 그의 아내는 조국을 배반한 것도 모자라 배심원 여러분 앞의 증언대에 앉아 피고로서 누릴 수 있는 모든 법률적 기회를 이용하고, 위기를 모면하려는 뻔뻔스러운 거짓말만 늘어놓았습니다. … 굳이 말하면 가족의 의를 깨뜨린 것은 순진한 미군 병사를 소련의 이득을 위해 조국을 팔아넘기는 야비한 작태로 끌어들인 누나와 매형 쪽입니다. … 그린글래스는 그나마 법정에서 진실을 말하여 그동안 조국과 세계에 끼친 잘못을 갚으려는 노력이라도 보였습니다만, 로젠버그 부부는 위증으로 그들의 죄악을 더욱 늘렸을 뿐입니다.

배심원들은 그날 저녁을 지나 다음 날 아침까지 결론에 도달하지 못했다. 나중에 밝혀진 일이지만 배심원 가운데 제임스 기번스James Gibbons라는 인물이 에설 로젠버그의 혐의에 대한 증거가 불충분하며, 부부가 모두 유죄 판결을 받을 경우 자녀들이 고아가 될 가능성이 큰 것을 염려하여 논의가 길어졌기 때문이었다.[5] 결국 다음 날 오전 11시 배심원들은 평결에 도달했다. 줄리어스와 에설 로젠버그에게 유죄 판결이 내려진 것이다.

선고와 처형

1951년 4월 5일 열린 선고 공판에서 어빙 코프먼Irving Kaufman 판사는 다음과 같은 내용이 포함된 선고문을 읽어 내려갔다.

피고의 범죄는 살인보다도 심각한 것이다. 미국의 우수한 과학자들이 예상한 시기보다 빨리 소련으로 하여금 원자폭탄을 가질 수 있도록 한 피고의 행위는 한국에서 공산 세력의 침공을 유발하여 5만 명이 넘는 사상자를 발생시켰으며, 이 행위로 앞으로 수백만에 이르는 사람이 더 희생될지도 모른다. 실로 피고의 배신 행위는 의심할 여지 없이 조국에 불리한 쪽으로 역사 과정을 변화시켰다.

• • •

5 이때 한 여성 배심원이 기번스에게 "만약 에설 로젠버그가 당신 자녀를 해치는 음모에 가담한 것이 사실이라면 어떻게 하겠어요?"라고 말한 것이 그의 마음을 돌리는 결정타였다고 한다. 실제로 여성 배심원들 가운데 에설 로젠버그를 부정적으로 보는 시각이 강했다(Radosh & Milton, op. cit., p. 272). 핵전쟁의 공포 앞에 자녀를 둔 여성의 보호 본능이 작용한 것인지도 모른다.

판사에 따르면 '살인보다 지독한 범죄'를 저지른 로젠버그 부부에게 내려진 형벌은 물론 법정 최고형인 사형이었으나[6] 뉴욕 싱싱교도소의 전기의자가 이들을 손님으로 맞이하기까지는 2년이 더 걸렸다. 선고 이후에도 변호인 블로흐가 항소 및 대통령 특별 사면 요청 등 로젠버그를 구제하기 위해 발벗고 나선 가운데 미국은 물론이고 아인슈타인Einstein, 장 폴 사르트르Jean Paul Sartre, 장 콕토Jean Cocteau 등 전 세계의 저명 인사들까지 로젠버그 구명 운동에 참여하면서 사형 집행이 계속 연기되었다. 로젠버그 부부를 옹호하는 단체들이 생겨나고, 저마다 이 사건의 불의와 부당함을 설명하는 발간물을 펴냈다. 뉴욕, 런던, 파리 등지에서는 대규모 시위가 벌어지기도 했다. 여론의 뜨거운 관심에 힘입어 블로흐는 코프먼 판사의 사형선고에 절차상 문제가 있다고 주장하여 사건을 연방대법원으로 끌고 가기까지 했으나 대법관들은 최종 표결에서 5 대 4로 판사의 결정 과정에 상식적으로 하자가 없다고 판결하면서 사형 집행의 물꼬를 터주었다.

물론 로젠버그에 대해 동정 여론만 있었던 것은 아니다. 반공 우익 단체들은 로젠버그 부부의 신속한 사형을 요구하는 맞불 시위를 벌이기도 했다. 연방대법원이 항소를 기각했을 당시 더글러스 대법관Justice Douglas의 서기였으며 후일 자신도 대법원장에 오른 윌리엄 렌퀴스트William Rehnquist는 절대 군주 시대 영국에서 있었던 반역죄에 대한 형벌을 지칭하며 "물에 빠뜨리기drawing와 사지절단형quartering이 폐지된 게 유감이다"라고 말하는 등 로젠버그 부부에 대한 혐오감을 숨기지 않았다.[7]

• • •

6 별도 재판에서 데이비드 그린글래스는 15년형을 선고받았고, 아내 루스 그린글래스 역시 남편의 스파이 행위에 적극적으로 가담했음에도 징역형을 면제받았다. 사전 협상에 따른 것이었다.

7 Philipson, *op. cit.,* p. 303.

재판이 끝난 뒤 교도소로 호송되기 직전의 로젠버그 부부. 두 사람을 가른 철조망이 인상적이다.
Photo Credit : Library of Congress

1953년 6월 19일 로젠버그 부부는 전기의자에서 처형당했다. 이날은 공교롭게도 그들의 14주년 결혼기념일이기도 했다. 전기 충격이 가해진 지 2분 30초 만에 줄리어스에게 사망 선고가 내려졌다. 에설에 대한 사망 선고가 내려지기까지는 약 5분이 걸렸다. 부부의 사형이 집행된 시각 뉴욕 시에서는 7,000여 명의 시위대가 모여 정부의 조치에 항의한 반면 백악관 앞에 모인 시위대는 "공산주의자 쥐새끼들에게 죽음을"이라고 적힌 피켓을 들어올리며 함성을 지르고 박수를 쳤다.

로젠버그 논쟁

로젠버그 부부가 처형된 뒤 미국의 여론 주도층에서는 그 사건이 소련의 핵 개발 성공, 공산 세력의 침략에 따른 한국전쟁의 발발 등 요동치는 국제 정세에 당황한 정부가 공산주의자와 소련 협력자 색출에 비이성적으로 집착한 나머지 애꿎은 사람을 스파이로 몰았다는 주장이 오랫동안 호응을 얻었다. 마녀 사냥 끝에 재판에 회부된 로젠버그 부부를 배심원들이 빈약한 증거만으로 유죄 판결을 내려 죽음에 이르게 했다는 것이다. 실제로 이후 수십년간 미국에서는 로젠버그 부부의 명예를 회복하려는 움직임이 대학 교수, 작가, 언론인 등을 아우르는 진보 지식인 사이에서 꾸준히 이어져왔다. 이들은 자연스럽게 '로젠버그 옹호론자the Rosenberg Apologists' 그룹을 형성했다. 로젠버그 부부의 결백을 주장하는 책과 저술도 꾸준히 등장했다.[8] 이들의 결백을 밝히려고 노력한 인물로는 마이클 미어로폴Michael Meeropol과 로버트 미어로폴Robert Meeropol 형제가 유명한데 실은 이들은 로젠버그 부부가 남긴 두 아들이었다. 이들은 부모가 죽은 뒤 입양되어 양부모의 성을 따르게 되었으나 성인이 된 뒤인 1970년대부터 친부모의 결백함을 입증하려고 꾸준히 애썼으며 그들의 이름을 딴 로젠버그 재단the Rosenberg Foundation을 설립하기도 했다.

그런데 이렇게 수십년간 순항하던 '로젠버그 옹호론'은 소련의 공산 체제가 붕괴되면서 심각한 도전을 받았다. 우선 1990년 냉전시대 소련 수상을 지낸 흐루시초프Nikita Khrushchyov의 『회고록』이 영국과 미국에서 출판되었는데, 그 속에 로젠버그를 언급한 내용이 있어 주목을 끌었다.[9] 1964년 실각한 후 자택에서 구술한 녹음 테이프를 바탕으로 구성된

• • •

8 로젠버그의 결백을 주장하는 대표적인 저술로는 미국의 언론인 월터 슈나이어Walter Scheneir의 『진상규명에의 초대The Invitation to an Inquest』가 있다. 비록 픽션이지만 미국 포스트모더니즘 작가 E. L. 닥터로E. L. Doctorow의 대표작 『다니엘서The Book of Daniel』 역시 로젠버그 사건을 원형으로 삼은 작품으로, 로젠버그 부부에게 동정적인 시선을 보내고 있다. 반면 로젠버그의 혐의가 사실이라고 주장한 책으로는 역사학자인 로널드 라도슈Ronald Radosh의 『로젠버그 파일The Rosenberg File』이 대표적이다. 로젠버그 사건에 대한 소련 측 자료나 관련자 증언 등이 부족했던 1983년 처음 발표된 이 책은 로젠버그의 혐의와 관련해 설득력 있는 주장을 제시했다(이후 몇 차례 수정본이 나왔음). 흥미로운 것은 라도슈가 애초에는 로젠버그의 결백을 증명할 목적으로 책을 구상했다는 점이다. 그러나 조사 과정에서 그의 유죄를 밝힐 증거가 속속 드러나면서 결국 책 내용이 완전히 달라졌다고 한다.

9 원래 흐루시초프의 회고록은 1970년대 출판된 적이 있으나 당시 소련의 현역 정치인들과 관련된 민감한 내용 때문에 발표되지 않았던 일부 자료들을 유족들이 소련이 붕괴된 후 출판사에 넘기면서 재출간되었다.

『회고록』에서 흐루시초프는 자신이 1950년대 초 스탈린과 외무 장관 몰로토프Vyacheslav Molotov에게서 줄리어스와 에설 로젠버그가 소련의 원자탄 개발을 앞당기는 데 큰 도움을 제공했다는 말을 직접 들었다고 밝힌 것이다. 흐루시초프는 회고록에서 "로젠버그 부부를 추모하며 마땅한 찬사를 보낸다"라고 말하기도 했다.[10]

　한편 1995년 7월 미국 국가안보국NSA은 이른바 '베노나 파일Venona File' 관련 기밀 문서를 해제해 일반에 공개했다. 베노나 파일이란 NSA가 1940년대부터 1950년대까지 소련 KGB와 미국의 소련 대사관 사이에서 미국 내 스파이들의 활동과 관련해 오고 간 무선교신을 육군 정보 분석가들이 비밀리에 도청해 해독한 것이다. 그런데 그 가운데 1944년 대사관의 KGB 요원이 상부에 보고하는 교신 중 '안테나'라는 암호명으로 불리는 스파이를 언급하면서 "그에게는 에설이라는 이름의 29세 된 아내가 있다"라고 하는 등 문맥상 로젠버그를 암시하는 내용이 상당수 포함되어 있었다.[11] 결국 베노나 파일은 미국 정부가 애초부터 줄리어스가 스파이라는 강력한 확신을 가지고 사건에 접근했으며, 줄리어스를 압박하여 일망타진하려고 했던 '스파이 망' 역시 조작된 허상이 아니라 실체가 있었음을 증명한 것이다.

　하지만 베노나 문서가 공개된 이후에도 로젠버그 옹호파는 미국 정부에서 공개한 내용이 조작일 가능성을 제시하며 계속 자신들의 주장을 굽히지 않았다. 그러던 중 1997년에는 전직 KGB 요원 알렉산드르 페클리소프Aleksandr S. Feklisov라는 인물이 각종 서방 언론 매체와 인터뷰하면서 자신이 1940년대 뉴욕에서 직접 로젠버그를 포섭한 경위와 세부 사

• • •

10 Robert D. McFadden, "Khrushchev on Rosenbergs : Stoking Old Embers," *The New York Times*, 1990. 9. 25.

11 Radosh & Milton, *op. cit.*, p. 15.

항을 증언하기에 이르렀다. 로젠버그 옹호론자들은 구소련이 붕괴되면서 연금줄이 막힌 전 KGB 요원들이 서방 언론으로부터 돈을 받고 원하는 것은 무엇이든 말했을 수 있다며 페클리소프 증언의 신빙성에 의문을 제기했다. 그러나 그의 증언 내용 중 상당 부분은 이후 미국 측 인사들과 서류 증거 등으로 확인되었다.[12]

하지만 로젠버그의 간첩 행위를 둘러싼 논쟁에 사실상 종지부를 찍은 최후의 일격은 다름 아니라 로젠버그 부부와 함께 같은 혐의로 기소되었던 줄리어스의 친구 모튼 소벨에게서 나왔다. 1951년 30년 징역형을 받고 19년을 복역한 뒤 형 집행정지로 출소한 뒤에도 줄곧 결백을 주장했던 소벨이 91세 때인 2008년 《뉴욕타임스》와 인터뷰하면서 자신과 줄리어스 로젠버그가 1940년대에 소련에 원자탄 관련 정보를 넘기기 위한 비밀 조직에서 활동했으며 에설 역시 그 사실을 잘 알고 있었다고 털어놓은 것이다.[13] 소벨의 고백은 사실상 로젠버그 옹호론자들의 말문을 막아버렸고, 결국 미어로폴 형제조차 부모의 혐의를 소극적으로나마 인정할 수밖에 없었다.

석연치 않은 문제들

실제로 로젠버그 사건이 터졌을 때 원자폭탄 개발에 관여했던 관계자들을 중심으로 로젠버그 부부의 혐의가 지나치게 과장되었다는 주장이 끊이지 않았다. 당시 원자폭탄 제조 기술은 이론적으로는 널리 알려져 있었고, 부부가 제공한 기밀 역시 그리 핵심적인 내용은 아니었다는 것

●●●
12 이와 관련한 상세한 사항은 Radosh & Milton, *op. cit.*, pp. 23~27 참조.
13 Sam Roberts, "Figure in Rosenberg Case Admits to Soviet Spying", *The New York Times*, 2008. 9. 12.

이다. 이에 반해 냉전이 끝난 뒤 나온 구소련 측 인사들의 증언에서는 줄리어스 로젠버그가 넘긴 정보가 상당히 유용했다는 주장도 있었다.[14]

그러나 로젠버그가 미국을 대표로 하는 자본주의 진영에 입힌 타격은 단순히 그들이 빼돌린 자료가 얼마나 가치있는 것이었나 하는 문제만은 아니다. 사건의 전체 흐름에서 인상적이어서 왠지 석연찮은 것은 로젠버그 부부가 보여준 태도의 일관성이다. 다시 말하지만 미국 정부의 일차 목표는 로젠버그를 통해 미국 내 스파이망과 관련된 정보를 알아내는 것일 뿐 처벌은 부수적인 것이었다. 그리고 지금까지 밝혀진 진상을 보면 줄리어스 로젠버그는 실제로 당시 소련 간첩망의 일원이었으며 에셀 역시 정도 차이는 있을지언정 남편의 반역 행위를 돕고 있었음은 의심할 여지가 없다. 로젠버그가 마음만 먹었다면 처남 그린글래스가 그랬던 것처럼 사전 형량 협상을 한 뒤 스파이망 접선책의 정보를 당국에 넘기고 가벼운 형벌을 받는 것은 어려운 일이 아니었다. 하지만 부부는 재판 내내 줄곧 혐의를 부인하고 결백을 주장했다.

법정에서 보인 부부의 행태에 대한 증언을 종합해보면 이들은 반역죄 혐의를 받고 있는 자신들의 상황을 크게 우려하지 않는 듯한 대범함을 보이는가 하면 종종 재판 자체를 경멸하는 듯한 태도까지 보였다. 특히 당시 어린 두 아들을 둔 부모였음에도 자식들의 미래를 전혀 우려하는 모습을 보이지 않은 것 역시 유별나다. 사형선고 직후 줄리어스가 블로흐에게 보낸 편지의 다음과 같은 대목은 기이할 정도로 담담해 보인다.

이 사형선고는 놀랍지 않습니다. 마땅히 그래야 했습니다. 미국인이 한국 전쟁을 받아들이게 만들려면 광란의 분위기가 확산되어야 했으므로 로젠

• • •

14 Radosh & Milton, *op. cit.*, p. 26.

버그 사건은 꼭 있어야 했습니다.

실제로 로젠버그 부부의 행동은 적에게 체포당했을 때 철저하게 자백을 거부하는 스파이의 기본 수칙과 일치한다. 어쩌면 로젠버그 부부, 특히 줄리어스 로젠버그는 스파이로서 행동 수칙까지 철저히 따를 만큼 소련에 대한 충성심이 높았던 인물이었을지도 모른다. 이와 관련해서는 로젠버그의 변호인 블로흐의 역할 역시 흥미롭다. 블로흐는 재판에서 피고인 로젠버그 부부 이외에는 별도의 증인을 요청하지도 않았고 검찰 측 증인에 대한 교차신문에서도 검찰 주장을 조목조목 반박하는 철저함을 보이지 않는 등 효과적인 변론을 펼치지 못했다. 오히려 블로흐의 활약은 재판이 끝난 뒤에 두드러져 항소, 대통령 사면 요청, 연방대법원에 사형 집행 정지 명령 청원 제출 등을 주도하며 로젠버그 사건이 수년간 계속해서 언론과 대중의 관심을 받도록 하는 데 큰 역할을 담당했다. 로젠버그 부부가 남긴 두 아들을 돌보고 양부모를 알선한 것도 블로흐였다. 이런 정황 때문에 진보주의자였던 블로흐가 사실은 정부를 공격하는 선동전을 전개하기 위한 불쏘시개로 로젠버그를 이용한 것이 아니냐는 음모론이 제기되기도 했다.[15] 확실히 로젠버그와 블로흐의 관계가 단지 변호인과 의뢰인 사이였는지 아니면 그 이상이었는지는 연구해볼 가치가 있다.

어쨌거나 로젠버그 부부의 행동 뒤에 정확히 어떤 의도가 숨겨져 있었는지는 영원한 수수께끼로 남을지 모른다. 하지만 로젠버그 부부는 끝까지 결백을 주장하며 정부와 타협하지 않았다. 로젠버그 부부의 무죄를 주장하는 사람들은 이 사건을 대표적인 '공산주의자 마녀 사냥'으로 규정하고 정부와 미국 사법 체계를 강하게 비판했다. 물론 그중에는 진심으

• • •

15 George Will, "The Rosenberg Apologists", *Gainesville Sun*, 1983. 10. 21.

로 로젠버그 부부의 결백을 믿은 사람도 있었겠지만, 이들을 미국의 여론에 부정적 영향을 끼치는 선전 도구로 이용하려 한 일부 사회주의자나 스파이들의 존재도 부정할 수는 없다.

그렇다면 선전선동에 따른 국론 분열이야말로 소련을 위한 로젠버그 부부의 진정한 공헌이 아니었을까? 이런 관점에서 보면 줄리어스가 소련 측에 넘긴 도면이 얼마나 유용했는지와 상관없이 로젠버그 부부는 흐루시초프의 '추모와 찬사'를 받을 자격이 충분했다.

04 아돌프 아이히만 재판

● 나치 전범 추적의 클라이맥스 : The Adolf Eichmann Trial (1961)

그로 하여금 그 시대의 엄청난 범죄자들 가운데 한 사람이 되게 한 것은
'순전한 무사유sheer thoughtlessness'였다.

_한나 아렌트Hannah Arendt, 『예루살렘의 아이히만Eichmann in Jerusalem』에서

뉘른베르크의 수수께끼

뉘른베르크 재판에서 검찰은 유대인 학살과 관련된 증인신문 도중 피고들의 입에서 아돌프 아이히만Adolf Eichmann이라는 이름이 종종 언급되는 것을 감지했다. 그 가운데 괴링은 전범들과 지속적으로 대화를 나누던 미군 장교이자 심리학자인 G. 길버트G. Gilbert에게 다음과 같이 말하기도 했다.

결국 재판정에는 진짜 공모자 4명은 빠져 있는 거요. 총통, 힘러, 보르만,[1] 그리고 괴벨스. 하이드리히Heydrich[2]도 포함하면 5명이 되지. 그 비슬리세니Wisliceny[3]라는 놈은 아이히만이 여기 없기 때문에 거물처럼 보

●●●

1 마르틴 보르만Martin Bormann은 히틀러의 최측근이자 나치당 총재로, 1945년 베를린 탈출 중 소련군에 사살된 것으로 알려졌으나 해외로 도피했다는 소문이 한동안 끊이지 않았다.

2 라인하르트 하이드리히Reinhard Heydrich는 SS 사령관 및 체코슬로바키아 점령군 부사령관으로 유대인 말살 정책의 주역이며. 점령 지역에 대한 무자비한 통치 활동으로 '프라하의 백정'이라는 별명을 얻기도 했다. 그는 체코 레지스탕스에게 암살당했다.

3 디에터 비슬리세니Dieter Wisliceny는 SS 장교로 체코, 헝가리 지역에서의 유대인 체포와 이송을 주도했다. 전후 체포되어 뉘른베르크 재판에 유대인 학살 관련 증인으로 소환된 뒤 다시 체코슬로바키아로 압송되어 현지에서 재판받고 처형되었다.

일 뿐이고….[4]

그러나 괴링에 따르면 유대인 학살 문제에서 거의 괴벨스나 하이드리히급 거물인 아이히만의 소재를 아는 인물은 피고 가운데 아무도 없었고 그들은 거의 이구동성으로 그가 이미 죽었을 거라고 말했다. 결국 검찰은 유대인 학살 관련 신문을 마치면서 히틀러가 '최종 해결'이라 부른 나치의 유대인 말살 정책을 집행하는 과정에서 아이히만이 매우 중요한 역할을 했다는 결론을 내리기는 했으나 뉘른베르크 재판이 종료되면서 아이히만이라는 이름 역시 관계자들의 뇌리에서 잊혔다.

'최종 해결'과 아이히만의 활약

1934년 1월, SS 소속 젊은 상병 아돌프 아이히만이 다하우Dachau에서 베를린의 나치 사령부로 전속되어왔다. 독일에서 태어나 오스트리아에서 성장한 뒤 이런저런 직업을 전전하다가 나치에 가입한 아이히만은 규칙을 잘 따르고 부지런하며 충성스러운 당원이었다. 그는 사령부에서 나치가 중요한 과업의 하나로 여겼던 이른바 '유대인 문제'를 다루는 부서에 배치되면서 두각을 나타내기 시작했다. 그는 히브리어를 익히는 등 유대인들과 유대인 문화를 연구하기 시작했고 곧 유대인 문제 전문가로 나치에서 평판이 높아지며 빠르게 승진했다.

1938년 대위로 진급한 아이히만은 오스트리아 거주 유대인의 해외 이주 정책[5] 담당으로 임명되면서 업무 시작 8개월 만에 유대인 4만 5,000

• • •

4 G. M. Gilbert, *Nuremberg Diary*, Da Capo Press, 1995, p. 106.

5 나치의 유대인 정책은 초기에는 온갖 압력을 넣어 이들을 독일과 오스트리아에서 추방하려는 것이 주된 목적이었다. 수용소 건설과 대규모 학살은 독일이 전쟁으로 전 유럽을 석권한 뒤에 본격적으로 시작되었다.

명을 오스트리아 밖으로 추방하는 '생산성'[6]을 보였다. 1년 사이에 15만 명이 넘는 유대인이 오스트리아를 떠나 기타 유럽 국가나 팔레스타인 등으로 이주했다.[7] 빈에서 아이히만의 활약은 당시 SS 사령관이면서 유대인 문제에 관해 히틀러와 직통 라인을 유지하고 있던 거물

소련군의 진주로 간신히 목숨을 건진 아우슈비츠 수용소의 어린 생존자들. 아우슈비츠는 다른 도시들과 멀리 떨어진 한적한 지역이면서 철도와 가까워 유럽 각지에서 유대인을 집결시켜 비밀리에 살해하는 데 적합한 장소였다.

하이드리히의 눈에 띄게 되었다. 제2차 세계대전이 본격적으로 시작되던 1939년, 아이히만은 하이드리히의 추천으로 독일 전역뿐 아니라 유럽의 모든 점령지에서 유대인 강제 추방 정책을 집행하는 유대인문제총국Office of the Jewish Affairs으로 발령받았다.

1941년 러시아 전선이 고착 상태에 빠지고 미국의 참전이 확실해진 상황에서 나치의 유대인 정책은 극단적인 강경노선으로 치달았다. 히틀러의 특명에 따라 하이드리히는 1942년 1월 반제Wannsee에서 SS 및 게슈타포 지휘부, 나치당 고위 간부, 법률가, 점령 지역 통치 담당 관리 등이 참석하는 비밀 회의를 주재하고 이전까지의 강제 이주 정책과는 전혀 차원을 달리하는 유대인 처리 계획을 논의했다. 이때 결정된 사항의 골자는 점령지에 남아 있는 모든 유대인을 수용소에 강제 수용한 뒤 대규모로 '처분'한다는 문자 그대로 '유대인 문제의 최종 해결책'이었다.[8]

• • •

6 문자 그대로 유대인 추방은 나치에게 돈이 되는 사업이기도 했다. 여권 발급, 이주 허가 등 출국을 위한 각종 서류 발급 과정에서 나치는 유대인들에게 수수료 명목으로 막대한 금액을 뜯어냈다.

7 당시 온갖 박해에도 삶의 터전을 버리지 못해 독일과 오스트리아에 남았던 유대인은 이후 더욱 처참한 상황을 겪어야 했다.

8 아이히만이 직접 정리한 것으로 알려진 반제 회의록에는 "최종 해결책은 대략 유대인 1100만 명을 대상으로 한다"는 대목이 있다(http://holocaust.umd.umich.edu/news/uploads/WanseeProtocols.pdf).

하이드리히의 참모로 회의에 참석한 아이히만은 그러한 히틀러의 비전을 현실로 만드는 데 중요한 역할을 담당하게 된다. 반제 회의록에 따르면 최종 해결을 위한 유대인 처리는 기본적으로 서유럽에서 시작하여 동유럽에서 마무리되는 순서로 진행하되, 우선 순위 지역은 정치적·사회적 상황에 따라 결정하며, 해당 지역의 유대인은 먼저 임시 거주 지역에 집결된 뒤 동부에 위치한 수용소로 이송하는 방법을 따르게 되어 있었다. 이때 아이히만에게 주어진 임무는 가능한 한 빠른 시간에 유럽 각지의 유대인을 한곳에 집결시켜 특별 열차편으로 아우슈비츠Auschwitz, 다하우, 트레블링카Treblinka 등에 세워진 수용소로 보내는 것이었다. 수용소에 도착한 유대인 대부분은 수용당할 기회조차 없이 공동 목욕실로 위장한 창문 없는 방에서 독가스로 살해당했으며 시체는 곧바로 콘크리트 소각장으로 보내져 태워졌다. 인류 역사상 인간이 인간에게 저지른 가장 큰 악행이라고 일컬어지는 홀로코스트Holocaust의 희생자는 600만 명에 달했으며 이는 당시 전 유럽 유대인의 3분의 2에 달하는 숫자였다.

도피의 끝

1945년 독일이 패망하기 직전까지도 헝가리에서 유대인 이송 작업을 지휘했던 아이히만은 잠시 미군 포로가 되어 오스트리아의 수용소로 보내졌다. 그는 수십만 명의 패잔병 가운데 한 명이었을 뿐 그의 정체를 아는 사람은 아무도 없었다. 뉘른베르크 재판에서 아이히만이라는 이름이 거론되고 있을 때 아이히만은 이미 수용소에서 풀려나 독일 북부에서 가명으로 목공소, 농장 등을 돌며 생활하고 있었다. 그러나 국내 정세에 불안을 느낀 그는 결국 해외 도주를 결심했다. 아이히만은 먼저 이탈리아로 가서 나치 잔당에 동정적인 어느 가톨릭 신부의 도움을 받아 리카르도 클레멘트Ricardo Klement라는 가명으로 위조여권을 만들었다. 그리고 아르헨티나 정부로부터 이주 허락을 받아 1950년 아르헨티나의 수도 부에노스아이레스에 정착한다. 여러 직업을 전전하던 아이히만은 메르세데스 벤츠 자동차의 아르헨티나 현지 법인에 채용되면서 생활이 안정되자 독일에 있던 아내와 자식들까지 불러들여 함께 살게 되었다.

1957년 서독의 유대인 법률가 프리츠 바우어Fritz Bauer는 아이히만이 아르헨티나에 살고 있다는 정보를 입수하여 모사드MOSSAD[9]에 알렸다. 당시 이스라엘 정부는 세계 각지로 도망친 나치 도망자들에 대한 모든 정보를 모으고 있었다. 바우어의 정보로 아르헨티나에 주의를 기울이던 모사드는 1959년, 부에노스아이레스에 거주하는 어느 유대인에게서 이웃에 아이히만 이름을 쓰는 가족이 있다는 결정적인 제보를 받는다. 아이히만 자신은 리카르도 클레멘트라는 이름을 썼으나 아내와 아이들은 여전히 아이히만이라는 이름을 사용한 것이 꼬리가 밟힌 계기였다. 이스라엘 법의학자들은 모사드 요원이 현지에서 비밀리에 촬영한 인물의 얼굴 사진을 제2차 세계대전 당시 아이히만 사진과 비교·분석한 뒤 클레멘트가 아이히만임을 확인했다.

이스라엘 지도부는 아이히만을 이스라엘로 데려와 법정에 세운다는 방침을 세운 뒤 모사드 요원 11명을 부에노스아이레스로 파견했다. 드디어 1960년 5월 11일 저녁, 부에노스아이레스의 메르세데스 벤츠 공장에서 집으로 퇴근하던 아이히만은 버스 정류장 근처에서 모사드 요원들에게 납치되었다. 일주일간 억류되어 신문을 받은 그는 자의로 이송된다는 각서에 날인한 후 아르헨티나에서 이스라엘로 강제로 이송되었다.

• • •
9 1951년 창설된 이스라엘 정보기관.

세기의 재판

1960년 5월 23일 이스라엘 국회 회의 중 수상 다비드 벤구리온 David Ben-Gurion은 아이히만의 국내 송환과 재판 계획을 발표하여 전 세계를 깜짝 놀라게 했다. 아르헨티나 정부가 자국 거주자인 아이히만을 납치해간 이스라엘에 항의하면서 잠시 외교 문제로 비화하기도 했지만 이스라엘의 사과로 문제는 비교적 쉽게 무마되었다.

1961년 4월 11일, 아이히만 재판이 시작된 예루살렘 지방법원은 전 세계에서 모여든 수백 명의 기자들로 북적거렸다. 재판이 진행된 4개월 동안 114회 공판을 열었는데 1,500건이나 되는 문서에 120명이 증인으로 나왔다. 아이히만에게 적용된 법률은 이스라엘의 「나치와 그 부역자 처벌법Nazis and Nazi Collaborators Punishment Law, 5710 of 1950」이었다. 이 법은 나치 부역 범죄에 대해서는 공소시효 자체를 배제하였고, 외국에서 이미 처벌받은 피고인도 이스라엘 정부가 다시 재판하고 처벌할 수 있도록 규정하였다. 아이히만에게 적용된 혐의는 반인도적 범죄, 전쟁 범죄, 유대민족에 대한 범죄, 불법조직에 소속된 죄 등 15가지에 달했다. 수개월에 걸친 증인 신문에서는 홀로코스트 생존자들이 등장하여 나치의 잔학 행위에 대한 증언을 이어갔다.

나는 웃으면서 무덤으로 뛰어들 것이다

아이히만의 변호인단[10]은 재판 시작 후 검찰이 홀로코스트 피해자 자격으로 소환한 여러 증인에 대해 아무런 교차 신문을 시도하지 않았다. 변호인 로베르트 세르바티우스Robert Servatius는 검찰 측 증인 소환이 모

• • •

10 독일 출신 법률가 로베르트 세르바티우스가 이끄는 변호인단을 아이히만이 선택하였고 모든 비용은 이스라엘 정부가 지불했다.

두 완료된 뒤 펼친 모두진술에서 이렇게 설명했다.

피고인은 유대인 말살 정책이 존재했다는 사실과 자신이 그 정책에서 한 역할을 했다는 것을 부정하지 않습니다. 그러나 그는 명령을 따랐을 뿐입니다. 그는 자신이 수행한 업무의 목적을 창안하지 않았습니다. 그는 어떤 권력도 소유하지 못한 권력의 집행자였을 뿐입니다. … 그는 아무런 정치적 정책 결정과도 무관하며 다른 유럽 여러 지역으로부터 강제수용소로 유대인을 이송하는 보조기관의 책임자였을 뿐입니다.

세르바티우스의 요청으로 증인석에 앉은 아이히만은 다음과 같이 증언했다.

나는 한 번도 스스로 결정을 내려본 적이 없습니다. … 나는 큰일이건 작은 일이건 상관들의 명백한 지시 없이는 어떤 행위도 하지 않았습니다. … 내가 마지막으로 맡은 임무는 열차 시간표를 관리하는 것이었습니다. 그 밖의 모든 일은 상관들이 처리했습니다.

교차 검증에 나선 검사 기드온 하우스너Gideon Hausner는 아이히만에게 이렇게 물었다.

하우스너 : 유대인을 수백만 명 살해하는 작업에 동참했던 것에 죄의식을 느끼나요?
아이히만 : 법률적으로는 아니지만, 인간적인 감정으로는 그렇습니다. 내가 그들을 수용소로 보낸 것에 죄의식을 느낍니다.

그러자 하우스너는 아이히만이 1945년 헝가리에서 한 마지막 연설을 기억하는 전직 SS 대원의 증언을 제시했다.

하우스너 : 당신은 그 연설에서 "500만에 달하는 인간의 죽음이 개인적으로 양심에 걸린다는 사실이 엄청난 만족감의 원천이기도 하기 때문에 나는 기쁘게 무덤으로 뛰어갈 수 있을 것"이라고 말한 적이 있지 않은가요?
아이히만 : 그것은 전선을 사이에 두고 반대편에 있는 적들을 지칭하는 것이었습니다.

아이히만의 궁색한 변명을 들은 검찰 측은 질문을 계속했다.

하우스너 : 하지만 1937년 이래 당신이 싸운 유일한 전선은 결국 유대인과 싸운 것 아니었나요?
아이히만 : 그건 그렇습니다.[11]

재판을 통해 유대인 대량 학살 과정에서 아이히만이 인원 확보와 수송을 맡았다는 사실이 의심할 여지 없이 드러났다. 1961년 12월 15일 나온 판결에서 아이히만은 15가지 기소 내역에서 모두 유죄 판결을 받았다. 판결에 이어 선고를 내리며 재판장 모셰 란다우Moshe Landau는 다음과 같이 말했다.

이 법정은 피고를 단죄하기 위해서 법률이 정하는 최고형이 피고에게 선고되어야 한다는 결론을 내렸다. 피고가 참여한 범죄는 본질과 규모에서

• • •

11 Edward W. Knappman(Editor), *Great World Trials : The 100 Most Significant Courtroom Battles of All Time*, Visible Ink Press: Detroit, 1997, p. 335.

비교대상이 없을 만큼 끔찍한 것이다. 유죄 판결을 받은 피고가 유대 민족에게 저지른 범죄의 목적은 한 민족 전체를 지구상에서 말살하는 것이었다. 그러한 측면에서 그 범죄 행위는 개인이 개인을 상대로 저지르는 범죄와는 차원을 달리한다. ··· 그러한 포괄적인 범죄 행위 전체는 그것을 구성하는 개별적 범죄 행위의 총합보다도 더욱 악질적이다.

아이히만에게는 교수형이 선고되었고, 항소심에서도 같은 판결이 나왔다. 최후의 사면 청원이 거부당한 뒤, 1962년 5월 31일 밤 아이히만은 처형되었다. 스스로 한 말처럼 자신이 기쁘게 웃었다는 기록은 없다. 아이히만의 사체는 그의 요청에 따라 화장되어 지중해 연안에 뿌려졌다.

'악의 평범성' 혹은 '평범성 속의 악'

아이히만 재판과 관련한 수많은 연구·분석 가운데 가장 고전적인 예로 독일의 유대계 정치학자이자 작가인 한나 아렌트Hannah Arendt의 저서 『예루살렘의 아이히만 : 악의 평범성에 대한 보고서Eichmann in Jerusalem: A Report on the Banality of Evil』를 들 수 있다. 재판에 대한 르포르타주와 비평이 섞여 있는 이 책에서 아렌트는 조직에 매몰돼 근면하게 악을 실천한 아이히만의 행위를 '악의 평범성banality of evil'이라는 말로 요약했다. 아렌트에 따르면 아이히만은 군인이자 공무원으로 조직에서 하라는 대로 자신의 업무에 최선을 다했을 뿐이며 체화된 규범 이외의 것을 보거나 상상하는 능력이 결여된 인물이었다. 다시 말해 그는 자기가 무슨 짓을 하고 있는지 깨닫지 못한 것이다. 아렌트는 아이히만에 대하여 "그는 어리석지는 않았다. 그를 그 시대 최악의 범죄자 가운데 한 명이 되도록 만든 것은 어리석음과는 전혀 다른, 순전한 무사유sheer thoughtlessness였다"[12]라고 말했다. 그런데 아이히만이 저지른 '악'의 실체가 무엇인지를 구체적으로 제시하는 일은 생각보다 간단하지 않다. 재판 중 검찰은 모두진술에서 아이히만이 '1935년부터 1945년까지 유럽에서 저질러진 유대인 박해와 대량 학살에서 주역을 담당한 인물'로 '유대 민족을 말살하려는 나치 정권의 의지를 수행하는 손발'이었다고 주장했다. 2006년 판 『유대주의 백과사전Encyclopedia of Judaism』에는 아이히만의 죄상이 다음과 같이 소개되어 있다.

아이히만은 1941년 여름 시작된 '최종 해결'의 시행을 감독했다. 아이히만의 부서는 죽음의 수용소들을 지었고 유대인을 효율적으로 말살하기 위해 가스실을 개발했다. 아이히만은 또한 홀로코스트가 가능하도록 수송 시스템을 조직했다. … 그는 죽음의 수용소에서 대략 400만 명, 이동 가스 트럭으로 150만 명의 유대인 말살을 성공적으로 이끌었다고 자랑스럽게 보고했다.[13]

문제는 위의 기술에서 제시된 아이히만의 '죄상' 가운데 그가 직접 관련되었다는 결정적 증거가 있는 업무란 수송 시스템의 조직뿐이라는 것이다. 아이히만이 유대인 문제의 최종 해결책을 결정한 반제회의에 참석한 것은 사실이지만 회의록에는 누가 가스실 아이디어를 제시했는지는 고사하고 가스실이라는 어휘조차 등장하지 않는다.[14] 아이히만은 또한 가스실이 설치된 대규모 수용소 건설을 지시 · 감독한 적도 없으며 직접

• • •

12 Hannah Arendt, *Eichmann in Jerusalem : A Report on the Banality of Evil*, The Viking Press : NY, 1965, p. 285.

13 Sara E. Karesh, Mitchell M. Hurvitz, *Encyclopedia of Judaism*, Fact on File, Inc. : NY, 2006, p. 130.

14 반제회의를 다룬 영화 〈컨스피러시Conspiracy〉에서는 아이히만이 가스실과 소각장 도입을 적극 추진한 인물로 묘사되지만 이는 시나리오 작가의 상상의 산물일 뿐이다.

유대인을 가스실에 집어넣고 독가스
분말을 투입하라는 명령을 내린 적도
없다. 물론 아이히만이 자신이 배정하
는 기차가 목적지에 다다른 뒤 무슨 일
이 일어날지 잘 알고 있었던 것은 분명
하다. 그러나 그런 사실을 알고 있으면
서 그대로 수송 작전을 수행한 것이 죄
라고 한다면 당시 아이히만이 죄에서
벗어날 수 있는 유일한 길은 상부의 명
령에 불복종하는 것뿐이었다. 전형적
인 나치 관료였던 아이히만이 총살형
에 처해질 위험을 무릅쓰고 상부의 명
령을 거부하는 '영웅'이 되지 못했다고

반제회의의 내용을 그린 영화 〈컨스피러시〉. 오른쪽
이 스탠리 투치Stanley Tucci가 연기한 아이히만이
다. 왼쪽은 케네스 브레너Kenneth Branagh가 분한
아이히만의 직속 상관 라인하르트 하이드리히.

처벌하는 것이 얼마나 정당할까? 검찰은 재판 과정에서 아이히만이 개
인적으로 단 한 명의 유대인도 직접 살해하거나 심지어 살해를 명령했다
는 증거조차 제시하지 못했다.[15]

　따지고 보면 애초에 아이히만에게 수송 작업이 맡겨진 것 역시 그가
유대인을 대량 학살하는 데 두각을 나타냈기 때문이라기보다는 오스트
리아 빈에서 유대인을 유럽 각국으로 이주시키는 행정 정책을 집행하는
과정에서 보여준 능력을 그의 상관들이 높이 평가했기 때문이었을 개연
성이 크다. 이런 관점에서 보면 아이히만이 재판에서 자신의 주된 업무가
"열차 시간표를 관리하는 것"이었다고 진술한 것은 엄청난 단순화일지언
정 새빨간 거짓말은 아니었을지도 모른다. 결국 '모두진술 속의 수사적

● ● ●

15 David Cesarani, _Becoming Eichmann : Rethinking the Life, Crimes, and Trial of a 'desk Murderer'_,
　Da Capo Press, 2006 : Rayleigh, Essex, p. 3.

화려함'[16]을 걷어내고 보면, 이스라엘 검찰이 아이히만에게 적용한 혐의
는 상당 부분 구체적인 증거가 부족했으며 논리의 비약으로 볼 여지도 많
았다.

아이히만 재판이 이룬 것

다시 『유대주의 백과사전』으로 돌아와서, '아이히만 재판' 항목을 살펴
보면 다음과 같은 대목이 있다.

아이히만 재판의 중요성은 한 개인에 대한 정의로운 심판을 훨씬 넘어서
는 것이다. 재판은 전 세계에 중계되면서 이스라엘을 포함하여 수백만의
사람에게 홀로코스트의 참상을 전했다. 재판에서 드러난 '최종 해결'의 공
장식 작동 방식은 세계의 보통 사람들 내면에 담긴 잠재적 악의 존재를 상
기시켰으며 전 세계 유대인 사이에서 유대 민족 국가의 중요성에 대한 자
각을 확인시켰다.[17]

어쩌면 이스라엘 정부의 노림수는 처음부터 바로 이것이 아니었을까?
실제로 1950년대 전후 경제 복구를 위해 매진하던 서독 정부는 유대인
학살을 포함한 과거사 극복에 우선 순위를 두지는 않았다. 오히려 미군
의 군정과 분단으로 자존심이 상한 독일 국민들 사이에서는 제3제국 시
절에 대한 향수가 일어나고 나치 잔당으로 판명된 극우파들이 유대인 묘
지를 훼손하는 등의 불상사가 벌어지기도 했다. 이스라엘이 아이히만

• • •

16 *Ibid.*

17 Karesh, Hurvitz, *op. cit.*, p. 131.

을 납치하여 기소한 것이 바로 이 무렵이었다. 아이히만의 등장과 재판은 독일이 생각하고 싶지 않은 어두운 과거와 다시 마주하도록 하는 자극제가 되었으며 세계인에게도 홀로코스트에 대한 기억을 상기시키는 계기가 되었다. 검찰의 표현처럼 유대인 수송을 맡아 홀로코스트 전 과정을 시작하는 방아쇠 노릇을 한 아이히만은 다시 증인 수백 명이 유대인 학살의 참상을 증언하는 장면이 전 세계로 중계 방송되는 이벤트를 시작하기 위한 방아쇠 노릇도 한 셈이다. 피고석에 요제프 멩겔레Josef Mengele[18]도 앉아 있었다면 금상첨화였겠지만, 아이히만 역시 나름의 흥행 요소를 갖춘 거물급 나치로 묘사되기에는 존재감이 충분했다.

지금부터 불과 70여 년 전에 자그마치 600만 명에 달하는 인간이 순전히 특정 인종에 속했다는 이유만으로 학살된 홀로코스트에 대한 인류의 집단 기억은 여전히 이스라엘이 국제 사회에서 독특한 지위를 누리는 데 큰 구실을 하는 강력한 '역사 자본'이다. 그리고 아이히만 재판은 이스라엘이 그 역사 자본을 전 세계의 양심과 기억 속에 정식으로 등록시킨 사건이었다고도 볼 수 있다.

● ● ●

18 요제프 멩겔레Josef Mengele는 제2차 세계대전 당시 SS 소속 장교로, 아우슈비츠 수용소의 내과의였다. 그는 유대인을 상대로 한 각종 생체 실험 등 잔혹 행위로 '죽음의 천사'라는 별명을 얻기도 했다. 그는 전쟁이 끝남과 동시에 남아메리카로 탈출해 여생을 브라질에서 안락하게 보낸 것으로 알려졌다.

Part 8

자본주의의 규칙을
발칵 뒤집은 판결들

01 알 카포네 재판

● **금주령 시대 암흑 자본의 최후 :** Al Capone Trial (1931)

나는 대중의 뜻에 호응할 뿐이다.
_알 카포네Al Capone

수정헌법 제18조 – 전대미문의 결정

1920년 1월 16일, 미국 의회는 수정헌법 제18조를 통과시켰다. 독립 이후 미국의 수정헌법은 인권 신장이라는 측면에서 미국뿐 아니라 세계 사적 의미가 있는 내용을 계속 추가한 것으로 유명하다. 하지만 문제의 제18조는 이전 조항들과는 전혀 성격이 달랐다. 미국 내에서 모든 주류의 제조, 판매, 유통을 금지하는 이른바 「금주령 the Prohibition」을 선언하는 내용을 담은 것이다.

지금의 사고방식으로는 황당하게 보이는 금주령은 한편으로 그때까지 역사를 반영하는 매우 미국적인 결정이기도 했다. 우선 기억해야 할 것은 미국이라는 나라 자체가 술과는 별로 친하지 않은 청교도 사회에서 기원했다는 점이다. 1657년 매사추세츠에서는 알코올 소비를 크게 제한하는 법령이 제정되어 오랫동안 시행된 선례가 있었다. 그러나 미국이 영국으로부터 독립한 이후 미국 국민 1인당 알코올 소비량은 계속 증가하여 18세기 말 연간 평균 7갤런이었던 것이 19세기 말에는 20갤런이나 되었다. 게다가 19세기 말에서 20세기 초에 걸쳐 쏟아져 들어온 아일랜드, 독일, 이탈리아계 이민자들은 술의 해악에 대해 미국 주류 사회가 심

금주령 당시 압수한 밀주를 하수구에 버리는 미국 관리들. 금주령은 종교적 이상주의와 정치적 계산이 만나서 나온, 미국 역사에서도 매우 특이한 것이었다.
Photo Credit : Library of Congress

각하게 고민하는 계기가 되었다. 부푼 희망을 안고 이민을 왔으나 구직에 실패하고, 당시만 해도 가톨릭 신자들에게 너그럽지 않았던 미국 사회에서 미운 오리 취급을 받자 이들은 술로 울분을 달래는 경향이 점점 심각해졌다. 알코올 중독자가 양산되는 것은 물론, 술을 마시며 범죄 조직을 결성하는 일도 급증했다.

이런 분위기에서 1900년대 초부터 급성장한 것이 복음주의 기독교 세력이 조직한 이른바 반술집 연대Anti-Saloon League, ASL, 여성 기독교 금주 연합Woman's Christian Temperance Union, WCTU[1] 등 반음주 사회단체

• • •

1 당시 WCTU에서 술 마시는 남성들을 상대로 내건 "술을 건드린 입술은 우리의 입술을 건드릴 수 없어요Lips that touch liquor shall not touch ours"라는 슬로건은 유명하다.

들이었다. 이들의 설립 취지는 애초에 방황하는 남성들을 술집 대신 가정과 교회로 끌어들인다는 것이었다. 그러다 점점 '법률에 따른 금주'라는 급진적 개혁을 옹호하는 쪽으로 변하여 정계와 재계를 압박하는 강력한 로비단체로 성장했다. 금주법 운동은 처음에는 개인이 자율적으로 술을 자제하도록 장려하는 것이 목표였으나 1910년대부터는 다른 여러 종교, 인권단체와 연합하여 아예 헌법에 금주를 명시하는 거국적 개헌을 추진하는 쪽으로 방향을 선회했다.

1917년 미국의 제1차 세계대전 참전 결정 역시 금주법이 전국적으로 시행되는 원인을 제공했다. 참전과 동시에 미국 정부는 전시 보급을 확보하기 위해 곡물을 원료로 하는 위스키 등 증류주 생산을 금지했다. 1918년에는 도수가 낮은 주류 판매가 제한되었다. 금주령은 이렇게 수십 년의 세월을 거쳐 형성된 종교적 · 사회적 · 경제적 토대 위에서 1920년 개헌과 함께 본격적으로 시행되었다. 수정헌법 제18조는 판매 목적이 아닌 개인이 술을 빚어 소비하는 행위까지 금지하지는 않았으나 헌법에 근거하여 연방의 여러 주가 자치적으로 만든 금주법 가운데는 어떠한 형태의 알코올 소비도 엄격히 금지한 법도 있었다.

시카고 혹은 약속의 땅

개헌을 해서 연방 전역에 금주법을 시행한다는 목표를 달성한 보수 종교 단체들과 정치인들은 득의양양했다. 그러나 최선이라고 제정한 법률이나 규칙이 언제나 그렇듯이, 금주령은 지지자들이 예상하지 못한 엄청난 사회적 부작용을 몰고 왔다. 인류 문명의 시작과 함께한 주류 소비를 법률로 틀어막는 것이 무리수였다는 게 곧 밝혀진 것이다. 실제로 금주령으로 미국인이 술을 소비하지 않은 것이 아니라 음성화되어 오히려 더욱 위험해졌다. 비위생적으로 만든 밀주가 널리 유통되었으며 캐나다, 멕시코, 유럽 등에서 도수 높은 주류 역시 꾸준히 밀수입되었다. 합법적으로 술을 만들고 팔 수 없는 상태에서 술 수요는 오히려 늘어났으며, 가격도 덩달아 올랐다. 이러한 상황은 술의 제조, 유통, 판매까지 주류 산업 전체를 조직 범죄 집단이 장악하도록 장려하는 것이나 마찬가지였다.

금주령에도 불구하고 뉴욕, 샌프란시스코, 뉴올리언스 등 미국의 주요 대도시에서 주류 소비량은 여전히 많았다. 특히 이 무렵 새롭게 부상한 곳이 시카고였다. 시카고는 금주령 시대에 술로 한몫을 잡으려는 야심만만한 젊은이들에게 약속의 땅이었다. 시카고는 지리적으로 북쪽이 캐나다와 붙어 있어 주류를 밀수하기에 완벽했다. 자체적으로 제조한 밀주를 미시간호를 이용한 수상 운송망과 철도망을 통해 미국 전역으로 유통시키기에도 안성맞춤이었다. 이렇게 밀주를 생산하거나 유통하기 위한 사회 간접 자본이 완벽하게 갖추어진 시카고에서 술뿐만 아니라 매춘과 도박을 아우르는 지하 경제를 장악한 것은 몇몇 거대 범죄 조직이었다. 흥미롭게도 이들 범죄 조직들은 일반 기업과 마찬가지로 내부적으로는 집중화·조직화·상업화[2]를 지향하고, 조직을 흡수·합병하여 몸집을 불리는 등 자본주의 게임의 법칙을 그대로 답습하고 있었다.

스카페이스 주식회사

1920년 시카고에서 유력한 범죄 집단 중 하나였던 조니 토리오Johnny Torio의 조직에 뉴욕에서 온 20세 청년이 가입했다. 얼굴 한쪽 볼에 난 깊은 상처 때문에 흔히 '스카페이스Scarface'라는 별명으로 불린 그의 이

●●●
2 Laurence Bergreen, *Capone : The Man and the Era*, Simon & Schuster, 1996, p. 86.

름은 알폰스 '알' 카포네Alphonse 'Al' Capone였다. 이탈리아 이민자의 자식으로 태어난 카포네는 성장한 뒤 뉴욕에서 이런저런 조무래기 범죄에 가담하다가 더 큰 기회를 찾아 시카고로 온 참이었다. 카포네는 나이가 어렸지만 토리오파의 행동 대장으로 조직의 골치 아픈 일을 도맡아 처리하며 보스의 신임을 받아 빠르게 승진했다. 카포네의 활약과 마침 불어닥친 금주령이 역설적으로 만들어낸 '주류 붐'을 타고 토리오의 조직은 주류 밀매, 도박, 매춘 등으로 1년에 거의 1,000만 달러 가까운 수익을 올리기에 이르렀으며 조직원도 800명에 육박했다.

1925년 라이벌 갱단의 기습으로 부상을 입은 토리오가 현역에서 은퇴하기로 결심하면서 카포네는 조직의 우두머리로 올라섰다. 카포네는 전통적인 영역을 지키며 현상 유지에 만족하기보다는 적극적으로 영토 확장을 모색했다. 캐나다에서 밀수한 주류와 시카고에서 자체 생산한 밀주를 미국 전역에 수출하는 불법 유통망을 강화하는가 하면 위로는 시장부터 아래로는 말단 경관들까지 막대한 뇌물로 매수하여 법체계마저 좌지우지하는 시카고 암흑가의 제왕으로 군림하기 시작했다.

게다가 카포네는 범죄 조직의 우두머리로는 전무후무한 여론 조작의 명수이기도 했다. 카포네는 자신에게 우호적인 기사를 쓰도록 신문 기자들에게 뇌물을 준 것은 물론 아예 종종 기자회견을 자청하여 재치 있는 말솜씨로 기삿거리를 제공하면서 자신을 합법적인 사업가이자 공공이익에 봉사하는 자선가인 양 포장하기를 즐겼다. 카포네가 시카고 시내에서 사무실처럼 사용한 호텔 메트로폴Metropole 로비는 매일 아침 그에게서 기삿거리를 얻어내려는 기자들로 붐볐다.

이뿐만 아니라 카포네는 스포츠 경기나 콘서트 등에 모습을 나타내는가 하면 자선 단체에도 상당한 금액을 기부하면서 일반 시민들 가운데서도 지지자를 많이 만들어냈다. 특히 시카고의 이탈리아 이민자 사회에서 카포네는 영웅처럼 대접받았고, 그의 조직에 가입하는 것이 이탈리아계 젊은이들 사이에서는 선망의 대상이기도 했다. 카포네의 사업은 시카고 정치인과 관리, 경찰의 비호 속에 무럭무럭 성장했다. 그가 이끄는 '스카페이스 주식회사'[3]는 수익률과 성장세, 탄탄한 비즈니스 모델을 고려하면 당시 시카고의 어느 합법적 알짜 기업보다도 전도가 유망했다. 실제로 카포네가 했다는 다음과 같은 말을 보면 그가 암흑가의 보스인지 기업의 CEO인지 구분하기 어려울 정도다.

우리가 가진 미국적 시스템 – 아메리카니즘Americanism이건 자본주의이건 뭐라 불러도 상관없지만 – 은 우리가 양손으로 거머쥐고 적극 활용하기만 하면 우리 각자 모두에게 엄청난 기회를 주는 제도다.[4]

당시 카포네의 사업 규모가 정확히 어느 정도였는지는 연구가들 사이에 논란이 분분하다. 계산에 따르면 1929년과 1930년 그의 조직은 각각 9,735만 달러와 1억 548만 7,000달러[5]의 매출을 올렸다고 한다. 이는 지금 시세로 환산하면 자그마치 15억 달러에 달하는 금액이다.

알 카포네를 쳐라

카포네가 성공한 것은 탁월한 사업 감각뿐 아니라 경쟁 상대를 처치하는 무자비함 덕분이기도 했다.

●●●

3 카포네는 자신의 직업을 공식적으로는 중고 가구 판매상이라고 했다.

4 Charles Bufe(editor), *The Heretic's Handbook of Quotations*, Sharp Press, 2001, p. 99.

5 John Madinger, *Money Laundering : A Guide for Criminal Investigators*, 3rd Edition, p. 102. 카포네 조직의 자금 현황에 대한 자세한 분석은 같은 책 pp. 87~105 참조.

알 카포네(왼쪽)와 조지 모런(오른쪽). 금주령 당시 시카고 일대 암시장의 주도권을 놓고 이들이 이끄는 양대 조직이 벌인 전쟁은 전설적이다.
Photo Credit : Library of Congress

카포네는 특히 불법 주류 수출입 사업에서 경쟁 상대가 되는 다른 범죄 조직들을 강력하게 견제했고 필요한 경우 살인도 불사했다. 1925년, 카포네의 부하들은 차량 5대에 나누어 타고 시카고 시내 한복판에서 라이벌 갱단과 대규모 총격전을 벌였는데, 이 사건은 이후 수많은 범죄 영화에서 모방되기도 했다. 카포네 조직의 잔혹성이 여실하게 드러난 또다른 대형 사건으로는 '밸런타인데이 학살St. Valentine's Day Massacre'[6]이 있다. 카포네 조직은 주류 유통망 확보를 둘러싸고 아일랜드계 갱 벅스모런Bugs Moran의 조직과 날카롭게 대립했는데, 1929년 2월 14일, 카포네의 부하들이 창고에서 밀주를 나르던 모런의 조직원 7명을 잔혹하게

• • •

6 사건이 미국에서 연인들의 명절인 밸런타인데이에 벌어졌기 때문에 붙여진 이름이다. 이 살인극은 카포네 조직이 모런 조직을 친 사건으로 알려져 있지만 카포네가 직접 관여했는지는 증명된 적이 없다.

살해하는 사건이 발생했다. 이때 카포네 부하들은 경찰복을 입고 공무상 모런 부하들을 체포하는 척하면서 벽에 일렬로 늘어세운 뒤 기관총으로 벌집을 만들었다. 끔찍한 현장이 신문에 대서특필되면서 전국적 이슈가 되었으며, 연방 정부가 카포네의 존재를 큰 위협으로 느껴 제거 대상으로 보는 계기가 되었다.

'카포네 제국'을 무너뜨린 당사자로 대중에게 잘 알려진 인물은 『언터처블The Untouchables』이라는 책과 동명의 영화에서 알려진 연방 수사관 엘리엇 네스Eliot Ness와 그의 팀원이다. 그러나 네스가 카포네의 주류 밀매 네트워크에 어느 정도 타격을 입힌 것은 사실이지만, 실제로 재판에서 카포네의 유죄를 증명하는 데 결정적 증거를 확보한 것은 미국 국세청Internal Revenue Service, IRS 소속 수사관 프랭크 윌슨Frank Wilson과 그의 특별 수사팀이다. 당시 카포네 같은 거대 범죄 조직의 수괴들을 범죄자로 잡아들이는 것은 생각처럼 간단한 일이 아니었다. 갱단들 간의 살인, 폭력 사건은 빈번히 발생했지만 조직의 보스가 범행을 직접 지시했다는 증거나 증인을 확보하기는 매우 어려웠기 때문이다. 결국 연방 정부가 생각해낸 전략은 카포네를 강력 범죄가 아니라 탈세 혐의로 잡아들인다는 것이었다. 탈세 혐의를 증명한다면 적어도 수년간은 그를 감옥에 보낼 수 있었다. 이것이 바로 평범한 수사관이 아닌 국세청 요원 프랭크 윌슨이 기용된 이유였다.

증거를 찾아서

카포네의 탈세 혐의를 증명하려면 먼저 수익과 지출 내역을 입수해야 했으나 결코 쉽지 않았다. 카포네는 직접 수표에 서명하거나 지출을 승인한 적이 없었다. 개인 비용 역시 그가 관여한 여러 사업체의 비즈니스 지출 형식을 띠었기 때문에 그의 소비 내역을, 그것도 비밀리에 파악하기는 무척 어려웠다. 국세청 팀은 카포네가 개인적으로 주최한 여러 초호화 파티 비용, 고급 자동차와 귀금속 등을 구입하는 데 쓴 지출 내역 등을 입수했다. 그리고 그의 플로리다 별장이 낡은 주택과 부지를 헐값에 사들여 호화판으로 증축되었다는 것 등을 막대한 수입의 정황 증거로 삼았다. 카포네의 수입 내역을 파악하는 일은 수사팀이 카포네 조직의 경리 담당자 2명의 신원을 파악하면서 급물살을 탔다. 수사팀이 접촉한 첫 번째 인물은 카포네의 경리 장부 담당인 레슬리 셤웨이Leslie Shumway였다.

몇 년 전 경찰은 카포네 조직의 불법 도박 시설을 수사하면서 내용이 온통 암호투성이인 비밀 장부를 입수했는데, 셤웨이는 바로 그 비밀 장부를 만든 사람이었다. 셤웨이는 마지못해 수사에 협력하기로 동의했다. 만약 수사팀이 자신과 접촉했다는 사실을 카포네가 알게 되면 어차피 죽은 목숨이 될 것이 뻔했기 때문이다. 셤웨이의 협조로 국세청 수사팀은 암호로 가득한 장부 내용을 해독하여 도박 사업에서 카포네의 주머니로 들어간 수입 내역을 상당 수준 파악할 수 있었다. 수사팀에 협조한 또 다른 인물은 프레드 레이스Fred Reis였다. 레이스는 카포네 조직이 유지하는 여러 은행 계좌로 들어오는 수표의 명목상 수취인이었는데, 모든 금액이 사실상 카포네 앞으로 들어오는 것이라고 증언한다는 데 동의했다. 이런 철저한 준비 과정을 거쳐 드디어 검찰은 알 카포네를 탈세 혐의로 기소했다.

법정의 대반전

그런데 재판이 시작되기 불과 며칠 전 새로운 상황이 벌어졌다. 수사팀의 리더 윌슨에게 카포네 조직 내부의 또 한 명의 협력자인 에드워드 오하라Edward O'Hara가 급히 찾아온 것이다. 오하라는 카포네 재판을 위해 대기 중인 배심원 후보자 39명 중 대다수가 금품, 향응, 협박 등 카포네 조직의 공작으로 이미 매수당했다는 정보를 가져왔다. 윌슨과 검찰이 부랴부랴 카포네 사건 담당 판사인 윌리엄 윌커슨 판사Judge William Wilkerson에게 상황을 보고했으나 판사는 이상할 정도로 태연했으며, 자신이 문제를 알아서 처리하겠다며 주위를 안심시켰다.[7]

암흑가의 제왕 알폰스 카포네의 탈세 혐의에 대한 재판은 예정대로 1931년 10월 6일 방청석이 초만원을 이룬 시카고 연방 법원에서 시작되었다. 보디가드들에 둘러싸여 법정에 의기양양하게 들어선 카포네는 배심원 후보들에게 가벼운 미소까지 지어 윌슨과 검찰을 더욱 불안하게 했다. 그러나 곧이어 입장한 윌커슨 판사는 자리에 앉자마자 법정 경위에게 다음과 같은 명령을 내렸다.

> 오늘 에드워즈 판사Judge Edwards도 재판을 시작하는 것으로 알고 있소. … 당장 그 법정으로 가서 그에게 배정된 배심원 후보자 전원을 이리로 데려오시오. 그리고 내게 배정된 배심원 후보자들을 에드워드 판사에게 데려가시오.[8]

사전에 동료 판사의 양해를 얻은 것이 분명한 윌커슨 판사의 묘수는 누구도 예상치 못한 것이었다. 그뿐만 아니라 윌커슨 판사는 최종적으로 선택된 배심원 12명이 재판이 끝날 때까지 24시간 경찰의 보호를 받도

• • •

7 Nate Hendley, *Al Capone : Chicago's King of Crime*, Five Rivers Chapmanry, 2010, p. 123.

8 *Ibid.*

록 조치하여 카포네 조직이 접근할 여지 자체를 봉쇄해버렸다.

공판이 시작되자 검찰은 셤웨이와 리스 등 조직 내부자들의 증언과 증거물을 제시하며 카포네가 1924년부터 5년간 엄청난 수입을 올리고 사치스럽게 생활하면서도 세금은 한 푼도 내지 않았음을 증명하려 했다. 이에 대해 변호인 측은 카포네가 세법을 잘 알지 못했으며 경마 등 각종 도박으로 큰돈을 잃어 사실상 세금을 낼 수입이 없었다는 자못 기이한 주장을 펼쳤으나 이미 패색이 짙었다. 재판 시작 12일 만인 10월 18일, 배심원은 8시간 만에 판결에 이르렀다. 결과는 유죄였다.

바위섬에 갇힌 범죄왕

윌커슨 판사는 카포네에게 징역 11년에 벌금 5만 달러와 검찰 측에서 발생한 소송 비용 3만 달러를 변상하라고 선고했다. 카포네가 받은 처벌은 그때까지 미국 역사에서 세금 포탈자에게 부과된 가장 무거운 형벌이었다.[9] 선고와 함께 카포네는 법정 구속됐지만 카포네를 법원에서 쿡 카운티교도소까지 호송하라는 명령을 받은 경관이 이송 도중 카포네 부하들이 구출 작전을 벌일까 우려스러워 머뭇거리는 바람에 결국 국세청 요원과 연방 수사국 요원이 자원해서 카포네를 감옥까지 호송해야 했다. 카포네는 이후 조지아주 애틀랜타교도소로 옮겨져 2년을 보낸 뒤 다시 절대 탈출할 수 없다고 알려진 샌프란시스코의 악명 높은 앨커트래즈Alcatraz 교도소에서 6년간 복역했다. 카포네는 원래 형기보다 조금 빠른 1939년 출소했으나 전성기의 권세를 다시 누리지는 못했으며 방탕하게 보낸 젊은 시절 걸린 매독이 뇌까지 퍼진 끝에 결국 1947년 48세로

• • •

9 John Kobler, *Capone : The Life and World of Al Capone*, p. 342.

사망했다. 미국 건국 영웅 중 한 명인 벤저민 프랭클린Benjamin Franklin은 "세금과 죽음은 세상에 가장 확실한 두 가지"라고 말한 바 있다. 암흑가의 황제에게도 그렇게 세금과 죽음은 어김없이 찾아왔다.

금주령, 역사 속으로 사라지다

알 카포네를 잡은 것이 세금이었듯이 수정헌법 제18조에 마지막 철퇴를 가한 것 역시 세금이었다. '광란의 20년대'는 1929년 있었던 주식시장 붕괴와 함께 끝나고 미국은 대공황이라는 극도의 경기 침체기에 접어들었다. 경제 불황이 곧 세수 하락으로 이어지자 정부는 세금이 나올 구멍을 찾기 위해 필사적이었다. 결국 거대한 지하 경제를 형성한 주류 산업을 양지로 끌어내어 세수를 늘리고 고용도 증대시키는 방안이 정계와 재계에서 빠르게 지지를 얻었다.

그러나 금주령으로 문제점과 부작용이 많이 발생한 것이 사실이라 해도 이를 규정한 수정헌법 제18조가 곧 폐기될 것이라고 예상한 정치인은 많지 않았다. 그런 상황에서 날로 악화되는 경제를 구하기 위해 금주령 폐기를 공약으로 건 정치인이 등장했는데, 그가 바로 뉴욕주지사 프랭클린 루스벨트였다. 결국 선거에서 압승한 민주당이 장악한 의회[10]가 1933년 2월 수정헌법 제18조의 폐기를 규정하는 수정헌법 제21조를 통과시키면서 금주령은 역사 속으로 사라졌다.

금주령은 미국 국민에게 음주와 같이 인류의 유서 깊은 향락 행위를 법으로 억누르는 것이 어떤 예상치 못한 부작용을 일으키는지 교훈으로 두고두고 작용했다. 예를 들어 1970년대 말부터 미국은 정부, 민간, 법

●●●
10 애초에 금주령은 민주당, 공화당 모두의 지지 속에 발효되었다.

원이 단합하여 담배 회사들을 본격적으로 통제하고 이들에게 흡연과 관련된 여러 사회적 비용을 부담하도록 강제하였다. 그렇다고 미국에서 금연법이 전국적으로 실시될 가능성은 없어 보인다. 금연법이 탄생시킬 담배 암시장과 범죄 조직의 결탁이 금주령 시대의 그것에 버금갈 것이라고 예상하기는 그리 어렵지 않기 때문이다.

02 다나카 가쿠에이와
록히드 스캔들 재판

태평양을 가로지른 정경 유착의 실체 : Lockheed Scandal Trials (1977~1995)

부모님은 자식보다 먼저 돌아가시고, 충견도 언제까지고 살 수는 없다.
언제라도 의지할 수 있는 건 돈뿐이다.
_다나카 가쿠에이田中角栄, 전 일본 총리

다나카 – '보통 사람'의 성공 신화

지금까지도 많은 일본인이 역대 총리 가운데 최고로 꼽는 인물은 다나카 가쿠에이田中角栄다. 1918년 일본 서북부의 니가타현에서 파산한 목축 거래업자의 아들로 태어난 다나카는 중일전쟁 당시 만주군에 징집되었다가 건강 문제로 귀국한 뒤 군 관계 토목 공사를 전문으로 수주하는 토건 사업으로 큰돈을 모았다. 1947년 고향 니가타의 중의원 선거에서 민주당 후보로 당선되며 정치에 입문한 다나카는 민주당이 1955년 자유당과 합당하면서 탄생한 일본의 거대 여당 자유민주당(이하 자민당)에서 승승장구하기 시작했다.

다나카는 비록 학력은 일천했지만 서민적 이미지와 화술, 동물적인 정치 감각과 다양한 인생 경험을 자산으로 지역구에서 철옹성을 쌓으면서 위로는 당 지도부의 인정을 받고 아래로는 계파 세력을 넓히며 성공가도를 달렸다. 그는 1957년에는 우정상郵政相, 1962년에는 대장상大蔵相 등 각료 가운데서도 노른자에 해당하는 지위에 임명되었고, 1965년과 1968년에는 당의 실세인 간사장幹事長을 역임했다. 이어서 54세 때인 1972년 드디어 총리대신[1]에까지 오른 다나카의 신분 수

다나카 가쿠에이 전 총리. 일본인이 무척 좋아하는 역대 총리 가운데 한 명이다.
Photo Credit : Prime Minister's Office of Japan

직상승은 눈부셨다. 이렇게 일천한 배경을 딛고 재상 직위에까지 오른 다나카를 사람들은 역시 미천한 신분으로 몸을 일으켜 전 일본을 통일한 전국 시대의 풍운아 도요토미 히데요시豊臣秀吉에 비유하기도 했다.

때이른 퇴진

총리 취임 당시 여론 조사에서 70% 지지율을 기록한 다나카는 특유의 추진력과 조직력으로 일본의 주요 지방도시와 수도권을 연결하는 고속교통망을 건설하고 지방도시 주변의 농촌 지대를 산업화, 현대화하는 것을 골자로 하는 '일본 열도 개조론'[2]을 제창하는 등 야심찬 정책을 밀

• • •

1 현대 일본 역사상 학사 학위 없이 총리에 오른 인물은 지금까지 다나카가 유일하다.

2 일본 열도 개조론에는 지방 경제 활성화는 물론 대도시 인구 집중을 해소하고, 자민당의 표밭인 지방도시와 농촌 인구를 늘리며, 국가 자금으로 대규모 건설 사업을 지방도시에 유치함으로써 자민당을 지지하는 보수표를 늘리려는 목적도 숨어 있었다.

어붙였다. 대외적으로는 중국 공산당과의 외교를 정상화하는 성과를 거두었으나 그의 내각은 비교적 이른 1974년 무너지고 말았다. 당시 일본 경제가 일시적인 침체 국면에 들어서면서 자민당이 선거에서 부진한 성적을 올린 것도 문제였지만 다나카를 총리직에서 끌어내린 결정적인 계기는 따로 있었다. 언론인 다치바나 다카시立花隆가 1974년 11월 일본의 대표적 월간지 《문예춘추 文藝春秋》에 발표한 「다나카 가쿠에이 연구 - 그 돈줄과 인맥 田中角栄研究―その金脈と人脈」이라는 고발 기사가 큰 물의를 일으켰기 때문이다.

거대 보수 정당 자민당의 초장기 집권으로 대변되는 전후 일본의 정치계는 자민당 내 파벌의 융성과 정경유착이라는 두 가지 고질적 병폐를 낳았다. 당시 자민당 내부는 영향력 있는 몇몇 정치인이 자신을 추종하는 후배 의원들을 거느리고 파벌을 형성한 뒤 총리 선출부터 경제 정책까지 사안마다 서로 이리 붙었다 저리 붙었다 하면서 자신과 파벌의 이익을 추구하는 시대착오적 행태가 고질화되어 있었다. 파벌을 유지하는 데는 막대한 자금이 들었으며 각 파벌 보스의 힘은 결국 정치자금을 얼마만큼 모을 수 있는가와 직결되어 있었다. 파벌 정치는 곧 금권 정치였던 것이다. 이런 상황에서 특히 재계는 가장 큰 정치 자금원이 되었고, 당연히 부정부패 소지 역시 컸다.

다나카 또한 파벌 정치의 명수였다. 게다가 자민당 내 다른 파벌 보스들처럼 정치 명문가의 후손도 아니고 시골 출신으로 중앙에서 별다른 인맥도 없었던 그는 파벌 관리를 유독 돈의 힘에 의존했다. 그는 평소 "정치에서는 다수파가 필요하다. 다수파가 되려면 돈이 필요하다"라고 버릇처럼 말했다. 다치바나의 기사는 다나카의 다양한 정치 자금 조성 수법을 상당히 구체적인 증거 자료와 함께 제시하여 큰 사회적 반향을 일으켰다. 결국 다나카는 불법 정치 자금 조성에 대한 소문이 무성한 가운데 총리직을 사퇴했다. 그리고 그 뒤를 이어 다나카의 라이벌인 미키 다케오三木武夫 내각이 출범하게 된다. 그러나 다나카의 자민당에 대한 영향력 혹은 파괴력은 오히려 그의 총리직 사퇴와 함께 본격적으로 시작되었다. 《문예춘추》의 기사 역시 곧이어 터질 일본과 미국을 연결하는 초대형 스캔들의 예고편에 지나지 않았다.

록히드 – 태평양 건너에서 시작된 스캔들

1975년 미국 증권거래위원회SEC는 주요 기업들의 해외 계좌 동향을 조사하는 과정에서 미국의 거대 항공 군수 업체 록히드사Lockheed가 여러 곳의 해외 계좌에 거액의 비자금을 조성해놓았다는 사실을 밝혀냈다. 이것이 심각한 문제라고 판단한 미국 의회는 청문회를 열어 다국적 기업의 경영진을 호출해 이들 기업의 해외 활동에 대한 질의를 시작했다.

1976년 2월 미국 상원 외교위원회에 출두한 록히드 부회장 A. C. 코치언A. C. Kotchian은 핵폭탄급 증언을 터뜨렸다. 그는 록히드 정규 장부에 기재되지 않은 거액의 자금을 비밀 장부를 이용하여 항공기를 판매하기 위해 각국 대행사와 정치인들에게 로비 자금으로 제공해왔으며 그 가운데 상당액이 일본 정부 고위 관리들에게도 흘러 들어갔다고 증언한 것이다.[3]

상원 청문회가 열리기 몇 년 전인 1972년, 록히드사는 일본의 항공사 ANA가 발주한 항공기 계약을 두고 더글라스사Douglas Aircraft Company, 보잉사Boeing와 치열한 삼파전을 벌였다. 당시 더글라스의 DC10, 보잉의 B747은 이미 출시되어 있었지만, 록히드의 트라이스타Tri-Star L1011

• • •

3 당시 록히드사는 일본뿐만 아니라 독일, 프랑스, 이탈리아, 네덜란드, 스웨덴, 터키 등에 로비를 통해 1,600만 달러 상당의 리베이트를 제공했다는 사실이 언론에서 알려졌다.

은 출시 전이어서 수주 경쟁에서 록히드는 상당히 불리한 위치에 있었다. 그러나 1972년 10월 ANA는 L1011을 신규 기종으로 결정했다고 공표했으며 1973년 록히드와 정식 계약을 체결했다.

록히드는 어떻게 불리한 전세를 역전시킨 것일까? 그 단서는 상원 청문회에서 나온 코치언의 증언에 있었다. 당시 일본에서는 항공기뿐 아니라 거의 모든 외국산 제품의 경우 대형 종합 상사가 판매를 대행했다. 록히드는 마루베니상사라는 일본 대행사를 두고 있었다.

청문회에서 밝혀진 바에 따르면 마루베니는 자체적으로 상황을 분석한 뒤 이미 록히드가 공식적인 입찰 경로로는 수주를 따낼 승산이 없다는 결론을 내리고 대안을 모색하라고 충고했다. 이에 따라 록히드는 일본의 우익계 거물 고다마 요시오児玉誉士夫와 정치 브로커 오사노 겐지小佐野賢治를 통해 자민당 고위 관료들에게 접근했다.[4] 코치언은 청문회에서 1960년대 후반부터 1973년까지 록히드가 군수 분야의 다양한 정부 계약을 따내는 동안 일본 정계에 뿌린 공작금 총액이 거의 30억 엔에 달했다는 놀라운 사실을 털어놓았다. 이뿐만 아니라 코치언은 특히 ANA 건을 위해서는 자신이 직접 일본으로 날아가 로비를 펼쳤다고 했다. 그리고 계약이 성공한 뒤 현금 5억 엔을 정계 인사들에게 전달했는데, 그 돈의 최종 도착지는 일본 총리실로 알고 있다고 폭로했다.[5] 당시 총리는 물론 다나카 가쿠에이였다.

●●●

4 Steven Hunziker and Ikuro Kamimura, *Kakuei Tanaka : A Poltical Biography of Modern Japan*, Times Books International : Singapore, 1996, p. 131.

5 Peter Pae, "A. Carl Kotchian dies at 94, ex-Lockheed chief admitted paying bribes to foreign officials", *Los Angeles Times*, 2008. 12. 21.

수사의 시작과 진행

태평양 저쪽에서 터진 뉴스는 곧 일본 정가를 온통 들쑤셔놓았고 일본 검찰은 고민에 빠졌다. 특히 야당을 중심으로 진상 규명을 요구하는 목소리는 점점 커졌으나 동시에 자민당 측에서 직간접적으로 검찰 수사를 반대하는 신호도 들어오고 있었다. 결국 검찰이 정치에 휘둘리는 인상을 남길 수 없다는 검찰 수뇌부의 결단에 따라 1976년 2월 도쿄 지검 특수부가 록히드 스캔들에 대해 정식 수사를 시작했다.[6] 록히드 스캔들 수사의 난점 가운데 하나는 수사의 기초 자료를 제공하고 결정적인 증인이 될 코치언을 비롯한 록히드사 간부들이 대부분 미국에 있다는 것이었다. 당시 미국과 일본 간에는 수사 협력에 관한 협정이 없었고, 형사소송절차를 비롯한 관련 법제도와 절차 역시 서로 달랐으므로 이를 어떻게 조정할 것인가가 큰 문제였다. 결국 미국 법무부는 법치주의의 명분에 기초하여 일본의 수사에 협조하기로 했다. 미국의 법제도상 해외에서 이루어진 부정행위를 처벌할 수는 없지만, 그 혐의를 밝히기 위해 협력하겠다는 것이었다.[7] 일본 검찰은 비공개 조건으로 미국 법무부와 사법공조 협정을 체결하였다. 1976년 4월 10일, 미국 측 수사 자료가 도착함에 따라 본격적인 수사가 정식으로 시작되었다.

한편 다나카는 처음부터 사건과 관련한 모든 의혹을 철저히 부인하는 정공법을 택했다. 다나카는 1976년 자신의 지역구에서 행한 연설에서 유권자들에게 "여러분이 경운기를 어디에서 사려고 할 때, 이 다나카에게 의논하고 삽니까?"라고 질문하여 "아니요"라는 답변을 끌어낸 적이

• • •

6 록히드 스캔들이 미국에서 처음 적발되었으나 당시 미국은 관련 법규정이 미비해 록히드 간부들을 처벌하기가 쉽지 않았다.

7 미국은 워터게이트 사건Watergate Affair 때문에 권력형 비리 문제에 민감해 있었고, 미국이 악을 은폐하는 나라가 아니라 악을 파헤쳐 진상을 규명하는 나라임을 강조하고자 한 점에서 결과적으로 일본 검찰과 이해관계가 맞아떨어졌다.

있다. 이는 다시 말해 항공사의 항공기 구매 역시 총리의 간섭에 좌우될 문제가 아니라는 해명이었다. 그러나 1976년 7월 27일, 검찰은 다나카 전 내각 총리대신을 외환법 위반 및 뇌물수수 혐의로 전격 체포하여 일본 역사상 전현직을 막론하고 총리가 검찰에 구속되는 최초 기록을 만들었다. 정경 유착은 전후 일본 정치의 고질적 병폐였으나 록히드 스캔들은 하필이면 국내 기업도 아닌 외국 기업으로부터, 그것도 국가의 기간 산업인 항공산업과 관련해 청탁하려고 정치자금을 받고 이권을 나눠준 것이다. 이는 마치 중동의 제후국이나 아프리카의 독재 국가를 연상하는 작태라고 할 수 있었기 때문에 국민의 분노는 더욱 컸다.

재판의 쟁점과 공방전

록히드 스캔들의 '백미'는 검찰과 변호인단 사이에 한 치의 양보도 없이 펼쳐진 공판 과정이었다. 사건의 심각성과 복잡성을 증명이라도 하듯 다나카 재판뿐 아니라 기종 선정 당시 ANA 사장과 운수상에 대한 별도 공판, 로비스트 오사노 겐지 재판, 우익계 거물 고다마 요시오 공판 등 록히드 관련 재판 4건이 동시에 진행되었다. 다나카 재판의 경우 1심 공판만 판결까지 6년이 넘게 걸렸다. 1977년 1월 27일 열린 재판은 일본뿐 아니라 전 세계가 주목하였다. 재판 시작부터 검찰이 공소 이유를 발표하자 변호인 측은 즉각 공소 기각을 신청했다. 변호인단은 항공기 로비는 수상의 직무와 관련이 없다고 주장했다. 또 록히드의 코치언 등 관련 인물들의 형사면책은 법 앞에서 평등하다는 원칙에 위반한다는 이유도 들었다. 변호인단에 이어 다나카는 직접 나서서 다음과 같은 내용의 유명한 의견 진술을 펼쳤다.

아무리 매스컴이 저를 야유하더라도 저는 그렇게 경솔한 사람은 아닙니다. '5억엔 준비하겠으니 잘 부탁드립니다' 같은 청탁에 선뜻 '알았다'라고 대답할 정도로 단순하지도 않고, 사실 그런 일은 아예 있지조차 않았습니다. … 총리대신의 직무 수행 중 범죄로 기소당한 것은 전무후무라고 생각합니다. 실로 가슴이 찢어지며 원통하기 그지없습니다. … 그러나 저는 죄가 없습니다.[8]

검찰은 일단 면책특권을 받은 록히드 간부들의 증언과 관련자들의 자백을 바탕으로 상황을 재구성했다. 검찰에 따르면 다나카는 총리로 재임하던 1972년 8월 23일 자택에서 록히드 일본 대행업체인 마루베니 사장 히야마 히로檜山広를 만났다. 그 자리에서 히야마는 ANA가 록히드사 여객기를 구입하게끔 운수대신 하시모토 도미사부로橋本登美三郎를 통해 압력을 넣어달라고 청탁하고 그 대가로 현금 5억 엔을 지불하겠다고 약속했다. 그리고 계약이 성사된 후 비서인 에노모토 도시오榎本敏夫를 통해 5억 엔을 1973년 8월부터 1974년 3월까지 총 4회에 걸쳐 나누어 받았다.

그러나 변호인 측 반론도 만만치 않았다. 변호인단은 총리와 친한 사이도 아닌 마루베니의 히야마 사장이 난데없이 취임 인사차 방문해 항공기 도입 청탁과 함께 뇌물을 주기로 약속했다는 시나리오는 상당히 어색하며, 하필 항공기 도입이 결정되고 나서도 1년 가까이 지난 시점에서 뇌물 수수가 이루어졌다는 것도 부자연스럽다고 반론을 제기했다. 변호인단은 또한 L1011으로 기종을 결정한 것은 정치권의 압력에 따른 것이 아

• • •

8 다나카의 발언을 지면에 옮겨놓으면 현장에서 그가 펼친 화술의 뉘앙스가 제대로 전달되지 않는다. 실제로 다나카가 의견 진술을 하는 중에 방청석에서는 폭소가 터지기도 했다(早野透, 『田中角栄 : 戦後日本のかなしき自画像』, 中公新書, 2002, p. 335).

닌 ANA 자체 판단이었다고 주장했다. 1972년 당시 더글라스사의 DC10이 계속해서 장치 및 엔진결함 등 사고를 일으켜 이러한 사실을 검토한 뒤 ANA가 최종적으로 록히드사의 L1011을 선택했다는 것이다.[9] 다나카 역시 자신은 ANA나 운수성에 청탁한 적이 없으며, 기종선정은 총리 직무와 무관한 문제일 뿐 아니라, 외국에서 돈을 받는 경우 매국노라는 오명을 쓰고 정치생명이 끝날 텐데 그러한 위험을 무릅쓸 이유가 없다고 진술하였다.

판결

1983년 10월 12일 다나카는 1심에서 징역 4년, 추징금 5억 엔의 유죄 판결을 받았으나 5일 후 보석으로 풀려났다. 그는 "판결은 유감스럽다. 살아 있는 한 국회의원으로서 의무를 수행하면서 결백을 밝히겠다"라고 발언하고 항소했다. 그러나 그는 사건이 2심 도쿄고등법원에서 심리 중이던 1985년 2월 뇌경색으로 쓰러지고 말았다. 1987년 항소가 기각되고 이어서 상고심이 한창이던 1993년 12월 16일, 다나카는 파란만장한 생애를 뒤로하고 75세를 일기로 사망하였다. 이로써 법원이 공소 기각을 결정함에 따라 다나카 재판은 종결되었다.[10] 1995년 2월 22일 최고법원이 다나카의 비서 에노모토 도시오와 전 마루베니 회장 히야마 히로의 상고를 기각하면서 록히드 스캔들 재판은 공식적으로 완결되었다. 그러나 일각에서는 법원이 사건의 핵심 인물인 다나카가 사망하기를 기다린 것이 아니냐는 비판 여론도 있었다.

● ● ●

9 木村喜助, 『田中角栄の真実』, 弘文堂, 2000, pp. 8~10.
10 공소 기각 결정은 유·무죄를 결정하는 재판이 아니라 사망에 따라 공소 검찰관의 기소를 무효로 한다는 것을 의미한다. 따라서 다나카에 대한 유죄 판결은 소멸되었다.

자민당을 볼모로 잡은 어둠의 쇼군

일본에서 록히드 사건이 터진 것은 다나카의 뒤를 이어 총리에 오른 미키 다케오三木武夫 내각이 출범(1974년 12월 9일)한 지 1년밖에 되지 않은 시점이었다. 비록 미키 내각 시절이었지만 다나카 파벌이 자민당의 가장 큰 세력을 구축한 시기였으며, 미키 총리의 개혁 노선이 자민당 내에서 반발에 부딪힌 틈을 타서 다나카가 총리직 복귀를 노리던 때이기도 했다. 록히드 스캔들로 다시 한 번 총리 자리에 오르겠다는 다나카의 꿈은 물 건너 갔지만, 최고 파벌의 리더로서 다나카의 당내 영향력은 오히려 더욱 강력해진 것으로도 보였다. 록히드 스캔들로 체포 · 기소되어 표면상 정계에 복귀할 수 없게 된 뒤에도 다나카의 모친상에 찾아온 조문객 수만 무려 3,000명이 넘었다. 그뿐만 아니라 미키 총리가 낙마한 이후 4명의 후임 총리 선출 과정에서 계속 영향력을 행사한 다나카를 매스컴은 '어둠의 쇼군闇將軍'이라고 불렀다. 록히드 재판이 후반부로 치달으면서 변호인단 역시 재판의 승세를 역전시키기보다는 가능한 한 재판을 오래 끌어 최종 선고가 나오기 전에 다나카가 막후 정치로 소기의 목적을 달성하도록 시간을 벌어주는 데 집중한 면이 있었다.[11]

다나카가 구속된 1976년 실시된 총선거 결과 자민당은 과반수 확보에 실패하여 미키 내각이 붕괴되는 재앙을 겪었다. 그러나 동시에 지역구 니가타에서 다나카의 인기는 동정 여론을 타고 오히려 더욱 높아져 그는 지역구에서 17만 표라는 압도적인 표차로 당선되었다. 심지어 1심 선고가 내려진 1983년은 물론, 병으로 쓰러져 유세 자체가 불가능했던 1986년에도 다나카는 지역구에서 전국 최다 득표로 당선되는 기염을 토했다.

정치인으로서 다나카의 경력은 록히드 스캔들로 먹칠이 되었지만, 그

• • •

11 Hunziker and Kamimura, *op. cit.*, p. 141.

에 대한 평가가 부정적인 것만은 아니다. 다나카는 금권 정치, 파벌 정치를 악화시키기는 했지만 동시에 전후 일본이 고도 경제 성장을 이룬 시대의 대표적 정치가로서 도로 건설, 신칸센 확장 등 경제 기반 정비에 진력을 다했다. 또 의원 입법 수로도 최고 기록을 보유한 인기 정치가였다. 총리 재임 중 미국과 일본의 경제 마찰을 해결하고 중국과 국교를 회복한 '결단과 실행'의 인물로도 평가받는다.

록히드 재판이 남긴 것

일본 근현대사에서 전직 총리가 구속되는 전무후무한 기록을 남긴 록히드 스캔들에 대하여 "전후 민주주의의 성장을 보여준 사건"[12]이라고 보는 평가도 있다. 사건 수사를 담당한 도쿄 검찰 특수부가 '성역 없는 수사'를 펼쳤다는 인식이 국민 사이에 심어지면서 일본 검찰은 정치의 하수인에 불과하다는 이미지를 불식하는 데 기여한 것도 사실이다. 그러나 재판에서 드러난 정경 유착 고리는 극히 일부에 불과했으며, 다나카가 끝까지 징역을 면하는 등 용두사미가 되는 한계를 보이기도 했다.

록히드 스캔들은 또한 전후 고도 성장의 그늘에 감추어져 있던 일본 자본주의의 치부가 속속 마각을 드러내 앞으로 긴 시련이 시작될 것임을 알리는 서곡이기도 했다. 전후의 폭발적 성장이 멈춘 1990년대 초부터 일본 경제는 고질적인 정경 유착은 물론 야쿠자 세력과 주식회사의 결탁을 가능하게 한 총회꾼總會屋 관행,[13] 천황이 기거하는 황궁을 팔면 미국

• • •

12 中村政則, 『戰後史』, 岩波新書, 2012, p. 163.

13 소액 주주가 주주총회에 참석하여 의사진행 발언 등으로 경영진을 몰아붙이며 말썽을 피우는 것을 말하며 사실상 폭력 조직이 상장기업을 협박하는 수단이었다. 이 때문에 일본에서는 주식회사의 경영진이 아예 야쿠자들에게 뇌물이나 사업 이권을 주고 궁지를 모면하는 전통이 있었다.

1970년대 태평양을 가운데 두고 일본과 미국을 발칵 뒤집었던 뇌물 사건의 진원지 미국 록히드사는 1995년 마틴 마리에타Martin Marietta와 합병한 뒤 록히드 마틴사Lockheed Martin가 되어 오늘에 이르고 있다.

캘리포니아주 전체를 살 수 있다는 소리까지 나오던 부동산 버블 시대의 붕괴,[14] 기업과 투자 은행이 결탁하여 손실을 감추는 도바시飛ばし[15] 등 폐쇄적이고 전근대적인 비즈니스 관행에서 비롯된 스캔들이 꼬리에 꼬리를 물고 터지면서 '잃어버린 20년'[16] 속에서도 결코 잊지 못할 추억을 양산해냈다.

한편 록히드 스캔들은 미국의 국제 비즈니스 관행에도 큰 영향을 끼쳤다. 록히드 스캔들을 계기로 미국 증권거래위원회Securities and Exchange

• • •

14 다나카의 일본 열도 개조 계획 역시 전국에서 땅값 폭등을 몰고 오면서 부동산 버블의 시작에 크게 공헌했다.

15 일본어로 '건너뛴다'는 뜻으로 명목상의 페이퍼 컴퍼니를 세운 뒤 본사의 부실 자산을 장부 가격으로 매각하는 것처럼 하여 기업의 재무 상태를 실제보다 좋아 보이도록 하는 회계 수법이다. 일본에서 버블 붕괴로 기업의 부실 자산이 급증하면서 종종 사용되었다. 「엔론 재판」 편에서 잠시 살펴볼 '특수 목적 기구Special Purpose Entity, SPE'와도 일맥상통하는 면이 있다.

16 1980년대 말 부동산 버블이 붕괴되면서 일본 경제가 물가와 임금이 계속 정체, 하락하는 디플레이션과 함께 겪은 장기 침체를 일컫는다. 원래는 1991~2000년까지를 '잃어버린 10년'이라고 했으나 2000년대에 들어서도 일본 경제가 잠시 반짝 특수를 제외하고는 큰 회복세를 보이지 못하자 '잃어버린 20년'이라는 새로운 용어가 매스컴에서 유행했다.

Commission, SEC는 미국 기업들의 해외 비즈니스 관행 및 장부 기입에 대해 대대적으로 조사했으며 많은 기업이 각국 정치인들에게 불법 자금을 제공한 증거를 찾아냈다. 결국 1977년 의회는 미국 기업[17]이 신규 사업을 수주하거나 기존 사업을 유지하는 등의 목적으로 외국에서 관료나 정치인들에게 뇌물이나 불법 자금을 상납하는 것을 금지하는 「해외부패관행방지법Foreign Corrupt Practices Act of 1977, FCPA」을 통과시켰다. 그러한 법률이 미국 기업들의 해외 경쟁력 약화를 가져올 것이라는 우려도 있었으나 이후 연구 결과는 FCPA가 발효된 이후 부패가 만연한 정치적 후진국에서 미국 기업의 사업 수주가 오히려 증가했음을 보여주었다.[18] 1997년에는 모든 OECD 회원국이 외국 관리에 대한 뇌물 수여를 금지하는 국제 조약에 공동으로 서명했다.

• • •

17 규제 대상에는 미국 주식시장에 상장되어 있는 외국 기업도 포함되었다.

18 William H. Shaw, *Business Ethics*, Wadsworth Publishing Company, 1999, p. 291.

03 엔론 재판

● **21세기, 비즈니스를 다시 생각하다 :** Enron Trials (2002, 2006)

왜냐고 물으시오 Ask why.

_미국 에너지 기업 엔론의 슬로건

에너지 산업, 컴퓨터를 켜다

1985년 미국 네브래스카주에 있는 천연가스 공급업체 인터노스InterNorth가 텍사스주 휴스턴의 가스 회사인 HNG를 인수하면서 새로운 대형 에너지 기업이 탄생했다. 원래 이 합병은 인터노스사가 주도했으나 인터노스사의 CEO가 곧 물러나면서 신생 기업 경영권은 HNG사 CEO였던 켄 레이Ken Lay가 장악하게 되었다. 뉴욕의 한 홍보 회사에 거액을 지불하고 작명을 맡겨 탄생한 새로운 사명은 '엔론Enron'[1]이었다.

원래 엔론의 비즈니스 모델은 미국 각지에 보유한 파이프라인을 통해 기업들에 필요한 에너지를 적정한 가격으로 공급한다는 매우 교과서적인 것이었다. 그러나 에너지 업계의 베테랑이던 레이는 전통적인 모델로는 고속 성장에 한계가 있다고 보고 새로운 '대박' 아이디어를 찾기 시작했다.

● ● ●

1 원래 제안된 것은 엔터론Enteron이었다. Enteron에서 en-은 energy, -ter-는 international, -on은 전치사에서 가져왔다. 하지만 enteron이 그리스어로 '창자'를 뜻한다는 것이 뒤늦게 밝혀지면서 결국 Enron으로 정리되었다(Kurt Eichenwald, *Conspiracy of Fools : A True Story*, Broadway Books, 2005, p. 34).

이때 레이의 눈에 띈 인물이 세계적 경영 자문 업체 맥킨지McKinsey & Co. 출신 제프 스킬링Jeff Skilling이다. 스킬링은 레이에게 엔론이 에너지 공급 업체에서 중개 업체로 탈바꿈하는 비전을 제안했다. 스킬링의 구상은 날로 발전하는 정보통신 기술을 바탕으로 가상의 에너지 거래 시장을 만든 뒤 엔론은 에너지의 수요자와 공급자를 연결해주는 브로커가 된다는 것이었다.[2] 에너지 기업조차도 "물리적인 자산보다는 지적 자본"[3]으로 더 큰 수익을 창출할 수 있다는 스킬링의 구상은 파격적이면서도 매력적이었다. 레이는 회장으로 물러나 경영 일선에서 손을 떼고 스킬링을 아예 CEO로 만들어 엔론의 변신을 지휘하도록 전폭적으로 밀어주었다. 마침 미국 전역에 불기 시작한 에너지 규제 완화 움직임을 타고 스킬링의 새로운 비즈니스 모델은 성공을 거두었고 엔론의 주가는 치솟기 시작했다.

엔론 – 신경제의 스타

기업 내에서 에너지 트레이딩 부문이 차지하는 비중이 높아지면서 엔론은 점점 미래의 에너지 수요를 예측하여 가격 폭등 등 유사시에 대비하는 위험 분산 조항이나 선물 조항 등이 들어 있는, 전통적인 구매라기보다는 고도로 복잡한 금융 상품에 가까운 계약서를 개발하여 판매하기 시작했다. 그리고 이를 위해 수학자, 경제학자, 물리학자 등을 대거 스카우트했다. 또 에너지 상품 거래가 월스트리트의 주식이나 채권 거래 시장과 비슷한 성격을 띠면서 엔론은 젊고 유능한 브로커들을 다수 고용하

●●●

2 실제로는 엔론이 수요자와 직접 계약을 체결하고, 공급업체와도 따로 계약을 체결한 뒤 차액을 챙기는 방식이 사용되었다. 따라서 전통적인 의미의 중개인은 아니었다.

3 Frank Partnoy, *Infectious Greed : How Deceit and Risk Corrupted the Financial Markets*, Henry Holt, 2003, p. 301.

여 거래 현장에 투입하는가 하면 금융 공학 전문가들에게 시장 분석을 맡기기도 했다. 이렇게 엔론의 급성장과 함께 전 세계에서 모여든 인재들 가운데 제프 스킬링의 오른팔이 된 인물은 재무 분석가 앤드루 패스토Andrew Fastow였다. 스킬링이 최고 재무 책임자Chief Financial Officer, CFO로 발탁한 패스토는 투자 유치 업무를 맡아 활약했다. 당시 엔론이 공을 들인 것은 시티 은행Citibank, J. P. 모건J. P. Morgan,

엔론의 창업자 켄 레이. 전형적인 자수성가형 기업인으로 조지 부시 행정부에서 에너지장관 후보로까지 거론되었다.
Photo Credit : Getty Images

체이스 맨해튼Chase Manhattan 등 소비자 금융 전문 기관 가운데 기업 투자 부문에서 수익을 극대화하려고 혈안이 된 기업들이었다. 계산은 제대로 맞아떨어져 이들에게서 막대한 투자 자금이 유입되었다.

에너지 거래에서의 이익 극대화, 주가 상승률 극대화, 투자 자금 유치 극대화 등을 추구하는 공격적인 경영 방식을 앞세운 엔론의 미래는 21세기가 시작되면서 더욱 밝아 보였다. 엔론은 2000년에 이미 시장 가치가 700억 달러에 가까워 미국에서 7번째로 큰 기업이 되어 있었다. 1996년부터 2001년까지 6년 연속 미국 《포춘》이 선정하는 '가장 혁신적인 기업' 리스트에 이름을 올렸고, 2000년에는 GE를 제치고 '미국에서 가장 잘 운영되는 기업America's Best Managed Company'에 오르기도 했다. 맥킨지는 전통적인 에너지 산업에서 손을 떼고 전자 거래로 옮겨간 엔론의 경영 전략[4]을 21세기 비즈니스 환경을 위한 이상적 모델로 꼽기도 했다. 엔론의 슬로건인 "왜냐고 물으시오Ask why"[5]는 전통적인 사고방식을 타

●●●
4 엔론은 1999년까지 천연가스 및 석유 생산 사업에서 완전히 손을 떼고 관련 자산을 매각했다.

파하는 이른바 '창조적 파괴creative destruction'의 상징으로 칭송받았다.

파산

하지만 이렇게 막대한 부와 영예를 함께 이룩한 듯한 엔론의 전성기는 오래 지속되지 못했다. 2001년 3월, 《포춘》은 「엔론 주식은 고평가되어 있는가? Is Enron Overpriced?」라는 특집 기사를 게재하며 당시 수익 대비 수십 배 가치로 거래되던 엔론의 주식이 회사 성적을 제대로 반영하고 있는지 의혹을 제기했다. 그런데 《포춘》의 기사에 스킬링과 패스토 등 엔론 경영진이 이상할 정도로 민감하게 반응하면서 오히려 언론과 재계의 의혹을 증폭하는 결과를 낳았다. 그로부터 불과 1개월 뒤에는 CEO 스킬링이 월가의 증권 애널리스트들과 하는 정기 화상 회의에서 엔론의 재무 현황을 조목조목 따져 묻는 어느 애널리스트에게 흥분한 나머지 공개 석상에서 저급한 욕을 하는 사태가 발생하기도 했다. 결국 문제의 사건이 있은 지 3개월 뒤 스킬링이 개인적 이유를 들어 사임하면서 공석이 된 CEO 자리는 회장인 켄 레이가 겸임하게 되었다.

스킬링의 사임을 전후해서 엔론의 수익 기재 방식이 재계에서 통상적으로 사용되는 관행과 상당히 다르다는 월가 여러 애널리스트의 의견이 언론을 통해 소개되자 엔론의 주가는 빠르게 하락하기 시작했다. 결국 투자자들과 여론의 압력에 못 이긴 엔론은 회계 장부를 자체 검토한 끝에 2001년 10월, 1997년부터 2000년까지 재무 보고서에 기록된 수치를 수정한다고 발표하기에 이르렀다. 이익은 대폭 하락하고 부채 비율은 대폭 상승한 수정 보고서가 발표되자 주가는 더욱 곤두박질쳤다. 드디어

• • •

5 "Ask Why"는 애플사Apple의 유명한 슬로건 "Think Different(달리 생각하시오)"가 등장하기 몇 년 전에 이미 과감하고 창의적인 사고를 장려하는 대표적인 캐치프레이즈로 각광받았다.

증권거래위원회SEC가 엔론의 의심스러운 회계 관행을 직접 조사하기로 결정을 내렸고, 비슷한 시기에 CFO 패스토가 해고당했다. 이어서 11월 말 스탠더드 앤드 푸어스와 무디스 등 신용 평가 기관들은 한때 최우량으로 평가하던 엔론의 신용 등급을 정크급으로 판정했다. 엔론의 신화에 종말을 고하는 종소리가 울린 것이다. 2001년 12월 2일, 엔론 텍사스 휴스턴 법원에 당시로는 미국 비즈니스 역사상 최대 규모의 파산 보호 신청을 했다.[6] 문제의《포춘》기사가 나온 지 약 8개월 만이었다.

연금술의 진상

회계 전문가가 아닌 일반인에게 엔론의 회계 방식을 설명하는 것은 간단한 일이 아니다. 하지만 단순화의 위험을 무릅쓰고 말하면 기본적으로 엔론은 당시까지 드물게 예외적으로 사용되던 회계 관행을 최대한 이용하여 이익은 부풀리고 부실 자산과 손실은 감추기를 반복했다.

우선 문제가 된 것은 이른바 '시가 평가 회계 방식mark to market accounting'이었다. 시가 평가 회계는 자산을 장부상의 가치 대신 자산이 해당 시점에 가지고 있는 시장 가치대로 기재하는 방식이다. 스킬링은 엔론과 같이 비즈니스 모델이 혁신적인 기업의 가치를 제대로 평가하려면 기존의 관행과는 다른 회계 방식을 채택해야 한다고 주장하면서 시가 평가 회계 방식으로 엔론의 수익과 자산을 기록할 수 있도록 승인받기 위해 SEC에 강력하게 로비했다. SEC는 주저하다가 결국 스킬링의 주장을 받아들였다. 이렇게 되자 엔론이 에너지 고객과 체결한 장기 계약의 경우 한 해에 고객이 지불하는 에너지 사용료 대신 계약 기간 전체에서

• • •

6 이 기록은 다음 해(2002) 7월 월드컴Worldcom의 파산 보호 신청으로 비교적 빨리 깨졌다. 2013년 현재 미국 기업 사상 최대 규모의 파산은 2008년에 있었던 투자 은행 리먼 브라더스Lehman Brothers의 파산이다.

발생하는 모든 수익을 미리 기재하게 되었다. SEC는 이 방식을 허락하면서도 신중하게 사용하라고 주문했으나 엔론은 수익을 부풀리기 위해 이를 적극적으로 활용했다.

엔론이 사용한 또 다른 회계 수법은 이른바 '특수 목적 기구Special Purpose Entity, SPE'를 활용하는 것이었다. 당시 미국의 회계 규정은 기업이 아주 특별한 상황에서 한시적으로 SPE를 설치하여 운영할 경우 재무보고서에 반영하는 것을 의무화하지 않았다. 엔론은 에너지 트레이딩 부문에서 들어온 수입으로 수년간 여러 분야에서 사업을 확장하다가 막대한 손실을 입기도 했는데, 바로 이때 엔론이 활용한 것이 SPE였다. CFO 패스토의 지휘 아래 엔론은 제다이JEDI, 랩터스Raptors, 추코Chuko 등 기괴한 이름을 단 SPE를 대거 조직하여 신규 사업 손실과 부실 자산의 가치 하락이 회사의 공식 대차대조표에 반영되는 것을 적극적으로 막았다. 동시에 은행들이 SPE를 통해 엔론의 부실 자산을 헐값에 사들이면, 엔론은 이들에게 신규 주식을 발행하여 보상하는 악순환이 이어졌다.

결국 엔론 경영진은 1990년대 중반부터 정상적인 사업으로 돈을 벌기보다는 금융 공학을 넘어서는 '회계 공학'으로 빈약한 회사의 실체를 포장하고 변장시키기 바빴던 셈이다. 이 과정에서 주주들에게 일목요연하게 회사의 재정 상태를 보고해야 할 재무 보고서는 『피네건의 경야Finnegans Wake』[7]처럼 난해한 문서로 변해버렸다.

첫 번째 재판 – 아서 앤더슨 vs. US

파산 보호 신청으로 엔론 주식이 사실상 휴지조각이 되면서 그 피해는

• • •

7 아일랜드 작가 제임스 조이스James Joyce의 소설. 영어로 된 문학 작품 중 가장 난해한 책으로 평가받는다.

고스란히 투자자들과 채권자들에게 돌아갔다. 이뿐만 아니라 엔론 직원 수만 명이 직장을 잃었고 이 가운데 많은 이들이 스톡 옵션은 물론 엔론 주식 형태로 보유하고 있던 연금 기금마저 고스란히 날리고 말았다.[8] 한편 언론을 통해 그때까지 벌어진 회사의 방만한 경영과 기괴한 비즈니스 관행이 속속 드러나면서 여론의 불만은 점점 높아졌다.

그런데 엔론 사태와 관련해 미국 정부의 우선 기소 대상이 된 것은 엔론 경영진이 아니라 엔론의 회계 감사를 담당한 다국적 회계 법인 아서 앤더슨Arthur Andersen LLP이었다. 당시 이른바 '빅 파이브Big Five'로 불리던 미국 5대 메이저 회계 법인 가운데 하나였던 아서 앤더슨에게 엔론은 회계 감사뿐 아니라 세금, 회계 자문, 정보 시스템 분석 업무까지 통째로 넘겨준 엄청난 알짜 고객이었다. 2000년 한 해에만 아서 앤더슨은 엔론으로부터 5,200만 달러의 매출을 올렸다. 당시 엔론을 담당했던 앤더슨의 파트너 데이비드 던컨David Duncan의 연봉만 300만 달러에 육박했다.[9]

그러나 엔론의 수익 구조가 점점 회계 감사보다 컨설팅 수입 쪽으로 치우치면서 앤더슨은 회계 감사인으로서 갖춰야 할 가장 큰 덕목인 독립성의 위기를 맞게 된다. 즉, 모든 이해관계에서 자유로운 상태에서 감사 대상 기업의 장부를 공정하게 검토할 수 없게 된 것이다. 엔론이 회계 감사 업무뿐 아니라 그보다 더 폼나고 수익률 높은 각종 컨설팅 일감을 몰아주자 앤더슨은 엔론의 '해독 불가' 재무 보고서에 의문을 제기하기가 무척 껄끄러워졌다. 결국 이런 상황에서 앤더슨은 매년 감사 결과 엔론

• • •

8 《플레이보이Playboy》는 엔론에서 해고된 젊은 여직원들을 스카우트하여 2002년 8월호에 이들의 나체 사진과 함께 「엔론의 여인들Women of Enron」이라는 특집 기사를 실어 히트하기도 했다.

9 이 말은 만약 던컨이 엔론의 회계 관행에 의문을 제기하다가 혹시라도 엔론이라는 거대 고객을 잃게 되면 법인뿐 아니라 던컨 개인에게 돌아갈 막대한 수입 역시 끊긴다는 것을 의미했다. 만약 던컨이 엔론을 잃었다면 법인의 다른 파트너들이 그를 위해 다시 연봉 300만 달러짜리 고객을 알선해주었을까? 그리고 이런 상황에서 던컨은 과연 치우침 없는 회계 감사를 지휘할 수 있었을까?

장부에서 큰 문제 사항을 발견하지 못했다는 인증서를 발급하여 투자자들이 확인할 수 있도록 했다.

재판에서 앤더슨 측은 회계 감사 관행상 요구되는 감사 절차를 모두 이행했으며 모든 정부 규정을 준수했다고 해명했다. 문제는 던컨이 엔론의 파산이 분명해진 시점에서 법인의 휴스턴 지사가 보관하고 있던 엔론 관련 자료를 대거 파기하는 기이한 행동을 벌인 것이다. 결국 앤더슨은 2002년 열린 재판에서 검찰 수사에 결정적 증거물이 될 수 있는 관련 서류를 파기하여 사법권을 교란한 죄로 유죄 판결을 받았다. 이때 유죄 판결이 나오는 데 크게 활약한 인물이 서류를 파기한 당사자, 바로 문제의 인물 던컨이었다는 것은 아이러니하다. 자료 파기 파문이 커지자 아서 앤더슨은 던컨을 즉각 파면했다. 던컨은 곧바로 검찰과 수사에 협조하는 조건으로 형량을 낮추는 거래를 성사시켰다. 법정에서 던컨은 엔론 관련 자료 파기가 아서 앤더슨 본사 법무부의 권유 내지는 압력에 따른 것이었다고 주장했으며, 결국 배심원들은 그의 증언을 받아들여 문서를 파기한 책임이 던컨 개인이 아니라 법인 자체에 있다는 평결을 내렸다. 던컨은 서류를 파기한 당사자이면서도 징역형을 면했으나, 형사 재판에서 유죄 판결을 받은 회계 법인은 회계감사를 하지 못하도록 하는 연방 법률에 따라 아서 앤더슨은 공인회계사 면허를 SEC에 반납해야 했고 2만 6,000명에 달하는 임직원이 직장을 잃었으며 70여 년 전통에 빛나던 세계 5위의 회계 법인은 역사 속으로 사라졌다.

두 번째 재판 – 레이, 스킬링 vs. US

아서 앤더슨이 공중 분해된 뒤 연방 검찰의 눈은 엔론을 파산으로 몬 주역으로 알려진 레이, 스킬링, 패스토 3인에게 향했다. 검찰은 엔론 전

담반을 구성하여 약 3년에 걸친 준비 끝에 2006년 레이, 스킬링, 패스토 등을 부정부패, 범죄 행위 모의, 은행과 감사인에게 부정확한 재무 자료를 고의로 전달한 행위, 내부자 거래 등 50여 개 혐의로 기소했다. 검찰은 이때 엔론의 악역 삼총사 가운데 최고 경영자를 지낸 레이와 스킬링의 유죄를 끌어내는 데 집중하기로 하고, 패스토와 사전 형량 협상을 이루어냈다. 이렇게 해서 패스토는 법정에서 레이와 스킬링에 대해 증언하는 조건으로 비교적 가벼운 형벌을 기대할 수 있었다.[10] 레이와 스킬링은 끝까지 무죄를 주장했다.

제프 스킬링. 세계적 컨설팅 회사 맥킨지 출신으로 엔론의 급성장을 주도한 주역이었으나 성장률과 주가에 집착하여 연이은 무리수를 두다가 몰락했다.
Photo Credit : Getty Images

2006년 1월 30일 시작된 공판에서 검찰은 레이와 스킬링을 보유 주식과 스톡 옵션에 눈이 먼 나머지 엔론의 취약한 수익 구조를 감추려고 회계 규정을 뒤틀어 장부를 조작하는 작업을 직간접적으로 지시한 악덕 경영자로 묘사했다. 실제로 레이, 스킬링, 패스토는 2001년에만 각각 7,000만 달러(레이), 4,000만 달러(스킬링), 3,500만 달러(패스토)어치 엔론 주식을 팔아치웠다. 패스토는 심지어 SPE를 통해 부실 자산을 정리하는 과정에서 엔론과 은행 양쪽에서 개인적으로 수수료를 받아 수천만 달러를 벌었다는 사실까지 드러났다. 그러나 검찰 측 증인으로 나선 패스토는 자신이 SPE를 이용하여 회사 자금으로 자기 호주머니를 불렸다고

• • •

10 당시 패스토를 포함해 총 16명의 엔론 중역이 검찰과 유죄 인정 협상에 들어갔다.

바로 인정한 뒤 레이와 스킬링을 함께 끌어들이며 마치 검찰과 입을 맞춘 듯 이렇게 말했다.

회사 현황의 본질에 대해 거짓말하고, 인공적으로 수익을 부풀리고, 손익을 부당하게 숨기는 등의 행위를 저질러 수익 목표를 달성한 것으로 보이게 하여 주가를 끌어올린 뒤 자기 주식을 팔아치우는 것, 그렇게 해서 높은 급여와 보너스를 받는 것은 절도와 마찬가지라고 생각합니다.

패스토는 또한 증언에서 자신이 엔론의 회계 장부를 마음껏 주무를 수 있었던 것은 오직 레이와 스킬링의 비호가 있었기 때문에 가능했다고 주장했다. 이에 대해 레이와 스킬링의 변호인단은 두 사람이 최고 경영자로서 전략적인 큰 그림에 집중하기 위해 회사 재무회계 문제를 패스토에게 일임했으며 그의 보고를 전적으로 신뢰했을 뿐이라고 반박했다. 변호인단은 또한 재판이 엔론 파산 책임을 떠넘길 희생양을 찾는 마녀 재판이 되고 있으며, 레이와 스킬링은 회사의 재무 상황에 대해 패스토의 말을 지나치게 신뢰하는 부주의를 범하기는 했으나, 그것이 곧바로 의도적인 악의를 담은 범죄 행위를 뜻하지는 않다고 주장했다. 변호인단은 패스토를 상사들의 신뢰를 저버리고 자기 주머니를 챙긴 뒤 이제 와서 살길을 찾으려고 상사들에게 불리한 증언을 펼치는 파렴치한 인물로 묘사하며 증언의 신뢰성을 떨어뜨리는 데 화력을 집중했다. 재판 시작 4개월 만인 2006년 5월 25일 배심원단의 평결이 나왔다. 결과는 레이와 스킬링 두 사람 모두 유죄였다.

재판 이후

같은 해 7월 5일, 선고 공판을 기다리던 레이는 64세로 사망했다. 사인은 심장마비였다. 10월에 열린 선고 공판에서 스킬링은 징역 24년과 6억 3,000만 달러의 벌금형을 선고받았다. 검찰에 협력한 패스토는 징역 6년과 보호관찰 2년, 2,500만 달러 벌금형의 비교적 가벼운 형벌을 선고받았다.

세계 5위의 회계 법인과 신경제의 대표 주자로 대접받던 초거대 기업이 통째로 날아가고 관련자들이 줄줄이 감옥 신세를 지는 등 수년간 미국을 떠들썩하게 한 엔론 스캔들이 미국 경제에 드리운 그림자는 짙었다. 스캔들 직후 일부 보수 언론은 엔론 사태를 이상주의적인 창업자 레이, 골수파 자유시장주의자 스킬링, 젊고 야심찬 금융 공학의 고수 패스토 3인의 '잘못된 만남'이 이루어낸 독특한 "퍼펙트 스톰perfect storm"[11]이라거나, 다시 일어나기 힘든 희대의 사건 등으로 평가했다. 그러나 엔론 이후 곧이어 마치 약속이나 한 듯 글로벌 크로싱Global Crossing, 월드컴WorldCom, 타이코Tyco 등 대기업들 역시 투자자들을 호도할 수 있는 불법 혹은 논란적인 회계 관행을 오랫동안 따랐다는 것이 밝혀졌다. 자유 시장 경제가 악덕 경영인들을 자체 정화하도록 맡겨두자는 주장이 빛바래는 순간이었다.

이렇게 대규모 회계 스캔들이 연달아 터지자 미국 의회는 2002년, 법안을 주도한 민주당 상원의원 폴 사베인스Paul Sarbanes와 공화당 하원의원 마이클 옥슬리Michael Oxley의 이름을 딴 사베인스 옥슬리 법Sarbanes-Oxley Legislation을 통과시켰다. 줄여서 흔히 SOX라고 불리는 이 법률의 골자는 상장 기업의 회계 감사 과정에서 전통적인 재무 보고서 감사뿐

● ● ●
11 Partnoy, *op. cit.,* p. 296.

아니라 정확한 회계 업무가 가능하도록 하는 기업의 내부 통제 시스템의 건전성 여부 또한 측정할 수 있도록 한 것이다. 그와 동시에 기업의 CEO와 CFO가 기업 재무 보고서의 정확성을 인증하도록 의무화하고, 해당 재무 보고서에 심각한 문제가 있다는 것이 차후 밝혀질 경우 최고 25년의 징역형에 처할 수 있도록 하는 조항도 포함되었다.[12] 회계 법인이 회계 감사 대상 기업에 컨설팅 등 기타 서비스를 제공하는 것을 사실상 불가능하게 했으며, 법인의 파트너가 같은 기업을 5년 이상 담당할 수 없도록 했다.

엔론이 남긴 질문

엔론 스캔들은 '투자자가 투자 대상 기업의 능력을 무엇으로 어떻게 평가해야 하는가'라는 자본주의의 오랜 질문을 더욱 어렵게 만들었다. 21세기 기업 환경에서는 설비, 부동산 등 기업의 가치를 평가하는 전통적인 기준보다 "기회를 포착하는 경영진의 민첩성management's alertness to opportunity"[13]이 가장 중요한 기업의 가치로 떠올랐으나 유감스럽게도 그러한 가치를 제대로 측정하고 회계적으로 표현하는 방식은 아직 없다. 투자자들은 엔론 경영진이야말로 새 시대가 요구하는 그러한 능력을 갖춘 인재들이라고 막연히 믿었다가 뒤통수를 맞은 셈이었다. 엔론 경영진은 명문 비즈니스스쿨 출신 수재들의 집단으로 보였지만, 언론의 폭로와

● ● ●

12 2013년 현재 SOX는 절반의 성공을 거두었다고 할 수 있다. SOX가 발효된 뒤 한동안 미국의 중소 규모 기업들 가운데는 회계 감사 의뢰 및 내부 통제 시스템 운영에 소요되는 지출을 피하기 위해 아예 주식을 되사들여 개인 기업으로 되돌아가는 일이 비일비재했다. 많은 기업이 주식시장에 상장되는 것 자체를 부담스럽게 여겨 주저하는 일도 생겼으며, 외국 기업의 경우 한때 선망의 대상이던 미국 주식시장 상장 대신 SOX 의무 규정이 없는 런던이나 홍콩 주식 시장에 상장하는 경우도 늘어났다. 그러나 이런 부작용이 있는 반면 지금까지 엔론이나 월드컴급 초대형 회계 부정 사건이 재발하지 않은 것은 SOX의 순작용이라고 주장하는 전문가들도 있다.

13 Holman W. Jenkins Jr., "Enron for Beginners", *Wall Street Journal*, 2002. 1. 2.

재판의 증언 과정에서 드러난 그들의 행태는 대학 사교 클럽의 파티를 연상케 하는 아마추어적이고 황당한 의사 결정 과정의 연속이었다.[14]

법률적으로 엔론 재판은 화이트칼라 범죄를 엄중히 처단하는 선례를 만들었다. 그러나 동시에 일부 비판자들의 주장처럼 투자자들과 여론의 불만을 잠재우기 위한 마녀 재판의 성격도 분명 가지고 있었다. 판을 더 크게 벌리기 위해 던컨과 패스토처럼 실제로 증거 파기나 회계 부정을 직접 주도한 인물들에게 관대한 처분을 약속하는 거래를 성사시켜 증인으로 내세운 검찰의 행보 역시 과연 사법적 정의에 부합하는지 의문이다.

한편, 당시에는 희생양을 요구하는 여론에 묻혀버렸으나 모든 책임을 엔론의 최고 경영진에게만 떠넘기는 것은 사태의 본질을 호도하는 것이라는 의견 또한 음미해볼 만하다. 사실 사태가 그렇게까지 간 데에는 투자자들 역시 일말의 책임이 있음을 부인할 수 없다. 애초에 엔론의 주식을 수익 대비 수십 배까지 폭등시킨 것은 엄밀히 말하면 '묻지 마 투자'를 감행한 일반 투자자들과 금융기관들이었다. 이는 시점상으로도 엔론의 경영진이 본격적으로 '연금술'을 부리기 훨씬 이전이었다. 결국 엔론의 경영진은 그렇게 잔뜩 부풀려진 기대에 부응하려고 능력 이상의 무리수를 감행하다가 추락했다고 볼 수도 있다. 엔론의 슬로건 "왜냐고 물으시오Ask why"는 어쩌면 엔론이 바로 투자자들에게 던진 정직한 충고 내지는 경고 신호였는지도 모른다.

●●●

14 베테랑 기자 커트 아이켄월드Kurt Eichenwald의 베스트셀러 『바보들의 음모Conspiracy of Fools : A True Story』는 바로 이러한 엔론 경영진의 행태를 파헤친 수작이다. 기본적으로 아이켄월드의 시각은 엔론 스캔들이 조직적 범죄라기보다 경영진이 벌인 온갖 시행착오의 총합이라는 것이다.

04 호리에 다카후미와 라이브도어 재판

세상에 돈으로 살 수 없는 것은 없다.
_호리에 다카후미堀江貴文, 라이브도어 창립자

스타의 몰락

2006년 1월 17일, 도쿄 롯폰기에 자리 잡은 인터넷 포털 기업 라이브도어 본사에 짙은 색 정장을 입은 남녀 수십 명이 무표정한 얼굴과 잰걸음으로 들이닥쳤다. 이들은 일본 검찰 가운데서도 최고 엘리트라고 할 도쿄지검 특수부 소속 수사관들로, 라이브도어 강제 수사를 막 시작하는 참이었다.

같은 날 일본 검찰은 라이브도어 창립자이자 사장인 호리에 다카후미堀江貴文를 증권거래법 위반 혐의로 전격 체포했다. 당시 라이브도어는 공격적인 경영 스타일로 일본에서 가장 주목받던 인터넷 기업이었다. 창립자 호리에는 특유의 카리스마와 기행으로 일본 젊은이들로부터 연예인에 버금가는 높은 인기를 누렸다. 검찰의 발표가 있기 바로 직전까지도 다양한 뉴스와 화제를 몰고 다니던 기업과 그 총수의 극적인 동반 몰락은 이후 수년간에 걸쳐 벌어질 일본 검찰 및 보수 세력과 호리에 사이의 전쟁을 알리는 전초전에 불과했다.

호리에몽과 라이브도어

일본에서도 최상급 녹차 산지로 잘 알려진 후쿠오카현 야메시 출신인 호리에 다카후미는 초등학교 때 취미란에 '돈 모으기'라고 적어낸 것에서도 알 수 있듯이 일찍부터 괴짜 기질을 보였다. 호리에는 도쿄대학교 문과에 입학한 뒤 공부는 뒷전인 채 한때는 도박과 경마 등에 빠져들었다. 그러나 우연한 기회에 PC 업체에서 아르바이트를 한 것이 계기가 되어 당시 막 떠오르던 인터넷과 컴퓨터의 잠재력에 눈을 뜨게 되었다. 1995년 대학생 신분으로 '온 더 엣지'라는 웹 디자인 기업을 시작한 호리에는 곧 학교마저 중퇴하고 사업에 몰두했다. 부에 대한 그의 동물적 감각과 예리한 안목 덕에 사업은 계속 성장했다. 2002년 파산한 전자상거래 기업 라이브도어를 인수하면서 그의 사업은 새로운 전기를 맞았다. 호리에의 손을 거친 라이브도어는 빠른 시간에 일본 젊은이들 사이에 가장 알려진 인터넷 포털이 되었으며 2005년 무렵에는 이미 연간 300억 엔의 매출을 자랑하는 중견 기업으로 성장했다.

라이브도어가 급성장할 수 있었던 것은 물론 당시 일본 인터넷 사용자들의 기호와 욕구에 맞춘 전략과 서비스가 있었기 때문이다. 하지만 그와 동시에 끊임없이 화제를 몰고 다닌 호리에 개인의 인기가 기업의 인지도 상승으로 연결된 데도 그 이유가 있다. 그는 전통적인 일본 기업인과 달리 넥타이를 매지 않은 것은 물론 때로는 종종 공식 기자회견에도 티셔츠만 걸치고 막 낮잠이라도 자다가 일어난 듯한 모습으로 나타났다. 회사에 사장실도 따로 없었고 다른 직원들과 똑같이 책상 하나를 두었을 뿐이다. 거기다가 "세상에 돈으로 살 수 없는 것은 없다", "돈 버는 게 이기는 거다", "샐러리맨은 현대의 노예 계급이다" 등 한다는 말마다 이전까지 일본 주류 기업인의 입에서는 한 번도 나온 적이 없는 과격한 발언이었다. 호리에는 느닷없이 아무런 연고도 없는 오사카의 프로야구팀을 인수하려 드는가 하면 갑자기 라이브도 어 주식을 100분할해서 주식 수를 100배 로 늘리겠다고 발표하는 등 회사의 중장 기 전략에 입각한 선택인지, 단지 화제를 모으는 것이 목적인지 구분이 가지 않는 행보를 계속했다.

그러나 일본 젊은이들은 '신인류 경영 인' 호리에의 등장을 마치 연예계의 새 로운 슈퍼스타처럼 환영했다. 당시 어느 잡지가 일본 젊은이들에게 자기가 일하 는 회사의 사장이 누구였으면 좋겠느냐 고 물은 설문 조사에서 호리에가 1등을

라이브도어의 창립자 호리에 다카후미. 보수적인 일본 재계에 인터넷 경제 모델의 새로운 바람을 불어넣었다.
Photo Credit : Getty Images

차지한 것도 놀라운 일이 아니었다. 그는 젊은이들 사이에서는 이름 대 신 호리에몽ホリエモン이라는 별명으로 더 유명했다. 그의 통통한 외모 가 일본의 대표적 만화 캐릭터인 도라에몽ドラえもん을 연상시킨다고 해 서 붙여진 애칭이었다. 호리에몽의 인기가 올라갈수록 회사도 성장을 거 듭했으며, 주가 역시 치솟기 시작하여 2005년 라이브도어의 시가 총액 은 무려 1조 엔에 달했다.

일본을 뒤흔든 행보

2005년 2월, 라이브도어는 방송국 후지TV와 대표적 우파 언론인 산 케이신문 등을 보유한 후지산케이 그룹에 대한 적대적 인수·합병을 전 격 발표하여 일본 재계를 경악시켰다. 적대적 인수·합병이란 합병 대상 이 된 기업 경영진의 의사와 상관없이 시장에서 거래되는 주식을 빠르게

매입하는 방식으로 대주주가 되어 경영권을 장악하는 것인데, 미국과 영국의 비즈니스계에서 주로 활용된다. 문제는 경영 마인드 자체가 미국이나 영국과 전혀 다른 일본에서 당시까지 적대적 인수·합병의 전례가 없었다는 것이었다. 현대 일본의 대기업들은 어떤 의미에서 자신들의 성을 쌓고 시장이라는 영지를 확보한 일본 전국시대 봉건 영주들과 닮은 점이 적지 않았다. 이 비즈니스적 전국시대는 알고 보면 국내 시장에서 일정한 선을 넘지 않고 적절한 경쟁과 견제를 통해 현상 유지적 균형 상태를 최선으로 보는 넓은 의미의 과점 체제에 가깝다. 경쟁자를 파산할 때까지 몰아세우는 배틀로열이나 경영진 사이의 협의 없이 한 회사가 다른 회사를 자금력으로 삼키는 등 기존의 봉건적 생태계를 혼란으로 몰아넣을 수 있는 경영 방식은 일본 경영인의 머릿속에서 오랜 세월 배제되어 있었다.

호리에의 후지산케이 인수 시도는 이러한 일본 기업들의 기존 경영 패러다임에 도전을 선언한 것이었기 때문에 그 파장은 대단했다. 공식적으로 인수 계획을 발표할 당시 이미 라이브도어는 후지TV와 상호 지분 출자 관계에 있는 닛폰방송 지분의 40%를 인수하여 후지TV의 경영권 장악에 가깝게 다가선 상태였다. 이러한 기습적 행보에 화들짝 놀란 후지산케이 측은 후지TV에 신주 인수권을 부여해서 닛폰방송의 지분을 확보하는 방식으로 방어에 나섰다. 호리에는 후지TV가 신주 인수권을 독점하는 것은 증권 규정에 위배되기 때문에 법원에 가처분 신청을 내겠다고 엄포를 놓으며 후지산케이 측을 압박했다.

결국 호리에는 후지산케이 측과 극적으로 합의하고 후지TV에 대한 적대적 합병을 포기했지만 이미 보유하고 있던 닛폰방송 지분을 처분하여 엄청난 시세 차익을 올리는 한편 후지TV 이사회에 한자리를 차지하게 되었다. 물론 후지산케이와의 공방전 덕에 일본에서 라이브도어의 인지도가 한층 더 올라갔음은 말할 필요도 없다. 이후에도 호리에는 중의원 해산으로 이뤄진 총선에서 자민당 공천으로 도쿄에서 입후보했다가 낙선하는 등 자유분방하고 파격적인 행동을 계속했다. 2005년 일본 방송계를 들었다 놓았던 전과를 과시라도 하듯 호리에는 연말 일본 레코드대상 시상식 생방송에 깜짝 등장하여 최우수 신인상 수상자 발표를 맡기도 했다. 의문의 여지 없이 그는 생의 절정에 있었다.

강제 수사

형식을 중시하는 일본 문화의 표현 양식은 범죄 수사에서도 예외가 아니다. 그 대표적인 예로 일본 검찰의 이른바 '강제 수사'를 들 수 있다. 재계나 정계의 스캔들과 같은 파급성과 시사성이 높은 주요 사건 때마다 일본 검찰에서는 수사관 수십 명이 출동하여 조사 현장인 건물에 진입한다. 담당 검사가 수색 영장을 꺼내면 남녀 모두 짙은 정장으로 통일한 수사관들은 한결같이 무표정한 얼굴로 조사 대상이 된 건물이나 사무실 안에 있는 모든 서류, 컴퓨터 및 기타 하드 드라이브, 심지어 직원 책상 속의 연필과 지우개까지 미리 준비해온 수십여 개 종이 상자에 기민하게 쓸어담은 뒤 철수하며, 그 과정은 대개 텔레비전으로 생중계된다. 일본 특유의 형식주의가 담긴 검찰의 강제 수사 장면은 외부로 보이는 심각성 때문에 역설적으로 서구인들의 눈에는 오히려 코믹하게까지 보인다.

일본 레코드대상 시상식에 호리에가 깜짝 등장한 지 얼마 지나지도 않아 2006년 1월 16일, 도쿄지검 특수부는 주가 조작, 회계 장부 조작 등의 혐의로 라이브도어 본사를 강제 수사한다고 발표했다. 텔레비전은 수사관들이 라이브도어 본사를 바쁘게 들락거리는, '너무 심각해서 오히려 코믹해 보이는' 모습을 오랫동안 비췄다. 이어서 1월 23일, 호리에는 라이브도어의 재무 책임자 미야우치 료지宮內亮治 등 다른 몇몇 임원과 함께 회계 장부 조작, 주가 조작에 따른 증권거래법 위반 혐의 등으로 구속되었다. 일본 매스컴은 라이브도어 수사를 대대적으로 보도하면서 호리에 개인에 대한 온갖 추측성 기사를 선정적으로 보도했다. 야쿠자 관련설, 탈세설, 돈세탁설, 불법 카지노 운영설 등 온갖 엉터리 정보가 난무[1]하여 호리에는 이후 언론 매체에 대한 별도 소송을 제기했을 정도였다.[2]

1차 재판 결과

사건이 터지고 구속된 지 약 2개월 만인 3월 16일 보석으로 풀려나 오랜만에 매스컴에 드러난 호리에의 모습은 초췌하기 이를 데 없었다. 그러나 그는 모든 혐의에 결백을 주장하며 법정에서 싸우겠다는 '철저항전徹底抗戰'[3]을 주장했다. 그런데 혐의를 부인하는 것도 모자라 공개적으로 사법부와 대결을 선언하는 것은 일본의 법률 전통과 일반 정서상 매우 이례적인 일이었다. 비록 일본 헌법이 피의자에게 묵비권을 명시하고는 있지만, 일본의 전통적 형사법 문화는 사실상 '유죄 추정'에 가깝다. 검찰은 피의자의 자백을 받지 못하는 것을 능력의 부족을 넘어 거의 굴욕으로 생각한다.[4] 실제로 일본에서 형사 재판의 경우 피의자 95%가 조사 과정에서 어떤 형식으로든 자백서를 제출하고, 법원은 용의자 절대

●●●

1 堀江貴文,『茂木健一郎, 嫌われ者の流儀』, 小学館, 2011, p. 67.

2 물론 여기에는 전통적으로 콧대가 높고 튀는 인물이 잘나갈 때는 조용하다가 일단 약점이 드러났을 때 상어처럼 공격하는 일본 매스컴과 여론의 성향도 한몫했지만 호리에가 애초에 센세이션한 이벤트와 발표 등을 회사 인지도를 높이는 데 적극 활용했던지라 그리 억울할 것도 없어 보인다.

3 『철저항전徹底抗戰』은 호리에가 2009년 발표한, 라이브도어 재판 전말을 담은 책 제목이기도 하다.

4 "Japanese Justice : Confess and be done with it", *The Economist*, 2007. 2. 8(http://www.economist.com/node/8680941).

다수에게 유죄를 선고한다.[5] 다만 이 과정에서 유죄를 인정하고 참회하는 모습을 보이는 용의자에게는 검찰이 법원에 선처를 호소할 수 있다. 그러면 법원은 비교적 가벼운 형벌을 선고함으로써 용의자의 반성과 참회에 화답한다. 이런 식으로 경찰, 검찰, 법원, 피고까지 모두가 어느 정도 체면과 실리를 찾는 윈윈을 추구하는 것이 일본 사법 체계의 전통적 문제 해결 방식이다.

그러나 호리에는 시작부터 유서 깊은 일본의 사법 전통인 피의자의 '잘못했습니다. 용서해주십시오' 대신 '나는 고발한다'식의 정면 대결을 선언하면서 기소장에는 있지 않은 '괘씸죄'를 추가하는 결과가 되었다. 2007년 3월 16일 선고 공판에서 호리에는 부실 회계 및 부정확한 재무 정보로 주주들을 호도했다는 혐의에 유죄가 인정되어 징역 2년 6개월의 실형이 선고되었다. 선고문의 다음과 같은 일부 내용은 공판 분위기를 짐작하게 한다.

기업 경영자에게는 높은 윤리관과 준법정신이 요구되기 때문에 기업 이익을 추구하면서 법을 무시하는 것이 용인될 수 없다는 것은 논의의 여지가 없다. … 이 사건의 각 범행은 피고인이 전년을 상회하는 업적을 공표하기를 강하게 희망하여 그 달성을 무리하게 추진하다가 초래된 결과일 뿐이다. … 피고인은 범죄 사실의 인식이나 공모의 성립을 부정하는가 하면 범행 자체를 부인하고 있으며, 공판정에 서서도 이메일의 존재 등 객관적으로 명확한 사실에 반하는 진술을 공개적으로 펼치는 등 부자연스럽고 불합리한 변명으로 일관했고 거액의 손해를 입은 주주와 일반 투자자들에게 사죄의 말도 없으니 반성의 정이 전혀 보이지 않는다.

●●●

5 *Ibid.*

한편 죄를 인정하고 검찰 수사에 적극 협력하여 비록 장부 조작은 자신이 직접 했으나 보스인 호리에 역시 그 사실을 알고 있었다고 증언한 재무 책임자 미야우치는 호리에보다 가벼운 2년형을 선고받았다. 호리에에게 내려진 형량은 이른바 화이트칼라 범죄에 대한 형벌에 극히 너그러운 일본의 관행상 상당히 무거운 것이었다. 이미 말했듯이 재판 내내 보인 호리에의 행태는 비록 혐의 자체를 부인한다고 해도 적어도 사회적으로 물의를 일으킨 데 대해 용서라도 비는 '전형적인 사기꾼'의 자세는 전혀 아니었던 것이다.[6] 호리에는 판결 다음 날 즉각 항소를 결정했고 보석금 2억 엔을 내고 다시 풀려났다.

철저항전

보석으로 풀려난 뒤에도 호리에는 어쨌거나 유죄 판결을 받은 피의자로서 상소심까지 자숙하는 모습을 보이는 일본식 전통을 다시 한 번 보기 좋게 뒤엎었다. 호리에는 각종 방송 출연 및 기자회견, 인터뷰 등 가능한 한 모든 채널을 동원하여 계속 자신의 결백을 강변하고 검찰의 표적 수사를 비판했다.

사실 검찰 수사에는 의문스러운 점이 없지 않았다. 우선 월요일을 골라 상장 회사 수사를 착수한다는 것부터 이상했다. 그때까지 일본의 경우, 전통적으로 상장 기업 강제 조사는 정말 긴급한 경우가 아닌 한 금요일에 개시하는 것을 원칙으로 했다. 그렇게 함으로써 강제 조사 뉴스에 투자자들이 즉각 패닉에 빠져 해당 기업 주식을 투매하는 현상을 막고, 주식시장이 휴장되는 주말 동안 진정기를 가지고 좀 더 냉정하게 상황을

• • •

6 "Japanese massage : The livedoor case comes to a head, but plenty of other accounting scandals are still out there", *The Economist*, 2007. 3. 22(http://www.economist.com/node/8896767).

분석할 시간을 주려는 배려였다. 그런데 라이브도어의 경우, 강제 조사가 하필이면 월요일에 시작되어 일주일 내내 주가가 논스톱으로 폭락하고 투자자들이 투매를 계속하여 주가가 주당 무려 90엔까지 급락하는 상황이 벌어졌다.[7] 또 호리에 자신에 따르면 구속 수사 중 검찰은 마치 리스트를 훑듯이 자신에 대한 혐의를 검토해나갔으며 실제로 구체적인 물증이 거의 나오지 않자 감방의 호리에를 방문하여 바깥 세상 이야기나 하다가 돌아가는 일도 잦았다고 한다.[8] 무엇보다 사건 초기에 일부 언론이 라이브도어를 호리에와 기타 임원들이 개인적 치부를 위해 돼지 저금통 비슷하게 사용하는 유령 회사처럼 묘사하기도 했다. 그러나 라이브도어의 당시 재무 상태는 인터넷 기업으로는 상당한 규모의 자산을 보유하는 등 비교적 건전했던 것이 사실이다. 비록 호리에의 주장을 전적으로 신뢰하지 않는다고 해도 이런 정황은 라이브도어 수사에 뭔가 제3의 힘이 작용하지 않았나 하는 의혹을 품게 한다.

호리에는 2009년 자신의 관점에서 1심 재판의 전말을 설명함으로써 일본 검찰과 사법부에 대한 선전포고라고 할 수 있는 『철저항전 徹底抗戰』을 출판하는 등 상고심에 대비한 여론전을 전개했다. 한편 본래 트레이드 마크라 할 금전만능주의, 자본 숭배의 철학을 설파하는 저서들 또한 계속 출판했다. 『배금 拜金』, 『돈 만들기 成金』, 『신자본론 新資本論』까지 자극적인 제목의 책들이 연이어 베스트셀러가 되었다. 호리에는 우주 관광에 투자하고 성인 영화 제작도 시작하겠다는 계획을 밝히기도 했다. 게다가 천황을 국가 단합의 상징으로 명시한 현행 헌법에 의문을 제기하는가 하면, 전통적인 국가의 경계가 무너지고 전 세계가 경제 블록으로 재

• • •

7 堀江貴文, 『徹底抗戰』, 集英社文庫, 2009, p. 58.

8 호리에의 구속 중 구치소 생활에 대해서는 『徹底抗戰』, pp. 105~112 참조.

개편된다는 주장을 펼치는 등 특히 일본 우익을 자극하는 발언을 서슴지 않았다.

2008년 2월 항소심 재판 역시 호리에의 유죄를 확인했으나 호리에는 다시 사건을 최고법원에 상고하며 계속 보석금을 내고 복역을 모면했다. 그러나 2011년 4월 최고법원이 그의 항소를 이유없다고 기각하면서 호리에는 결국 2년 6개월의 실형을 살게 되었다. 언론은 복역에 앞서 검찰청에 자진 출두하는 그의 일거수일투족을 생중계했다. 머리를 모히칸 인디언 스타일로 깎은 호리에는 담담한 표정으로 "감옥에서 공부를 많이 하고 오겠다"라고 말했다.

이와이의 난 혹은 짓밟히는 싹들

호리에의 출신지인 야메시는 일본 역사에서 5세기경 일어난 '이와이의 난磐井の乱'의 중심지로 알려져 있다. 이와이의 난은 고대 일본 문명의 기초를 세운 한반도 출신 두 이주민 세력인 신라계와 백제계가 향후 일본 열도 경영의 주도권을 놓고 벌인 한판 승부였다. 이 전쟁에서 결국 이와이가 이끄는 신라계가 패배하면서 이후 일본 역사는 한동안 백제계 도래인과 일본 원주민의 연합 정권이라고 할 야마토 정권이 만들어간다. 호리에는 한 인터뷰에서 소년 시절 집에서 걸어서 닿는 거리에 있던 이와이의 무덤을 자주 찾았다고 밝힌 바 있다. 체제에 대한 그의 반골 기질은 어쩌면 이때부터 이미 싹텄는지도 모른다.

호리에처럼 천황의 권위를 부정한 대표적 일본 지식인이자 노벨 문학상 수상 작가 오에 겐자부로大江健三郎의 초기 대표작이라고 할 『짓밟히는 싹들芽むしり仔撃ち』이라는 중편 소설이 있다. 제2차 세계대전 중 일본의 어느 산골 마을을 배경으로 한 이 작품에서, 마을에 전염병이 번지

자 주민들은 고아원 출신 소년들을 남겨놓고 떠나버린다. 버려진 아이들에게 생존 기술과 의지를 가르쳐주는 이는 탈주병 출신으로 뒤늦게 무리에 합류한 조선인 소년 '이李'다. 호리에에게서는 어쩐지 이 조선인 소년이 연상되는 면이 있다. 그리고 보수적인 사고방식과 전통적인 제조업 마인드에 빠진 일본의 재계가 21세기 신경제를 담당할 젊은 세대를 인도하지 못하고 방치해둔 것은 소설에서 전쟁통에 고아들을 버려두고 사라진 마을 주민들의 행태와도 닮아 있다. 장기 침체 속에 멘토도 꿈도 없이 지리멸렬한 상태로 방황하던 일본의 신세대 앞에 혜성처럼 나타나 서바이벌 전략을 제시한 인물이 바로 호리에였던 셈이다. 하지만 겐자부로의 소설에서 뒤늦게 나타난 마을 사람들이 조선인 소년을 찔러 죽였듯이 일본 특유의 형식주의와 체면을 거부하고 오로지 자본의 논리와 동물적 감각으로 승부를 보려던 호리에를 보고 일본 재계는 그를 제거하여 신경제적 마인드의 '싹을 짓밟기'로 결심한 것이 아닐까? 음모론일지 모르지만 전후 일본을 장악한 정계, 재계 그리고 검찰을 포함한 관료 기구의 '철의 삼각동맹Iron triangle' 모델은 21세기 일본을 설명하는 데도 아직 상당히 유효하다.

호리에의 몰락과 대비되는 것이 소프트뱅크SoftBank를 이끄는 손 마사요시(한국명 손정의孫正義)의 부상이다. 실제로 손정의는 호리에와 같은 고등학교 출신에 물려받은 재산도 없이 순전히 본인의 재능과 비전만으로 정보통신 업계의 기린아로 떠오르는 등 여러모로 호리에와 공통점이 적지 않은 인물이다. 그러나 손정의는 종종 순혈주의에 병적으로 집착하는 일본 문화 속에서 재일교포 출신이라는 제약에도 호리에와 달리 일본 재계 주류의 견제를 받지 않고 비교적 순조롭게 사업을 일구는 수완을 발휘했다. 한때 높은 투자 수익률로 이름났던 무라카미 펀드를 이끈 일본의 대표적 펀드매니저 무라카미 요시아키村上世彰도 호리에와 비교될 수 있다. 호리에가 체포되고 5개월 뒤인 2006년 6월 내부자 거래 혐의로 검찰 조사를 받기 시작한 무라카미는 처음에는 혐의를 강력 부인했으나 곧 죄를 인정하고 납작 엎드린 끝에 결국 재판에서 집행유예를 선고받았다. 무라카미의 경우 '철저항전'을 선언한 끝에 '철저하게' 실형을 받은 호리에와 형평성 논란을 낳기도 했다.[9]

돌아온 호리에몽

주가가 폭락한 끝에 2006년 4월 도쿄 증권시장에서 아예 상장이 폐지된 라이브도어는 이후 라이프스타일 전문 포털로 재출범하며 이미지 변신을 꾀하기도 했으나 호리에몽 시절의 영광을 다시 찾지 못했다. 라이브도어는 결국 2010년 한국의 인터넷 기업 NHN에 인수되었다. 이렇게 해서 일본은 엄청난 가능성을 가지고 폭발적으로 성장하던 인터넷 포털 하나를 거의 고사시킨 끝에 외국 기업에 넘겨버린 결과를 만들고 말았다. 실제로 2000년대 초반 일본에서는 '잃어버린 10년'을 뒤로하고 다시 도약하는 듯한 꿈틀거림이 감지되었는데 이 시기는 공교롭게도 라이브도어가 급성장하다가 옆구리에 검찰의 '강제 조사' 한 방을 맞고 고꾸라진 타임라인과 거의 일치한다. 라이브도어와 호리에가 몰락한 후 다시 경기하강에 직면한 일본에서는 한동안 일본 경제가 이제 '잃어버린 20년'을 찍고 '잃어버린 30년'을 향해 걸음을 디뎠다는 우려가 끊이지 않았다.

2013년 3월 27일 호리에는 잔여 형기를 7개월여 남겨두고 가석방되

• • •
9 무라카미와 호리에의 관계는 약간 묘하게 얽혀 있다. 왜냐하면 문제가 된 무라카미의 내부자 거래가 바로 자신이 사외이사로 있던 라이브도어의 이사회에서 들은 후지TV 인수 작전 정보를 이용하여 주식을 대거 매입한 뒤 주가가 급상승하자 다시 팔아 차익을 챙긴 혐의였기 때문이다. 무라카미와 호리에의 혐의를 혼동하여 호리에가 내부자 거래를 저질렀다고 잘못 알고 있는 일본인도 상당히 많다.

일본 젊은이들의 거리 도쿄 시부야. 장기간의 경기 침체 속에 무기력에 빠진 일본 청년층은 호리에와 같이 일본적 상식을 뒤엎는 지도자들의 출현에 목말라 있다.
Photo Credit : Simon Cornwell

었다. 출감 직후 기자회견에 나타난 그의 용모는 수감 당시 100kg에 가깝던 체중이 70kg 이하로 줄어 '호리에몽'이라는 애칭이 무색하게 되었을 뿐 아니라 얼핏 보면 같은 인물인지 의심이 갈 지경이었다. 하지만 감옥에서 줄어든 것은 다만 체중뿐으로 그의 자신감이나 튀는 아이디어까지 체중과 함께 날아가지는 않았기를 기대해본다. 21세기는커녕 시계를 거꾸로 돌려 제2차 세계대전 이전으로 돌아가려는 움직임조차 감지되는 지금의 일본 사회는 호리에몽같이 기존의 게임판을 뒤엎고 미래로 전진하는 꿈을 꾸는 몽상가가 한두 명이 아니라 여러 명 절실히 필요하다.

05 버니 메이도프
재판과 판결

● **사상 최대의 투자 사기극 심판 :** The Bernie Madoff Trial (2009)

자세히 설명할 수는 없군요. 저희 고유의 전략이라….

_버니 메이도프Bernie Madoff, 높은 투자 수익률의 비결을 묻는 기자에게

찰스 폰지의 전설

1919년 미국 보스턴에는 찰스 폰지Charles Ponzi라는 말주변 좋은 이탈리아계 이민자가 살고 있었다. 우연한 기회에 '국제반신권International Reply Coupon, IRC'[1]이라는 제도에 대해 알게 된 폰지는 유럽 각국에서 IRC를 대량 구매한 뒤 미국에서 이것이 필요한 사람들에게 웃돈을 받고 팔면 큰 이익을 남길 수 있다고 선전하며 투자자를 모으기 시작했다. 폰지는 사람들에게 3개월 안에 투자금의 50% 이윤을 약속하는 등 파격적 조건을 내걸어 단시일에 상당한 규모의 투자금을 모금했다. 폰지가 초기 투자자들에게 3개월도 아닌 단 45일 만에 약속한 원금과 수익을 돌려주었다는 소문이 퍼지자 삽시간에 미국 동부 전체에서 IRC 투자 광풍이 불었다. 폰지는 보스턴 중심가에 거래소를 두 곳 열고 온종일 투자자들의 투자금을 받으며 즐거운 비명을 질렀다.

문제는 애초부터 IRC 쿠폰 가격과 우표 가격에 큰 차이가 없기 때문에 폰지의 사업 모델이 50%는커녕 수익을 전혀 낼 수 없는 구조였다는 사

---

1 IRC란 흔히 국제우편 발신인이 수신인에게 제공하는 쿠폰으로, 수신인은 답장할 때 자기 나라 우표를 구매하지 않고 발신인이 편지 속에 동봉한 IRC를 그대로 사용할 수 있다.

찰스 폰지. 신규 투자자에게서 자금을 유치하여 기존 투자자에게 이자나 원금의 일부를 지급하는 폰지 사기Ponzi scheme는 그의 이름을 딴 것이다.

실이었다. 초기 투자자들에게 지불했다는 수익은 그들보다 늦게 합류한 신규 투자자들의 돈을 끌어 사용한 것에 불과했다. 실제로 폰지는 들어온 돈마다 투자하기는커녕 자신을 위

한 고급 주택, 파티, 귀금속 구입 등에 마구 써댔다. 그러나 당시 폰지에게 몰린 투자금 규모가 이미 전 세계에서 유통되던 IRC를 모두 구매하고도 남을 액수였기 때문에 그의 투자 모델에 대한 의혹이 빠르게 확산되었다. 신규 투자금 유입이 줄어들자 폰지는 기존 투자자들에게 이자는커녕 원금도 돌려줄 수 없게 되었고 결국 그의 사기 행각도 종말을 맞았다. 폰지가 1920년 체포되었을 당시 투자자들의 총피해액은 이미 2,000만 달러[2]에 달했다. 폰지는 사기죄로 재판에서 유죄 판결을 받아 14년을 복역한 뒤 이탈리아로 추방되었다. 폰지의 이름을 따서 실제 투자에 따른 이윤 창출이 아니라 신규 투자자들의 자금으로 기존 투자자들의 원금 일부나 이자를 메꾸는 방식의 행각을 '폰지 사기Ponzi Scheme'라고 한다.

폰지 이후에도 미국에서는 크고 작은 폰지형 투자 사기 사건이 종종 있었지만 2008년 12월, 세계 금융의 중심지 뉴욕은 바야흐로 폰지 사기의 원조 찰스 폰지조차 무덤에서 벌떡 일어나 경의를 표할 초신성급 스캔들이 폭발하기 직전이었다.

• • •

2 1920년의 2,000만 달러는 2010년의 화폐 가치로 대략 4억 달러를 상회한다.

버니 아저씨 혹은 투자의 천재

맨해튼에서 투자 펀드를 운영하는 버나드 메이도프Bernard Madoff
는 미국 상류층의 모범과도 같은 인물이었다. 뉴욕의 유대계 가정에
서 태어난 메이도프는 대학 졸업 후 여러 직업을 전전하다가 증권 브로
커 자격증을 딴 뒤 1960년 '버나드 메이도프 투자증권Bernard L. Madoff
Investment Securities LLC'을 열었다. 당시 회계 법인의 파트너였던 장인이
소개해준 지인들을 통해 초기 투자 자금을 확보한 메이도프의 사업은 이
후 성장에 성장을 거듭하여 2000년대에 들어서는 수백억 달러의 자산을
굴리며 월스트리트에서도 높은 지명도를 자랑하는 대표적인 다국적 투
자 자문 회사가 되어 있었다.

메이도프가 직접 운영한 투자 펀드는 "안정적인 대형 주식 투자와
함께 스톡 옵션을 노리는 벤처 캐피털식 투자 방식을 혼용"[3]하여 매
년 최고 20%에 달하는 수익률을 보장하면서도 급격한 손실을 방지하
는 대표적인 고수익 저위험 투자 대상으로 알려졌다. 그래서 가입 조
건이 까다로운데도 거액의 현금을 보유한 자산가부터 은퇴한 교사까
지 가입 희망자가 줄을 섰다. 메이도프는 투자의 귀재로서 명성뿐 아니
라 미국 증권 시장의 미래를 내다보는 탁월한 안목과 경영 수완을 인정
받아 나스닥NASDAQ 의장을 지냈으며, 미국 증권거래위원회Securities
and Exchange Commission, SEC 자문단에 참여하기도 했다. 메이도프와 그
의 아내는 자선 사업과 사회 사업에도 열성을 보여 림프종 등 각종 질
병 연구에 수백만 달러를 투척하는가 하면 뉴욕 예시바대학교Yeshiva
University 이사직을 지내기도 했고, 민주당에 거액의 정치 자금도 후원

• • •

3 그것이 메이도프 펀드가 홍보 자료 등에서 설파한 공식적인 투자 전략이었다(Stephen Gandel, "Wall Street's
Latest Downfall : Madoff Charged with Fraud", *Time Magazine*, 2008. 12. 12. http://content.time.
com/time/business/article/0,8599,1866154,00.html).

했다. 메이도프는 가족·친지들뿐 아니라 자신의 펀드에 자금을 넣은 투자자들에게서 가족의 일원처럼 대접받았다. 친척들과 투자자 가족 사이에서는 '버니 아저씨Uncle Bernie'라는 애칭으로 불릴 정도였다.

월스트리트의 전설적 금융인 가운데는 화려한 스포트라이트를 즐기며 거의 연예인과 같은 대중적 인기를 누리는 인물도 여럿 있었지만, 메이도프는 개인적 명성에는 별 관심이 없어보였다. 간혹 있는 언론과의 인터뷰에서도 그는 말을 최대한 아끼는 편이었다.[4] 이렇게 메이도프는 가까운 지인들에게는 너그럽고 현명한 어른으로, 월스트리트와 언론에는 겸손한 억만장자이자 투자의 귀재로서 명성을 오랫동안 유지했다.

애널리스트의 결론

1999년 어느 날, 보스턴의 한 투자회사의 애널리스트 해리 마코폴로스Harry Markopolos는 상사로부터 월스트리트의 펀드매니저 가운데 매년 놀라운 투자 수익률을 기록하는 버니 메이도프라는 인물이 있다는 얘기를 처음 들었다. 메이도프의 투자 전략을 분석하여 벤치마킹할 방법을 찾으라는 지시를 받은 마코폴로스는 즉시 그에 관한 자료를 모아 분석을 시작했다.

국제재무분석사Chartered Financial Analyst, CFA이자 공인 비리검사사Certified Fraud Examiner, CFE로 금융 데이터 분석에 일가견이 있던 마코폴로스는 메이도프 관련 자료를 보자마자 이상한 점을 느꼈다. 그리고 곧 메이도프의 수익률 패턴이 상식적으로 말이 되지 않는다는 결론을 내

●●●

4 2001년 금융 잡지 《배런스Barron's》의 기자와 나눈 인터뷰에서 메이도프는 고수익을 내는 비결을 묻자 "자세히 설명할 수는 없습니다. 저희 고유의 투자 전략proprietary strategy이라…", "누구라도 내 방식대로 제대로 하기만 하면 비슷한 수익률을 올릴 겁니다"라는 식의 모호한 대답으로 일관했다(Erin Arvedlund, *Too Good to Be True : The Rise and Fall of Bernie Madoff*, Penguin Group : NY, 2009, p. 7).

리기에 이르렀다. 마코폴로스의 분석에 따르면 메이도프 펀드가 1990년
대 내내 기록한 수익률은 당시 활황이던 주식시장 상황을 고려한다고 해
도 통계학적으로 사실상 불가능한 기록이었다. 자료에 따르면 메이도프
펀드는 전체 투자액의 82%를 S&P 500 [5]에 속한 기업에 투자했기 때문에
큰 맥락에서 S&P 500의 역사적 투자 수익률 패턴을 따라갈 수밖에 없었
음에도 명목 수익률이 S&P의 평균 수익률을 엄청나게 상회한 것이다. 메
이도프의 수익률은 야구로 치면 메이저리그에 9할대 타율을 자랑하는 괴
물 타자가 등장해 수년간 계속 기록을 경신하는 것과 마찬가지였다. 이
러한 데이터 분석에서 도출할 수 있는 타당한 해석은 두 가지뿐이었다.
메이도프가 월스트리트뿐 아니라 인류 역사상 일찍이 나온 적이 없는 투
자의 천재이거나 아니면…. 주저없이 제2의 해석 쪽으로 결론을 내린 마
코폴로스는 2000년 5월, 고민 끝에 투자 금융 기관을 감독하는 SEC에
서신을 보내기에 이르렀다. 그는 서신에서 메이도프가 투자 사기를 저
지르는 것이 확실하다고 주장하고 금융 당국이 그의 펀드에 대해 조사해
야 한다고 촉구했으나 아무 대답도 듣지 못했다. 이후에도 마코폴로스는
2008년까지 거의 매년 SEC에 메이도프에 대한 주의를 촉구했으나 본격
적인 조사는 진행되지 않았다.

자백

상황은 '투자의 신' 메이도프가 미처 내다보지 못한 새로운 국면으로
치달았다. 2008년은 거의 20년간 지속된 미국의 부동산 버블이 급격하

●●●

5 미국의 스탠더드 앤드 푸어가 작성해 발표하는 주가지수를 말한다. 기업규모 · 유동성 · 산업대표성을 감안하여 선
정한 500개 대형 기업의 주식 지수이다. S&P 500은 지수 자체를 일컬을 뿐 아니라 지수에 포함된 해당 500개 기
업 자체를 지칭하기도 한다.

게 꺼지면서 주택 융자와 연계된 금융 상품에 과도하게 노출되어 있던 리먼 브라더스Lehman Brothers, 베어스턴스Bear Sterns 등 월스트리트의 유서 깊은 간판 투자 은행들이 줄줄이 몰락하고 세계적인 금융 위기가 본격적으로 시작된 해였다. S&P 500에 오른 주식들 대부분이 거의 40%에 달하는 급락을 겪던 2008년 중반까지도 메이도프 펀드는 5% 이상 수익률을 기록하면서 '선전'했으나 문제는 투자자들의 심리였다. 주가 폭락 시기에 유가 증권보다 현금을 선호하는 투자 심리는 메이도프 펀드의 충성스러운 고객들도 예외가 아니어서 수많은 펀드 투자자가 일시에 투자금을 회수하고 싶어했다. 2008년 11월 말 투자자들이 회수를 요청한 자금액은 70억 달러에 달했다.

이런 가운데 12월 8일 오후 메이도프는 뉴욕의 자택으로 두 아들 마크와 앤디를 불러들였다.[6] 그 자리에서 메이도프는 두 아들에게 그가 운영하던 투자 자문 사업부가 사실은 '거대한 폰지 사기a giant Ponzi scheme'이며 파산 직전이라고 고백했다. 메이도프의 고백을 듣고 경악한 두 아들이 즉각 개인 변호사들과 FBI에 연락을 취한 시점부터 선고 공판까지 숨가쁘게 전개된 주요 사건을 정리하면 다음과 같다.

2008년 12월 11일 : FBI, 증권 사기 혐의로 메이도프 체포

2008년 12월 15일 : 뉴욕 연방법원, 버니 메이도프의 전 자산 동결 및 버나드 메이도프 투자 증권 LLC의 청산 명령

2009년 1월 12일 : 연방법원, 버니 메이도프 가택 연금 명령

2009년 2월 4일 : 메이도프 투자 증권 파산 및 청산과 관련해 사기 피해자 명단 공개

• • •

6 당시 메이도프의 기업 투자 자문 부문은 메이도프가 직접 관리하고 증권 거래 부문은 두 아들이 맡고 있었다.

2009년 3월 8일 : 버니 메이도프, 대배심 회부 포기 합의

2009년 3월 12일 : 버니 메이도프, 증권 사기·자금 세탁·SEC 보고 서류 위조 등 총 11개 혐의에 무조건적 유죄 인정. 데니 친Denny Chin 연방 판사, 선고일까지 메이도프를 수감하도록 명령

2009년 6월 29일 : 선고 공판

놀라운 진상

선고 공판이 있기까지 수개월 동안 언론, FBI와 SEC 수사 등 여러 경로를 거쳐 드러난 범죄의 진상은 실로 놀라웠다. 밝혀진 바에 따르면 메이도프의 폰지 사기는 1980년대에 시작되어 2008년 12월 첫 주까지 이어졌다. 그 규모와 복잡성에도 불구하고 그의 사기 행각은 신규 투자자들에게서 유입받은 자금을 기존 투자자들에게 이자 혹은 원금 형태로 지급하는 돌려막기식의 고전적 폰지 사기 패턴을 충실히 답습한 것이었다. 메이도프 스캔들이 언론에 알려지면서 그에게는 '650억 달러의 사기꾼'이라는 별명이 붙기도 했으나 이 650억 달러는 메이도프가 펀드 설립 이후 투자자들에게 허위로 보고한 투자 원금과 이익을 모두 합산한 수치다. 메이도프의 재산을 환수하기 위해 법원이 지정한 집행인 어빙 피카드Irving Picard 등에 따르면, 펀드에 실제로 유입된 투자자금은 총 150억 달러 정도 규모[7]라고 하지만, 여전히 메이도프를 사상 최대 사기꾼으로 만드는 데 부족하지 않은 액수다.

메이도프는 1980년대 말부터 사실상 어떤 투자 활동도 하지 않았으며 오직 신규 투자자들을 확보하여 새로운 자금을 유치하면서 자신과 가족

• • •

7 Edward J. Epstein, "Confidence Man : Early attempts to understand a swindler-and follow the money", *Wall Street Journal*, 2009. 8. 17.

의 호화스러운 생활을 누리는 데 혈안이 되었던 것으로 보인다. 법원 기록에 따르면 1998년부터 2007년에 이르는 동안 메이도프가 세금 보고서에 기입한 개인 수입은 2억 5,000만 달러에 달했다. 이는 그가 회사의 경비 집행 형식을 빌려 개인적으로 유용한 자금은 고려하지 않은 액수다. 한편 그가 투자자들을 위해 한 일이라고는 개인 사무실에 놓인 낡은 IBM 서버를 통해 10~20%에 달하는 수익률을 명시한 허위 재무 보고서를 작성한 뒤 정기적으로 발송한 것뿐이었다.

피해자들 가운데 처음 언론의 조명을 받은 이들은 대부분 메이도프를 믿고 평생 모은 재산을 맡겼다가 하루아침에 무일푼이 된 은퇴자들과 소액 투자자들이었으나 자산가들 가운데도 안타까운 사연은 속출했다. 보스턴 출신의 유명한 사업가이자 자선가 칼 샤피로Carl Shapiro는 1960년대 말부터 2008년까지 자신의 자선 단체를 통해 꾸준히 메이도프 펀드에 총 5억 4,500만 달러를 투자한 것으로 알려졌다. 이 가운데 2억 5,000만 달러는 하필이면 메이도프가 체포되기 불과 10일 전인 2008년 12월 1일 입금한 것이었다.[8] 그런가 하면 2008년 12월 5일 메이도프 펀드에 1,000만 달러를 투자한 마틴 로젠만Martin Rosenman이라는 비즈니스맨은 자신의 불운한 투자 타이밍에 대해 정상을 참작해달라고 소송을 제기했다. 그러나 판사에게서 상황이 딱하기는 하지만 메이도프에게 돈을 떼인 다른 투자자들과 형평성을 고려할 때 특별 취급은 불가능하다는 대답을 들어야 했다.

메이도프는 사실상 유죄를 인정하고 전 세계 금융기관에 흩어져 있는 펀드 잔금의 소재를 털어놓는 등 수사에 협력했으나 한편으로는 변호인단을 통해 맨해튼의 펜트하우스 자택을 비롯해 아내 루스 메이도프Ruth

• • •
8 Arvedlund, *op. cit.*, p. 264.

Madoff 명의로 되어 있던 약 7,000만 달러어치의 자산은 사기 행위와 관련이 없기 때문에 자산 동결 명령에서 제외해야 한다고 뻔뻔하게 주장하기도 했다. 메이도프 변호인들은 2009년 당시 71세였던 메이도프에게 남은 통계적 예상 수명이 12년에 불과하므로 형량은 최대 15~20년을 넘지 않도록 해달라는 '간 큰' 요청을 하기도 했다.

선고

2009년 6월 29일 '미합중국 대 버나드 메이도프' 사건의 선고 공판이 뉴욕 남부 연방법원에서 열렸다. 이미 메이도프가 유죄를 인정해서 변호인과 검찰의 불꽃 튀는 법정 공방전은 없었으나 선고 공판 역시 적지 않은 볼거리를 연출하기는 했다. 데니 친 판사가 메이도프에게 유죄 인정을 확인하는 질의 과정을 끝내자 메이도프에게 돈을 떼인 투자자들 가운데 대표로 나선 9명의 발언이 이어졌다. 그 가운데는 은퇴 후 메이도프에게 맡겼던 전 재산을 잃고 여러 건강 문제에도 다시 구직에 나선 49세 전 뉴욕 시 교정 감독관, 전 재산과 함께 25년간 살던 주택마저 잃고 손자들의 대학 학비를 도와주려던 꿈도 접은 61세 여성, 눈앞에 닥친 은퇴 설계에 여념이 없다가 메이도프 사건이 터지는 바람에 은퇴는커녕 '쓰리잡'을 뛰게 된 63세 남성 등이 포함되어 있었다. 피해자들의 발언이 끝난 뒤 메이도프는 다음과 같은 내용이 담긴 짧은 사과 성명을 발표했다.

내 행위에는 변명의 여지가 없습니다. 나를 믿고 평생 모은 돈을 맡긴 수천명의 투자자를 배신한 것에 대해 어떻게 변명하겠습니까? … 내 생애를 바친 투자업계가 나 때문에 오명을 뒤집어쓰고, 오랜 세월 함께 일한 금융 감독 기관 관계자들이 내가 저지른 일 때문에 비판당하는 것에 가슴이 아픕니다. 그런 죄의식을 가지고 살아간다는 것은 끔찍한 일입니다만, 제 남은 생애 그 고통을 짊어지고 가겠습니다. 피해자들에게 사과의 말씀을 전합니다. 죄송합니다. 제가 사과한들 달라지는 것이 없다는 것을 압니다.

메이도프의 다소 뜨뜻미지근한 사과 성명이 끝나자 판사는 메이도프에게 일장 훈시를 시작했다.

피고가 저지른 사기의 실태는 경이롭다. … 개인, 자선 단체, 연금 기금, 금융 기관 등 투자자들은 그들의 자금이 주식시장에 투자되고 있다는 거짓말에 반복적으로 기만당했다. … 피고는 정상 참작의 여지가 몇 가지 있다고 주장하지만 납득할 만한 수준은 아니다. 피고가 사실상 FBI에 자수했다고는 하나 자수 시점이 경제 상황이 악화되면서 자금을 회수하려는 고객들의 빗발치는 요구를 더 감당할 수 없게 되어 어차피 범죄가 곧 발각될 지경이었기 때문에 큰 의미가 없다. 피고가 피해자 배상에 대비한 자산 동결에 동의한 것은 사실이지만 이 역시 설사 동의하지 않았다고 하더라도 어차피 법원 명령으로 집행될 절차였다. 이 법정은 간단히 말해 피고가 할 수 있는 모든 도리를 다하고 사실을 모두 털어놓았다는 확신이 없다. … 피해자들이 피고에게 보낸 신뢰가 깨지다 못해 투자자들과 기타 관계자들을 포함한 많은 이들이 우리 금융 기관, 제도, 정부의 규제 능력 그리고 슬프게도 스스로의 판단에 의문을 제기하는 지경까지 이르렀다.

이어서 친 판사는 메이도프에게 자리에서 일어서라고 명령하고 선고를 내렸다.

피고를 150년 징역형에 처한다. 이는 혐의 1, 3, 4, 5, 6, 10항에 대해 각

버니 메이도프. 주변에서 '버니 아저씨'로 불릴 만큼 소박하고 자상한 이미지로 유명했으나 무려 30년에 걸쳐 벌인 사상 최대 투자 사기극의 주역이었다.
Photo Credit : Getty Images

각 20년씩, 2, 8, 9, 11항에 대해 5년씩 그리고 7항에 대해 10년을 적용한 것이다. … 별도 벌금형은 부과하지 않는다. 현재 피고가 소유했거나 향후 발견될 모든 자산은 피해자들의 배상에 사용하라.

재판이 종료되면서 메이도프는 노스캐롤라이나주 연방 교정 시설에 수감되어 사실상 종신형을 살고 있다. 메이도프에게 배정된 7㎡짜리 감방은 그가 한때 소유했던 맨해튼 펜트하우스의 욕실 크기에도 미치지 못한다.

사건은 여전히 진행형

메이도프에 대한 선고와 수감으로 모든 상황이 종료된 것은 결코 아니었다. 사건이 종료된 지 몇 년이 지난 지금까지도 법원은 피해자들을 위해 메이도프가 은닉한 재산을 뒤지고 있다. 메이도프는 모든 것이 자신의 단독 범행이었다고 주장했으나 FBI는 최근까지도 그의 가족과 측근들을 상대로 공모 여부를 끈질기게 수사해왔다. 메이도프는 동생과 두 아들 등 가족을 대거 사업에 합류시켰을 뿐 아니라 직원들 가운데서도 수십년간 근무한 이들이 적지 않았기 때문에 메이도프 외에도 범죄에 가담한 공모자들이 적지 않으리라고 판단한 것이다. 결국 메이도프의 친동생 피터 메이도프Peter Madoff가 2012년 유죄를 인정한 끝에 10년 징역형을 선고받았으며 범죄 과정에 더 깊이 관여한 것으로 알려진 또 다른 측근 프랭크 디파스칼리Frank DiPascali를 비롯한 전직 메이도프증권 직원 5명에 대한 재판이 2013년 12월 현재 진행 중이다. 2010년 12월에는 메이도프의 장남 마크 메이도프가 자택에서 목매 자살하는 사건이 발생했다. 당시까지 당국은 메이도프의 아내와 아들들이 사기 행각에 직접 관련되었다는 증거를 찾지 못했으나 이들은 모두 여러 민사 소송의 피고가 되어 있었다. 특히 마크 메이도프는 계속되는 FBI 조사에 압박감을 느끼다 극단적 선택을 한 것이다.

메이도프 펀드의 표면상 성공에는 메이도프가 뉴욕, 캘리포니아, 플로리다 일대의 상류층 유대계 사회에서 가지고 있던 연줄과 영향력이 크게 작용을 했으나, 사기 액수가 그토록 커진 데는 이른바 공급책 펀드feeder fund들도 큰 역할을 했다. 공급책 펀드는 투자자들을 모은 뒤 직접 투자 활동을 하는 대신 메이도프 펀드 같은 전문 펀드 기관에 투자를 위탁하는 일종의 브로커 펀드들을 말한다. 메이도프 스캔들에는 페어필드 그리니치그룹Fairfield Greenwich Group을 비롯해 전 세계에 걸친 총 14개 펀드가 연루되어 있었다.[9] 이들 공급책 펀드들이 메이도프의 실체를 정말 전

• • •

9 이들이 규정에 따라 고객들을 대신해서 투자를 위탁한 메이도프 펀드에 대해 지속적인 자료 검토, 분석, 감사 등 '상당한 주의due diligence'를 기울여야 할 의무에 소홀했다는 것이 이후 조사에서 드러났다.

혀 몰랐는지, 아니면 어느 정도 상황을 알면서도 막대한 수수료에 눈이 멀어 현실을 외면했는지는 아직도 논란거리이며 수사 기관의 조사가 진행 중이다.

그러나 메이도프 사건을 '탐욕스러운 사기꾼이 날뛰는 시장 자본주의의 벌거벗은 모습'으로 치부하는 것은 지나친 단순화일 수 있다. 비록 소수이기는 했으나 해리 마코폴로스처럼 메이도프의 정체를 간파하고 금융 감독 기관에 조치를 취하라고 호소한 제보자들이 있다는 것은 투자업계의 자정 능력을 보여준다. 오히려 메이도프 사건에서 문제가 된 것은 이런 제보를 받고도 굼뜬 행보로 일관한 SEC를 비롯한 금융 당국의 관료주의적 행태였다. 마코폴로스는 메이도프 스캔들과 관련해 열린 의회 청문회에서 SEC를 "생쥐처럼 으르렁거리고 벼룩처럼 용감하게 싸우는 규제 기구"[10]라고 꼬집기도 했다. 유감스럽기는 하지만 절대 다수 투자자가 상식적으로 말이 안 되는 메이도프의 투자 수익률을 잘 알면서도 거의 맹종에 가까운 신뢰를 오랫동안 보냈다는 사실 역시 지적되어야 한다. 그들의 '눈물 젖은 사연'이 자업자득적 측면을 완전히 덮어줄 수는 없다.

21세기 미국 경제의 첫 10년은 엔론을 비롯한 대기업들의 회계 부정 사건으로 화려하게 막을 연 뒤 주택 버블 붕괴에 따른 금융 위기의 절정을 지나 폰지 사기의 마왕 버니 메이도프에 대한 단죄로 마무리되었다고도 할 수 있다. 하지만 미국 자본주의가 이제 위기와 스캔들의 어두운 시간을 뒤로하고 좀 더 생산적인 미래를 향해 나아갈 준비를 마쳤는지 판단하기에는 아직 좀 이른지도 모른다. 문득 메이도프의 형기가 공식적으로 만료되는 2136년을 장식할 미국 경제의 최대 뉴스는 무엇일지 궁금해진다.

• • •

10 Robert Chew, "A Madoff Whistle-Blower Tells His Story", *Time Magazine*, 2009. 2. 2. http://content.time.com/time/business/article/0,8599,1877181,00.html.

찾아보기

찾아보기